文
景

Horizon

观 古 今 中 西 之 变

社 科 新 知　文 艺 新 潮

张艺曦 著

歧路彷徨

明代小读书人的选择与困境

（增订本）

上海人民出版社

图1 王守仁与门人弟子讲学图
（邹守益编：《王阳明先生图谱》，收入《北京图书馆藏珍本年谱丛刊》第43册，35页，北京：北京图书馆出版社，1998）

图2 吉水县同水乡六十一都大儒罗洪先及其门人弟子所在地（作者摄）

图 3　罗洪先《念庵罗先生集》雕版（江西省吉水县博物馆藏，作者摄）

图4 邹元标于天启四年（1624）冬月为该府善人晏佳期所题木匾"好善优世"（邹元标以谏张居正夺情闻名，也是江右阳明心学的殿军。江西省吉水县博物馆藏，作者摄）

图5 邹元标所题木匾局部（江西省吉水县博物馆藏，作者摄）

图 6 《阳明先生小像》（上海博物馆藏，
传蔡世新作）

图 7 《王阳明画像》（中国国家博物馆藏，无款，转录自计文渊：《王阳明法书集》，杭州：西泠印社，1996）

图 8 《大儒王阳明先生像》（上海博物馆藏，无款）

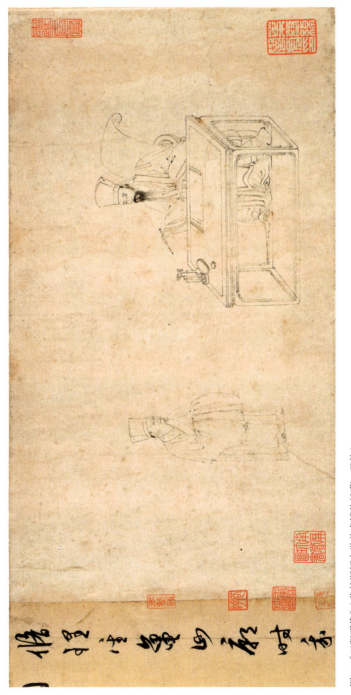

图 9 《王阳明明像》（普林斯顿大学美术博物馆藏，无款）

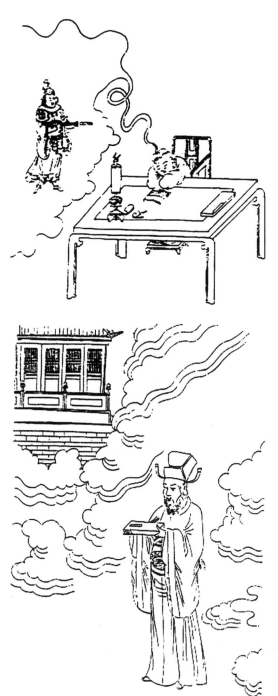

图 10（上）、图 11（下） 王阳明侧面像（邹守益编：《王阳明先生图谱》，收入《北京图书馆藏珍本年谱丛刊》第 43 册，11 页、13 页）

图12 《阳明先生像》(哈佛大学福格美术馆藏,传陈洪绶作)

图 13 石刻《阳明先生遗像》（贵阳扶风山阳明祠，拓片杨希儒宾藏，无款）

目　录

序

这本书最初于 2022 年在台湾出版，如今能有机会将这本书的简体版呈献给更多读者，让我感到非常兴奋，也很开心。借由此次的出版，本书不仅得以与更多读者见面；也是一个契机，让我可以对这段时间的一些意见及回应进行讨论及补充。

《歧路彷徨：明代小读书人的选择与困境》一书，是我个人所规划的三本系列作品的第二本，希望通过系列性的研究，解答我对明中晚期思想史的许多疑惑。第一本书《阳明学的乡里实践：以明中晚期江西吉水、安福两县为例》，讨论阳明心学在地方上的流传，以及大儒带领小读书人进行的社会事业，尤其是大儒与小读书人的共识及合作的那一面。由于过往的思想史研究较侧重大儒，以及以大儒为中心的叙事，在大儒与小读书人的共识及合作中，小读书人很容易被视为随从者，而无法有所主张。但小读书人只能够是大儒的附庸吗？这是值得怀疑的。

也因此，该书对阳明心学的草根化有较深入而具体地了解，但我反而产生了更多的疑惑，所以过去这些年我仍持续在这个领域研究。我试图从更大的范围讨论小读书人的角色，从阳明心学、文学复古运动，以及明末制艺风潮这三股运动或风潮，谈小读书人所遭遇的选择及困境。我初期仅打算写作专书，但小读书人的面貌纷繁多元，于是我便在专书写作之外，将一些可以单独处理的课题独立成篇，而这些单篇论文越累积越多，遂集结成为本书。在这本书中，我有几篇论文谈阳明心学的流传，也有几篇论文是以个人为主角来切入议题，以及以个别地方（金溪）为中心看风潮的转变。无论是阳明学的流传、个人的困境，以及地方上的变动，都跟明中晚期三股风潮的转变有关。

出版以后，身边不少人在还没有读，仅看到书名时，就很有同感说自己是小读书人。这些人，有些是老师或研究员，有些已是某领域的中坚，若放在传统中国，他们应该都是举人以上功名的人吧，但大家却都觉得自己是小读书人。其实我自己也是如此定位自己的。为何有此感受呢？因为无论我们有什么学历，在什么位置，但对现实世界都是束手无策，无能为力。我们所能够勉强做的，就是借由讲课及教学，稍稍对课堂上的学生有所影响而已。但在课务上，我们不得自由，而在学术专业上，我们只是无名小卒。或许是由此而生的喟叹吧。

什么样的人算是小读书人呢？如本书导论所说，我会把中低级功名的士人，甚至没有功名的布衣处士，以及在地的、没有跨地域的影响力的人，都视为小读书人。这个界定，从功名的角度排除了拥有进士身份的人。原因是，我们不能无视功名的影响力，加上在不少相关的讲会记录或讨论中，拥有进士功名的人，即使在学说或思想上毫无创获，却往往会得到不同的对待。也因此，尽管一个人在思想文化上的成就，跟他的功名不会成正比，但我们仍不得不把有进士功名的人从小读书人的行列排除。但另一方面，我想指出的是，我们有必要从大儒与小读书人的合作模式来思考这个课题，应更多从学术交流圈、人际网络或群体来谈，而不是将个别人物孤立起来看。孤立的个人，在思想文化史的意义是很小的。

在此，我仍想用《阳明学的乡里实践：以明中晚期江西吉水、安福两县为例》来说明。该书以江右阳明学派的重镇安福、吉水两县为研究对象，其中安福有许多知名的阳明学大儒，这些阳明学大儒在县城的书院讲学，而小读书人从各地前来书院听讲，回归到乡里以后，便会在乡、都、族举行乡会、族会与家会，把大儒的学说做二次传讲。借由这些乡里间讲会的二次传讲，小读书人展现了他们的主动性与能动性，他们不只是讲学活动的参与者而已，还把学说进一步推广入乡里及基层民众之间，阳明心学也才有可能在乡野间里及基层民众之间产生广而深的影响力。即连大儒率领小读书人进行的社会事业，也是大儒出名，小读书人出力。如大儒邹守益主持的田土丈量，实际下乡督丈的是来自各乡里的小读书人。

在大儒与小读书人的合作模式中，小读书人是与大儒并列的，而不是大儒的附庸。尽管大儒在学说上的创见及创获，是小读书人无法比拟的，但小读书人在基层乡里及民众之间所做二次传讲的影响力，却也是大儒所难以企及的。我们若是把阳明心学分作"作为学说的阳明学"与"作为运动的阳明学"，大儒是阳明学学说的核心，但小读书人却才是整个阳明学运动的关键所在。正是大儒在学说上的创获，加上小读书人的推广，两者相互激荡，才有明中晚期阳明心学运动的风潮。尤其重要的是，正是这些小读书人，让阳明心学不同于两宋以来的程朱学，让阳明学大儒不同于地方士绅，因为在阳明学以前的程朱学或士绅，都无法或没有动员那么多的小读书人投入到二次传讲及田土丈量工作中。也因此，尽管个别的小读书人微不足道，姓名或被埋没，生平也不会为人所知，即使多方搜罗，也仅能够找到极零碎及片段的资料，但借由一丁点一丁点资料的累积，我们仍可看出一个个的小读书人在讲会、田土丈量等事上的贡献，更确实凸显出他们在明中晚期阳明心学运动中的中坚及主轴地位。

尽管大儒与小读书人的合作模式中，两者是并列而等重的，但由于大儒往往更引人注目，人们所注意的，也总是邹守益及其他大儒的生平与作为。所以在本书里，我更多关注小读书人在宗教、文学、制艺等热潮中的角色及位置，以及他们如何因应这些风潮的递嬗转变。而像李鼎、涂伯昌等人有文集存世，则是很好的个案研究。也许有些读者会疑惑：李鼎、涂伯昌有举人功名，李鼎还曾前往扬州讲学，所往来的人也不少，他们仍算是小读书人吗？

李鼎与涂伯昌都是在过往思想史研究中默默无闻的人。李鼎虽常跟一些大人物关联在一起，但他更像是幕僚、秘书的角色，未必会被那些大人物当作同群的人，也不见得被人放在眼里。扬州是李鼎除了故乡南昌以外待得最久的地方，该地聚集不少边缘人物，而李鼎选择此地，似乎也有一种边缘人的自觉吧。李鼎有净明道的著作，但在秋月观暎教授的经典作品中，仅知他是李长卿。至于思想史研究就更少有人谈到他，在我从傅斯年图书馆找出他的文集以前，几乎未见有人用过他的文集。涂伯昌亦然，天壤之间，或许从未有人注意过他。他贫穷、清苦，即使考取功名以后生活有所改善，但理会他的人仍不多。二人在当时的思想文化圈都是边缘人，所以我不时会遭遇一些人的质疑，有人问我：这些人都没人听过，也不重要，为什么你要写，而我要读？也有人问：李鼎、涂伯昌这些不知名的小人物，能有什么研究的价值呢？论文审查人更具体问：这些人在思想史上能有什么位置？这些问号都很有趣，因为这些问号透露了某种信息：无论是我，或质问的人，都不会因其举人功名而否定他们是小读书人。在我看来，他们是值得关注的小读书人；在质问的人看来，他们是默默无闻，没有研究价值的小人物。直到他们走到镁光灯前，被几篇学术论文当作主角以后，他们才总算得到一点被正视的机会吧。

如果用今日学界的景况来做比拟的话，李鼎与涂伯昌就像是一些博士候选人或博士后吧。不少人应该都有类似的经验，我们会在一些学术场合见到博士后，他们在会议上提问、报告或发表文章，提问很有重点，文章很精彩，而且他们可能还认识不少人，也跟不少人有往来交流，但他们却仍被当作学界的边缘人。这类情景也见于期刊论文的审查。我在博士后期间投稿的文章，据说便有人提出博士后的论文是否适合刊登的问题。我有教职以后，参与一些学术审查的会议，有些期刊会明白指出，若有博士候选人或博士后的文章，必须审慎考量。尽管博士后已有博士学位，即使他们下一阶段就是高校教师，但整个学界、高教体系，仍然把他们当作圈外人。也因此，像李鼎这种已对进士功名及官场进取断念的人，他再活跃，认识再多人，仍然不会被当作自己人，他不是大人物，他只是被大人物带在身边的小读书人。若要说得更直白一点，就像太史公说的，倡优畜之。或用当代较文明一点的话说，就是陪公子读书。陪读的人不会被当作大人物的。

我完全无意于嘲弄李鼎或今日许许多多的博士后，因为即使身为高校教师，又有几人不自觉是倡优之所畜，流俗之所轻呢？身在重理工轻人文的学校任教，有人多次问及在这类学校的感觉，我便以倡优自嘲。某次拜访某个学院，那个学院的老师也把自己定位为陪公子读书。不愧是以阳明为名的学校，果然是此心同，此理同。

我是个性有点悲观的人，所以看到繁华便会想到衰亡，读历史上的人、事、物，也总会注意其兴亡起灭，及在时间中的流变。也因此，我无法只看一门学术或思想的盛，也会看它的衰。当阳明学衰了以后，大儒可以继续讲学，坚守学术主张不变，但小读书人却须考虑现实的无奈，他们无法舍家而不顾，也无法一意孤行，独任己心。于是我们会看到小读书人一个个离开讲会，而大儒则继续讲到最后为止。风潮变了，小读书人走了，而大儒则是最后离开的人。大儒作为典型，令人景仰，而小读书人的选择与流动，则凸显了风潮的转变。相对的，在面临存亡之际，大儒或会继续讲究内在心性，而小读书人则有纷杂而多样的选择，只不过，无论做出哪种选择，都不会在历史上留名。即使如涂伯昌，他选择跟大儒一样与国俱亡，也不会有人记得他的死。

思想史总给人高大上之感，以至于不少人认为，必须通过田野或社会经济史研究，才更能了解升斗小民的生活。但其实人是活在思想及文化中的，人需要衣食，也需要希望，而且越是生活在困境中的人，他们越需要希望，而这正是思想史应该去讨论的。那看似虚幻而没有实体的希望，会用思想的形式存在着；而这些看似高大上的思想，却是让人们持续生活下去的支柱。今日我们尽管衣食无虞，却可能跟古人一样茫然失措，我们仍然是处在歧路与困境中的小读书人，而作为小读书人的我们，所能够写的，就是小读书人的故事，以及尽可能从小读书人的世界来勾勒这个社会中形形色色的人吧。

张艺曦

2024 年 9 月

导　论

三股风潮与小读书人

首先说明"小读书人"这个词的意思，以及为何用这个词。士或士大夫有很多重的身份及角色，过去很长一段时间，人们会从政治或社会控制的视角来谈士阶层，或视之为特权阶级，而以士绅或乡绅称之。但从思想文化史的角度来看，我们却不应过度放大这些政治身份或特权的重要性，至少不应以为士阶层只有这几个面相而已。所以在此处用小读书人这个词，正是希望尽量避免仅从士绅或地方精英的角度来看这些人。所谓的小读书人，指的是地方上的一般士人，这类士人多半只有中低级的功名，或是没有功名的布衣处士，他们会有在地的声名及影响力，但没有跨地域的声望，而在面对流行的思想或文化风潮时，他们无力位居要角，而且会随风潮而摆荡，甚至当风潮交错时，可能为此徘徊彷徨不易抉择。这些小读书人或许不是历史舞台的主角，但这些人反而更贴近当时大多数人的处境，借由观察这些二三流小读书人的活动，我们可更具体了解一般人的生活与世界观。

"小读书人"是我近几年开始自觉使用的词，但这本书所收录的论文，则有数篇是更早以前写作的文章。我曾犹豫是否要全面用"小读书人"来取代"士人"这个词，但发现有其难度，一方面一旦名词更换，便须重新梳理上下文句的语气或文句的脉络，一方面也确实很难完全不用"士人"这个词，所以最后决定不做改动，而仅在导论稍作说明。

我的上一本书，是从我的博士论文改写而成的《阳明学的乡里实践：以明中晚期江西吉水、安福两县为例》，谈明中晚期阳明心学在江西的草根化运动，便与地方上的小读书人有关。我注意到这些小读书人在心学流风的影响下，除了参与讲学以外，也进行包括田土丈量、赋役改革等工作，以实践心学的万物一体的理想。从大儒到小读书人，共同参与这些地方事务，这既是心学的具体实践，也让心学借此深入到人们的日常生活中。

本书所收录论文，是我在博士论文完成以后，继续深入或发展的课题，这些论文涉及的时段跨越 16 至 17 世纪，也就是明中晚期，主要仍是从思想史取径，以我关心的阳明心学的发展及变动这个命题出发，并涉及当时的几股风潮，包括与阳明心学运动大约同时展开的文学复古运动、明末的制艺风潮，这三股运动或风潮如麻花卷般交缠一起，仅次序先后及盛衰有别。阳明心学与文学复古运动先起，万历年间臻于极盛而渐走下坡，制艺风潮后起，凌驾而主导明末的风气，人们所熟悉的江西豫章社、江南复社，都是制艺风潮下的产物及具代表性的社集。

阳明心学运动与文学复古运动都不仅在精英士人圈流行，而且更广及于中下层士人，甚至布衣、处士，也就是本书所说的小读书人，对明中晚期的士人文化、城市生活带来很大的影响。两场运动让这些小读书人在读书的眼光，以及对诗与古文辞的态度，都起了很大的转变。

文学复古运动吸引小读书人投入到诗与古文辞的创作中，并且带起搜猎古籍与扩展知识的范围与眼光。复古派的诗与古文辞主张是"文必秦汉，诗必盛唐"，允许人们采取模拟的方式作诗与古文辞，由于有具体的方式及标准，于是能够吸引一些小读书人投入。这些人平日能够写点诗，但往往自觉上不了台面而孤芳自赏，或在友人间流传却不敢以诗人自居，如今则勇于尝试。另一方面，由于需要可供模拟的模板，于是带起搜罗与重刊古籍的风气，随着这些古籍从罕见罕得到人手一本，让过去所罕见罕闻或未知的知识重新被研习，在此刺激之下，不仅开拓了人们的知识与眼光，而且不再执着于高文典册，甚至愿意把过去视为方伎小道的知识用来解释儒经——知识是有高低层级之分的，儒经最高而小说甚低，而当时便有人主张不仅子史集的书籍有益于对儒经的理解，甚至连农工医卜小说之类的书也有阅读的价值。

阳明心学则有两条主线可观察：一条线是从思想文化史谈心性良知之说及其影响，研究者会把焦点放在王畿、王艮这些大儒上，讨论其良知说，生平作为，以及末流的流弊。无论是对大儒或其流弊的讨论，都对良知说持正面肯定的看法，突出其乐观解放、让人自我作主，甚至有赤手搏龙蛇，掀翻宇宙的力量。如熊十力《读经示要》，在字里行间可以让人明显感受到他对传统学术的强烈信心，以及满溢的生命力，驱策读者必须"苟日新，日日新，又日新"。熊十力以下，新儒家对此谈论甚多，而且一代代坚持不变，从内圣开出外王，以及对内圣的生命力光辉的看法，亦影响当代学人甚深。持类似见解的以新儒家旗帜最鲜明，但不只有新儒家而已。这一代学人的主张有其时代背景因素，处在传统遭遇外来挑战，几乎失去立足点的时代，而且外在的时局世事骚动不安，于是试图在传统学术中找到心性良知为坚固的立足点，据此得到自信与力量，以开创新局。

另一条线即注意阳明心学对庶民百姓的启蒙，以及对基层乡里社会的影响，由于涉及地方史、地方社会，所以小读书人得以进入研究者的视野。研究者注意到，尽管阳明心学没有挑战儒经的崇高地位，但因让人依己之良知自作新解，松绑了对儒经的阅读及解释，而带来知识的解放，这对小读书人产生了极大的影响。明初以来小读书人治儒经，往往会从大儒的注解注疏入手，小读书人对儒经未必没有个人的见解，对大儒的注解注疏也未必没有疑惑，但即使有见解，却不以为有价值，对大儒的注解有疑问，却未必敢说。阳明心学讲究诉诸良知心性，及对个人见解的肯定，很可能松动大儒成说权威，这让小读书人开始敢于陈述自我见解及疑惑。小读书人所自提的新解，则尽管是很个人的，只能够在三五好友或小圈子间流传，不像大儒的注解是公共公开而被人审视及阅读。但在阳明心学鼎盛流行时，由于许多地方举行讲会，举凡家会、族会、乡会，以及一县或跨县的大会，于是让小读书人的见解可以在乡里间的家会、族会发表讨论并发挥影响力。

阳明心学除了借由讲学活动及画像而广泛流传于地方社会以外，心学家的语录或文章，如《传习录》、古本《大学》等小书，罗洪先的冬夏两游记，也对阳明心学的传播起到很大的作用。很多小读书人可能连前往他地参加讲学都有困难，或者是参加讲会活动以后回乡却孤立无友，所以必须另有传扬心学的载体，而这些书籍便起了很大的作用。在讲学活动衰退以后，书籍仍持续刊刻流传，尤其在明末制艺风潮兴起后，阳明心学的书籍更普遍被人从制艺写作的角度阅读。阳明心学从某个角度来说，就是对儒经的解释，古本《大学》就是很好的例子，而致良知说，除了从心性道德的角度来理解以外，其实也是一种对儒经的注解及解释的原点。所以明末坊间流行的一些科举用书，便不时援引心学论点以解经，如万历年间坊间有不少挂名汤宾尹的科举用书，其中便有一些对儒经的注解是直接引用心学的说法。也因此，我们必须正视明末的制艺风潮，以及从阳明心学到制艺风潮两者之间的关系，而且不能只谈大儒，也必须看小读书人的日常生活世界。

一个时代会有各种思潮或学风同时流行，多元竞逐而众声喧哗。明中期有阳明心学运动与文学复古运动同时竞逐，一些杰出顶尖之士往往因某方面有卓越才华或成就而受到瞩目，而且倾注其心力于其专才上，所以我们在黄宗羲《明儒学案》上所见的心学家，不少人是以讲学为终身职志，而少涉入其他领域。以王守仁为例，他早年参加李梦阳的诗社，但后来退出，而以心学另辟天地，从此与诗社绝缘。相对的，复古派的文人往往少谈心学，亦少有人参与心学讲会。但我们若把眼光从引领某个风潮的大人物转向地方上、乡里间的小读书人，便会看到迥异的景象：小读书人往往同时受到数个风潮的影响，在同时并存的各种风潮之间摆荡徘徊与彷徨，或陷入抉择的困境，或试图为不同风潮找到同时并行的可能性，他们的动态与实践往往更为复杂而分歧。

以江西为主场景的十篇文章

本书所收录的十篇文章，都是以江西为主场景，主脉络则是从阳明心学到制艺风潮的变动。江西作为阳明心学的正统所在，心学独盛，各类讲会数量极多，某些讲会规模甚大，甚至可达数千人之多，吸引各地士人远道前往参加。相对的，江西虽有复古派诗社，但其声势数量皆不足与其相提并论。但仅从阳明心学谈阳明心学的方式，用于江西是有困难的，因为阳明心学运动在万历朝达到鼎盛以后便趋于中衰，待邹元标于天启四年（1624）去世以后，江右阳明学派更是完全后继无人，这也让江西的思想史叙述在进入明末便难以下笔，但偏偏阳明心学仍不断被明末清初的人提起，无论是喜爱或厌恶皆然。厌恶者如顾炎武所说的明亡于心学的痛心疾首之词，反映出阳明心学在明末仍有其重要角色，所以我们有必要注意阳明心学在明末对制艺写作的影响。

第一章《明中晚期思想文化风潮与士人活动》是概论性的短文，以便读者可以较快掌握相关的思想文化脉络及背景。该章主要谈三股风潮下的社集活动，包括复古派的诗社、心学讲会，以及制艺文社。至于对社集及风潮的深入研究，未来将另以专书处理。

第二章《阳明学讲会与小读书人》是首发于 2024 年的短文，其论点乃从我的前一本书《阳明学的乡里实践》一书延伸而来。该书主要讨论江右阳明学派、大儒与小读书人的合作，以及在此合作模式下，结合地方家族所完成的田土丈量、赋役改革等社会事业。该书较多梳理地方家族及社会事业的实践过程，而对大儒与小读书人在讲学上的合作阐述仍不完整，但其实这才是阳明学讲会的关键所在。

过去人们会聚焦在大儒及其讲会，以此来代表阳明心学，但这很难回应阳明学讲会与两宋以来的讲学活动有何差别的质疑。有人会用讲会多寡来回应，但这其实是倒果为因。阳明学讲会的关键不仅在大儒的讲学，还在于小读书人的二次传讲。大儒在书院讲学，小读书人听讲以后，回归乡里举行乡会、族会与家会做二次传讲，由于有小读书人二次传讲，遂使阳明心学更容易触及基层民众，以及取得地方家族的合作。正是小读书人的二次传讲，让阳明学殊异于两宋理学，而对思想、文化、社会有巨大影响。也因此，我们看16世纪阳明学的流行，不能只看大儒而已，还必须聚焦在小读书人，而小读书人的动向则会主导阳明学的兴衰及走向。

第三章《〈传习录〉与古本〈大学〉的流传及其影响》，主要讨论阳明心学如何在小读书人间流传流行。在明中期阳明心学流行的过程中，一些大儒或知名学者经常在各地举行讲学活动，但这些讲学活动往往受到时间与地域的限制，作用相对有其限制。相对的，一些著录讲学语的小册子却发挥很大的作用，其中尤以《传习录》与古本《大学》占了十分重要的角色，许多小读书人、布衣处士，甚至平民百姓，常是通过阅读这几本小册子而接触了解这门学问。

第四章《阳明画像的流传及其作用》，则是从画像谈阳明心学的流传。我认为阳明心学主要以三种途径流传及发挥影响力，分别是讲会、《传习录》及《大学》古本等小书，以及画像。不少学者已注意讲会活动，我则谈到《传习录》与《大学》古本的流传，但很少人讨论画像的影响。画像跟心学家的圣人形象有关，所以在阳明心学流行的年代，士人或百姓不仅信从其说，还会崇祀某位心学大儒的画像，而这类崇祀的行为还跟儒学的宗教化有关。

第五章到第七章则主要以李鼎与涂伯昌为主角，二人在当代只算是二三流的小读书人，既未列名在《明儒学案》或《列朝诗集》，也不为研究者所注意，但他们其实代表了大多数读书人的处境，借由观察这些二三流的小读书人的活动，也让我们在研究那些大名字、大人物之余，可以回头来看一般读书人的生活与世界观。

李鼎是万历朝江西南昌不甚为人所知的小读书人，过去研究者仅知他曾注解过净明道的典籍，在秋月观暎教授的大作中，则只提到他的字，以李长卿称之，而未提其名。但其实作为一位地方上的小读书人，李鼎深受各种风潮的影响。李鼎本身颇有才干，他主动参与各种活动，既作诗、参加诗社，也接触心学，同时还教导制艺，并且注意到制艺风潮的兴起。但到了晚年，他日益转向三教合一下的净明道及其龙沙谶预言，而且返回南昌等待谶言的实现。当时的龙沙谶预言在三教合一之风的推波助澜下，已在江南、江西等地士人圈中引起一种类似宗教的狂热，在文人、心学家及许多士人群体间发酵。值得注意的是，李鼎认为经世与出世是同质而相连的，即令出世亦不违经世，也可以说，醉心于净明道信仰，以及期待龙沙谶预言的实现，是李鼎在各种风潮下所做出的最后选择。

第八章《风潮递嬗下的地方小读书人：以涂伯昌为中心》谈江西新城的邓元锡与涂伯昌，而以涂伯昌为中心。新城是僻处边远山区的小地方，远离江西的文教中心，而邓元锡与涂伯昌都不甚知名。邓元锡尚被选入《明儒学案》，列为江右阳明学派的一员，但很少受到世人注意；至于涂伯昌则几乎不为人所知，若非《四库全书存目丛书》中收录他的文集，也许不会有人注意到他。也因此，这篇文章完成之初，便有人批评像涂伯昌这种不知名的人物，不具有研究价值。这个意见所反映的是专门的思想史研究的眼光与判断，涂伯昌既无深刻的思想创见，又未具有广泛的影响力，所以在思想史研究中难有一席之地。但我们若不从思想史，而是从小读书人的生活及境遇来看的话，涂伯昌却是非常好的例子。涂伯昌是在邓元锡所留下的心学风气下成长，但却须面对心学在江西的退潮，由于他对心学的种种疑难无法得到满意的答案，加上他为生计而须专心举业，以及面对制艺风潮的兴起，于是如何在心学与制艺之间取得平衡，便成为长期困扰他的问题，而他最后求得的答案——制艺是心学的更进一步，才让他终于可以在两股风潮的困境中脱身而出。

第九章《明及清初地方小读书人的社集活动：对金溪的考察》以江西金溪为例谈明及清初地方小读书人的社集活动，集中在金溪一地。本章不再锁定个别人物，而是直接讨论金溪当地的小读书人。这些小读书人甚至连文集都没有留下，以至于我们必须利用族谱资料才能够重构他们的生活。金溪是陆九渊的故乡，有其理学氛围及传统，所以心学很快进入金溪，并且吸引当地士人举行心学讲会，而随着明末心学学风的退潮，我们也看到当地的社集形式从心学讲会转向制艺文社，这些小读书人也从谈心论性，转向写作制艺文章。

第十章《一目十行、日诵万言？——中国近世士人的记忆力焦虑》则是从具体的记诵能力要求看小读书人如何应对科举考试的压力。不少士人必须压缩或牺牲睡眠时间，日夜苦读，以换取心理压力的舒解。而且在科举考试的压力下，原本只是作为矜炫的日诵万言的才华，变成士人应备的技能，而让士人在日常生活中不断承受偌大的压力。这跟我的一篇谈睡眠时间的文章有相通处，那篇是我早期的作品，当时所读的文献有限，加上跟睡眠有关的资料十分零碎，所以并未附上。

心学与小读书人的困境

我们在许多大儒语录中常可见小读书人前来请教寻求释疑，一些反复被问的问题，不少是关于生活上的琐事，诸如生计、家人等。如徐爱最初请教王守仁的便是如何服侍父母等事，罗洪先与王畿之间也在讨论求道时如何对待家庭的问题。在《冬游记》中罗洪先与王畿对谈，王畿说必须弃得世界，而所谓的世界，既包括功名，也包括家庭。王畿本人无日不讲道，主张家庭之念重一分，求道之念就淡一分，但这岂是一般人能行的？即令是求道甚切的罗洪先，在静坐后返家，得知发妻已逝的消息，内心恐亦不能无感，更何况是一般人。余英时先生的《朱熹的历史世界》告诉我们，一些表面看似是堆砌心性义理名词的对话，但其实常有实际的指涉，指涉当时的政治事件。我们可以据此推想，小读书人在遭遇日常生活的困顿而疑惑时，应也会将这些疑惑妆点为心性的语言来问，而大儒便须耐心开导，不厌其烦一而再再而三重复类似的话。从这些语录对话，一方面显示大儒彻悟良知，能够八面受问，应答开解如流，但一方面却也显示这些小读书人容易迷惘不安，而且无法当下承担良知、一悟即悟，反而是悟了又迷的困境。

关于阳明心学的流传与作用，研究者倾向作成功的叙事，摘取一些小读书人教化全家、全族或全村的个案，但我们在读这类研究的时候必须警觉，正是因为这类成功个案不常见，才会成为学术论文的题目。所以在这些成功叙事以外，小读书人所面临的往往是心性良知与日常生活的扞格与角力。在阳明心学鼎盛流行的时期，小读书人较容易有大儒可问，有师友扶持，以及在追逐流行风气的心理下尚可维持对心性义理良知的坚持，但一旦阳明心学中衰以后呢？

李鼎是很好的个案，可视为是小读书人在心学运动与文学复古运动的大风潮由盛转衰时，遭遇困境而寻求突破的例子。李鼎是个很有趣的人，他既接触心学，也与复古派的人往来，而且持经世之志，因未能大展长才，中年以后便停留在扬州讲学，但某年他突然从江南返回江西，只因龙沙谶预言实现之日将至，他登上江西南昌的西山，结庐于此，他真心想象与期待在第一时间迎接八百地仙的到来。也因此，当我发现预言未实现时，当下的反应是：李鼎呢，他后来怎么办？于是带点焦急的心情来回翻查他的文集，直到发现有一篇文章，内容及口气貌似是在预言落空后的发言，经考证后亦确定如此，才终于松了口气。李鼎中年在扬州，及晚年在南昌，都以制艺授徒维生，而且对制艺颇有一番见解。倾心龙沙谶预言可视为李鼎在心学与复古派的高远理想无从实现以后，寻到的另一条路。至于他晚年返乡后对制艺的推崇，则可视为是制艺风潮将起未盛的先声。

心学、诗与古文辞，毕竟是个人的爱好，而与科考及功名的关系并不直接，所以也不直接牵涉个人与家庭家族的前途。心学大儒如王畿，他终身讲学，每日汲汲皇皇只为觅此一线之传；如罗洪先，他所作的冬夏两游记中他探求心学内涵的过程，以及他与王畿、聂豹等人的往来交游广为人所知，但一般的小读书人恐怕少有像王、罗等人的求道热忱及条件，许多人或是为生活所累，或是为科举功名所苦恼。四库馆臣把"应举"与"穷经"分作两途[1]，专意矢志于"穷经"可以是精英读书人的理念与坚持，但对小读书人而言，穷经与应举两事必须合办，心性良知与科举考试之间必须是和谐的，心性良知不仅不能妨碍，而且必须有利于科考的准备。所以心学家在发展其觉民行道这一途的时候，小读书人一脚涉足于此，另一脚却在寻求心学与科考的结合。小读书人无法像大儒一样，时时以全面乐观的立场从心性良知得到希望与力量，他们也致良知，希求一悟，但在既悟以后，却可能又再迷惘，而且再次被大儒所批评的习气所困扰。小读书人不仅难以完全摆脱或摒斥习气，而且甚至不得不接受这些习气是日常生活中的必然。大儒可以风光登坛讲道，生活上有僮仆服侍，但小读书人须思生计，须为家人谋食，他们无法像王畿一样，每日汲汲皇皇只为求道，相反地，他们只能在日常生活中为心性良知找到一小部分的空间及时间（就像

[1] 明初以经义为科目，但尽弃汉、唐古注疏，而编纂《四书、五经大全》等书，以供人们研习。所以四库馆臣指称："盖自胡广等《五经大全》一出，应举、穷经，久分两事。"此处的穷经专指研习汉、唐古注疏而言，见永瑢等撰：《四库全书总目》，129页，北京：中华书局，1965。由于阳明心学、诗与古文辞也和科考没有直接关系，所以此处取用应举、穷经二分之说，把穷经用来泛指与科考无关的一些学问。未废古注疏，而地方上的小读书人穷经、研习古注疏的情形，可参见张艺曦：《经学、书院与家族：南宋末到明初江西吉水的学术发展》，《新史学》第23卷，第4期，2012，7—60页。

神父时时祷告，而信众却只有睡前才有时间与精神可以祷告一样）。即使在心学鼎盛，空气中都是对人性及良知的乐观言论与氛围时，小读书人也乐观，但乐观中却可能有迟疑，迟疑中有不安。

涂伯昌正是在阳明心学与制艺写作之间彷徨不安的小读书人，他少年时因心学的启发，而前往江右阳明心学的重镇吉安问学，冀能够有所彻悟，以利于他对儒经的理解及制艺的写作。但两年的时光下来，换来的结果是他在舟中放声大哭。这些不安，直到他中年在心学与制艺间取得平衡，才让他能够安定下来。——但偏偏此时外在世界的局势却日益危殆不安。对涂伯昌这样的小读书人，高谈心性是奢侈的，因为他连日常的生计都有问题，而必须靠着教导族人制艺，赖以维持极简的生活，这使他不得不在乎以制艺求取功名。也因此，他得到制艺是心学更进一步的结论，并不让人惊讶。心学与制艺，在学术思想层面是不同的两条线，但对小读书人而言，这两条线相结合，才是最好的发展。涂伯昌的这个结论同样适用于其他必须在生计与功名间挣扎的小读书人。

我始终难以忘怀的一幕，是涂伯昌及其妻在山中孤苦度日的生活，寒冬时无可供保暖的衣物，连三餐温饱也有问题，最穷时甚至只有一杯水可饮。其妻笑对涂伯昌说："他日富贵，慎勿相忘。"初入手涂伯昌的文集时，颇不解文集为何题作"一杯水"，或许这是他未曾一日或忘昔日誓言的心意吧。而涂伯昌的彷徨不安，以及不能无视于功名，必须在制艺中求取应举以外的意义，或许也是当世其他小读书人的共同写照。

附　记

重新整理自己的这些著作，我不无惊讶地发现自己过去几年自觉或不自觉的，始终持续关心阳明心学在近代对人们生活的影响，而且我所注意的，多半是那些被动接受心学，以及读心学书籍的小读书人，而这可能是缘于我就是当代社会上无足轻重的小读书人，既无力于改变现状，更时时被现实的种种所牵绊。心学大儒能轻易说出弃家、弃子、弃世界等语，而我不仅说不出口，反而始终坚信，家庭与学问之间必须以孩子为重。也可能是这个缘故，我对那些受制于种种现实条件的小读书人颇有共鸣。今日学界越来越多聚焦在大区域、大议题，让我不免觉得自己也许是最后一批关心这些小读书人的喜怒哀乐及日常生活的人，此后这些小读书人便将会再回到故纸堆中了。也因此，勾勒叙述这些小读书人的故事，看似毫无意义，但我仍希望借此与他们道别。

在此，请容许我很不学术地引用一则故事，这则故事出自浦泽直树先生的《怪物》（*Monster*）一书，故事的大略内容是：

> 有只会吃人的怪物，它没有名字，所以到处找寻名字，每遇到它喜欢的人，它便会向人提议让它附身，那人会得到它的力量，代价则是必须把名字给它。怪物得到名字以后很高兴，也很满意，但每每幸福的日子过不了多久，怪物就会忍不住想吃掉所附身的人，而且把周遭的所有人也一并吃掉，等到全部的人都被吃光，怪物就会前往下一个村庄，寻找新的名字。
>
> 某天，它遇到一个人，那人有一个很棒的名字，而且答应把名字给它。怪物附到那人身上，很快乐，可是同样过不多久，怪物又想把那人吃掉，它忍耐着、煎熬着，因为它不想放弃好不容易得到的幸福生活。
>
> 最后，它终于还是受不了而吃掉那人，只是这次它竟仍保有名字。但此时的世界却只剩下它一个，它虽然有了名字，却没有人可以叫这个名字。
>
> 约翰，这个名字多么好听。

同样的我也想说：这些人的名字多么好听。

在多年前，我曾起心动念想写没有名字的人的故事，但既然没有名字，自然不会有或找不到著作，相关的资料文献也很少，所以我转而关注地方上的小读书人。小读书人有名字，但他们的名字并不响亮，所以人们对这些名字不是视而不见、听而不闻，就是嗤之以鼻。我最常收到的质疑是：这些人都只是一些无足轻重的小人物，除了你以外，没有人注意，甚至没有人听过，能有什么研究的价值呢？

我总会想，当一个人出生时，他／她的父母如何绞尽脑汁想为孩子取一个好名字，让每个人都赞赏与喜爱，并且让这个名字如通灵宝玉般跟随孩子一生。但放到学术研究上，放在历史上，许许多多的名字只因为不够响亮而被忽视。殊不知，其实你我都是没有响亮名字的人，而你我都终将作古，都将被历史所舍弃，一群将被舍弃的人，舍弃掉另一群人，这是何等讽刺的景象。

我总不禁想为这些无足轻重的小读书人抱不平，想为他们留下名字，所以这本书中的主配角，大多数是人们所不熟悉或不曾好好注意过的小名字、小人物，他们不像那些大名字、大人物，只需把名字亮出来，就值得一篇论文。这些小人物的名字能够进入研究者的笔下，往往也有赖一些些的偶然。无论是小读书人，或小读书人的研究者，终将被历史所淘汰，但在被淘汰前的某个偶然的时空中，能够有几篇文章写下他们的故事，也许仍有着一些些的幸运与价值。

这本书的出版，最初只是个念想，由于受到谭徐锋兄的鼓励才付诸实行，连书名也是我们两人几次线上讨论以后，徐锋兄帮忙敲定的。我是个很优柔寡断的人，往往需要有朋友一起做决定才能安心。这本书的修订过程中得到不少朋友的帮忙：林胜彩兄利用课余之暇校订书目，让纷乱的参考书目统一格式。李旻恒学弟协助处理注脚格式，若没有他的帮忙，这本书的出版恐怕遥遥无期。王廷君学妹把内容重新看过一次，指出不同章节内容重复的部分，让本书不至于过于冗繁拖沓。最后必须感谢世纪文景的但诚编辑，在他的协助下，本书简体中文版才得以顺利出版。

在这本书繁体版等待出版期间，我看了一部韩剧《我的大叔》。我不是会追剧的人，所以我看的往往都是退流行的剧，但它带给我很大的悸动，剧中的许许多多社会底层的人、事、物，都跟我过去所见的一些人、事、物相似。剧中那可怜的女孩蹲在桥边哭的一幕，让我久久不能释怀。我反复在想，如果我们所研究的思想、文化及生活，跟这个孩子没有一点直接或间接的关系，那又有什么意思呢？

待在思想史领域越久，我对永恒的真理越没有兴趣，对于大人物超越时空的思想也没有深究的意愿。作为在某个时空中短暂存在的我，能够了解什么是永恒或超越吗？既然如此，我宁愿关心某个时空中的某些人，他们没有出类拔萃的成就，或被人信服称道传颂的思想，他们所拥有的，充其量就是被生活及被文化所捆绑的人生。也因此，我们不能只是把思想当作脑袋中有逻辑的想法而已，思想不仅有许许多多的层次，而且每个层次都会与生活或文化中的某些制度或人、事、物结合而变换成另一个模样，最后甚至变形成不像思想的思想。这些都是值得我们给予更多关心的部分。

第一章　明中晚期思想文化风潮与士人活动

一、明中晚期的三股风潮

明中晚期正值16到17世纪，是经济发展达到高峰，而思想、文学、艺术各方面活动也十分多元而活跃的年代。相比之下，两宋士人在文化的开创方面有很大的贡献，如宋明理学是宋始而明继之，文学有唐宋八大家而以宋人为主，在艺术上亦多精彩之作，而明人则是享受此创获成果，并发扬而形成风潮。因此我们不应只是讨论个别精英的作为，也必须看当时的流行风潮。明中晚期有三股风潮，分别是文学复古运动、心学运动以及明末的制艺风潮。这三股风潮的领导者都是赫赫有名的人物，如领导文学复古运动的前、后七子（尤其是后七子），心学有王守仁（1472—1529），以及明末制艺文社中最知名的复社领袖张溥（1602—1641）、张采（1596—1648）二人。

文学复古运动与心学运动的高峰主要在明中期，两个运动的共同倾向是扩大参与成员，让诗文写作或心性讨论不仅是精英士大夫的专利，也能够吸引更多士人——尤其是中下层士人，甚至布衣、处士的参与。然而诗文写作与心性学说毕竟有其门槛，加上士人的志趣有别，所以不少士人不在这两股风潮中。

尤其诗文写作的雅俗之别[1]，以及心学家对末流的谴责，显示这两个运动的参与者也被作出区别，区别成雅的与俗的、正统的与末流的。所以明末的第三个运动——制艺风潮便很值得注意，制艺（八股文）可说是士阶层的专利，而这股风潮便以囊括全体士阶层为目标，如万时华（1590—1639）说：

世操觚能以诗赋擅者什四五，不能为制举艺者，百无一焉。[2]

万时华是明末江西南昌人，以诗文与制艺闻名，也是南昌当地诗社与制艺文社的领袖，所以他的评论应可信。以他的估算，能诗文者仅十之四五，想来能谈心性者的比例亦不高于此数，而相较下全体士人皆能作八股文，所以明末制艺风潮对士阶层的影响力遂远高于前面两股风潮，而改革八股文便可纠正士风。[3]

以下依流行的时间次序，看明中期的文学复古运动与心学运动，以及明末的制艺风潮。

二、复 古 派

文学复古运动下的士人生活，较受人瞩目者即士人间的交游、诗文聚

---

[1]　如顾天埈说："夫雅俗之辨微矣，仅仅诗与文之能不能耶！"就是以雅、俗作区别，把仅能摇笔吟哦，但不能作出好诗文的人划出圈外。见顾天埈：《顾太史文集》卷三，25—26页，见《四库禁毁书丛刊》，集部第9册，北京：北京出版社，2000，据明崇祯刻本影印。

[2]　万时华：《汇刻西子艺序》，见《溉园初集》卷二，24—25页，收入《四库禁毁书丛刊》，集部第144册，据明末刻本影印。

[3]　所以从明末到清初，"士风"始终是许多文献中的关键词。见王昌伟：《明末清初秦地文人在扬州的结社活动》，见张艺曦主编：《结社的艺术：16—18世纪东亚世界的文人社集》，327—354页，台北：联经出版事业公司，2020。该文指出扬州的直社的阶层色彩，该社以"古／俗"区别士人与非士人。

会与宴乐。这类活动往往发生在作为文化消费中心的城市，尤其是江南的城市。

江南是全国的文化中心，也是精英聚集之地，所以我们在江南可以看到各种面相的文化发展，若说江南文化是全国文化具体而微的浓缩精粹，应不至于太夸大。当时江南一些深具文化底蕴的城市，如苏州、杭州，士人之间的往来各具特色。苏州有沈周（1427—1509）、祝允明（1460—1526）、文徵明（1470—1559）、唐寅（1470—1524），合称明四大家，过去学界对四大家的研究较偏重在其艺术成就，但我们不应忽略文徵明除了以书画著称外，也主持苏州的文坛，并且有不少门人弟子，而文家几代能人辈出，文徵明的次子文嘉（1501—1583）、侄子文伯仁（1502—1575）皆以书画著称，长子文彭（1498—1573）的篆刻有名于世，文彭的孙子文震亨（1585—1645）作《长物志》为传世之作，文震孟（1574—1636）编《诸子汇函》则与八股文及诸子学有关，所以苏州可说是诗文与书画艺术风气极盛的城市。杭州则是个充满休闲气氛的城市，张岱（1597—1679）的《西湖梦寻》与《陶庵梦忆》两本小书，提供人们对杭州士人的奢侈品位生活的许多了解与想象。我们可以从张岱的描述中充分感受到愉快与游乐的日常生活。史景迁根据这两本书所写的《前朝梦忆》，则是把这些生活更故事化。

相对于苏、杭这些各具特色的城市，作为明代两京制下的首都南京，大约自成化、弘治朝以后成为江南的文化中心，吸引四面八方的士人云集于此，尽管城市本身的特色不如苏、杭明显，反而更适合用来说明士人在城市中的交游与生活。

有关南京的人、事、物甚多，跟文学复古运动有关且重要的，即南京当地的诗社。较早有嘉靖年间主盟南京文坛的顾璘（1476—1545），以所居息园而举行的社集。顾璘是复古派的代表之一，声望颇高，而他在息园举行的社集，除了诗文的唱和以外，同时也是文艺论坛，让士人在此交流议论，此讲坛甚至成为当时四方仰望的文艺中心。[1] 顾璘之后，隆庆年间有陈芹主持青溪社，可称之为南京社集之再盛。以及再过二十余年，福建曹学佺（1574—1646）主持社集，则是南京社集的极盛期。[2]

我们不应把诗社看得太严肃而正式。诗作是士人表达个人情感或意志的方式，而参加诗社及彼此吟诗唱和，则可说是士人日常活动的一部分，也是士文化的基本元素。所以诗社可以是很随意的，既没有固定成员，人们来来去去，穿梭在不同诗社间，而地点或举行方式也不固定，私人园林、荒废寺院，或山林之间都可聚会。在社中，人们或唱和，或议论，或饮酒唱曲，一如宴游般的自在。

除了诗社的唱和以外，大量古籍的刊刻也是在这波风潮下值得注意的现象。前、后七子所领袖的复古派，对诗、文主张可简单归纳为"文必秦汉，诗必盛唐"，由于必须学习秦汉文，所以有不少人积极搜访古籍。固然搜访古籍者未必都是复古派，但毋宁说复古派更推动了这个风气。如当时便有人提出抄书社的构想，这是由焦竑（1540—1620）、赵琦美（1563—1624）、梅鼎祚（1549—1615）、冯梦祯（1546—1605）所订下的约定，四人都是知名的藏书家及博学之士，所以有意每三年约集海内藏书家在南京相会，相互传抄彼此所得的善本图书。[3]

尽管抄书社的约定最后并未实现，但在文学复古运动的推波助澜下，仍见各地士人积极搜猎先秦两汉以前的典籍，加上当时印刷术与出版业的发达，于

---

[1] 以上请参考王鸿泰：《城市舞台——明后期南京的城市游乐与文艺社群》，见张艺曦主编：《结社的艺术：16—18世纪东亚世界的文人社集》，29—73 页。

[2] 钱谦益："附见金陵社集诸诗人"条，见《列朝诗集小传》丁集上，462—463 页，上海：上海古籍出版社，2008。但钱谦益把陈芹的青溪社定年在万历初年，朱彝尊修正其说，以为青溪社应在隆庆五年（1571）。见朱彝尊：《静志居诗话》卷十四"陈芹"条，12 页，收入《续修四库全书》第 1698 册，据清嘉庆二十四年（1819）扶荔山房刻本影印。

[3] 梅鼎祚：《又答王元祯》，见《鹿裘石室集》卷十三，8 页，收入《四库禁毁书丛刊》，集部第 58 册，据明天启三年（1623）玄白堂刻本影印。

是许多过去罕见、不易得的古籍都被一一重新校订出版，并广泛流通于人手之间。如《宝颜堂秘籍》《汉魏丛书》，便是明人辑佚的成果，其中有部分书籍因未见宋代目录登载而被视为佚书，直到此时才有刻本。此外，也有一些被判断为伪书，如《竹书纪年》《十六国春秋》，其实是辑佚而成，只是因为编者擅自改动原书形式，才会招致他人非议。[1]

当时既有一些士人参与社集活动，也有一些士人搜猎辑佚罕见书或未见书，将其传抄或出版。但在同一时期，另有一批人——主要是心学家，他们对诗文、古籍的兴趣都不高，他们所谈的是心性道德，而书本知识则被视为是闻见之知，不足以与心性道德的德性之知相提并论，这批人在文学阵营以外形成另外一个世界。

三、阳 明 心 学

过去对阳明心学的研究较侧重它的庶民性，以及启蒙或解放的那一面，而泰州学派的领袖人物王艮（1483—1541）出身灶丁，加上门下也有一些人是陶匠、樵夫或其他行业，所以人们以泰州学派为中心，希望找到更多庶民参与讲学活动的资料，同时还给泰州学派另一个称呼——"左派王学"。不过，近年通过对文集、日记、族谱、地方志等文献的广泛搜检，我个人越来越倾向认为，参与心学讲会者，即使没有士的身份，往往多是布衣、处士，这些人尽管没有功名，但仍是广义的士。灶丁、陶匠、樵夫参与讲学只算是少数的个案。

至于阳明心学的启蒙或解放的那一面，也跟人们对心学的某些想象有关，过去不少人把焦点放在阳明心学冲决网罗、突破既定礼仪或规范的约束上，所

---

[1]　蒙文通：《中国历代农产量的扩大和赋役制度及学术思想的演变》，见《古史甄微》，377 页，成都：巴蜀书社，1999。

以很长一段时间，阳明心学给人的印象，是以良知为最高准则，不顾世俗眼光，凡是合乎良知的事，即令不合乎礼仪制度或道德规范，亦能够一往直前。同样也是泰州学派的例子，即颜钧（1504—1596）与李贽（1527—1602）这两位在左派王学的研究中赫赫有名的人物。传言颜钧曾在某次讲会突然就地打滚，说："试看我良知。"[1] 李贽则是标榜"不以孔子之是非为是非"，所以言行常引起很多争议，包括他与女弟子的往来，以及他对历史人物的极端评价。[2] 李贽把自己所作的书定名为《藏书》与《焚书》，一方面是为了吸引世人的眼光，一方面也是凸显他在书中的论点与世俗之见迥异，而必须藏诸名山，或终将遭到焚弃的命运。

但我们应进一步考虑：解放的另一面其实会带来更大的自我约束，尽管阳明心学讲究良知作主，良知优位于制度与规范之上，但凡事依恃良知的结果，反而让人更容易陷入焦虑与紧张之中。我在思考此点时，常会联想起《圣经·新约》上记载耶稣的话，他说："我来不是要废掉（律法和先知），而是要成全。"我们若是把眼光从颜钧、李贽这些人移开，便可发现阳明心学虽然挑战既有的规范或制度，但他们只是重新定义或修改规范或制度，而并不是对其置之不理。不仅如此，由于必须用自我的良知作最终的裁判，所以有些人在实践上反而会变得更严格而苛刻。

王畿（1497—1583）的门人李萼就是很好的例子。王畿是王守仁的大弟子之一，他不属于泰州学派，但他主张"现成良知"，乐观认为良知自然天成，不须费力把捉，这跟泰州学派的特色颇为相近，所以李贽便受其影响甚大。但有趣的是，王畿的弟子李萼在日常生活间所表现出来的，却是对言行举止谨小慎

---

[1] 打滚事的传言见耿定向《答周柳塘》，附在李贽《李温陵集》卷四《答周柳塘》开头，17页，收入《续修四库全书》第1352册，据明刻本影印。李贽对此事的看法亦见同信。

[2] 李贽给女弟子的书信，见李贽《观音问·答澹然师》，《焚书》卷四，462—470页，北京：中华书局，1974。在《藏书》中，李贽给予某些历史人物特别的评语，如称秦始皇是千古一帝，卓文君与司马相如私奔是实现自我价值等。

微，不能有丝毫违失，据载：

> （李莘）作《克念图》，从龙溪王先生游，终日正容默坐。时出城市，默自数步而行，或时回步，从前路起再整步，期不失尺寸。[1]

李莘作《克念图》，从名称可知，他是要克制不当的念头，这已是较严肃的修养方式，跟王畿标榜的"现成良知"颇有出入。而他在行走时，竟然默数步数，推想他是要求每一个步伐都须大小一致，所以每走一段路，若步数不对，便回到起点重走一遍。这种对极细微事皆锱铢必较的程度，若跟前述颜钧、李贽的行事风格相较，几乎是天壤之别。

心学家的"友论"也有两面性。心学家讲究师友夹持，亦即不能在家闭门造车，而必须外出寻师问友，心学讲会正是希望借由聚会达到以友辅仁的结果。所以心学家十分强调朋友间的关系，这部分向来被许多研究者所津津乐道。但其实师友夹持、以友辅仁，可以是很正面的，也可以给人很大的压力。像知名的心学家罗洪先（1504—1564），他的门人弟子陈昌积，有进士功名，按理说是政治与社会地位皆极高的人，但他却因为罗洪先不见他，而几乎不知所措，他说：

> 厉旨谓不必轻来，来亦不能延住静所，留讲旬月，此则明明取瑟之意。……憨惘数日，不能下食，是非效争怜之妾妇，实深伤为域外之宵人耳。[2]

---

[1] 李天植：《附刊》"李莘"条，见《龙湫集》，2—3 页，哈佛大学燕京图书馆藏清乾隆十七年（1752）刊本。

[2] 陈昌积：《又复念庵先生书》，见《龙津原集》卷五，前 73 页，台北"国家图书馆"藏明嘉靖间毛汝麒等校刊本。

陈昌积因为不能参与会讲而几乎不能进食，"域外之宵人"则是他自认已被罗洪先看作化外之人。

阳明心学的这种两面性会随着时局的变动而让人偏向两端的某一端。在一个乐观的时代，人们若对良知充满正面态度，我们便会看到许多良知带来解放，以及向下传播，为庶民及农工商人带来启蒙的例子。而一旦气氛有变或处在动荡时局中，即使是精英士大夫亦不免怀疑自己是否真实把握良知，而陷入高度焦虑中。如清初便有一群士人组织省过会，在这个会中完全看不到明中期的乐观气氛，反而会中士人忧心自己的日常言行有所偏离，而充满警觉与不安的紧张感。[1] 此正凸显出，当儒学发展到探索人内在最隐微的心思意念，而且要求人必须正视这些心思意念并把握得当，最后很容易让人陷入高度的不安中。儒经说的"毋自欺"，其实是很难达到的理想，因为人很难完全诚实面对自己，但心学却要求人必须做到这点。于是一旦离开明中期的乐观气氛以后，人们面对阳明心学，往往会有非常深沉的恐惧与无力感。

此外，对许多人来说，心性学说毕竟较为抽象，人们除了聆听讲学或阅读心学家的语录以外，更想看到具体的心学理想之体现，也就是圣人。谁是圣人？除了古代圣贤以外，心学家——尤其是王守仁，其实就是当代的圣人。所以阳明心学流行的高峰，王守仁的塑、画像，不仅在书院等公共空间供人崇祀，同时被悬挂于私人书室中敬拜。[2] 过去人们共同崇祀的是孔子像 [3]，如今则另有王守仁像。

阳明心学的风潮虽然广泛及于不同阶层，从上层精英士大夫到中下层士人

---

[1] 王汎森：《明末清初的人谱与省过会》，载《历史语言研究所集刊》第 63 本，第 3 分，1993，679—712 页。

[2] 相关研究见本书第四章。

[3] 如清初江西谢文洊（1615—1681）便把孔子画像悬诸堂前率弟子参拜，而在无孔子像时，则书孔子名于纸帧上以代替。见谢鸣谦辑：《程山谢明学先生年谱》"康熙元年条"，12 页，附于谢文洊：《谢程山集》，收入《四库全书存目丛书》，集部第 209 册，台南：庄严文化事业公司，1997，据清道光三十年（1850）刻谢程山先生全书影印。

都有不少人受此风潮的影响，但毕竟不是人人皆愿潜心学习理学，如同时期便有不少人醉心于诗文写作而不习理学。所以阳明心学影响力的大幅扩大，则跟它与明末制艺风潮的结合有关。所谓的制艺风潮，若用浅白的话说，就是一场八股文写作大会，八股文解释儒经，所以会跟心学有所交集。

四、制艺（八股文）

制艺是明代科举考试所用的文体，过去我们受到顾炎武（1613—1682）、黄宗羲（1610—1695）等人的言论影响，所以很容易对制艺有先入为主的负面印象，如顾炎武有"八股之害等于焚书"的激烈之论，黄宗羲则把明文之不竞归罪于士人专注于科举业，这也导致长期以来人们没有正面看待明末的制艺风潮。但其实这一波风潮，是继文学复古运动与心学运动以后更大的一股风潮，把全体的士人都卷入其中。许多士人不仅勤于练习制艺，把个人的制艺文稿刊刻出版，同时各地士人结成大大小小的制艺文社，并刊行社稿，加上一些名家对八股文进行挑选并作批注，这类选本往往有很大的影响力。所以我们若是翻看明末士人的文集，往往会看到大量为八股文文稿、社稿或选本所作的序跋，另外也会有一些对八股文文体的严肃讨论。

在此风潮中，八股文除了作为应试求取功名的手段以外，还跟文风、士风与国运相联系。今人对此也许会感到不可思议而难以索解，但对明人而言却是很合理的思考。首先，儒经是士人对这个世界认知的基础，而八股文则是对儒经义理的诠释及发挥，而比起一般的诗文，八股文是更为正式而严肃的文体。其次，八股文是明代独创的新文体，所以发展这个新文体，可以让明朝与前代比肩，而不必再屈居于秦汉文或盛唐诗之下。第三，也是更重要的，由于士人皆须习八股文，所以端正八股文的文风，除了可以正确诠释儒经、发展新文体以外，还可以纠正士风，而士风会进一步影响国运。所以便有士人是从倡导八股文这个新文体，以及重新诠释儒经的角度，来推动这股新风潮。

明末制艺风潮中两个最知名的社集，一是江南的复社，一是江西的豫章社，两社之间有合作有竞争。两社都主张改革八股文，试图以八股文改造文风、士风与国运。复社还积极涉入政治事务中，而有"小东林"之称。所以明末一波波的政治斗争中，几乎都有以复社为首的这些制艺文社成员的参与。

明末制艺风潮的形成，可说是由心学运动与文学复古运动为其创造条件。文学复古运动的影响较偏在外缘，由于明中期以后，许多罕见、未见书纷纷刊刻问世，自然对士人的知识系统带来不小的冲击，并且进一步影响士人对儒经的解释。蒙文通（1894—1968）先生对此慧眼独具指出：

> 在不读唐以后书的口号下，开创了读古书的风尚，把束缚在宋学末流的肤陋之弊，予以一次洗刷。清代汉学家所重视的一些古籍，明人都已经加以注意而进行了一些工作。[1]

明末诸子书的流行及诸子学的复兴，便是很明显的例子。很多已数百年无人闻问关心的子书，如今都因重刊而被重新阅读与审视，并有人援引其说来解释儒经。天启年间甚至一度流行把诸子书的内容写入制艺中。托名归有光（1507—1571），而有文震孟作序的《诸子汇函》，就是这波诸子书热潮下的产物。

心学看似跟八股文没有直接关系，但因八股文诠解儒经，而心学也诠释儒经，所以两者有所交集重叠。尤其心学主张以个体良知为判准，不必依循先儒的注解，既让士人对儒经有更多解释的空间，也让八股文写作有较大的自由。

---

[1] 蒙文通：《中国历代农产量的扩大和赋役制度及学术思想的演变》，见《古史甄微》，376 页。

倘若对儒经的解释必须紧缩在先儒的注解下，八股文写作必然绑手绑脚，而难以施展。也因此，当明末心学讲会不复昔日盛况，甚至日趋衰微之际，心学学说却因影响坊间流行的《四书》注解，而使其重要性不减反增。当时坊间流行的《四书》注解，不少注解内容跟朱熹《四书集注》的解释有所出入，反而跟心学学说有互通之处。

以上所谈是明中晚期三股风潮间的关系，以及形成明末制艺风潮的条件。从理想面来说，明末士人从事八股文写作，既是发展新文体，也抱持纠正士风、影响国运的希望，因此明末的几个知名制艺文社，并不像一般人口中所说的科举补习班，我们若看复社与豫章社的主张及活动，两社成员所想做的，早已远远超出科举考试之外，所以两社共同提出"尊经复古"的口号，以及重视经书的主张。由于明代科考主要以《四书》场为最关键，《五经》场仅需以一经应试即可，所以两社的主张跟应试其实已经没有很大关系。

但我们仍不应忽视，对大多数士人而言，他们仍将科考视为是晋升之阶的关键，也是个人及整个家族的未来之所系，所以我们也应该看现实生活中，一般士人如何面对科举考试及八股文写作的压力。

过去我对士人睡眠时间的研究便指出 [1]，从明初到明中晚期，士人有因读书而延迟就寝的趋势，如明初大儒李时勉（1374—1450）训诫士人"读书宜二更即止"，但晚明谢肇淛（1567—1624）则说"夜读书不可过子时"——二更是晚间九至十一点，子时（即三更）是半夜十一点至次日凌晨一点。就寝时间已整整往后延长一个更次。造成就寝时间延后应跟科考压力有关。明中期以后参加科举的人数越来越多，但录取名额未能相应增加，愈来愈多士人屡试屡败，甚至还有十举不第的。除了录取率低以外，汰选的标准不一，造成才学高者未必便有得第把握，更增加士人内在的紧张与压力。当时常见许多才学傲视同侪者

---

[1]　以下所述请见张艺曦：《明代士人的睡眠时间与睡眠观念》，载《明代研究通讯》，2002 年第 5 期，35—55 页。

淹蹇不第，即令夺得一第，也是多年以后的事。如李若愚，当他终于被录取后，主试官员很感慨，告诉他，当年自己求学阶段就已久闻其名，尤其教导他制艺的老师更常以其文为模板命己习诵，不料今日竟然主客易势至此。李若愚不禁当场痛哭失声。[1]

面对如此沉重的压力，士人内心的焦虑之深是可想而知的，也因此驱使许多士人投注更多心力读书，为求一第拼命用功而牺牲睡眠。科举与健康既然不可兼得，只能去此取彼，因此便如谢肇淛所说，有人熬夜苦读而弄坏身体，严重者甚至可能因此丧生。[2] 在此心态背景下，社会上甚至流传一些神异故事，内容竟是鬼神也显灵要求士人不能多睡，而应"起来读书"：

> （王鉴）少读书时，每至四鼓，呼"王秀才起来读书"。起蚤不闻，稍迟则呼，甚异焉。一晚，出蹲岩下，伺至四鼓，果至，呼之，公见，乃红衣妇也。公未及问，妇先绐曰："尔背后有人。"公甫回顾，其妇顿失。[3]

当时既有士人以"先起后眠"为标榜，"劳瘵不少解"[4]，看在父母眼中未尝不心痛，也有劝诫阻止的：

---

[1] 沈德符：《万历野获编》卷十六，454—455页，北京：文化艺术出版社，1998。当时为名诸生却屡试不第的例子不少，有的甚至因此抑郁而卒的。地方志中便有一例："周氏，龚汝骐妻，汝骐为名诸生，秋试不捷，抑郁抱病死。"见沈德潜、顾诒禄纂，许治修：（乾隆）《元和县志》卷二十八，18页，扬州：江苏广陵古籍刻印社，1991，据乾隆二十六年（1761）刻本影印。

[2] 各地方志便收录不少这方面的资料，如孙鸣庵纂：（康熙）《吴县志》卷五十五，16页［扬州：江苏广陵古籍刻印社，1989，据康熙三十年（1691）刻本影印］："杜氏嫁刘炳，炳业儒攻苦，婴疾卒。"沈德潜、顾诒禄纂，许治修：（乾隆）《元和县志》卷二十八，18页："杜氏，诸生陈三锡妻，三锡为仁锡从弟，力学早夭。"

[3] 李中馥：《原李耳载》，120页，北京：中华书局，1997。

[4] 刘应秋：《云山黄先生传》，见《刘大司成文集》卷八，1页，台北"国家图书馆"藏明吉水刘氏家刊本。

光为举子业，夜分起读，辄为戒曰："儿勿苦！吾闻亥、子之交，血行经心，设令勘形神得官，于轻重计不亦左乎？欲速不速，不欲速速之，非善为速者也。"[1]

但恐怕发挥不了多大的作用。当时甚至有人家中三子，前二子皆因读书过劳相继殒逝，逼使父母强力介入阻止幼子求学，以免再因读书而绝后了。[2]

涂伯昌（1589—1650）是另一个值得介绍的例子，我们可看到一位地方上的制艺作手，在考取中高级功名前的生活。涂伯昌是明末江西新城县人，新城位于山区，所以涂伯昌直到崇祯年间才因赴乡试而离开新城，而他的制艺马上得到江右四大家的赞赏，并为其延誉。但在此之前，涂伯昌其实有一段十分黯淡艰苦的日子，他在万历晚期与妻子隐居山间，不与世人往来，以利于他专心练习制艺，这段时间他所作制艺皆天真独往，非平日所能及。但也是在这段时间，他的生活十分困苦，而且日甚一日，他与其妻有时一天只有共食一瓜及沸水数杯而已。[3] 到了后来，甚至连保暖的衣物也没有，即令寒冬也只有夏布敝衣，而他的妻子却笑着跟他说："他日富贵，慎勿相忘。"[4]

涂伯昌之妻不久后去世，尽管数年后涂伯昌考取举人，脱离贫困的日子，却已不能再与其妻同欢。涂伯昌始终没有忘掉这段过往，他以简短而看似平淡的文字，诉说那段与妻子同甘共苦的日子。涂伯昌将其文集命名作"一杯水"，所怀念的也许正是与妻子一起喝水度日的时光。

---

[1] 陈献章：《宝安林彦愈墓志铭》，见《陈献章集》卷一，89 页，北京：中华书局，1987。

[2] 刘孔当撰，刘以城编：《刘喜闻先生集》卷六，7 页，东京：高桥情报，1993，据日本内阁文库藏明万历三十九年（1611）陈邦瞻校刊本影印。

[3] 涂伯昌：《辛乙稿序》，见《涂子一杯水》卷三，77 页，收入《四库全书存目丛书》，集部第193 册，据清康熙四十五年（1706）涂见春刻本影印。

[4] 涂伯昌：《丙庚稿序》，见《涂子一杯水》卷三，78 页。

小　结

明中晚期是一个各种思潮风潮兴起而多元竞逐的年代，本章所谈的三股风潮，尽管文学复古运动与心学运动在明中期为其高峰，而明末有制艺风潮凌驾其上，但其实无论在明中或晚期，三股风潮都同时并存，而交互激荡，只是彼此的高峰期各有不同而已。

文学复古运动与心学运动都有扩大参与成员的趋势，但士阶层受此两波风潮影响的比例其实并未过半，而且还有雅／俗、正统／末流之别。相对于此，制艺风潮则把全部的士阶层卷入，无人可以置身事外，于是士人除了怀抱改革文风士风的理想，同时也有追求个人功名利禄的需要，也就是必须绾合应举与穷经。

在阳明心学与文学复古运动鼎盛时，两风潮虽不直接有利于科考功名，却并未造成士群体的普遍焦虑。但明末盛起的制艺风潮，显示士群体已不能不在乎科考功名，而要求绾合应举与穷经二途。这类吁求不来自大儒、大文人，而主要来自小读书人。从明中期到明末，三股风潮递嬗转变中的小读书人的角色，则是以下几章讨论的重点所在。

第二章　阳明学讲会与小读书人

阳明心学对明中晚期思想、文化及生活各方面都有很大的影响，不仅在学说上创新，在各地举行讲会，以及如余英时先生所说，阳明心学家有其"觉民行道"的学术实践，而从事乡约、田土丈量等事。[1]但过往相关研究较多聚焦在大儒的思想内容、学术论辩，以及相关的讲会活动；由于是以大儒为中心，以至于在视角上不免有所局限。阳明学及其讲会的盛况，是大儒与小读书人共同形成的，所以必须加入小读书人的角色及视角。

小读书人是跟大儒相对的一群人。大儒未必都有极高的功名，但他们拥有跨地域的声望及影响力。相对于此，小读书人则多数是拥有中下级功名的士人，或者是布衣、处士，而没有跨地域的声望及影响力。大儒与小读书人，彼此共同形成整体，而由于是以学术成就及影响力，而不是用功名划分彼此，所以功名高低对身份划分的作用很有限。

阳明心学以浙中、泰州、江右三派最盛，江右阳明学派被视为正统，因而以下便以江右阳明学派的重镇安福、吉水等地为例来讨论。

---

[1]　余英时：《宋明理学与政治文化》，292—297 页，台北：允晨文化实业有限公司，2004。

一、大儒讲学与小读书人的二次传讲

过往相关研究会比较注意到大儒讲学活动，小读书人是参与者，这样的视角固然没错，但却失之简化。大儒往往会在较容易聚集人群，或知名的书院讲学（也有例外），如安福复古书院便在县城，而这不仅是安福最重要的讲学地，而且往往可以聚集县城、各乡，甚至他县的人前来聚讲。

但若只是大儒在书院讲学，人数有限，影响也有限。所以在大儒讲学以外，关键还在于前来听讲的小读书人所做二次的传讲（图1）。小读书人的二次传讲，不见得跟大儒所讲的一样，可能有简化、有小读书人个人的见解，甚至会扭曲大儒的原意，也因此在学术史的讨论中，由于重视思想的精确及纯粹，所以不会注意小读书人。但我们若是从思想流传的角度来看，思想在流传的过程中，本就会有简化、变形或扭曲，但只要思想的核心没有被改动，都可视为是思想的流传。这就像是基督教有许多地方教派，各地教派对《圣经》的解释及所持的教义各有不同的变形，所以教廷提出三位一体、神人二性与十字架救赎等基本原则，只需承认此三者，便不会被视为异端。阳明心学家极重宗旨，尽管脉络及用意不同于教廷的原则，但其作用是很类似的：无论思想如何流传，只需不离其宗旨，就算是从大儒而来的学说。

小读书人的二次传讲是思想流传的关键所在。阳明心学虽然诉求简易直接，但这是相对于程朱学而言，毕竟再简易再直接，对一般庶民百姓而言，仍是隔了一层。大儒所讲的内容仍较多倾向原则性的学说或概念，所以前往书院听讲的，以小读书人居多，有时也会有农工商贾前来听讲，但不会是常态，人数也不会多。至于小读书人的二次传讲便很容易直接面对这些庶民百姓，因此小读书人会根据传讲对象的不同，而对所讲内容有所调整，或者使其更生活化，或者以生活周遭的事物举例。小读书人对大儒的学说已有所转化或甚至变形，但正是转化或变形，让大儒的学说可以更深入乡野闾里之间。

也因此，我们看阳明学的流传，不能只是看大儒在书院的讲学而已，还必须看小读书人在地方上的讲会。这类讲会还因区域大小而分，至少分作乡会与家会。一县分作数乡，一乡又分数都（或里），一都中有数个家族。所谓的乡会，名义上是一乡之上，但多半是联合数都共同举行。家会则可能是一都之内的数个家族共同举行，也可以在自身的家族内举行。于是我们至少看到三个层次的讲会：大儒在县级的书院讲学，其次是小读书人举行的乡会与家会。

这是比较理想的形式，而有此基本型的概念，便可知各县的阳明学讲会的发展特点或偏重。如安福与吉水两县都是阳明学的重镇，安福的阳明学讲会是很理想的形式，即邹守益这位大儒主持县城的复古书院讲学；地方上则有乡会、家会的举行。相对的，吉水阳明学在罗洪先的主持下，讲会不多，由于没有小读书人前往各地乡里做二次传讲，于是阳明学的发展便多局限在罗洪先所在的乡里（图2）。

这也是我们必须更深入到县以下的层级看学术发展的原因。从县到乡与族，从大儒到小读书人，正是这些在乡里间的小读书人，以及他们所做的二次传讲，形成明中期阳明学的盛况，而且这也正是阳明学与两宋以来理学的差异所在。两宋以来的理学家已在书院讲学，而知名理学家也有群从弟子，其讲学也常可吸引大批的听众，但却少见乡里间小读书人的二次传讲。地方上的各式讲会，正是让阳明学与两宋以来理学形成差异的土壤。

二、几种小读书人的个案

安福便有许多小读书人在乡里间举行讲会的事例。这些小读书人也有区别，有些是比较著名的，如欧阳瑜（1528 年举人），他虽有举人功名，但其声名尚仅局限在一乡，而没有跨地域的声名，所以或可说是介于大儒与小读书人之间的人物。欧阳瑜跟邹守益一样都是北乡人，加上他随从邹守益讲学的脚步，也参加复古书院的讲学，而且据说他"诣书院如赴其家"。这也凸显出他虽然没有像邹守益一样有跨地域的声名，但仍然颇受当时人的看重。复古书院不常有讲会，所以对于学术的流传，更关键的是家会与乡会，所以欧阳瑜每月朔望率子弟会讲于家祠，而且立乡会达到四个之多。[1] 如前述，一乡的地域范围不小，而欧阳瑜立四个乡会，可知他很希望把学术真正推行到一般人的生活中。

至于一乡之间的小读书人，朱调、朱淑相则是很好的例子，二人原本都有诸生功名，但弃去。二人都师从邹守益，而在乡里间讲学，颇有声名，并称作"南来两朱"。朱淑相有一间个人书屋，以此书屋为中心举行讲会，据当时人形容说：

> 先生每朔望为家会，月为族会，季为乡会，诸所发明，一时在会者闻而兴起，兢兢服行其教，无敢失。以故朱氏子弟最以绳检闻，途遇之，不问可知其人，然皆公倡导维持之力也。[2]

朱淑相把讲会分得更细，分作家会、族会与乡会，初一、十五举行家会，每月行族会，每季还有乡会，显示他花费较多心力在家与族的教化上，而明显的效益是族中子弟言行的改变。

---

[1] 《三溪公传》，见《理学志》，欧阳劻平等纂修：《续修安福令欧阳公通谱》，15—17 页，上海图书馆藏民国间影印清乾隆十五年（1750）刻本。

[2] 曾同亨：《赠行人司行人春圃朱公墓志铭》，见《泉湖山房稿》卷二六，10—11 页，东京：高桥情报，1991，据日本内阁文库藏明刊本影印。

许多小读书人未必能够有欧阳瑜的分量，能够常驻在复古书院讲学，也不见得能够如朱调、朱淑相，成为一乡之间的知名人物。所以他们也许无法像朱淑相一样，定期举行家、族、乡会，但也会不时在乡里间举行讲会，有些是乡会，有些是族或家会，这些都被收录到地方志中，文集的行状传记或墓志铭也会记载。如王宗舜（嘉靖年间贡士）联合乡里人士举行惜阴会，据此叙述可知是联合几个都里的人士共同举行的乡会。如王威建嘉会堂，举行惜阴会，嘉会堂是个人书屋，而此惜阴会可能是乡或族会。[1]

三、面向地方豪强

刘元卿（1544—1609）所在的安福西乡，是朴素少文之区，颇多豪强之辈，因此不像安福的其他三乡，大儒在书屋或书院讲学，便有许多小读书人为其做二次传讲。尽管嘉靖年间西乡也有一些小读书人前往复古书院听讲，但回到乡里以后，却少有发挥的机会。必须等到多年后，刘元卿在西乡倡学，小读书人才起而响应。在此我们正可看到大儒与小读书人间互为表里：一门学术广泛流传，不能只是大儒的书院讲学，也不是只靠小读书人的传讲，而必须有大儒，有小读书人，才发挥最大的作用及效益。

刘元卿出身不高，也非名门世族之后，所属的南溪刘氏是贽雄于乡里的西乡大族，因此他必须前往县城求学，过程中颇受其他名门世族之后的欺凌与羞辱。也因此，刘元卿即使考取举人功名，生活及心态并未大变，很能够融入乡里的生态，与形形色色的人打交道。也是这个缘故，嘉靖年间大儒辈出，但阳

---

[1]　王宗舜事见《儒林》，见姚濬昌等修，周立瀛等纂：（同治）《安福县志》卷十一，18 页，收入《中国地方志丛书·华中地方·江西省》第 773 号，台北：成文出版社，1989，据清同治十一年（1872）刊本影印。王威事见同书，卷二，24 页。

明学始终难以传入的西乡，却在隆庆（1567—1572）、万历（1573—1620）年间以刘元卿一人之力，加上当地小读书人的响应，而让西乡在一二十年间便建立三间书院，以及取得地方家族的支持或配合。

如王子应，生于正德年间（1506—1521），其族金滩王氏以赀财雄于乡里。王子应早年曾习举业，不久弃去，文教非其所长，但他应是该族少数有诗书素养的人。当王守仁在浙江讲学时，王子应动念希望前往听讲，遭其父母与族人反对，于是王子应只好就近前往安福县城的复古书院，习于邹守益、刘文敏（1490—1572）等大儒门下。直到三十多年后，刘元卿在西乡倡学，王子应虽已年老，但终于可以发挥影响力，于是率领及动员族人前往听讲。[1] 类似的情形也可见于洋溪赵氏，如赵师孔、赵子达都曾有诸生功名，赵师孔是邹守益的门人，赵子达则是西乡诸生领袖，二人虽欲在乡里倡学，效果有限。直到刘元卿前来西乡，才成功作兴风气。[2]

贺宗孔则是连诸生功名也没有的一介布衣，甚至有可能是地方豪强，所以当刘元卿在西乡倡学，而他前来听讲时，会中人便刻意通知刘元卿，刘元卿也特别与其单独谈说。刘元卿的讲说似乎有一种魅力，让这些以力为豪强者能够降心听讲，甚至衷心佩服。在对谈过后，贺宗孔表示："吾几枉此生矣！"于是一心向学，而且希望以学来化俗。[3] 刘元卿的族人刘本振也有类似的反应，刘本振是任侠意气之人，又好诉讼，不喜读书，一听人谈论儒经便会睡着。但他却愿意听刘元卿讲学，而且听到讲圣人可为，便喜动颜色，为自己也可以当圣人而喜不自胜，于是折节力学，纠集子弟举行讲会。[4]

---

[1]　刘元卿：《王箕峰公墓铭》，见《刘聘君全集》，收入《四库全书存目丛书》，集部第 154 册，卷八，27—29 页，台南：庄严文化事业有限公司，1997，据南开大学图书馆藏清咸丰二年（1852）重刻本影印。

[2]　刘元卿：《赵时卿传》，《刘聘君全集》卷七，58—60 页。

[3]　刘元卿：《一溪贺君行状》，《刘聘君全集》卷八，26—29 页。

[4]　刘孔当：《双潭公传》，见《刘喜闻先生集》卷四，16—19 页。

刘元卿得到贺宗孔、刘本振等这些有力人士的襄助，于是顺利成立复礼书院［隆庆六年（1571）］，此后又陆续成立识仁书院［万历十九年（1591）］与中道会馆［万历三十一年（1603）］。值得注意的是贺宗孔的反应，他因亟于移风易俗，总不满意书院讲学的成效，多次向刘元卿抱怨书院能够容纳的人数太有限，能够听讲的人太少，甚至指责刘元卿怠惰，不该只是坐在书院讲学，而应该挨家挨户去讲才对。从贺宗孔的这番话，可以想见刘元卿的个人魅力应是极大的，所以让贺宗孔觉得若刘元卿愿挨家挨户传讲，肯定能让阳明学在西乡大复兴，也肯定能够收到移风易俗之效。刘元卿无言以对。有意思的是，贺宗孔死前仍不忘告诫子孙说："家会、乡会，所以讲学修德，维持世风，吾虽死，其勿懈！"这也凸显出除了书院讲学以外，地方上的家会、乡会，才是让学术能够深入乡里及百姓生活中的关键所在。[1]

四、江右与泰州之于小读书人

大儒与小读书人是互为表里的。大儒风光登坛讲道，所讲的心性义理学说，晶莹通澈，令人神往，而实际上让这些学问流传并深入到乡、里、族之间，则须倚赖小读书人之力。小读书人所面对的，很多是识字不多，或对心性义理之说没有兴趣的人，对他们不能够讲那些高深玄远之学，也不能像打哑谜一般让人自行揣度或领悟。跟他们说话必须直截了当，直击人心，又必须能够与日常生活的情态相对照、相呼应。大儒是光鲜亮丽的大人物，小读书人则是实现这些光鲜亮丽的小卒子。

刘元卿是江右阳明学派中少数的例外。《明儒学案》将刘元卿列入《江右学

---

[1] 刘元卿：《一溪贺君行状》，《刘聘君全集》卷八，26—29页。

案》，但其实他师从耿定向，而耿定向（1524—1596）是泰州学派的一员。从邹守益等大儒无法将其学说传入西乡，而刘元卿却可以以一人之力改变一乡风气，也让我们看到泰州学派著名的"赤手搏龙蛇"的另一种样貌。刘元卿没有搏龙蛇，但他却能够把一些地方豪强吸引到书院中，改易其心性，甚至让他们主动做起移风易俗的事。

这也凸显出江右与泰州的差异所在。江右阳明学派是大儒与小读书人的合作，大儒是谈说者，小读书人则是执行者。也因此，若一乡一地的文教不高，即使有小读书人前往书院聆听大儒的讲学，但回到乡里、家族以后，若未成立讲会，学术便难以广传。也因此，在阳明心学的重镇安福，各地都有讲会的时候，西乡却是寂无声息，俨然化外之民一样。

刘元卿在西乡的作为，则凸显出泰州学派能够深入到基层的那一面。作为大儒，并不只是应对小读书人而已，还必须面对面地应对乡里豪强，所以不仅不能是文弱书生，还必须有极大的人格魅力，以口才、以学问、以人格、以成圣的追求，来让人钦服。从这个角度来看，越是文教不高的地区，泰州学派越容易展现其独特风格。

或许正是这个缘故，让刘元卿在安福有了一席地。在安福这个大儒群聚的地方，列名《明儒学案》的大儒，便有邹守益父子孙三代五人、刘文敏、刘邦采（1492—1578）、刘阳（1525年举人）、王时槐（1522—1605），加上刘元卿，共十人。其中，邹守益最受当时人所尊崇，从邹守益的传记可知，当他病危及死后，远近士民，不分男女老幼皆痛哭失声，俨然是把邹守益当作父母，或儒家圣人一样。邹守益以外，则只有刘元卿被门人弟子视为圣人，为他在县城建近圣馆而入祀。[1]

---

[1]　邹德泳：《刘正学私谥议》，见《征翰记》，7—8 页，收入《南溪刘氏续修族谱》，上海图书馆藏清崇本堂木活字本。

五、没有讲会的阳明学

最后，我想谈一个特例，也就是没有讲会的阳明学。

过去很多研究都会把阳明学与讲会直接联结在一起，认为阳明学就是靠讲会而传播，也进而认定，明中晚期两次禁毁天下书院，便伤及阳明学讲会。这个认识当然是很初步而简单的，中央政府禁毁天下书院仅数十所而已，根据前文的讨论可知，书院是大儒的讲学地，但阳明学深入乡里间是靠小读书人的讲会，所以禁毁书院的作用，在其政策的宣示性、指标性，而不是实质的伤害。[1]但禁毁仍凸显一事，就是这类在公共场合所作的讲学活动，很容易引人侧目，大儒的书院讲学固然会引人关注，小读书人的讲会何尝不是？也因此，我们看到万历中期以后，安福乡里间越来越少见小读书人成立讲会，反而仅剩下少数书院的讲学活动。我们固然不能直接断言说这是政治力作用下的结果，但当小读书人越来越少在乡里间举行讲会，便几乎预示了阳明学的中衰。

那么，有没有不需要讲会的阳明学呢？有，而且非常令人惊讶的是，就在安福的邻县，同样是阳明学的重镇，有大儒罗洪先主持的吉水阳明学（图3）。

吉水不是完全没有讲会，但数量极少。罗洪先的石莲洞是个人书屋，位于相对僻远之地，我们在安福所见的书院或讲会，往往在容易聚集人群的地点，但罗洪先的选择完全相反，他刻意选择石莲洞，简直好像担心人们过来一样。也正是因为僻远，当罗洪先在世时，人们尚因慕罗洪先之名而前往，但其去世以后，石莲洞很快就荒废而乏人问津了。

罗洪先主持下的吉水阳明学，跟安福阳明学的流传比较起来，可谓十分封

---

[1] 对禁毁书院的讨论，请见张艺曦：《明中期地方官员与王学学者的紧张——以白鹭洲书院兴废为例》，《大陆杂志》，104卷6期，2002，30—54页。

闭，几乎在以罗洪先为中心的人际关系网络间流传，所依靠的不是书院或讲会，而是人与人的亲友关系，以及家族内部或家族间的血缘或姻亲关系。因此我们若是仔细查考与罗洪先往来的一些人，不是与罗洪先同都里，就是在邻近的都里，而且彼此往往有姻亲关系。我们甚至可以简化一点说：嘉靖年间的吉水阳明学，几乎就是在罗洪先所在的六十一都内流传的。[1] 值得注意的是，这类非常封闭的学术流传，其地域范围极有限，但却可能在家族内部下达到基层人群，如泥田周氏与曾氏的几位商人，便得以与罗洪先结交，并得其撰文表彰。

罗洪先主持下的吉水阳明学，可谓是特例，所以在罗洪先去世以后，继起的另一位大儒邹元标，便回归到书院讲学的模式，而且不在六十一都所在的同水乡，而是在县城讲学（图4、图5）。但邹元标在县城讲学的同时，同水乡仍保持其学术的传承与活力，以至于清初吉水的代表人物李元鼎（1595—1670），仍是出自六十一都的谷平李氏。这也让我们注意到，书院及乡里讲会，或者16世纪阳明学所发展出来的新模式，让学术在地域间广泛流传，在广度上触及各地的小读书人，而在深度上则借由讲会而进入乡里百姓的日常生活中。但这个模式似乎在17世纪遭遇困境，而无法再持续运作下去。相对的，同水乡六十一都的家族传承，以某地域间的几个家族共同支持的学术，似乎更能长久发展，而较不受外在情势变化所干扰。这似乎也预示了后来清代家族学的兴起。

---

[1] 详细的讨论，请见张艺曦：《吉水王学与家族》，《社群、家族与王学的乡里实践：以明中晚期江西吉水、安福两县为例》第三章，台北：台湾大学出版委员会，2007。

第三章 《传习录》与古本《大学》的流传及其影响

前　言

罗杰·夏蒂埃（Roger Chartier）在关于法国大革命的研究中指出小册子在信息的传播上发挥了不可忽视的重大作用，以及这些小册子如何将革命的理念传播到社会的中下层。[1] 而关于宗教改革时期的研究也多论及当时印刷术的进步，如何促成许多关于宗教改革的信息更广泛地传播，并在社会上造成深远的影响，使其不致流于局限在教士或精英阶层间的辩论而已。[2] 马克·爱德华（Mark U. Edwards）则总结一些相关研究，指出由于马丁·路德翻译拉丁文《圣经》，加上当代印刷术的发达，使此一经典文本不再为一部分人所掌握，而马丁·路德人人可与上帝直接沟通的理想更可能得到教士阶层以外的人了解与支持，最后终于主导了整个辩论的进行。[3]

若将眼光放到中国史上，两宋以后印刷术的发达使得书籍的流传及传播更加便利，于是学术传播的管道除了人对人的直接传讲以外，也比以前更方便，

---

[1]　Roger Chartier, translated by Lydia G. Cochrane, *The Cultural Origins of the French Revolution* (Durham, N.C.: Duke University Press, 1991), ch.3, and 4.

[2]　Lucien Febvre and Henri-Jean Martin, translated by David Gerard, *The Coming of the Book: the Impact of Printing 1450-1800* (London: N.L.B., 1976).

[3]　Mark U. Edwards, *Printing, Propaganda, and Martin Luther* (Berkeley: University of California Press, 1994), ch.1, 4, and 5.

可以借书籍刊刻流传的方式进行，尤其明中期以后的经济发展更促使书籍刊刻的数量剧增，遂使同时期的阳明学流传除了利用讲学的口头传说宣讲以外，书籍的流通也发挥相当大的作用，而不应被忽略。[1] 我们在讨论明中晚期阳明学的兴起与流行这一重大的文化现象时，多注意到一些大人物如何接受了阳明学，以及他们如何将这套学术通过讲学的方式传播，又或者从讲会与书院的举行与兴建看讲学活动的兴盛与繁荣，但却常忽略掉阳明学传播的对象，除了这些大思想家或者大人物以外，还有许多地方的中下层士人、布衣、处士，甚至一般的平民百姓，这些人也是支持阳明学活动的重要成员，这些人如何接触并接受这门学术，是很值得发问的主题。因此，我们除了注意阳明学学术思想的创发革新，以及讲学宣扬其学这两件事以外，《大学》古本与《传习录》这两本小书对阳明学流传所发挥的作用也不应忽视。这三者有如鼎之三足，共同构成阳明学在明中晚期跨阶层流行的基础条件。

浙中、泰州与江右可说是阳明学众多学派中最具代表性，吸引最多人目光的三个学派。其中江右阳明学派以邹守益（1491—1562）、欧阳德（1496—1554）、罗洪先、聂豹（1487—1563）等人为首，不仅在当时甚具影响力，并被视为是阳明学的正统所在。[2] 这些江右阳明学派的领袖人物，多数出自位于江西中部的吉安府，因此以下多以江右阳明学派，尤其是以吉安府为主，看《传习录》与《大学》古本在阳明学的流传中扮演的角色，以及所发生的作用与影响。

一、阳 明 学 讲 学

宋明理学著名的特色之一即其讲学活动，这些讲学活动多数是由理学学者

---

[1]　关于明代出版史的研究，请见缪咏禾：《明代出版史稿》，南京：江苏人民出版社，2000。

[2]　黄宗羲：《明儒学案》，333 页，台北：里仁书局，1987。

自行召集人们聚讲，大体分作两种形式，一是讲会，一是书院讲学，讲会的举行场所并不固定，但若人们常在某一地聚讲，时日既久便有可能兴建书院作为固定的讲学场所。讲会的灵活性强，书院的建制化程度高。

无论是讲会或书院讲学，都跟官方正式体制中的学校教育不尽相同，不仅讲学活动中所讲的内容未必与官方意识形态相合，同时也跟士人所关心的举业内容稍有隔阂，不过这些讲学活动的资金来源却常得到官方的资助，尤其在兴建书院这类大工程中，由官方资助兴建的书院所占的比例更是居高不下，据曹松叶指出，明代书院官办与民办的比例各为 83.17% 与 15.11%，两者高下相差悬殊[1]，至于书院何以多为官办的详细原因未能尽知，但应与官方经费较为充足，在兴建书院时可以公帑支出或摊派到税赋上，尤其以公权力介入，在土地的取得与建筑的维护上都较不困难有关。

讲学活动之盛至少从南宋便已开始。南宋程朱学者倡导讲学甚力，这些讲学活动跟学校教育所代表的官学形成强烈的对比，其中朱熹（1130—1220）与陆九渊（1139—1193）二人齐集鹅湖论学又最著名，但至明初讲学之风衰颓，不仅举行讲会的记录变少，明初程朱学者在讲学的态度上也已跟南宋程朱学者不同，我们虽仍可见到一些布衣、士人前往程朱学者门下学习的故事，但聚众讲学之类的事确很少见了。[2] 直到明中期才有王守仁及其门人弟子在各地倡导讲会，兴建书院，掀起新一波讲学的热潮，这也使现代学者注意到阳明学颇有不同于官学教育、不同于明初程朱学之处，还有人认为阳明学能够迅速传播，主要在于讲学活动的倡导举行。[3]

---

[1] 曹松叶：《宋元明清书院概况》，载《国立中山大学语言历史学研究所周刊》第 10 集（1929—1930），第 111 期，3—31 页；第 112 期，13—31 页；第 113 期，3—27 页；第 114 期，3—24 页；第 115 期，8—21 页。

[2] 盛朗西：《中国书院制度》，77 页，台北：华世出版社，1977。

[3] 吕妙芬：《导言》，见《阳明学士人社群——历史、思想与实践》，21 页，台北："中央研究院"近代史研究所，2003。

阳明学讲学有其卓然特出之处，由于阳明学者经常深入地方乡里间讲学，讲学的对象常不局限于士大夫或可能成为士大夫的士人群体[1]，王时槐的一段话很可用来说明：

> 今郡邑有庠序以造士，书院之设，视庠序造士之意则一，乃其所以为造士之实，则尤大有补裨者焉！何者？盖不专以词艺为常课，而直迪以存天理去人欲，束躬励行，而践之人伦事物之间。……不专以位分称师弟，而乡之贤大夫、先生、长者与四方之名儒硕彦皆得集焉，环听及于童孺，训告闻于里社。[2]

王时槐首先接受书院作为士人读书考试场所的基调，来到书院的人当然以读书人为多，但王时槐更进一步指出在书院所学的除了作文的技艺以外，还有存天理去人欲这些道德学说，于是强调"满街人都是圣人"、人人都有良知、良知即圣的阳明学，遂借此为平民百姓开了一扇门，让这些人也有接触阳明学的机会，这也是为何明中期以后不时可见一些平民百姓、农工商贾，甚至僮仆厮役参与阳明学讲学的原因。这些讲学的内容常流传于乡里、深入闾里基层之间，如安福邹守益每次讲学的时候，都有几百人争着来听，甚至"僮仆亦乐听，其间至有感悟卒为孝子者"[3]，又如安福南乡"穷山邃谷，田夫野老，莫不知有讲学"。[4]至于书院之公议，不仅使得"士之居于乡者，以薄伦为丑行，出而仕者，以黩

---

[1] 余英时：《明代理学与政治文化发微》，见《宋明理学与政治文化》，249—332 页。

[2] 王时槐：《白鹭书院志序》，见《友庆堂合稿》卷三，18—19 页，收入《四库全书存目丛书》，集部第 114 册，据清光绪三十三年（1907）重刻本影印。

[3] 邹德涵：《文庄府君传》，见《邹聚所先生文集》卷三，53 页，收入《四库全书存目丛书》，集部第 157 册，据明万历邹衮刻本影印。

[4] 刘垂宝：《复真讲学记》，见姚濬昌等修，周立瀛等纂：（同治）《安福县志》卷十七，38—39 页。

歧路彷徨

货为秽身"，即使是"村夫野竖，时有违忒，尤恐书院得闻而招公议之诮"。[1]

　　不过书院的空间毕竟有限，所能容纳的人数不多，在此先天条件的限制下，有资格常来书院讲学的人大部分还是以士人为主。有鉴于应让基层士民百姓得到更多讲学的机会，有人还主张走出书院之外随众聚讲，也就是书院外的讲会，这类讲会的影响力常比书院还广还大，如左派王学便以从事社会讲学活动闻名于世。吉安阳明学者中也不乏这类人物，如安福西乡布衣贺宗孔，他因不满于乡里风俗的浇漓，又见书院所能容纳的人数有限，因此忧心如焚，恨不得能够"隆书院到于天"，让每一个人都能入内听讲，也因此他一直试图说服当地阳明学者刘元卿走出书院，挨家挨户登门讲学，把学术传到社会的每一个角落。[2] 尽管刘元卿终未将他的提议付诸实践，但贺宗孔仍利用家会与乡会这类乡里讲学活动影响其族人与乡人，奠定阳明学在当地基层的势力。

　　比较让人好奇的是，在阳明学初兴之际，讲学活动尚未大盛前，这门学术又是通过何种渠道广为流传并为人所知？何以许多未曾听过讲学的人，一旦得知他地有阳明学讲学，便不惜远道前往听讲？显然除了亲身参与讲学以外，人们还有其他接触阳明学的管道与入口，其中古本《大学》与《传习录》这两本小书便扮演了很关键的角色，而其刊刻流传也对当时阳明学的流行起了极大的作用。

二、古本《大学》

　　在宋明理学六百多年的发展史中，由于四书学的兴起，《四书》逐渐取代《五经》成为士人入门乃至于成学的基本书目，明初既以程朱学为官方意识形态

---

[1]　王时槐：《道东书院志序》，见姚濬昌等修，周立瀛等纂：(同治)《安福县志》卷十七，7—8 页。
[2]　刘元卿：《一溪贺君行状》，见《刘聘君全集》卷八，27 页，收入《四库全书存目丛书》，集部第 154 册，据清咸丰二年（1852）重刻本影印。

的正统，于是以朱熹所注释的《四书集注》为主的许多程朱学经典，也先后成为士人猎取功名的必读书籍之一，尤其科举又常以《四书》学那一场考试定胜负。[1]《集注》的重要性不言可喻。

《四书》中的《论语》《孟子》二书是孔、孟的个人语录及其与门人弟子对话的结集，内容多属对话性质，较无明显可见的思想系统，因此《大学》《中庸》这两本相传并非孔、孟所亲作的小书在宋明两代甚受重视，《中庸》内容偏重在心性义理的讨论，《大学》则是系统完备，从个人的修身之法，乃至于将来的齐家、治国、平天下的种种步骤都一一完整陈述，因此地位更凌驾《中庸》甚至《论》《孟》之上。由于朱熹曾作改本[2]，王守仁却弃改本而复古本，明代程朱学与阳明学两门学术遂不断集中在《大学》版本与经文解释上相互交锋，而《大学》也成为贯穿宋明理学六百年中，最受重视、争议也最大的一本书。

除了《大学》改本以外，程朱学还通过《近思录》这本小书提供士人求学的指引，《近思录》是由朱熹与吕祖谦（1137—1181）二人合编而成，全书掇取北宋五子中周敦颐、张载与二程等四人著作中关于大体而切于日用者编成，虽然只是薄薄的一本书，但已把个人的格致诚身乃至于修齐治平的工夫全部讲过。[3]

---

[1] 林丽月：《科场竞争与天下之"公"：明代科举区域配额问题的一些考察》，载《台湾师范大学历史学报》，1992 年第 20 期，43—74 页。

[2] 在朱熹之前，程颢、程颐分别有《明道先生改正大学》与《伊川先生改正大学》，在此之前更有郑玄的古本《大学》与孔颖达《礼记正义》本《大学》。朱熹主要依据二程的本子再作考订，并别为序次与补充，这使朱熹所改正以后的改本，内容介乎《礼记正义》本与二程的本子之间。朱熹的改本较诸二程的本子更凸显了"明明德""亲民""止于至善"这三纲领的重要性，并对《大学》的内容作字句的修正，如以"新民"取代"亲民"，以"此谓知本"为衍文，并断定"所谓齐其家"的"其"为衍字，同时加上自制的"补传"。而朱熹另作《大学章句》《或问》，与其改本互为表里。相关的讨论，请见高桥进：《朱熹と王阳明——物と心と理の比较思想論》第 4、5 章，174—266 页，东京：国会刊行会，1977。

[3] 陈荣捷指出，《近思录》是我国第一本哲学选辑，也是此后《性理大全》等书的典型，《性理大全》又是明清两代科考的根基，可谓是《近思录》影响之扩大。而在《近思录》之后，朱熹之友刘子澄编《近思续录》，明末也有高攀龙《朱子节要》，皆依《近思录》分十四目，《近思录》的内容形式竟可支配哲学选录之风气达七八百年之久。请见陈荣捷：《朱子之近思录》，见《朱学论集》，123 页，台北：台湾学生书局，1982。

《近思录》在编定完成后，作为经典的地位日高，如陈淳（1159—1223）便将《近思录》跟《四书》并提，认为这是初学入道之门 [1]，所以我们常见士人在接触理学之初，父母或师长便命其先读《近思录》，即使在成学后仍须经常回头温习。尹襄（1434—1526）说："尝闻之先正，四子者，六经之阶梯，斯录者，四子之阶梯。近承先生长者之教，亦以斯录为先务。"[2] 这代表了明初程朱学者对《近思录》的基本认识。胡居仁（1434—1484）表示："学者当以《小学》《近思录》，熟读体验，有所得，然后方可博观古今。"[3] 也是在同一脉络下的发言。

《近思录》作为程朱学的入门书籍，却不易起到宣传的作用，关键在于这本书包罗的主题范围太广，加上内容多半是单方面的讲话与教导，因此在阅读与理解上都较吃力，所以许多人除了应科考的需要以外，并未深入研习此书。加上当时坊间流行的版本也不一定完整无误，如尹襄便指出，他幼时所读的《近思录》是当时颇为传布的版本，但这个版本的章节次序其实已被后人重新编次，以致决裂无章，但竟无人察觉此事，显示当时人们并未好好读这本书，此一现象使他颇为震惊。[4]

---

[1] 关于《大学》或《近思录》何者应为初学入门之书的讨论，请见李纪祥：《入道之序：由"陈（淳）、黄（幹）之歧"到李滉〈圣学十图〉》，载《"中央大学"文学院人文学报》第24期，桃园，2001，241—337页。

[2] 尹襄：《巽峰集》卷六，15页，收入《四库全书存目丛书》，集部第67册，据清光绪七年（1881）永锡堂刻本影印。

[3] 胡居仁的这段话收录在张伯行：《小学辑说》，见《小学集解》卷首，10页，收入《四库全书存目丛书》，子部第3册，据清同治重刻正谊堂全书本影印。

[4] 尹襄：《书〈近思录〉后》，见《巽峰集》卷六，14—15页。至于朱熹所编的另一本书——《小学》也是引导士人入门的书籍，但其内容却又不只是局限在初学入门的工夫而已，而是把初学乃至于成贤成圣的工夫全部讲过。而《小学》也遭遇同样的命运，成化年间程朱学者陈选尊信此书，并为其注释作《小学句读》，但流传不广，年岁既久后便渐失传。见王时槐：《刻〈小学句读〉后序》，见《友庆堂合稿》卷三，2页。广东黄佐便指出："子朱子《小学》，凡数十万言，教人之道备矣。后学所当尊信，终身诵之者也。然书既浩繁，理涉宏奥，世俗训蒙，乃或置之而以他书为先。"黄佐：《小学古训引》，见《小学古训》卷首，1页，《岭南遗书》，清道光三十年（1850）南海伍氏粤雅堂文字欢娱室刊本。于是有感而作《小学古训》，主要采取《小学》内篇中最切要者，并旁及他书。时人给的评语是："朱子《小学》繁而详，泰泉《古训》（转下页）

明初程朱学者在学术上主要守两宋程朱学的矩矱，但更偏向内心性的探索[1]，并在成、弘年间有过一段重振发展的时期，以吉安府一府先后就有永丰罗伦（1431—1468）与泰和罗钦顺（1465—1547）两位程朱学的大家，另外包括吉水的李中（1478—1542）、罗侨（1472—1534）等等，都是在当地颇有声望的人物。不过，程朱学在当时遭遇一些困境。从学说思想的部分来看，程朱学与心性修养有关的《大学》格致说与朱熹的格物补传，其实困扰了不少士人，许多人对此都有不少疑义而不得解，而此一经典阅读上的困难致使许多士人陷入学术的焦虑中，而程朱学者却未必成功回应解决这些问题。此外，明初程朱学者对于讲学活动与兴建书院等事并不热衷，而是抱希望于学校教育体制内的改革[2]，所以

（接上页）简而要。惟其繁而详也，初学之士遽难以求通；惟其简而要也，幼稚之童亦可以遍诵。"方田：《小学古训集解叙》，收入黄佐：《小学古训》卷首，1页。泰泉是黄佐的号。显然即使是程朱学者也对《小学》这本书颇有微词，至于《小学古训》相对于《小学》虽已是简而要了，但其内容仍然流于枝节，故流传似亦不广。嘉靖年间的学术官僚胡松便一针见血地指出《小学》由于"时杂大人长者之言，而非小子之所及知"，"初学小生犹苦难读"，加上"所采传记百家语多简奥，加之贞妇烈女之行，宜别为书而悉附载"，所以"幼学病其繁"。见胡松：《删正小学序》，见《胡庄肃公集》卷一，24页，收入《四库全书存目丛书》，集部第91册，据明万历十三年（1585）胡梗刻本影印。而湛若水也批评朱熹当初编定此书的时候，"杂取他书，既非古书之旧"，"又其有明伦等篇，皆已是大学之事"，所以他采取"礼记诸篇中有小学事者"编成《古小学》一书刊行。见湛若水：《知新后语》，见《湛甘泉先生文集》卷四，2—3页，收入《四库全书存目丛书》，集部第56—57册，据清康熙二十年（1681）黄楷刻本影印；湛若水：《古小学序》，见《湛甘泉先生文集》卷十七，16—17页。此后，尽管胡松，甚至阳明学者王时槐等人都曾重新刊刻《小学》或相关书籍，但这本曾是童蒙入门必读的书籍已渐被边缘化，渐不再是阅读与众所瞩目的中心了。

《近思录》的复兴则是明末清初阳明学退潮、由王返朱的思潮兴起以后的事，所以从17世纪以后，一系列模仿《近思录》的辑录也陆续出现，如高攀龙的《朱子节要》、江起鹏的《近思补录》、孙承泽的《学约续编》、刘源渌的《近思续录》、朱显祖的《朱子近思录》、汪佑的《五子近思录》、张伯行的《续近思录》《广近思录》等等。请见陈荣捷：《性理精义与十七世纪之程朱学派》，见《朱学论集》，408—409页；王汎森：《清初思想趋向与〈刘子节要〉——兼论清初蕺山学派的分裂》，载《历史语言研究所集刊》第68本，第2分，1997，417—448页，尤其是注4。

[1] 陈荣捷：《早期明代之程朱学派》，见《朱学论集》，331—351页。

[2] 如崔铣便持反对的态度，所以当时官方欲为建后渠书院，便为崔铣所婉拒，因为他更希望的是官学的改革，而非在官学之外另立书院。原文如下："士业有官学，而又立书院，则居之者有异所，必得抗志古昔修业科举之外者，方称之，今难其人。士生熙世，垂涎荣利，（转下页）

如章懋与罗钦顺二人还曾因共同主持南京国子监留下一段佳话[1]，这也使其学术的流传，相较于后起的阳明学更受到范围与阶层的限制。

相对于此，王守仁在倡导学术时，则是无日不聚讲，即使在平宸濠乱兵戎倥偬之际仍未辍，而此讲学之风在嘉靖年间更随阳明学流行而臻于极盛，不仅各地书院林立，连大学士徐阶等政府官员也在京师灵济宫讲学。至于在讲学活动未盛或阳明学者的脚步所未及的地方，《大学》古本与《传习录》这两本小书便取代讲学发挥作用。

阳明学在知识论与实际操作上，对待文字采取了两种不同的态度。在知识论层面，程朱学学说强调经典阅读的博学审问，对文字的依赖较深，而阳明学超知识的特质，相对使其更愿意摆脱典籍的纠缠，直探内在心性的本源，所以在闻见之知与德性之知的划分中，程朱学尚强调两者兼治，阳明学则很明白地偏向后者了。[2] 但在学术传播这类实际的操作上，阳明学者甚至比程朱学者更懂得利用文字的力量，除了在《大学》版本与解释上与程朱学竞争经典的解释权外，更通过《传习录》的广泛流传传播其学术，进一步压缩了程朱学的空间。以下我将先讨论王守仁提出《大学》古本的影响与作用。

阳明学者首先在《大学》这本书作文章。两宋理学学者大力抬高《四书》的地位，其中有系统有组织的儒学学说常须取给于《学》《庸》二书。《中庸》内容偏

（接上页）千百其思，以冀必然，故近者举业靡滥，经旨盲迷，仆老矣，又可助之乎？……望钧令勿再布，以动渔者之妄幸。"崔铣：《复河南宪司书》，见《洹词》卷十，20页，收入《景印文渊阁四库全书》第1267册，台北：台湾商务印书馆，1983，据台北故宫博物院藏本影印。同样的，罗钦顺也未立书院讲学。至于罗伦虽曾讲学，但却刻意选在金牛洞这个偏僻人迹罕至之地，跟后来的阳明学者大张旗鼓讲学的行为实不能相提并论。

[1]　黄宗羲：《明儒学案》，1077页："弘治中，（章懋）起为南京祭酒，会父丧，力辞。廷议必欲其出，添设司业，虚位以待之。终制就官，六馆之士，人人自以为得师。"

[2]　余英时：《清代思想史的一个新解释》，见《论戴震与章学诚：清代中期学术思想史的研究》，322—356页，北京：生活·读书·新知三联书店，2005。

向义理为多，在心性道德的探索上可提供不少资源[1]，若论开物成务、内圣外王的理想，则非《大学》不可，尤其《大学》明列出的八步理想，更使宋明儒者对此醉心不已，这也是《大学》在宋明理学六百年发展中受到高度重视的内在原因。

但《大学》所列出的八步理想却有不少疑义存在，尤其"致知在格物"一句，宋明儒者聚讼纷纭不能得解。若在汉唐以经学为重的时代，这类问题即使被人发现了，也只是轻轻带过，未必深究，但在《四书》学成为显学，加上《大学》又是指示成就外王理想之书，字字句句都必须被仔细推敲琢磨，于是许多争议也就随之而起。《大学》字句文字解释的不同，甚至还可能关系到不同学术路数、不同学派的学说基础的歧异。

这个问题在朱熹作《大学》改本时便已显题化了。若就改本的形式来看，朱熹将《大学》分经一章，传十章。经，是圣人所作，再由圣人弟子口传阐释而成十章的传。分经分传的好处，在于纲举目张，条目清晰，但其弊则在割裂文本，同时并无充分的证据证明这个动作的正当性，不免引人怀疑朱熹持何标准甚至受何天启而知道经传的分别？尤其是将经文改动调整次序的动作，反而为后世许多不同的《大学》改本作了示范。

再就改本的内容来看，《大学》八目明言"致知在格物"，程朱学理解格物的方式将"物"字指涉及于外在的客观世界，因此必须今日格一物，明日格一物，穷尽天下之物以后豁然贯通而得其理。尽管程朱学借此肯定外在客观知识的存在与价值，但同时又将此一客观知识建立在内在心性的穷理上，因此并未为此客观知识在其知识论上安上一个确定自明的位置。所谓一旦豁然贯通，显然过于抽象，一般士人很难精确掌握其意。

上述问题长期困扰了不少士人，这也是在王守仁提出古本《大学》后迅速

---

[1] 王守仁弟子指出，王守仁接初见之士时，必借《学》《庸》首章，以指示圣学之全功，使知从入之路，便跟《学》《庸》两书的性质有关。王守仁：《大学问》，见《王阳明文集》卷六，89页，收入《王阳明全集》，台北：大申书局，1983。

得到许多回响的重要原因。古本《大学》出自《礼记》，在程朱学当道、《四书》学如日中天的时代，《五经》越来越被边缘化的结果，即使有人注意到《礼记》这本书中有古本《大学》，但在《大学》改本严整的理论系统笼罩下，未必会把它当作一回事看，所以直到王守仁提出此编，才又受到时人的重视。[1] 而令人惊讶的是，这部《大学》在王守仁的解释下，竟可首尾贯串，一气呵成，完全没有割裂的毛病，更没有或经或传的问题，而其八步的工夫与意义也跟程朱学有所出入。朱熹的改本把八步视为一个阶段一个阶段地往上攀升的过程，自个人修身始，往上是齐家、治国，最高一层是平天下，这种解经的方式很容易使人把修身、齐家视为治国、平天下的过渡阶段，治国、平天下作为八步的终点。在王守仁手上，"格"被解作"正"，"格物"是"正其不正以归于正"，于是格物、致知、诚意、正心，变成一个连续不能分别阶段的工夫，他不再希图涵括自然世界的知识，而把天下万事万物都归约至于一心，也因此避免了程朱学区别内外又须打通为一的困境。这篇文字被重新标举出来，固然跟王守仁个人对古本《大学》的领悟有关，但这个做法却对当时与后世造成相当大的震撼与波澜。

古本《大学》的提出，其意义已不仅是书籍版本异同的问题或提出解经的新说而已，而是直捣程朱学的核心价值。若其说成立，《大学》改本势必难以并存，而其解释权也将落入阳明学者手上，此后更将挑战、压缩程朱学的格物穷理乃至于其他基本学说的生存空间。这些学说的基本立场一旦动摇，更将进一步危及程朱学的学术权威。

不少程朱学者也看出事件的严重性，若任其发展，势将不可收拾。在王守仁尚未明白提倡古本《大学》之前，倾向程朱学的毛宪（1469—1535）常与王

---

[1]　直到王守仁提出古本《大学》，藏在《五经》中的这篇文字才受到人们的注意，所以王守仁的好友湛甘泉在谈古本《大学》时还特别强调"于十三经得《大学》古本"。湛若水：《古大学测序》，见《湛甘泉先生文集》卷十七，14 页。

守仁、湛若水（1466—1560）等人往来论学 [1]，听闻此事后赶紧去函阻止：

> 间读朱子《大全》，见得此老于天下事无不格，而理无不穷，真天挺豪杰，足以继往而开来也。近闻士大夫私议门下欲改《大学》"格"字，训为"正"，又病"敬"之一字为缀，岂其然乎？因风望示喻，以释此疑。[2]

据此可知当时士大夫间已为王守仁的新说私相议论不已，毛宪先称赞朱熹一番，再说士大夫对王守仁的议论可能有失真之嫌，期待王守仁能够悔悟自清。此后毛宪还因与王守仁的大弟子邹守益同在南京讲学而论辩知行合一之旨。[3] 在吉安地区，当地程朱学者与阳明学者之间也陆续发生不少论辩，如吉水程朱学者李中便于嘉靖十三年（1534）两次致函王守仁的弟子邹守益讨论此事，第一封信还只是点到为止，表示"近者闻一二后生慢骂宋儒，毁斥古训，似此个习气滋蔓，为害非细"。第二封信便直接指出重点——"尝见《大学》古本凡三家，寻绎屡年，终不能无疑，先儒更定固未为得，今日定其为古本，而以为无一二之错误，恐未得为的当"。[4] 用字遣词还颇含蓄。另一位程朱学代表人物罗钦顺则是正面迎击反驳王守仁的格物说，此后更与王守仁的弟子欧阳德反复争持。[5] 这场辩论最后并无胜负可言，但王守仁的古本《大学》在当时引起的震撼

---

[1] 永瑢等撰：《四库全书总目》，1573 页。

[2] 毛宪：《又奉王阳明书》，见《古庵毛先生文集》卷二，5—6 页，收入《四库全书存目丛书》，集部第 67 册，据明嘉靖四十一年（1562）毛诉刻本影印。

[3] 邹守益：《古庵子传》，见《东廓邹先生文集》卷九，10—13 页，收入《四库全书存目丛书》，集部第 65—66 册，据清刻本影印；《复毛古庵式之》，见同前书卷五，23—24 页。

[4] 李中：《答邹谦之》，见《谷平先生文集》卷三，20、22 页，收入《四库全书存目丛书》，集部第 71 册，据清光绪十三年（1887）吉永葆元堂刻本影印。

[5] 请见罗钦顺：《困知记附录》，"论学书信"，见《困知记》，108—113、117—127、166—170、171—174 页，北京：中华书局，1990。

却已使许多人跟随其脚步，重新审视《大学》版本以及经典解释的问题，并且纷纷提出己说。[1] 许多对朱熹《大学》改本存有疑问的人，更多毅然转向阳明学，大力推广古本《大学》的邹守益就是一例。[2]

古本《大学》只有经文而无注释，所以阳明学者在出版古本《大学》时，除了古本的原文与王守仁的自序旁注以外，还会将《大学问》这篇王守仁与门人弟子讨论为何复《大学》古本的大文章也一起附上，有些版本还可见到邹守益的跋文，万历年间王时槐更把邹守益与罗洪先讨论《大学》的语录也加了进去。[3] 即使如此，全本的篇幅仍然不大。

三、《传习录》

从书籍刊刻的角度来看，正德十三年（1518）是十分关键的一年，这一年王守仁分别刊刻了古本《大学》《传习录》与《朱子晚年定论》，《朱子晚年定论》后来更辑入《传习录》一起流传。由于古本《大学》以及所附的《大学问》、序、跋、注文篇幅有限，一般人仍不易借着这本书上手了解全部的阳明学学说，于是《传习录》这本王守仁与门人弟子论说的小书，成为人们了解阳明学思想的真正关键所在，而其影响之大更在古本《大学》之上，至于其编定与流传，更引起当时乃至于整个明中后期思想文化上的震动。

---

[1] 相关研究请见李纪祥：《两宋以来〈大学〉改本之研究》，台北：台湾学生书局，1988。

[2] 邹守益的父亲邹贤，进士出身，因此邹守益九岁便曾随其父宦游南京，拜见罗钦顺这位程朱学的大家，并蒙其赞赏。等到他考取进士以后，虽因王守仁巡抚南赣的地缘之便前往谒见，但当时目的只在求王守仁为其父作墓志铭，等到他听了王守仁讲学豁然有悟，表示"往吾疑程、朱补《大学》，先格物穷理，而《中庸》首慎独，两不相蒙，今释然，格致之即慎独也"，于是称弟子。黄宗羲：《明儒学案》，333—334 页。

[3] 王守仁：《大学问》，见王守仁：《续编一》，《王阳明全集》（新编本）第 3 册，卷二六，1014—1021 页，杭州：浙江古籍出版社，2010；王时槐：《刻〈大学〉古本跋》，见《友庆堂合稿》卷五，29 页。

《传习录》有许多不同的版本，而《朱子晚年定论》最初是以单篇的形式流行，后来附入《传习录》中。据《定论》卷首钱德洪序言：

> 《定论》首刻于南赣。朱子病目静久，忽悟圣学之渊微，乃大悔中年注述误己误人，遍告同志。师阅之，喜己学与晦翁同，手录一卷，门人刻行之。自是为朱子论异同者寡矣。师曰："无意中得此一助"。[1]

《定论》的主要目的之一是在攻击当时的程朱学，利用朱熹晚年之悔，指其"误己误人"，并以"己学与晦翁同"，使倾向程朱学的人更容易接受阳明学的新说。由于阳明学强调致良知，不免令人联想到南宋专主尊德性的陆九渊之学，朱、陆异同是理学史上的一桩公案[2]，《定论》的编定则带有一些为陆学申冤的意思，王守仁在致汪循（1496 年进士）函中说：

> 朱陆异同之辩，固守仁平日之所召尤速谤者，亦尝欲为一书以明陆学之非禅，见朱说亦有未定者，又恐世之学者先怀党同伐异之心，将观其言而不入，反激怒焉。乃取朱子晚年悔悟之说，集为小册，名曰朱子晚年定论，使具眼者自择焉，将二家之学不待辩说而自明矣。近门人辈刻之零

---

[1] 王守仁：《语录三》，《王阳明全集》（新编本）第 1 册，卷三，139 页。陈来曾得日本学者所赠之《阳明先生遗言录》影印本，而据《遗言录》一书论其与《传习录》的关系，以及全书本《传习录》形成的历史，请见陈来：《〈遗言录〉与〈传习录〉》，见《中国近世思想史研究》，589—604 页，北京：商务印书馆，2003。

[2] 钱穆在《朱子新学案》的《朱子象山学术异同》篇中，反驳王守仁《朱子晚年定论》的谬误所在。他指出，朱熹素主尊德、道问学两兼之说，这个立场从中年到晚年始终一贯，因此在朱学中若有陆学所谓尊德性的部分，其实是朱陆思想本有相通之处。而阳明学凡遇朱熹言可与陆九渊相通者，便指为朱熹自悔己学而改以相从，则完全荒谬不通的说法。《朱子新学案》的书评请见陈来：《〈朱子新学案〉述评》，见《中国近世思想史研究》，221—239 页。关于《朱子晚年定论》的研究，亦可参见吉田公平：Ⅲ—4《朱子晚年定论》，《陸象山と王陽明》，204—264 页，东京：研文出版社，1990。

都，士夫见之往往亦有启发者。[1]

汪循出身休宁，这是程朱学势力最盛的几个地区之一，他曾游于程朱学者庄昶（1432—1498）之门，与王守仁曾有过几番论辩。[2] 这封信应即两人往来论辩的书信之一。[3] 如果说《传习录》主要在申明己说，《定论》则多少带有入程朱学之室操戈的意思。[4] 而从汪循、罗钦顺等程朱学者亟与王守仁论辩的情形来看，此文应对当时的程朱学造成不小的伤害。[5] 阳明后学如王叔果也辑陆九渊语录以明其非禅，并取朱熹晚年之论相参照，合为一录。[6] 张元忭则仿《定论》而作《朱子摘编》，并附朱熹悟后诗作以前后呼应。

《传习录》全书内容主要包括王守仁与几位弟子之间问答的记录，以及一部分王守仁与其他学者的书信辩难，既不像高文典册般艰涩难懂，又十分易于上手，士人不仅可以借此接触到跟程朱学不同思路的新说，王守仁与弟子之间一问一答的方式，也帮助士人问出他们心中的疑惑，并代读者把问题作了厘清与解释。[7]《传习录》一开卷的地方，就是王守仁与其弟子徐爱的问答，并聚焦在《大学》改本与古本的问题上，剖析朱熹改"新民"与王守仁"亲民"说之间的不同，此后更涉及对"格物"的理解，以及其他种种解经方式的异同，

---

[1] 汪循：《汪仁峰外集》卷三，16—17页，见《四库全书存目丛书》，集部第47册，据清康熙刻本影印。

[2] 永瑢等撰：《四库全书总目》，1565页。

[3] 汪循的回信请见汪循：《复王都宪》，见《汪仁峰文集》卷五，15—19页。

[4] 关于《定论》内容的分析，请见高桥进：《朱熹と王阳明——物と心と理の比較思想論》第二章，45—106页。

[5] 相对的，湛若水则颇喜此文，故曰："《朱子晚年定论》一编尤为独见。"湛若水：《答阳明都宪》，见《湛甘泉先生文集》卷七，12页。

[6] 《人物一》，汤日昭、王光蕴纂修：（万历）《温州府志》卷十一，23—24页，收入《四库全书存目丛书》，史部第210—211册，据明万历刻本影印。

[7] 如刘元卿在接触阳明学以后，闭门考索先儒语录，却无所得，于是毅然投入刘阳门下。这里所说的先儒语录，应也包括《近思录》在内。黄宗羲：《明儒学案》，498页。

这些对《大学》版本与经文解释的疑惑所作的剖析与解释，正可作为士人学习的指引。关于《大学》的讨论只占《传习录》一部分的篇幅，其他还有王守仁所反复阐明的知行合一、心即理、致良知等说，以及拔本塞源论、成色分两说、天泉证道等等，最后收束于《朱子晚年定论》，这些都是阳明学学说的精华，也是当时最受瞩目的新说。通过这些概念的提出，不仅成功介绍与定义了阳明学，同时更一层层地剥开程朱学学说的束缚，把新旧两说之间许多纠缠不清的关系重作厘清。

在与弟子的问答记录中，王守仁往往采取非常明快、一针见血的做法，一刀截断新旧两说的纠缠关系，对听者与读者而言，这都是一种能够刺激思考并重新质疑旧说的机会，尤其在程朱学已经主导思想界数百年之久后，更可借此突破成见、重新审视与反思其说。以王守仁与其得意弟子徐爱的问答为例，徐爱是最早跟随王守仁学习的人，很早就听过王守仁谈他自己的许多思想见解，这些思想见解对当时人显然非常新奇颖异，甚至可能很少有人想过，因此乍听其说并不容易了解。在王、徐二人的问答中，尽管王守仁几次向徐爱反复解释其说，但徐爱所能领悟者仍然有限，王守仁不得不感叹"此说之蔽久矣""岂一语所能悟"，徐爱最后虽在不断与王守仁的互动中有所悟入，但仍然感到"旧说缠于胸中，尚有未脱然者"。[1] 同样的情形也发生在胡瀚身上，胡瀚是余姚人，与王守仁同乡，他十八岁就向王守仁问学，而在王守仁授其致良知之学后，他必须"反覆终日"，才终于跃然而起，表示"先生之教劈破愚蒙"。[2] 显然旧说与新说之间存在十分微妙而难以截然二分的关系，也因此王守仁必须采取果断明快的手法，把己说与旧说的关系截然劈断、分成两途，凸显己说的殊异性；加上他作《拔本塞源论》《朱子晚年定论》，反复申明新说大不同于旧说之处，以

---

[1] 王守仁：《传习录》，见王守仁：《语录一》，《王阳明全集》（新编本）第 1 册，卷一，2—19 页。

[2] 黄宗羲：《明儒学案》，330 页。

及旧说的宗主朱熹晚年自悔其说的故事，更进一步加深读者的印象，认为新说优于旧说，而且两说颇有扞格不能兼容之处。

当时在人手之间流传的《传习录》发挥了很大的作用与指引的功能，人们可以自修的方式研习《传习录》迅速掌握阳明学要旨，这种利用小册子阐扬己学的方式，不仅可在短时间内吸引更多读者的眼光，另一方面，阳明学强调个人的自得与悟入，不胶着于师承的关系与学术的渊源，因此留给读者自我发展的空间甚大，即便无法亲自拜入心学家门下或听其讲学，仍可通过这本小书掌握阳明学的精要，并且迅速了解当时热烈讨论的重要议题，而摩挲熟读此书使其可更容易打入阳明学的学术社群中。通过《传习录》的流传，阳明学的影响层面迅速扩大，包括士绅、中下层士人乃至于布衣平民，许多人都曾读过这本小书，也通过这本小书而接触阳明学。蔡汝楠（1516—1565）说：“《传习》一编，斯道之舆，载道有具，唯人自驱。”[1] 很生动地说明了《传习录》的功能与特色。

这类事例颇多，如远在河南的尤时熙（1503—1580），因为当地未有著名阳明学者，他便通过阅读《传习录》而接触阳明学。他读了以后，“寖读寖入，寖入寖透”，此后更于“斋中设文成位，晨起必焚香拜，来学者必令展谒”。[2] 而他也常与人往来讨论，如问人：“阳明先生语近看又如何？”阳明先生语当指语录，即《传习录》而言。[3] 如泰州学派的健将罗汝芳，他年少时便以道学自任，学习各种屏息私念的工夫，到了废寝忘食的地步，甚至还因此生了重病，他的父亲见他如此，于是示之以《传习录》使读，他的疾病才得痊愈。[4] 又如新淦

---

[1] 蔡汝楠：《阳明先生像赞》，见《自知堂集》卷十五，11 页，收入《四库全书存目丛书》，集部第 97 册，据明嘉靖刻本影印。

[2] 张元忭：《河南西川尤先生墓志铭》，见尤时熙：《附录》，《拟学小记》卷上，30 页，收入《四库全书存目丛书》，子部第 9 册，台南：庄严文化事业公司，1997，据清同治三年（1864）刻本影印。

[3] 尤时熙：《答李两山三》，见《拟学小记》卷四，14 页。

[4] 黄宗羲：《明儒学案》，781 页。

诸生饶良士，因为准备举业生病而怀疑是否应以科举之学竟其终身，后来阅读《传习录》发现"道至迩至易矣，舍是他营，是谓大惑"，于是一心向学，不再顾恋功名举业。死前还念念不忘此书，遗言吩咐放一本《传习录》在他棺中，"以识吾志"。[1]

吉水罗洪先也是一例。罗洪先从小便因心慕罗伦而有志于圣学，他所慕的圣学，自然是罗伦所属的程朱学阵营所定义下的圣学。[2] 他当时尚未接触阳明学。等到王守仁在正德年间展开其讲学活动后，首先吸引不少吉安士人远道前往其故乡浙江会稽问学[3]，此后王守仁担任南赣巡抚，由于南赣恰与吉安相毗邻，更激起许多吉安地方士人前往问学的决心。此时罗洪先年方十四，正随其姐夫周汝芳学习举业，由于周汝芳曾师王守仁，便常利用习举业之便为罗洪先讲解阳明学，使得罗洪先也起了往南赣问学之念，不过被其父罗循大力阻止。罗循反对的理由不详，但推测跟他希望罗洪先全心准备举业，以及罗循本身的学术立场倾向程朱学有关。所以等到嘉靖四年（1525）罗洪先以《书经》举江西乡试第八十名，因父疾而辍次年会试，居乡在家无所事事时，罗循便要罗洪先拜入李中门下。从罗伦到李中，都是当地著名的程朱学者。[4]

但罗洪先并未从此拘泥在程朱学的格套中，他仍然通过其他管道接触阳明学这门新兴的学术。尽管当初企图前往南赣听讲不果，但罗洪先仍然通过周汝

---

[1] 罗洪先：《明故饶良士孙烈妇合葬志铭》，见《念庵文集》卷十六，9—10页，收入《景印文渊阁四库全书》第 1275 册。

[2] 黄宗羲：《明儒学案》，388 页。

[3] 当时安福三舍刘氏的子弟前往越中问学的多达十余人，包括刘文敏、刘邦采、刘晓等人，以及尹一仁，都见姚濬昌等修，周立瀛等纂：（同治）《安福县志》卷十一，4、12、13、17 页。泰和则有曾忭，事迹见杨圻、徐迪惠等纂：（道光）《泰和县志》卷二十一，18 页，收入《中国方志丛书·华中地方·江西省》第 839 号，据清道光六年（1826）刊本影印。安福与泰和都是吉安府的一县。

[4] 以上请见：《左赞善罗文恭公行志》，见《行志》，（庐陵）《平溪罗氏四修族谱》卷三，无页码，上海图书馆藏民国一经堂木活字本；黄宗羲：《明儒学案》，389 页，胡直：《念庵先生行状》，《衡庐精舍藏稿》卷二十三，5—6 页，收入《景印文渊阁四库全书》第 1287 册。

芳取得《传习录》一书，"读之忘寝食"[1]，尤其对《答罗整庵少宰书》一文颇有感动。[2] 周汝芳只有举人功名，与罗洪先同辈，两人分别是吉水同水乡泥田周氏与黄澄溪罗氏两大家族的年轻子弟，这些年轻子弟彼此私下交流着长辈所不赞成的阳明学信息，而《传习录》正是主要的凭借。

　　罗洪先的故事并非特案，当时不少吉安士人都因读过这本小书心向往之甚至前往问学。如安福三舍刘氏的刘晓，他是吉安地区最早拜入王守仁门下的人，当正德年间王守仁在浙中讲学时，刘晓正任新宁令，他不惜弃官前往问学，并与王守仁身边的两名弟子徐爱、薛侃（1486—1545）彼此切磋讨论[3]，此后更带回王守仁的"论学语"，推测其内容除了刘晓个人所录的笔记外，应还包括徐爱、薛侃二人与王守仁之间的问答纪录[4]，这些问答纪录后来更被编入成为《传习录》的主要内容之一。他所带回的论学语，则广泛流传于三舍刘氏的年轻子弟手中。与刘晓同族的族人刘文敏，他二十三岁时与族人刘邦采共同学习，思考如何能够自立于天地间，为此甚至焦虑烦恼而无法入眠，直到他读《传习录》

---

[1]　根据《平溪罗氏四修族谱》："年十四，未属文，其女兄周汝芳为训举业法，始习举业。配泥田大俊卿曾直女。后汝芳师王文成公，于庭时为语学问正传及冀元亨笃力处，文恭公于是慨然有志于圣贤之学。"《左赞善罗文恭公行志》，见《行志》，《平溪罗氏四修族谱》卷三，无页码。又据《明儒学案》载："幼闻阳明讲学虔台，心即向慕，比《传习录》出，读之至忘寝食。"钱德洪则指出："子年十四时，欲见师于赣，父母不听，则及门者素志也。"黄宗羲：《明儒学案》，388—389 页。可知罗洪先年十四时，因周汝芳的缘故而知阳明学，并欲往南赣拜谒王守仁，被其父母所阻，于是读《传习录》而习阳明学。据此罗洪先从周汝芳处取得《传习录》的可能性很大，所以我作此推测。

[2]　罗洪先：《答周洞岩》，见《念庵文集》卷三，70 页。

[3]　《儒林》，见姚濬昌等修，周立瀛等纂：（同治）《安福县志》卷十一，12 页。根据《年谱》记载，王守仁在正德九年（1514）任南京鸿胪寺卿，且次年便北上京师，可知刘晓是在此年前往求学。而据族谱载刘晓是"挂冠往受业焉"，因此可知他是在任新宁令后前往的，《家传八》，见刘氏合族修：（安福）《三舍刘氏六续族谱》卷三十，28 页，成都：巴蜀书社，1995，据清光绪三十一年（1905）刻本影印。

[4]　据方志载，刘文敏从刘晓处得读刘晓所录的王守仁论学语与《传习录》。不过《传习录》最早的版本是正德十三年（1518）由薛侃编辑而成，当时尚无此书。刘晓在浙中问学期间，既常与徐爱、薛侃等人往来切磋学术，因此推测所谓的《传习录》应指徐、薛与王守仁的问答而言。《理学》，见姚濬昌等修，周立瀛等纂：（同治）《安福县志》卷十一，4 页；《儒林》，见姚濬昌等修，周立瀛等纂：（同治）《安福县志》卷十一，12 页。

接触到阳明学的思想，发现所论格物致知之旨与宋儒异，于是"展转研思，恍若有悟，遂决信不疑"，此后他又感到有亲承师授的必要，便动身前往浙江会稽，从此就一意以致良知为鹄的了。[1] 三舍刘氏家族的其他子弟同样也受影响，纷纷跟随刘文敏的脚步归入阳明学阵营。安福北乡欧阳瑜亦偕其兄欧阳瑭前往浙中王守仁门下问学，回乡后眼见当地乡里可与讨论阳明学的同志不多，所以在得知南乡刘邦采等人也曾赴浙中后，更不惜远下南乡与其印证学术，而在没有讲学同志时，便"昕夕惟玩文成公所著《传习录》一帙，即使应试亦必携以往"[2]，后来他还常在包袱中装数册《传习录》行走路上，人呼为卖药客，他则说自己是卖书而非卖药，至于所卖的当然是《传习录》。[3] 同样的，吉水刘方兴因慕王守仁的良知之学，于是拜南赣阳明学者黄弘纲（1492—1561）为师，黄弘纲则授其《传习录》。此后刘方兴更回吉安府走访邹守益、聂豹等人，听其讲学。[4] 罗洪先的两位得意门生罗文祥因得王守仁格物论，读后率弟同拜入罗洪先门下[5]，文江两生之一的赵弼也是读《传习录》有感，毅然思自树，不甘逐庸流。[6]

泰州学派的代表人物之一颜钧也是一例。颜钧是吉安府永新县人，他的兄长颜钥是地方上小有名气的学者，当他在白鹿洞接触阳明学学说时，亲自抄录了一份《传习录》带回家中给颜钧参考，而这本小书却改变了颜钧的一生。颜钧这位识字不多的布衣平民，在读了《传习录》以后便开始致力儒学的讲学与

---

[1] 黄宗羲：《明儒学案》，431 页；王时槐：《两峰刘先生志铭》，见《友庆堂合稿》卷三，52 页。

[2] 《三溪公传》，见《理学志》，（安福）《续修安福令欧阳公通谱》，15—17 页，上海图书馆藏民国二十六年（1937）影印本。

[3] 《隐逸传》，见余之祯、王时槐等纂修：（万历）《吉安府志》卷二十八，12—13 页，北京：书目文献出版社，1991，据明万历十三年（1585）刻本影印。

[4] 胡直：《平乐府节推刘公墓志铭》，见《衡庐精舍藏稿》卷二十五，17 页。

[5] 罗洪先：《明故罗生汝奎墓志铭》，见《念庵文集》卷十六，6—7 页。

[6] 罗洪先：《文江两生墓志铭》，见《念庵文集》卷十五，8—9 页。

教化工作，积极"聚众讲耕读孝弟"，并立萃和会，受召集来听讲的人甚至达七百人之多，而他所讲的正是受《传习录》启发的心性之学，不到两个月的时间，已经"老者八九十岁，牧童十二三岁，各透心性灵窍，信口各自吟哦，为诗为歌，为颂为赞"，而值得注意的是，颜钧在此之前不曾听过讲学，仅仅通过《传习录》接触阳明学，即使后来参与青原讲会，也跟与会者理念不合，不能接受其说，但却已在教化工作上收到"喧赫震村谷，闾里为仁风"的成效[1]，《传习录》的自修、参悟与实践，才是颜钧教化乡里的动力来源所在。这也正好印证前文所说的，在讲学活动已触及或未触及的地方，可以借助像《传习录》这类小书，让那些自修《传习录》有得的人凭借自己悟出的道理向人宣讲，转手再传播给没有机会通过阅读而接触阳明学的下民。

当时《传习录》的流风所及，即连僧人或倾向佛学的士人也受其影响。僧人中读《传习录》有悟的："（法聚）居天池山二十余年，登坐说法，趋道者甚众。……好为韵语，忽自谓出家儿当为生死，嗜此何益？遂誓志参学，观阳明《传习录》，谓与禅礼不殊，乃以偈趋叩，阳明以偈答之。"[2] 至于倾向佛学的士人则可以万历年间的吉水罗大纮为例，罗大纮虽是阳明学阵营中一分子，但其学术杂染了非常浓重的佛学色彩，在他谈到为学历程时便指出，自己年轻时也曾苦心参究程朱的格物之学，虽然时有自得，但终究感到格物与致知不相干涉，为此困扰不已，但即使如此，他仍不敢疑心是程朱解经出了问题，反而认为自己的资质太过鲁钝不能领悟。等到弱冠之年，友人赠他一本《传习录》，罗大纮一读之下，"便与神契，若自暗室睹白日"，于是每天捧在手上玩习。尽管不久他又感到致知与格物不相连贯，二十年后才又因读佛学使他大悟而积疑尽除，但他仍下结论表示，自己所悟的虽与《传习录》稍异毫末，"然非《传习录》推

---

[1] 黄宣民：《颜钧年谱》，见颜钧：《颜钧集》，122—123页，北京：中国社会科学出版社，1996。

[2] 苏晋仁、萧炼子选辑：《历代释道人物志》，总359页，成都：巴蜀书社，1998。

开眼瞖，终死在宋儒窠臼不得脱也，则王文成为百世之师，岂顾问哉！"[1] 这里几乎把王守仁与孔子等同齐观，都以百世师尊之了。

当时《传习录》流传甚广，常见阳明学者或在书院[2]、或借任官之便而在任地刊刻《传习录》。[3] 至于《文集》与《文录》也具一定的影响力，受这些书启发影响者也不少，如永丰刘筹的儿子刘焕文，本身只是诸生的身份，但在读过《文集》、得闻良知之学以后，便前往邹守益、罗洪先门下学习。[4] 前述尤时熙本人虽因《传习录》而有悟，但仍常读《文录》[5]，而他教子的方式之一，就是要求其子常看《文集》[6]，这跟邹守益命子读《传习录》的做法相当类似。此外，《王阳明年谱》也成为许多阳明学信徒求道过程中的参考手册——在宋明理学的传统中，年谱常有修身借鉴的功用，因此参详某人的年谱，便是参详他道德奋斗的过程。[7] 这几本书在传播乃至于帮助士人了解阳明学上，都扮演了相当分量的角色。

除了与王守仁直接相关的著作以外，阳明学者也常有许多讲学语录在社会

[1] 罗大纮：《東抚台王公》，见《紫原文集》卷六，30 页，收入《四库禁毁书丛刊》，集部第 139 册，据明末刻本影印。

[2] 一些倾向阳明学的高级官员如胡宗宪，甚至资助阳明学者在书院刊刻《传习录》等书："（总制胡公）命同门杭贰守唐尧臣重刻先师《文录》《传习录》于书院，以嘉惠诸生。"见邹守益：《天真书院改建仰止祠记》，《东廓邹先生遗稿》卷四，5—6 页，台北"国家图书馆"藏嘉靖末年刊本。当时常见当父亲的人用语录来教育子女的记录："余儿时，家君每课以东廓先生言，时余未知其何谓也。稍长，始知家君曾受学东廓先生，因窃至教，想望其风。"许吴儒：《世德作求尚友千古册》，邹德涵：《邹聚所先生外集》，58 页，收入《四库全书存目丛书》，集部第 157 册，据明万历邹衮刻本影印。

[3] 如钱鹤洲（号）任江阴知县时便与当地阳明学者薛甲合作，刊刻《传习录》以广其传。请见薛甲：《刻〈传习录〉序》，见《畏斋薛先生艺文类稿》卷六，17—19 页，收入《北京图书馆古籍珍本丛刊》第 110 册，北京：书目文献出版社，1988，据明隆庆刻本影印。并请参见下一节的讨论。

[4] 王建中等修，刘绎等纂：(同治)《永丰县志》卷二十五，8 页，收入《中国方志丛书·华中地方·江西省》第 760 号，据清同治十三年（1874）刻本影印。

[5] 尤时熙：《上晴川刘师》，见《续录》，《拟学小记》卷三，13 页。

[6] 尤时熙：《寄示洙儿》，见《续录》，《拟学小记》卷三，37 页。

[7] 请见王汎森：《日谱与明末清初思想家——以颜李学派为主的讨论》，载《历史语言研究所集刊》第 69 本，第 2 分，1998，245—294 页。

上广泛流传，阳明学者之间还经常互赠语录，如左派王学的代表人物罗汝芳便常以王艮的语录赠人。[1] 叙述个人求道心路历程的文章也很通行，如罗洪先的《冬游记》与《夏游记》这两篇自述为学历程的短文就不断转手流传于学者、士人之间，人们不仅借此窥见作者的学术根底造诣，更可因此而有所感发领悟。[2] 聂豹就特别刊刻《夏游记》并为其作序。[3] 邹守益也把《冬游记》连同《大学》古本、《或问》等书寄给学生作为求学的参考。[4] 胡松（1503—1566）则自述在读过罗洪先的冬夏两《游记》与论学书信后才了解罗洪先的苦心孤诣，在"所以忧堕溺，救波离，正人心，端士习，而防其淫且荡者，真复抉肾肠呕心肺，其心更切于余之所感"。[5] 而如尤时熙的《拟学小记》，虽然内容多是他个人的学术心得，但这本书却在地方上与圣谕六言、《圣谕衍》这些教民书籍同时刊刻流传于乡间里甲之间。[6]

必须指出的是，包括《传习录》在内的这些小书的流传与讲学活动两者是并行不悖的，阅读的热潮并不因为讲学活动的流行而有所稍歇。在阳明学讲学尚未盛行以前，不少士人固然必须通过《传习录》的阅读才有接触阳明学的机会，但即便阳明学声势已经如日中天、讲学活动频仍之际，《传习录》仍然不

---

[1] 罗汝芳曾借灵济宫讲学之便赠送与会的杨应诏两册《王心斋语录》。杨应诏师事程朱学者吕柟，而对王畿、王艮等人的学术稍有微词，罗汝芳应是希望借语录使他对王艮的学术能有所改观。请见杨应诏：《与罗近溪书》，见《天游山人集》卷十三，13—16页，收入《北京图书馆古籍珍本丛刊》第110册。

[2] 相关讨论请见 Pei-yi Wu, *The Confucian's Progress: Autobiographical Writings in Traditional China* (Princeton: Princeton University Press, 1990): 93-141。

[3] 见聂豹：《刻〈夏游记〉序》，见《双江聂先生文集》卷六，17—18页，收入《四库全书存目丛书》，集部第72册，据明嘉靖四十三年（1564）吴凤瑞刻隆庆六年（1572）印本影印。

[4] 见邹守益：《又与董生兆时》，见《东廓邹先生文集》卷五，48页。

[5] 胡松：《刻念庵文集序》，见《胡庄肃公集》卷二，3页。如熊过在写给罗洪先的好友唐顺之的书信中谈到他读《冬游记》的感想："见此兄《冬游记》，殊为恳切，末附龙溪数语，则虽觉其自出少异，然沉着痛快。"熊过：《与唐荆川书》，见《南沙先生文集》卷四，29页，收入《四库全书存目丛书》，集部第91册，据明泰昌元年（1620）熊胤衡刻本影印。

[6] 尤时熙：《答化鲤十四》，见《续录》，《拟学小记》卷四，54—55页。

失为接人入门的最好指引。如安福邹守益教育孩子的方式就是让他们读《传习录》，其长子邹义正是受这本小书的启发才积极参与讲学活动。如罗洪先的几名弟子——赵弼、罗汝奎等人，尽管已经跟随在罗洪先身边学习，但还是靠读了《传习录》以后才毅然决然下定决心，亟思有所树立。[1] 即连万历年间安福阳明学的后劲刘元卿，先是考索宋儒语录，但无所得，于是转而披读《传习录》而有悟，并且毅然决定外出问学，最后拜入湖北阳明学者耿定向门下。[2] 即使到了民国年间，钱穆先生还特别为《传习录》作一节要，希望让已经不习惯阅读古籍的一般大众有更多接触阳明学的机会。[3]

四、吉安程朱学者的对抗或转向

综合以上所谈的，阳明学对于程朱学的挑战除了思想上的创新以外，在行动上则表现在两方面：一是讲学，一是《传习录》这类小书的刊刻传播。此处便专以吉安一地为例，说明程朱学者的对抗与转向的实况。

吉安在经历宸濠之乱与王守仁巡抚南赣讲学以后，吸引许多中下层士人前往问学，紧接着安福惜阴会的举行，意味着阳明学开始以建制化的形式传播其学，此后讲会、书院逐一成立，阳明学以更具草根性的方式在当地扎根，不少

[1]　罗洪先：《文江两生墓志铭》，见《念庵文集》卷十五，8—9页；罗洪先：《明故罗生汝奎墓志铭》，见《念庵文集》卷十六，6—7页。

[2]　黄宗羲指刘元卿"考索于先儒语录，未之有得也"，若据邹元标所作墓志铭可知此"先儒语录"即宋儒语录。请见黄宗羲：《明儒学案》，498页；与邹元标：《祠墓纪》，见《泸潇刘先生墓志铭》，12页，收入（安福）《南溪刘氏续修族谱》。刘元卿向其友刘应峰谈到自己读《传习录》有悟的过程："乃蚤莫观王氏《传习录》，辄回视返闻，以求所谓心体者，久若有睹注，则心自沾沾喜，以为道在此。"刘元卿：《又简刘养旦先生》，见《刘聘君全集》卷二，2页。

[3]　请见钱穆：《讲堂遗录》（上），见《钱宾四先生全集》丙编，第52册，222页，台北：联经出版事业公司，1995；钱穆：《王阳明先生传习录及大学问节本》，见《中国学术思想史论丛》七，95—123页，台北：东大图书公司，1979。

未曾外出求学的人也可就近得到接触阳明学讲学的机会与信息，而不少人也因此而信从阳明学。吉安阳明学者常选择在府县城或乡里交通便利处建立书院 [1]，一些从其他乡里前来参与讲学的人，还常抱怨交通不够方便，甚至干脆就近建立书院的。惜阴会的举行，乃至于书院的成立，都使阳明学势力得到更进一步的扩展，相对的吉安当地程朱学者的势力范围则日渐萎缩。

至于《传习录》则常被当作打开程朱学缺口的一项利器。阳明学者常借任官之便，在程朱学势力强固的地区刊刻《传习录》等书，达到攻击对手与传播学术的目的。如浙江一带学术颇受庄昶、章懋等程朱学者的影响，所以王守仁在世时，便曾特地与庄昶的女婿王宏（号巴山）论学，由于此人是庄昶的女婿，加上颇有学术，在后辈学者中很有影响力，"若转得巴山，则六合之士皆可转矣" [2]，邹守益形容当时王守仁"忍咳与谈，谈剧复咳，咳止复谈"，至于效果如何则未知。不过《传习录》对阳明学在当地的流传倒是颇有助益，当时越中"学濂洛者，矩范有章先生（懋）在，不敢越步武，新建（王守仁）说出，群喙争鸣为异端"，与王守仁的及门弟子徐爱并称江左二徐的兰溪徐袍，虽未曾拜入王守仁门下，但"独嗜其旨，手《传习录》为赞"，毅然以学自树立，并影响其族而成家学，传至其孙徐学聚常与阳明学者往来，并在万历年间任吉水知县时

---

[1] 安福分作东、南、西、北四乡，而当地的几所重要书院，多位于水路干线流经之地。若从西乡始，中道会馆位于洋溪这个交通枢纽之地，往西南走四十里即复礼书院，相反若沿洋溪往东北接泸水，便可直达横屋的识仁书院，再沿泸水往东到县城附近，城北有宗孔书院，城内则有复古书院。泸水再往东经梅田则是东乡道东书院，此后南向过洋口再折而往东，邻近的蒙潭有同善书院，再沿舟湖水往西走可达舟湖的复真书院，若再继续西行到彭坊乡，再转陆路也可衔接中道会馆与复礼书院。除了复礼书院与中道会馆之间的交通必须转经一段陆路以外，从中道会馆、识仁书院、宗孔书院、复古书院、道东书院、同善书院、到复真书院，都位于水路系统的干线上。而除了复古书院作为县城书院，其余的几间书院正是复古以外最重要的四乡书院。姚濬昌等修，周立瀛等纂：（同治）《安福县志》卷五，10 页："按书院惟复古公于一邑，若东之道东，南之复真、同善，西之识仁、复礼、中道，北之宗孔，则又各乡所建者。"

[2] 邹守益：《简欧南野崇一》，见《东廓邹先生文集》卷五，27 页。

为当地的阳明学者邹元标（1551—1624）建仁文书院。[1]

福建八闽之地也是程朱学的重镇，即使在阳明学全盛时期，当地仍有不少程朱学者，先后有蔡清（1453—1508）、陈琛（1477—1545）、林希元（1481—1565）、张岳（1492—1552）等人起而主持学术，以致他们得意地宣称——"姚江之学大行于东南，而闽士莫之遵，其挂阳明弟子之录者，闽无一焉"。[2] 有鉴于此，聂豹、朱衡两位阳明学者都借任官之便，在当地倡导阳明学，而他们选择刊刻的书籍之一，就是《传习录》与古本《大学》这两本小书[3]，聂豹更兴建养正书院作为倡学之地。[4] 同样的，宋仪望（1516—1580，1547 年进士）督学闽南时，不仅时时与学校诸生讲说王门学术，并特地把《传习录》这本小书加入《文粹》在学校中刊行，同时刊行的还有邹守益、欧阳德二人文选[5]，做法与聂、朱二人如出一辙。对于陕西吕柟（1479—1542）一支的程朱学术，宋仪望也挟巡按陕西之势，大举刊刻《阳明先生文集》《阳明先生文粹》等书。[6]

程朱学者对于《传习录》所带来的阅读风潮与震撼未始没有警觉。《明史》说："时王守仁《传习录》始出，士大夫多力排之。"[7] 力排其学的士大夫中有不

[1] 邹元标：《故孝廉赠承德郎工部都水清吏司主事晋赠福建右布政白谷徐公墓志铭》，见《愿学集》卷六上，35—37 页，收入《景印文渊阁四库全书》第 1294 册。

[2] 李光地：《榕村集》卷十三，《重修蔡虚斋先生祠引》，17 页，收入《景印文渊阁四库全书》第 1324 册。

[3] 聂豹：《重刻传习录序》，见《双江聂先生文集》卷三，1—2 页；聂豹：《重刻大学古本序》，见《双江聂先生文集》卷三，4—5 页；与朱衡：《朱镇山先生集》卷十五，11—14 页，台北故宫博物院藏北平图书馆善本书胶片，据明万历十九年（1591）岭南陈宗愈婺源刊本摄制。

[4] 聂豹：《重建养正书院记》，见《双江聂先生文集》卷五，25—28 页。

[5] 曾同亨：《嘉议大夫大理寺卿华阳宋公墓志铭》，见《泉湖山房稿》卷二十二，10 页。

[6] 宋仪望：《河东重刻阳明先生文集序》，见《华阳馆文集》卷一，7—9 页；宋仪望：《刻阳明先生文粹序》，见《华阳馆文集》卷一，9—11 页。在此之前，嘉靖二十九年（1550）有闾东在此刊刻《文集》，见吴震：《明代知识界讲学活动系年 1522—1602》，170 页，上海：学林出版社，2003。

[7] 张廷玉等撰：《明史》，7286 页，北京：中华书局，1995。

岐路彷徨

少就是程朱学者，如福建林希元，与王守仁同时，他师承蔡清所主张的程朱学术，因此对《传习录》一书攻击不遗余力。[1]同时也有许多人利用个人对阳明学的了解与经历转而攻击阳明学，如徐学谟（1522—1593）的老师殷子义，本受致良知说的感动，但后来怀疑其说，认为"知亦有次第"，于是"更宗紫阳"，转入程朱学阵营，徐学谟在其师墓志铭中写其心路历程：

> 先生之学初宗姚江，若有味乎致良知之说，以儒者之方便法门在是，已悟中庸三知之指，谓知亦有次弟，生知既不恒有，借令学知而下尽去闻见，而虚事揣摩，其能以径造乎？乃更宗紫阳，而少划其支离，以符会于孔氏博约之训。[2]

另一位著名的反阳明学的章衮（1523 年进士），更直截了当地表示阳明学终究是不如程朱学的，因为最初"一时之心目虽若开明，特久之，滋味自觉萧索，且凌高厉空，无可执着。而阳明务抵晦翁以信其说，或不暇详考其始终条理，而力攻其一言一节之差；或不肯深求其立言之本意，而亟议其影响依似之末"。[3]

朱熹的乡人休宁汪尚和也曾对朱、王两家之学有过一番反省，说：

> 尚和亦尝从学于阳明王先生，王先生讲知行合一之义，切中时学浮泛之病，顾学者听之不审，传之太过，遂至于贬吾朱夫子焉。尚和是以深

---

[1] 永瑢等撰：《四库全书总目》，1577 页。

[2] 徐学谟：《明故淮安府学训导方斋殷先生墓志》，见《归有园稿》卷六，25 页，收入《四库全书存目丛书》，集部第 125 册，据明万历二十一年（1593）张汝济刻四十年（1612）徐元锻重修本影印。

[3] 章衮：《章介庵文集》卷十一，15 页，见《四库全书存目丛书》，集部第 81 册，据清乾隆十八年（1753）章文先刻本影印。

痛之，仿《伊洛渊源》，有是录也，使天下后世知朱夫子与一时门弟子问答者，固非若今之论矣。[1]

汪尚和尽管曾受学于王守仁，闻其"知行合一"之旨，但因朱、王两家分立的结果，使他不得不仿《伊洛渊源录》，另作《紫阳道脉录》倡导朱子学，他所反对的"今之论"则更暗指收入《传习录》中的《朱子晚年定论》。

由于阳明学利用《传习录》等书大肆传播己说并攻击程朱学，徐问遂在广东程朱学者黄佐（1489—1566）的鼓励下，写作《读书札记》第2册以辟王守仁之说，并跟程朱学大家罗钦顺就此事交换意见。[2] 值得注意的是，徐问尽管极不喜阳明学，并曾向罗钦顺抱怨"王氏之学本诸象山绪余，至今眩惑人听，虽有高才亦溺于此"，认为此为"道心不明，仁义否塞，而世道污隆之几"，故作《读书札记》第2册，但如四库馆臣指出："今核其所辟各条，大都托之'或谓'，又称为'近学''世学'，而并未斥言。盖是时王学盛行，羽翼者众，故问不欲显加排摈。"可以想见当时阳明学势力之大与流行之盛，竟连徐问这位关心世道污隆的程朱学者也不愿直撄其锋。[3] 此外也有人将朱熹的文字择其要者撮为《晦庵文抄》一书梓行以利传播其学。[4]

吉安府也有反阳明学的势力，其中泰和罗钦顺最可为代表。罗钦顺长年居官在外，在被夺职为民后，他先以书信多次与王守仁辩论格物致知之旨，王守仁的回信收入《传习录》卷中的《答罗整庵少宰书》，罗钦顺有鉴于《传习录》

---

[1]　吕柟：《紫阳道脉录序》，见《泾野先生文集》卷五，23页，收入《四库全书存目丛书》，集部第60册，据明嘉靖三十四年（1555）于德昌刻本影印。

[2]　徐问：《答罗整庵先生》，见《山堂续稿》卷三，10—11页，收入《四库全书存目丛书》，集部第54册，据明嘉靖二十年（1541）张志选刻崇祯十一年（1638）徐邦式重修本影印。

[3]　以上请见徐问：《答罗整庵先生》，见《山堂续稿》卷三，10—11页；及《四库全书总目》，792页。

[4]　吕柟：《晦庵朱子文抄序》，见《泾野先生文集》卷十三，12—14页。

的流传之速与吉安中下层士人受其影响之大，于是着手刊印他所作的《困知记》这本小书。[1] 王守仁的弟子欧阳德因与罗钦顺同乡，在收到罗钦顺所赠《困知记》以后，两人之间又发生一番激辩。[2]

罗钦顺的这些努力最终并未发挥太大的作用。一方面在于他回应阳明学的时机似乎已晚，阳明学在中下层士人间的势力已成，不易再被撼动，所以当时已入老境的罗钦顺所辩论的对象，竟是当地欧阳家族的年轻子弟欧阳德，两代之间似已有鸿沟存在。另一方面，《困知记》虽然受到一些士绅，尤其是程朱学者的重视与赞赏 [3]，但其影响力以及对一般中下层士人的吸引力恐怕还是不如《传习录》来得大，所以我们很少见到中下层士人阅读这本书有所得或受感动的记载，至于因读《困知记》而转向程朱学的例子就更少见了。即使如吉安知府张振之"学必宗朱说"，以官方力量倡导程朱学，命令学校诸生研习《困知记》

---

[1]　关于罗钦顺与王守仁的书信问答，以及《困知记》与《传习录》刊刻时间的对照，请见山下龙二：《陽明学の研究——展開篇》，113 页，东京：现代情报社，1971。

[2]　欧阳德：《答罗整庵先生寄困知记》，见《欧阳南野先生文集》卷一，14—24 页，收入《四库全书存目丛书》，集部第 80 册，据明嘉靖刻本影印；欧阳德：《冢宰整庵罗公八十寿》，见《欧阳南野先生文集》卷二十，1 页。关于罗钦顺与王守仁、欧阳德之间的辩论分析，请见钱穆：《罗整庵学述》，收入《中国学术思想史论丛》七，45—67 页；罗钦顺思想的研究，请见钟彩钧：《罗整庵的理气论》，载《中国文哲研究集刊》第 6 期，台北，1995，199—220 页；《罗整庵的经世思想与其政治社会背景》，载《中国文哲研究集刊》第 8 期，台北，1996，197—226 页；《上海复旦大学藏〈整庵续稿〉及其价值》，载《中国文哲研究通讯》第 5 卷，第 3 期，台北，1995，137—141 页。而尹星凡使用了《阙城罗氏族谱》简略叙述了罗钦顺的生平，颇有参考价值，请见尹星凡：《罗钦顺及其〈困知记〉》，见郑晓江主编：《江右思想家研究》，230—241 页，北京：中国社会科学出版社，2003。

[3]　如尹台、欧阳铎这些在学术上比较同情程朱学的士绅学者。尹台：《太宰罗整庵先生寿荣录序》，见《洞麓堂集》卷一，35—37 页，收入《景印文渊阁四库全书》第 1277 册。欧阳铎：《困知记后序》，见《欧阳恭简公文集》卷五，2—3 页，收入《四库全书存目丛书》，集部第 64 册，据明嘉靖刻本影印。又如崔铣这位程朱学者在读了《困知记》以后很高兴地写信给罗钦顺，表示："今之论学者行其书矣，右象山，表慈湖，小程氏，斥文公，叹颜子之后无传，铣虽未之敢从，恒以寡昧自疑。及得我公《困知记》读之，抉邪有据，申正造精，乃自信而立，自今苟存一日，或进跬步，皆奉明训，感佩不忘，辄以此意敷衍成词以献。"崔铣：《与太宰整庵罗公书》，见《洹词》卷十，15 页。

等书，但效果仍然十分有限。[1]

吉安程朱学者无法成功回应阳明学挑战的窘境，使得许多原本支持程朱学的人也逐渐受到这股学风的影响而改变立场。阳明学在吉安府得势乃至于大盛，加上阳明学又喜群聚讲学，声气相感相应，结果就是当地程朱学者更形势单力孤，于是某些程朱学者如罗钦顺，干脆闭门不再参与当地的学术活动[2]，下迄万历年间，泰和当地几乎已无其学术势力，此时唯一力主校刻《罗钦顺文集》的阳明学者刘涮，所持的理由是"程朱正脉岂可遽废"。[3] 又如吉水罗侨，眼见阳明学从初兴到日盛，便在嘉靖十二年（1533）以邹守益为首举行青原山讲学时应邀前往，并与在座人士论辩不已，但终究无力回天。至于与罗侨同县的李中干脆以生病为由婉拒了邹守益的邀请，并转往他地养病与教授程朱学了。[4] 程朱学在当地声光之黯淡可见一斑。

阳明学在吉安流行的过程中，最初遭遇不少人的反对，其中有地方士绅，也有倾向程朱学者，但随着小书的流传，许多倾向程朱学的人也渐向阳明学靠拢，受到古本《大学》这本小书影响而转向的尹台（1506—1579）就是一例。

---

[1] 余之祯、王时槐等纂修：（万历）《吉安府志》卷十七，9—10页右。府志上记载张振之"在郡三年，忽不自怿，遽弃官归"，也许跟他想在阳明学的大本营吉安府推广程朱学的效果不佳有关吧！

[2] 过庭训：《江西吉安府五》"罗钦顺"条，见《本朝分省人物考》卷六十七，2—3页，收入《续修四库全书》第535册，据明天启刻本影印。

[3] 定祥修，刘绎纂：（光绪）《吉安府志》卷三十一，36页，收入《中国方志丛书·华中地方·江西省》第251号，据清光绪元年（1875）刊本影印。当时吉安府司理刘宪宠署泰和县令，并主持泰和县丈量核田的工作，因此也协助刻此文集。曾同亨：《赠郡司理行素刘公考绩序》，见《泉湖山房稿》卷六，9页；曾同亨：《刘司理署太和县核田记》，见《泉湖山房稿》卷十三，27—30页。

[4] 嘉靖十三年（1534）安福邹守益与永新甘公亮都力邀李中参加青原讲学，但李中皆以病辞。而同年李中则在随州报恩寺讲程朱学。李中：《答邹谦之》，见《谷平先生文集》卷三，19页；李中：《与甘太守钦采》，见《谷平先生文集》卷三，21页；李中：《朱学问答》，见《谷平先生文集》卷五，14页。

《四库全书总目》指尹台"攻击姚江之学甚力","亦可谓屹然不移",将其归入程朱学阵营。[1]但尹台的学术其实曾有变化,使他变化的原因有二,一是阳明学者的言行事为,一是古本《大学》。关于尹台学术转变的记载如下:

> 尹台,字崇基,号洞山,永新人,……明年,升南祭酒,……遽改北,道三茅,时乡士胡直为句容教谕,……语曰:吾尝以新学堕言语鲜躬行,迩归,颇有触于邹罗二公,且见诸士中操节矗矗不斲,则又喜曰:学在吾郡。因重相勖。……先是,尝割腴田三百亩入社备赈,复归,乃别建凤西书院,又割田四百亩给来学。早极崇信紫阳(按:朱熹),匙泰和罗文庄公(按:罗钦顺),独至中年,因有寤于《大学》知本之旨,浸与邹、罗二公语合,晚年益以明学为首务。读书至老不倦,为文概主六经,而体裁一准西京,诗歌侪建安天宝间无辨。[2]

嘉靖三十三年(1554)尹台担任南京国子监祭酒,期间曾回吉安一趟,参与邹守益、罗洪先等人主持的讲学活动,目睹阳明学讲学的盛况,是促成其改变的关键,曾同亨在此有记载:

> 初公之迁南雍,入家展省,舣舟吉水,期邹文庄、罗文恭两公与郡荐绅四方之士订道术玄潭道院,昕夕弗倦。[3]

第二年他改任北京国子监祭酒,途中恰遇泰和阳明学者胡直(1517—1585),两人相谈竟日,尹台很感叹地坦承他对阳明学的改观:"吾尝以新学堕

---

[1] 永瑢等撰:《四库全书总目》,1506 页。尹台:《洞麓堂集》卷首,2 页。

[2] 过庭训:《江西吉安府六》"尹台"条,见《本朝分省人物考》卷六十八,27—29 页。

[3] 曾同亨:《南京礼部尚书洞山尹公神道碑》,见《泉湖山房稿》卷二十一,27 页。

言说，鲜躬行，迨归，颇有触于邹、罗二公，且见诸士中操节矗矗不甚少，则又喜曰:学在吾郡，因重相勖。"[1] 所谓"有触于"邹守益、罗洪先二人，应指学术上的讨论而言，我们参考前引的资料就更清楚了:

> （尹台）早极崇信紫阳，曁泰和罗文庄公，独至中年，因有寤于《大学》知本之旨，浸与邹、罗二公语合。[2]

原本崇信程朱学的尹台因读《大学》这本小书改变立场，而他对《大学》的注意又跟王守仁标举古本《大学》一事有关，所以他的领悟渐与邹守益、罗洪先等人的意见相契合，同时与程朱学者如罗钦顺等人渐行渐远。古本《大学》影响之大又是一证。

尹台的学术转向以后，对书院讲学的态度也转趋积极。尹台指出:"比岁郡诸邑士并倡讲会，兴正学，所在重书院之建"，而其效果则是"士争相濯磨，其效彬彬著盛"，这跟前述尹台有感于"诸士中操节矗矗"的自白正好相映，显示讲学对士人的教化效果甚彰，并已得到尹台的注意。但先前尹台眼见永新的学术活动相对于安福等县"独绌焉"、"莫之兴举，矜佩叹以为耻"的现象，尽管心中颇多感慨，却迟迟没有采取任何具体行动。等到他从南京归乡，有悟于《大学》之旨，学术转向阳明学阵营以后，终于积极主张讲学，甚至与知县合作共同建立崇正书院，"使一邑士众讲会周旋其间"，包括会规也模仿安福复古、复真两书院的会规内容而定。[3]

除了书院的兴建以外，尹台还致力于家族救济与乡里建设上，当时尹台虽在南京任官，"思以社法纠里族"，因此与在地士人戴有孚合作，并由戴有孚总

---

[1] 过庭训:《江西吉安府六》"尹台"条，见《本朝分省人物考》卷六十八，28 页。

[2] 过庭训:《江西吉安府六》"尹台"条，见《本朝分省人物考》卷六十八，29 页。

[3] 尹台:《崇正书院记》，见《洞麓堂集》卷四，9—10 页。

其事。戴有孚，永新梅田人，其家族属于当地的名门望族，族高祖戴礼与其祖父戴僖，都是进士出身[1]，所以有能力负责这类事，加上戴有孚本身也曾跟随安福的阳明学者刘邦采、王时槐等人讲究理学，在学术的内在要求下，于是欣然答应，并慨然以为己任，捐赀割田，不遗余力。据说里社完成运作以后，"礼让蒸布，讼争不作，里父老咸义其行"。[2]

小　结

一门学术能够流行并取得主流地位，其学术内容是最基础也最关键的部分，倘若其学说并无太多创造或吸引人处，并不易引起大规模的流行。尤其阳明学面对程朱学的既定势力，不仅必须挑战程朱学，更须在学说有所创造，有所树立，才可能在明中晚期众说竞逐的思想场域中开出一片天地。但一门学术的成功，还必须加上一些外在的条件与优势，其中讲学活动的流行，以及《传习录》与古本《大学》等书的刊刻流传二事，正是阳明学得以在正德、嘉靖年间迅速流传的重要助力。本章把焦点集中在后者。

明中晚期许多人因读《传习录》或古本《大学》而接受阳明学，许多倾向程朱学的人也因此转入阳明学阵营。古本《大学》的争议，有效区隔开阳明学与程朱学的不同，并为人们解答了许多存于心中难解的疑惑，而《传习录》涵括阳明学最重要几个论题的讨论，也使人们通过阅读可以马上对阳明学学说有初步的上手。因此在江右阳明学的重镇吉安府中，包括罗洪先这些学术领袖以及不少中下层士人在内，都是通过这些书籍接触甚至接受阳明学，而阳明学者

---

[1]　王翰等修，陈善言等纂：(乾隆)《永新县志》卷八，19页，见《中国方志丛书·华中地方·江西省》第756号，据清乾隆十一年（1746）刊本影印。

[2]　王翰等修，陈善言等纂：(乾隆)《永新县志》卷八，32—33页。

除了利用讲学传播己说并挑战程朱学以外，同时也把战线延伸到书籍的流布与阅读上。讲学活动的举行常受到时空与人数的限制，相对的，书籍流布的范围则甚广泛，对学说传播所能发挥的效果遂甚可观。尹台学术的转向就是一个很好的例子。这也凸显了在讲学活动以外，书籍流布对学说的传播及其对时人的影响，都颇具意义与重要性。

第四章　阳明画像的流传及其作用

前　言

本章主要处理两个主题，一是阳明（王守仁）画像在明代的流行，以及士人对这些画像的评论；一是人们拜画像的行为，以及拜画像所代表的意义。

明中晚期阳明学的流行，讲学活动起了很大的作用，但也有其局限，尽管一些大儒的讲学常可吸引数百人甚至数千人的参与，盛况空前，不过人数依然有限。参与讲学的人回到各自的乡里及家族后，所做的二次传讲，可进一步扩展阳明学的影响力。另一方面，《传习录》等小书的流传，也有极显著的作用，在阳明学最盛的明中晚期，包括《传习录》、古本《大学》，以及大儒语录或文集的刊刻与流通，使得一些没有机会亲聆大儒謦欬的士人，仍可披览这类书籍而接触其学。相对于此，较少人注意到塑画像作为圣人形象具体化，以及有强化人们对学术认同与归属的作用。理学家因对成圣的追求，致力符合圣人形象，使其塑画像被赋予特别意义，人们不仅在书院或讲会中挂立其像，即使在私人的空间中，也有人敬拜理学家画像，其中以阳明画像最常见。讲学活动的举行、《传习录》等书的流通，加上塑画像（尤其是阳明画像），可说是阳明学的三宝。

塑画像的传统由来已久，如圣贤图像、孔子圣迹图都广为人知[1]，两宋以来的程朱学者也有塑画像，如弘治、正德年间的画家郭诩（1456—1532），便曾受江西丰城程朱学者杨廉（1452—1525）之托，作孔子及二程、朱熹一圣三贤共四幅像[2]，其中《文公先生像》至今仍存。[3] 郭诩所擅长不在人物画像的写真，所以他所作的人物容貌及其形象特征是比较模糊而不精确的，如他也作周濂溪像以示王守仁，但王守仁所赠诗却说——"郭生挥写最超群，梦想形容恐未真"。[4] 但此幅《文公先生像》，人物特征十分明显，应有所本。台北故宫博物院典藏之宋朱熹《尺牍》册前副页有"宋徽国朱文公遗像"，作者不详，或与郭诩同时代人之作，两幅画像颇相似，显示当时应流行某样式的朱熹像画法。

所以明中晚期为阳明学者作像并非创举罕例。阳明像跟一般圣贤像或理学家像间的差异所在，在于阳明学本身，而不在像的画法或作法有何特殊处。阳明学较诸其他时代的儒学，应是精英色彩最淡，最接近基层社会的一支，由于更多触及基层士人、布衣或庶民百姓，使阳明像发挥更大的作用，甚至带有宗教化的色彩，例如有人敬祀崇拜阳明画像，也有因扶乩见王守仁而作像的例子（后详）。一如《传习录》之前虽已有《近思录》，而《传习录》的作用更大且广；两宋程朱学者虽有讲学活动，但跟阳明心学相比，效果不可同日而语；同样，阳明像也因时代及学术性质，而跟过往的圣贤图像或理学家像有着不同的意义。

儒学士人的塑画像常置于孔庙、学宫等公共空间中供人崇祀，人们可借敬拜塑画像宣示其学术依归，这在私人兴建的书院尤其明显。宋明两代，程朱学

---

[1]　目前的《圣迹图》最早的版本是正统九年（1444）的刊本，见郑振铎：《"圣迹图"跋》，见《中国古代版画丛刊》第 1 册，390—392 页，上海：上海古籍出版社，1988。

[2]　杨廉：《送清狂山人归泰和序》，见《杨文恪公文集》卷二十六，8 页，收入《续修四库全书》第 1332 册，据明刻本影印。

[3]　此幅画像经过几次拍卖，所以未能确定其收藏地，请见郭诩：《文公先生像轴》，见"明郭诩绘画作品欣赏"，https://kknews.cc/zh-tw/culture/6kebo43.html (2021/08/02)。

[4]　王守仁：《题郭诩濂溪图》，见《续编四》，《王阳明全集》（新编本）第 3 册，卷二九，1120—1121 页。

或阳明学门人陆续在各地兴建书院，而书院所崇祀的塑画像，多可具体反映其学术宗主所在，如浙江天真书院崇祀王守仁，但程朱学者所兴建如晚明东林书院，崇祀名单中便无任何跟阳明心学相关的人。[1]

塑画像可让人直接想象圣贤形象，效果较诸书籍文字更为直接，而置于公共空间，接触的人多，作用也大，但除非是像王艮留下游孔庙而有感发的记录（王艮所见是木主而不是像）[2]，否则充其量只能统计各地书院的塑画像的数目多寡。加上这类塑画像还涉及许多复杂的政治因素，包括礼制（如大礼议中改像为木主）、祠祀礼仪、官方权力的干涉或渗透，以及地方舆论或期待等，使我们很难确定塑画像的影响大小。因此本章虽未忽略公共空间的像，但未以此为主进行讨论。此外，书籍上也常见画像附随在文集卷首，或是如历代圣贤画像之类的版刻画像，借由摹写或刊刻而大量流通，尽管也有人对此类画像带有崇敬之情的记载[3]，但直接相关的资料很少，所以本章未把版刻书籍的像列入讨论。

相对于此，士人收藏某画像于斋中，个人或其小群体对画像予以题咏，或在日常生活间敬祀崇拜，这类个人性的行为则富含特殊意义，所以本章便以这类在私人空间中的画像为主展开讨论。时间断限集中在心学流行的明中晚期至清初的这段时间。由于清中期有理学的复兴，而与画像对越或崇敬的现象也随之兴，所以最后一节略及入清以后士人如何看待阳明画像，以及清中叶的一些变化。

---

[1]　东林书院所崇祀的是木主而非塑画像，但反映学术宗主的作用是类似的，见裴大中等修，秦缃业等纂：（光绪）《无锡金匮县志》卷六，16 页，见《中国方志丛书·华中地方·江苏省》第 21 号，台北：成文出版社，1970，据清光绪七年（1881）刊本影印。及至今日，外双溪钱穆故居仍可见朱熹的塑像，钱先生著作等身，既有《朱子新学案》，也有心学方面的论著，又有《中国近三百年学术史》，但据其书案所置的朱子像，便可知其学术归属所在。

[2]　"丁卯武宗正德二年二十五岁"条，见王元鼎辑：《年谱》卷一，2 页，收入《王心斋先生全集》，台北：广文书局，1979，据日本嘉永元年（1848）刻本影印。

[3]　如吴讷在补注熊节（1199 年进士）的《性理群书》时，便将原编的宋儒画像部分删除不载，因其认为圣贤画像有如真人临在，因此人与其宴处一室，并不适宜。

本章使用的三个词稍有区别：理学家包含程朱陆王广义的理学各学派士人；明中晚期心学家主要指江门心学与阳明心学士人；阳明学者则专指阳明心学的士人。

一、日常生活中的塑画像

画像的分类存在多种标准，有的按描绘对象而分，如圣贤像；有的按情节内容而分，如雅集图；有的按表现形式分为头像、半身像、整身像、单人像、群像等。单国强把画像分作几类：历史人物像、帝王像、官僚缙绅像、文人名士像、庶民像、女性像、画家自画像[1]，若加上塑像，种类可能更多，难以在一篇文章中全部涉及。本章主题是心学家的像，所以此处谈人们在日常生活中较容易接触到的、跟儒学士人有关的地方先贤像及孔子像。

地方先贤像常见于当地的乡贤祠或先贤的专祠等，一般是为当地的知名人物作的塑画像，以供地方士民百姓瞻仰崇祀，如江西永新阳明学者刘朝噩去世后百姓争相肖像祭祀：

（刘）朝噩，……永新炎村石泉里人，世为禾川仕族。……公且为德于乡，如议南兑半折，及社仓诸事，没，使里人争肖像祀公。[2]

也有个别士人收藏先贤像，如江西泰和王思（1481—1524），他是明初大学

---

[1] 单国强：《肖像画类型刍议》，载《故宫博物院院刊》，1990 年 4 期，1990，11—23 页。

[2] 《大中大夫云南参政致仕前兵科给事中侍经筵官念南刘公铭》，见邹元标撰，周汝登等编：《邹子存真集》卷七，82—84 页，东京：高桥情报，1991，据日本内阁文库藏明天启二年（1622）序刊本影印。

士王直（1379—1462）的曾孙，仰慕吉安当地先贤文天祥（1236—1283），所以不仅访求文天祥遗像，而且在求得遗像后，出入奉像偕行。[1]

孔子像多藏于孔庙或地方学校，如北宋李公麟（1049—1106）的《宣圣及七十二贤赞》，尽管原作已失传，但宋高宗按此图及赞语刻成石碑，立于杭州太学旁，至今仍保存在杭州的孔庙中。[2] 在理学流行的年代，书院讲学或讲会举行前，常有拜孔子像的仪式，如王守仁的大弟子邹守益在祁门的讲会，会约便规定拜孔子像：

> 复定邑中之会，春秋在范山书屋，夏冬在全交馆，相与拜圣像，宣圣谕，劝善规过，以笃实辉光，共明斯学。[3]

圣像即孔子像。清初谢文洊讲学时亦然，他把孔子画像悬诸堂前率弟子参拜，而在无孔子像时，则书孔子名于纸帧上以代替，据载：

> （康熙元年）夏五月，张令（按：南丰县令张黼鉴）归奉家传元人所绘孔圣像，拜纳程山，曰："此像唯先生得拜之，黼鉴不敢私也。"先生拜受，悬诸尊洛堂前，设纸帐，朔望及会讲日，率弟子启帐焚香四拜，乃登讲席。先是亦拜，书纸幡耳。[4]

南丰知县张黼鉴赠像的理由是"此像唯先生得拜之"，显示像还跟学术宗主

---

[1] 邹守益：《改斋文集序》，见《东廓邹先生文集》卷一，47—48页。

[2] 赵榆：《孙悦汉及其收藏的宣圣及七十二贤赞图卷》，载《收藏家》，2002年1期，2002，49—51页。

[3] 邹守益：《书祁门同志会约》，见《东廓邹先生文集》卷七，21页。

[4] "康熙元年条"，见谢鸣谦辑：《程山谢明学先生年谱》，12页，附于谢文洊《谢程山集》。

或道统有关（后详）。此像在谢文洊临终前传予门人曾曰都，后悬于程山学舍。[1]
张黼鉴所赠像来自家传，可知孔子像除了置于公共空间，也在人手间流传，如
艾南英（1583—1646）家亦世藏孔子画像。[2]

　　最常见的父母或祖先的塑画像，有的摆在家族祠堂供族人敬拜，有的则在
家中神龛供奉。前者如明初靖难之变死节的庐陵曾凤韶（1374—1402）、曾子祯
二人，在嘉靖年间政治忌讳渐淡后，曾氏子弟以士绅曾孔化为代表，积极寻访
二人画像，据说所访得两幅画像凛凛犹生，曾孔化一见之下，马上哭拜在地，
并提请地方官员创建二忠祠以祭拜之。[3]后者如有人把父母画像编作一册，随身
携带；程朱学者尹襄的朋友柯信便有一本《永感册》，册中有其父母遗像，柯信
出入携以自随，"庶几吾亲之在目而不敢忘"。[4]此外，民间常常流行一类故事，
即孝子追思早逝的父母，而绘出父母画像，又或者是人子未能得见父或母，但
因梦而知其父或母之面貌形象，所绘画像惟妙惟肖。如三吴陆氏的例子：

　　　　陆翁起三吴世家，少以博学雄文蜚英庠校，居常痛父蚤世，追思不
　　已，至援笔绘像，俨若生存，人以为孝诚所感。[5]

　　这类故事往往因叙述简略而颇富戏剧化。涂伯昌的《孤子梦记》则详载其
曲折的过程，因颇有趣，节录于下：

---

[1]　《古迹》，见包发鸾修，赵惟仁等纂：《民国南丰县志》卷三，40页，收入《中国地方志集成·江
西府县志辑》第58册，南京：江苏古籍出版社，1996，据民国十三年（1924）铅印本影印。

[2]　艾南英：《家藏孔夫子像赞并序》，见《天佣子集》卷十，1—2页，台北：艺文印书馆，
1980，据清道光十六（1836）重刻本影印。

[3]　王慎中：《曾氏二忠祠记》，见《玩芳堂摘稿》卷二，9—10页，收入《四库全书存目丛书》，
集部第88册，据明嘉靖二十九年（1550）蔡克廉刻本印。

[4]　尹襄：《永感册序》，见《巽峰集》卷九，12页。

[5]　曾同亨：《封都察院右金都御史南溟陆公偕配陈恭人合葬墓表》，见《泉湖山房稿》卷二十，
23页。

有幼失父者，夜梦其亲，旦走告耆老曰："夜梦吾父，吾父须眉若是，衣冠若是。"曰："是非汝父也，汝父须眉若是，衣冠若是。"归而假寐，复梦其亲，与耆老之言无异。告耆老曰："吾昨又梦吾父，与耆老言同。非耆老言，吾几不识父也。"耆老曰："予言试汝也。汝前所梦者真也，汝后所梦者梦也。汝前所梦无因也，汝后所梦因吾也。"失父者涕泗交颐，皇皇不敢自信。……闻乡之人，有画父像者，展拜而形神俱爽，恍然见父也。气稍定，神稍清，熟视之，先所梦者真也，后所梦者梦也。由是数梦其亲，与先之梦无异。[1]

记中指出，孤子幼失其父，梦其亲而走告当地耆老，形容梦中所见父亲面貌与穿着，但耆老不仅故意否定，还另作一番形容，孤子受耆老的言语暗示，于是复梦其父，跟耆老所形容一致。待知耆老诳己后，孤子皇皇不能自信，所幸有人曾画其父像，孤子见此像后，才终于肯定最初所梦的父亲形象无误。[2]

无论是学校、书院、乡贤祠或父母祖宗的塑像画，儒学士人都曾争议是否应设像，及"像"是否像或不像等细节。塑画像流行于日常生活之中，相关讨论自然不少，加上有时又涉及政治事件（如大礼议）而更形复杂，因此不应以二分法简单区别赞成或反对设像两边。但程颐（1033—1107）反对设像的言论对时人及后世颇具影响力，应可代表当时的主流看法。据载程颐在跟学生讨论祭礼时，强调礼以义起，所以富豪及士人愿行祭礼者，可置影堂以祭，但不可用画像，他的理由是：

---

[1] 涂伯昌：《孤子梦记》，见《涂子一杯水》卷四，54 页。

[2] 人子常会持这类父祖画像请人题像赞。汤来贺曾为王仲鸣作像赞，题曰："闻君夙昔，孝友和平。睹兹遗像，俨兮若生。子姓拜瞻，翼翼兢兢。致悫则著，视于无形。惟述追乎厥德，斯丕振乎家声。"见汤来贺：《王仲鸣像赞》，见《内省斋文集》卷二十八，11 页，收入《四库全书存目丛书》，集部第 199 册，据清康熙书林五车楼刻本影印。着眼在子孙睹父祖遗像，不仅瞻拜，还能追惟祖德，丕振家声。有趣的是，文末谢文洊为此像赞作评曰："为人子孙题祖父像赞，当以此种为式。"

若用影祭，须无一毫差方可，若多一茎须，便是别人。[1]

　　尽管程颐未必禁绝塑画像，但对塑画像能否代表父母持保留的态度。相对于此，明中晚期不少阳明学者常把重点放在人子的孝心，孝心可以在画像上得到具体投射的对象，如邹德涵（1538—1581）表示："思亲者肖其像而祀之，非祀夫像也，因像以志思耳矣。"[2] 虽然没有直接反对程颐之说，但所强调点已有不同。

　　上述的像，包括塑像、木像，以及画像。塑像多半不常移动而固定在公共空间，而木像与画像则可随身携带，或置于私人处所。所以以下的讨论将偏重在画像与木像，尤其是以流传最广的阳明画像为主进行讨论。

二、理学家的圣人形象

　　士人文集或笔记资料中不乏关于个人画像的记载，相关记载的数量与频率随着时代越后而增加，尤其明中晚期常见士人与画家交游，其中不乏理学之士与知名画家往来的例子。如郭诩为林俊（1452—1527）画像，林俊许为妙品，于是推荐给邵宝（1460—1527）为其作像。[3] 此后肖像画的技法持续有创新，到

---

[1]　程颢、程颐撰，潘富恩导读：《伊川杂录》，见《二程遗书》卷二十二，341 页，上海：上海古籍出版社，2000。明初宋濂也沿袭此说，表示："人为物灵，其变态千万，一毫不类，则他人矣。"宋濂：《赠传神陈德颜序》，见《宋学士文集》卷三十七，644 页，台北：台湾商务印书馆，1965，《万有文库》本。

[2]　邹德溥：《畏圣录序》，见《邹泗山先生文集》卷二，7 页，"中央研究院"傅斯年图书馆藏安成绍恩堂藏板清刊本。

[3]　数年后郭诩将成品寄予邵宝，邵宝虽觉不类己貌，然因颇似有道者之容，于是仍宝而藏之且作诗赞。见邵宝：《赞郭诩所写小像》，见《续集》，《容春堂集》卷八，23 页，收入《景印文渊阁四库全书》第 1258 册。

17 世纪即晚明左右，画家对面部的描绘有突破性的发展，如活跃于南京、江南一带的曾鲸（1568—1650），他通过"渲染数十层""必分凹凸"的技法，使所描绘的人物面容更自然，所以许多人都委托他画像[1]，于是类似与画家交游的例子更不罕见。

理学家的塑画像除了像与不像以外，还有道德理想的体现这层含义，简言之即圣人形象。作圣是理学家修身的目标，也是其理想人格的完成，理学家对此事的关怀最深。两宋程朱学与阳明心学各有其圣人观，两者虽承认圣人可为，但对成圣的标准却有不同。两宋程朱学的圣人观精英色彩较浓，在朱熹的口中笔下，圣人常被描写成至高至善、难以企及的境界，一般人必须终其一生追求才有达成目标的可能，加上两宋程朱学的格物穷理之说，必须穷尽天下之物之理才能豁然贯通，更增作圣的难度，强化了圣人可望不可即的形象，因此两宋程朱学者并不轻易许人为圣。

对程朱学的成圣标准，自陈献章（1428—1500）已有异议，王守仁则有"满街人都是圣人"[2]之说，很简捷直接地表达圣人易为的观点，上自贤人君子，下至愚夫愚妇，只须致其良知，便能作圣。尤其是成色分两说，把原本高高在上的圣人形象，以尧、舜、周、孔这些远古圣王跟一般的庶民百姓同等并列。即使尧舜周孔也只是致其良知，今人只须致其良知亦能作圣。

圣人易为说有其时代背景脉络。陈献章生前已被尊为"活孟子"，与亚圣

---

[1] 邓丽华：《从曾鲸肖像画看晚明文人个人形象的建立》，硕士学位论文，台湾师范大学，1991。曾鲸似曾根据阳明门人的描述而作"阳明先生肖像"，见钱明：《阳明之遗像——形象考》，见《王阳明及其学派论考》第 9 章，175 页，北京：人民出版社，2009。除了这些著名画像以外，还有大量默默无闻的肖像画家与民间画工，他们往往数代画像写影，技法纯熟，民间人家流传的祖先画像几乎都是出自他们之手。这些民间画工常用"传神小稿"，作为为人家的子孙追摹祖先或父母画像时，供其选择近似形貌用的样谱，见华人德：《明清肖像画略论》，载《艺术家》，218 期，1993，236—245 页。

[2] 王守仁：《语录三》，见《传习录》，《王阳明全集》（新编本）第 1 册，卷三，127 页。

孟子相提并论 [1]，显示程朱学的圣人难为说已有松动的迹象。随着阳明心学的流行，圣人可为、易为之说更加普及，如刘元卿的族人刘本振仅是一般庶民，在复礼书院听刘元卿说圣人可为，了解自己也可当圣人，遂踊跃而起，从此折节力学。[2] 在此圣人易为的风气下，甚至有人自许为圣，万历年间流传的一则笑话生动的描写了这股流风：一名狂生先许尧、舜、文王、孔子为圣人，但待数到孟子，却迟疑良久不愿屈第五指，以为孟子英气太露，不免让人怀疑未能优入圣域，于是——"旁有人拱立曰：宇宙间第五位圣人，莫非公乎？遂下第五指，曰：不敢"。[3]

尽管有上述荒诞的故事，显示当时人不再把圣人视为可为却难及的境界，但我们仍可推想，实际上应有许多人仍不自信己能成圣，也因此邹守益的孙子邹德涵（1571 年进士）在年轻声名未起时，在复古书院讲学中，便因对圣人的见解而引起轰动，据其弟邹德溥（1583 进士）说：

伯兄起后进行，直任以圣人为必可学，则众哄目为狂生。[4]

圣人可学是整个宋明理学最基本的概念，参与讲学的又都是对理学有兴趣的士人，竟因邹德涵说圣人可为即目为狂生，颇不合理。推测"直任"二字，应即邹德涵以己可成圣之意。从旁观众人目邹德涵为狂生的反应看，显示即使在万历年间阳明心学流行的高峰时，仍有不少人对自己能否成圣颇为犹豫。这也正可说明一个看似矛盾但又可两存的现象：人们一方面相信圣人不仅可为而且易为，一方面又尊崇少数儒学士人尤其是心学家，视之为圣人

[1] 胡直：《刻白沙先生文集序》，见《衡庐精舍藏稿》卷十，2 页。

[2] 刘孔当：《石鳞公传》，见《刘喜闻先生集》卷四，20 页。

[3] 刘元卿：《第五位圣人》，见《刘聘君全集》卷十二，78 页。

[4] 邹德溥：《伯兄汝海行状》，见邹德涵：《邹聚所先生外集》，94 页。

或类似圣人的形象。

也因此，在王守仁生前与死后，门下弟子已有尊其为圣的意味，许多阳明学者反复向世人宣称，阳明学确是圣学无疑。[1] 他们不把阳明学放到宋元以来的理学脉络来理解，而是以王守仁承接孔圣嫡传，与孔门弟子颜、曾等人并列[2]，他们虽未明言王守仁是圣人，但其实已相距不远。如罗大纮称王守仁为百世之师[3]，耿定向则是仿《史记·孔子世家》的体例而作《新建侯文成王先生世家》，把王守仁与孔子、王门与孔门都等量齐观了。[4]

不少阳明后学也被形容为圣人或类似圣人，如浙江绍兴府的范瓘被百姓称作"范圣人"。[5] 如江右阳明学者，他们一方面通过举行各式讲学活动，向当地士民百姓传讲学术，一方面投身于社会福利事业，为地方兴利除弊，而被当地士民百姓视为接近圣人般的人物，邹守益即是显例[6]，而在刘元卿死后，门人弟

---

[1] 黄宗羲：《师说·邹守益东廓》，见《明儒学案》，8页；卷十三，《浙中王门学案三·黄久庵先生绾》，280页；卷十八，《江右王门学案三·文恭罗念庵先生洪先》，390、418页。

[2] 吕妙芬：《颜子之传：一个为阳明学争取正统的声音》，载《汉学研究》第15卷，第1期，1997，73—92页。在阳明学者所编纂的地方志上，往往可见他们自许超越宋元诸儒而直接承接圣学嫡传。如万历年间知府余之祯挂名，而实由王时槐、刘元卿与罗大纮主编的《吉安府志》，《理学传》便只列阳明学者，而宋元明初的其他理学家则被归入《儒学传》中。相关研究见张艺曦：《吉安府价值观的转变——以两本府志为中心的分析》，见张艺曦：《附录二》，收入《社群、家族与王学的乡里实践：以明中晚期江西吉水，安福两县为例》。

[3] 罗大纮：《柬抚台王公》，见《紫原文集》卷六，30页。

[4] 耿定向：《新建侯文成王先生世家》，见《耿天台先生文集》卷十三，18—49页，收入《四库全书存目丛书》，集部第131册，据明万历二十六年（1598）刘元卿刻本影印。《四库全书总目》已指出此点："（耿）定向之学，归宿在王守仁。故集中第十三卷以薛瑄诸人为列传，而以守仁为世家。此盖阴用《史记·孔子世家》之例，不但以守仁封新建伯也。"见永瑢等撰：《四库全书总目》，1601页。

[5] "（范瓘）少从新建学，卓然以古圣贤自期，晚岁所造益深，……平居无戏言，步趋不越尺寸，里中人无老幼，皆以范圣人呼之。……有司屡表其闾，立石里中，曰：范处士里。"《乡贤》，见萧良干等修，张元忭等纂：（万历）《绍兴府志》卷四十三，32—33页，收入《中国方志丛书·华中地方·浙江省》第520号，台北：成文出版社，1983，据明万历十五年（1587）刊本影印。

[6] 宋仪望：《明故中顺大夫南京国子监祭酒前太常少卿兼翰林院侍读学士追赠礼部侍郎谥文庄邹东廓先生行状》，见《华阳馆文集》卷十一，24页。

子为建"近圣馆"以祭祀，推崇之情之高不言可喻。对当地士民而言，邹守益、刘元卿几乎就是当世圣人。

三、明中晚期阳明画像的制作与流传

正是在前述脉络下，阳明像不只是一般的人物像，还有其特殊意义，因此门人弟子后学除了在公共空间立塑画像，也制作许多阳明画像，这些画像流传于人手之间，甚至被当作日常敬拜的对象。因此本节的讨论除了公共空间的像以外，主要以阳明画像的制作及流传为主。由于阳明心学发展之初，江门心学亦与其抗衡，虽迅速中衰[1]，声势不如阳明心学，但仍有其影响力，所以也兼论江门心学学者的像。

公共空间的阳明塑画像常被置于门人弟子所建的书院及举行讲会处，以王畿在天真书院所塑像最著名：

> （王畿）服心丧三年，建天真书院于省，肖文成像其中，且以馆四方来学者。岁举春秋仲丁之祭，无问及门、私淑，胥以期集，祭毕，分席讲堂，呈所见于公取正焉。心丧毕，壬辰（1532）始赴廷对。[2]

关于天真书院的资料不少，我们很容易从其他资料得知此处是塑像而非画像。天真书院是浙江阳明学的重镇之一，所以许多人会前往此地讲学并拜谒遗像。又如浙东周汝登（1547—1629）则是与友人结会，祭告于当地奉祀王守仁的祠庙，此祠庙中便有阳明像：

[1] 潘振泰：《明代江门心学的崛起与式微》，载《新史学》第 7 卷，第 2 期，1996，1—46 页。
[2] 过庭训：《浙江绍兴府三》"王畿"条，见《本朝分省人物考》卷五十一，23 页。

己亥（1599）季秋，先生（按：周汝登）同石匮陶公及郡友数十人，共祭告阳明之祠，定为月会之期。[1]

也有崇奉木主的例子[2]，如河南尤时熙，属于北方王门学派，他早年因读《传习录》而有悟，于是崇奉王守仁神主于书斋中，士人来学时都须随其展谒神主：

大指率祖文成，而得于体验者为多。盖自一见《传习录》，寖读寖入，寖入寖透，斋中设文成位，晨起必焚香拜，来学者，必令展谒，其尊信若此。[3]

此间书斋应跟书屋的性质类似，既是私人读书处，也是公开讲学的场所。据此亦可见《传习录》对当时人的影响。

根据钱明考察，目前现存于国内外的阳明画像、木雕像及铜像，估计有四十种以上。按时代与国别分，则可分为明清遗存塑画像、日韩所藏像，及近人塑像三类。遗像的种类有燕居像、朝服像、封爵像、布衣像及戎装像。[4]钱明在文中所举的明清遗存塑画像，以目前现存的为主，多半是塑像、石刻画像，或是附见于族谱或文集卷首的画像，明代单幅画像仍存的不多。所以下文除了几幅画像的分析以外，也将辅以文字记录的内容展开讨论。

阳明画像流传虽多且广，但著名画师则数蔡世新一人。王守仁生前曾找许

---

[1]　周汝登：《越中会语》，见《东越证学录》卷四，5—6页，收入《四库全书存目丛书》，集部第 165 册，据明万历刻本影印。

[2]　当时拜神主者不乏其人，如东台县的吴爱、缪好信，也因慕王艮其人其学，在家中奉祀其木主。《儒林》，见周右修，蔡复午等纂：（嘉庆）《东台县志》卷二十四，6—7页，收入《中国地方志集成·江苏府县志辑》第 60 册，南京：凤凰出版社，2008，据嘉庆二十二年（1817）铅印本影印。另请参考吕妙芬：《明清士人在家拜圣贤的礼仪实践》，载《台大历史学报》第 57 卷，2016，229—268 页。

[3]　张元忭：《河南西川尤先生墓志铭》，见尤时熙：《拟学小记》附录卷上，30 页。

[4]　钱明：《阳明之遗像——形象考》，见《王阳明及其学派论考》第 9 章，152—189 页。

多画师为其作像，但因相貌特殊，所以始终没有能够让王守仁点头的作品，直到王守仁担任南赣巡抚期间，有人介绍蔡世新给他，蔡当时只是一位无多大声名的年轻画师，却画出了让王守仁满意的像，据载：

> 王文成镇虔，日以写貌进者阅数十人，咸不称意。盖文成骨法稜峭，画者皆正而写之，颧鼻之间最难肖似。世新幼年随其师进，乃从傍作一侧相，立得其真。文成大喜，延之幕府，名以是起。[1]

蔡世新一画成名。蔡世新所作的阳明画像不少，在王守仁卒后，门人周汝员（1493—1558）在越中所建的新建伯祠，所用的就是蔡世新版本的像。[2]若据吴庆坻（1848—1924）所述，有一幅王守仁的燕居授书小像即蔡世新所作，小像上有葛晓的跋，跋语说：

> 先生像为蔡世新所传者极多，惟以多故随手辄肖，然至小者亦径尺。[3]

葛晓是浙江上虞人，应是晚明曾过手此画的收藏家，且与陶望龄（1562—1609）有过往来[4]，其言应可信。

蔡世新所绘的阳明像究竟形象若何呢？目前所存有两件归于其名下的作品：一为上海博物馆所藏的白描《阳明先生小像》（图6），作四分之三侧面像，画中

---

[1] 朱谋垔：《画史会要》卷四，58 页，见《景印文渊阁四库全书》第 816 册。

[2] 王守仁：《年谱附录一》"嘉靖十六年丁酉十月门人，周汝员建新建伯祠于越"条，《王阳明全集》（新编本）第 4 册，卷三五，1346 页："师没后，同门相继来居，依依不忍去。是年，汝员与知府汤绍恩拓地建祠于楼前。取南康蔡世新肖师像，每年春秋二仲月，郡守率有司主行时祀。"此祠应即前述万历年间周汝登及其友人共祭告的阳明祠。

[3] 吴庆坻：《王守仁燕居授书小像》，见《蕉廊脞录》卷七，200—202 页，北京：中华书局，1990。

[4] 在陶望龄的《歇庵集》中有与葛晓往来的书信，见陶望龄：《答葛云岳》，见《歇庵集》卷十二，30 页，收入《续修四库全书》第 1365 册，据明万历乔时敏等刻本影印。

阳明先生束发无帽，盘坐在大方巾上，右手持书靠于腿上，此书似为身侧两函叠置书册的第一本，腰间所系绳带，其尾端结成两穗，自衣摆间露出。描绘人物脸部的线条、衣褶与臂肘的呼应关系等处可见并非真正一流画家的手笔，正反映着记载中蔡世新原本并非有名画家的实况。其用笔尚属敬谨，且对人物眼眶上部的轮廓、绳带于衣袍中的压叠转折、书函中书册的空缺等细节多有着墨，并非仅凭人物画一般格套完成的画作，或许真为蔡世新当日所见阳明先生燕居时的景象。画幅虽未署款，但有"蔡世新印""少壑父""写以自藏"三方印，应为传世最可靠的蔡世新阳明像。"写以自藏"印亦颇有趣，似乎代表了此画为蔡世新私藏版本。画幅玉池有清人许康衢题跋，应亦见此印文，故称"蔡少壑氏，虔南画史，能诗。尝与阳明先生游，时相唱和。此帧为王文成公写貌以自珍。古人交谊之深，于此可见"。画幅左下端另有"后裔王寿祁敬藏"的题识，可见此画于蔡世新之后，亦曾为王阳明后裔所藏。另一件是《王阳明法书集》所录，据载藏于中国历史博物馆（今改名中国国家博物馆），为正面设色本《王阳明画像》（图7），据说也是蔡世新所绘，此作人物面容亦有许多细节，例如上唇上方胡须共分四段，须发亦较丰盛，或许为王阳明较年轻时之相貌。惜尚未得见较清楚之图像，究竟是否真迹，尚难考订。但似乎两者皆为当时普遍获得接受的王阳明形象。

与白描侧面像类似的作品较多，也许正如《画史会要》所记，是本自蔡世新得到王阳明认可的侧面像之作。如上海博物馆另藏的一本佚名《大儒王阳明先生像》（图8），或是普林斯顿大学美术博物馆所藏的佚名《王阳明像》（图9）、藏处不明的《天泉坐月图》[1]，特别是邹守益等人编纂的《王阳明先生图

---

[1] 图见（传）曾鲸《天泉坐月图》，Poly Auction 2010/01/23，拍品674号。该作与普林斯顿大学美术博物馆所藏《王阳明像》虽背景及家具有异，但阳明先生形象相似，皆着高冠端坐案前，或举笔欲书，或持卷审阅，或许曾为阳明画像的一种方便"应用"的模式。如后文提及之蔡懋德之子摹写的"侍亲问道图"，亦不无可能以此模式绘制。曾鲸很可能亦描绘过阳明像，我所知的两件传称作品，除了上述的《天泉坐月图》，另有标为崇祯三年（1630）曾鲸款的高冠侧面半身像。

谱》[1]中大部分亦均为此类侧面像。作为王守仁几大弟子之一的邹守益，采用的应是王阳明认同的图像。因此，此图谱虽是较简略的刊本，但对于我们了解阳明学兴盛时期流行的王守仁形象，有极大的助益。《王阳明先生图谱》中亦有少部分使用如设色本般的全正面形象。因此应可推测当时此类正面像亦有获得弟子认同的版本，或者亦如现存题名所示，亦出自蔡世新之手。

《王阳明先生图谱》展现了门人弟子颇执着于上述两种图像类型。图谱中自其二十二岁开始的王守仁面目便与晚年形貌无甚差异（图10、图11）——除了面容消瘦、颧骨突出外，嘴唇上下以及两颊下缘均蓄须。受托绘制其一生行谊图像的画家，无论是否是蔡世新，应都被要求不可妄自想象王守仁的容貌，因此可说自其"成年"之后，都一体应用"已获认证"的王阳明像。我们若是考虑到《画史会要》描述王守仁讲究己之肖像，曾有数十人为其写像，都无法得到王守仁认可之事，则得其认可的蔡世新，应可靠广大徒众对阳明像的需求而拥有相当可靠的市场。相对于此，《圣贤像传》所收的王阳明像，其五官与其他圣贤如出一辙，服饰姿态也多雷同。对比此类不重赋予人物独特性的像传，无论是蔡世新或《王阳明先生图谱》所针对的群众，似乎亟欲见到王阳明确切的长相，并因见到其形貌而感到快慰。茅坤（1512—1601）的这则故事，便可放到这个脉络下理解：

> 阳明先生没，而四海之门生故吏，及尝提兵所过州县蛮夷之庐，争像而事之。当是时，阳明先生之像遍天下，而豫章间所传特类甚。予还金陵，一日，考功何君吉阳刺其所为像者过予，且曰：即豫章间所善像阳明先生而名者也。[2]

---

[1] 邹守益的《王阳明先生图谱》分别收录在《北京图书馆藏珍本年谱丛刊》第43册，北京：北京图书馆出版社，1998，据民国三十年（1941）本影印，及《四库未收书辑刊》第4辑第17册，北京：北京出版社，1997，据清钞本影印。

[2] 茅坤：《赠画像者蔡少謇序》，见《茅鹿门先生文集》卷十一，4页，收入《续修四库全书》第1344册，据明万历刻本影印。

善像阳明先生而名者指蔡世新，此段文字的前半段所指的像，可能是塑像或画像，但后半段的遍天下之像，既牵涉到流传，加上此文是茅坤为蔡世新所作序，所以应指画像而言。何吉阳即何迁（1501—1574），湛若水的门人，但颇亲近阳明学，他跟茅坤在南京的相遇，应是嘉靖三十七年（1558）前几年事[1]，而嘉靖朝正是阳明学从初兴到极盛的时期，所以随其门人弟子广布，画像流传也随之遍天下。蔡世新凭借为王守仁画像而与阳明学者往来，并得其赞誉引荐而闻名。在宴席上，茅坤请蔡世新即席挥毫作画，蔡世新顷刻即就，人皆能识其所画是王守仁像。[2]茅坤好阳明学，常以未得见其冠裳容貌为恨，如今得见其画像，说：

予尝慕先生与其门弟子诵说其道，往往以不及从之游，睹其所为冠裳容貌为恨，今乃得依先生之像类甚者，存而礼谒之，幸矣哉。[3]

既是"存而礼谒之"，显示不是简单看过像而已，还有崇敬礼谒之意。茅坤同时指出，门人弟子不应只是礼谒画像，还应遵行阳明之道。画者苦心孤诣方才得阳明像之神，门人弟子不应连画者都不如。[4]

前引普林斯顿大学美术博物馆的无款《王阳明像》，卷首有王守仁坐于书桌前书写的白描小像，左方有人立侍一旁，画幅后接着三则王阳明写给其甥郑邦瑞的尺牍，更之后是王阳明门人黄绾（1477—1551）、萧敬德等人题跋。姜一涵认为书迹与图像分别为两个时期所作，画迹是民国初年收藏家重新装裱后，延

[1] 何迁晚年任南京刑部侍郎，在嘉靖三十七年（1558）任满后前往北京，故知是此年的前几年事，见黄宗羲：《南中王门学案三·文贞徐存斋先生阶》，《明儒学案》卷二七，618页。

[2] "予间携之，出示所尝共先生游者，或覆其半，露其半，即能按识而呼曰：此某先生也。"见茅坤：《赠画像者蔡少鏊序》，见《茅鹿门先生文集》卷十一，4页。

[3] 茅坤：《赠画像者蔡少鏊序》，见《茅鹿门先生文集》卷十一，4页。

[4] 茅坤：《赠画像者蔡少鏊序》，见《茅鹿门先生文集》卷十一，5页。

请画家添绘者。[1] 不过起首的白描画像，并不似出自民初画家手笔，其风格反而让人联想到《王阳明先生图谱》，两者均意图表现王守仁的面容特色，靠椅形式亦均为高背、顶端后卷的样式，不无可能出自同一位画家之手。且全卷各纸（此卷画幅一纸、阳明书幅三纸、题跋三纸）接合处所钤骑缝印，除叶恭绰（1881—1968）、王南屏（1924—1985）藏印鲜明完整外，不乏经重新裱装而有切损的印迹，显为前代藏者之钤印。画幅与阳明书幅第一纸的骑缝印中有"青藜馆"一印，经查疑为明末著名文士周如砥（1550—1615）藏印，若然，亦可提示该阳明画像成画年代必早于周如砥卒年。郑邦瑞为余姚人，他所宝藏的此卷，应可视为江南地区流传之王阳明像之一例。

除了蔡世新以外，也有其他人作王守仁像。江南一带有文徵明的门人陆治（1496—1576）及陈洪绶（1599—1652）作阳明像。陆治所作像还被蔡懋德（1586—1644）之子所摹写，其子提学江西，在吉安时曾梦谒王守仁而叩学，遂在阳明像上加入其父与己之像，意即己侍父共同问道于王守仁。此图有八大山人（1626—1705）题"侍亲问道图"五字。[2] 陈洪绶所作《阳明先生像》画轴（图12）藏于哈佛大学福格美术馆，尚未确定其真伪，与现存于贵阳扶风山阳明祠的石刻《阳明先生遗像》（图13）颇近似[3]，除脸部不类外，姿态、衣褶、衣带之形状极相似，此应可代表陈洪绶确曾于当时画过阳明像。亦为江南地区流

[1] 姜一涵：《普林斯顿大学美术博物馆藏王阳明三札卷》，载《明报月刊》第 10 卷，第 1 期，1975，58—65 页。

[2] 方濬颐：《黄匡民侍亲问道图卷》，见《梦园书画录》卷十七，31—36 页，收入《历代书画录辑刊》5，北京：中国图书馆出版社，2007，据清光绪四年（1878）刻本影印。

[3] 该石刻所本的画像似已不存，但光绪年间地方人士将此画像刻在祠之石上，从画像到石刻的变化，请见刘宗尧纂：（民国）《迁江县志》216—217 页，收入《中国方志丛书·华南地方·广西省》第 136 号，台北：成文出版社，1967，据民国二十四年（1935）铅印本影印。此石刻拓本见于张岱编：《阳明先生遗像册》，收入《中华历史人物别传集》第 21 册，北京：线装书局，2003。其中郑珍的跋文详细考证该像的来源脉络。清华大学哲学研究所杨儒宾教授有此石刻全幅的拓本图像，文字的部分与《阳明先生遗像册》所录基本一致，而拓本最前端的阳明像，是《阳明先生遗像册》所没有的。本章写作期间承其慷慨赐寄参考，谨此致谢。

传王阳明像之一例。陆治并不以画人物闻名，他所绘制的阳明像与本人能有几分相似，颇令人存疑。陈洪绶则善于以变形方式绘制散发奇古风味的人物，亦非写实派的画法。因此由江南地区画家描绘的王阳明像，"存真"或非其要点，创造一个可被接受的"依托"的形象，供其徒众追念即可。可能是次于写实本的选择。

此外如黄兆彪，据载：

> 黄兆彪画王文成公像，瘦而长髯，露齿，后有徐文贞公跋，皆未从祀时语也。[1]

黄兆彪生平不详，但应是画师。

我们若是注意一些零散的文字资料，也有不少有关阳明画像流传的记载，尽管因资料不够集中，使我们很难精确分析画像的来源及流传的渠道，但至少可知王守仁画像的流行区域。

王守仁的事功多在江西，加上他晚年学术思想圆熟以后，所传弟子也多半是江西人，所以推测江西当地应有不少王守仁画像。徐阶（1503—1583）借巡按江西时重修南昌仰止祠，肖王守仁像而祠之，所肖似是画像。立龙沙会，集学校诸生讲学于此。[2]

据载：

> 公（徐阶）所称良知学，本故王文成公守仁，而文成于江西最显著，

---

[1] 袁中道：《珂雪斋游居柿录》，见袁中道：《珂雪斋集》下册，卷二，1133页，上海：上海古籍出版社，2007。

[2] 王守仁：《年谱附录一》"（嘉靖）四十三年甲子，少师徐阶撰先生像记"条，见《王阳明全集》（新编本）卷三五，1365—1366页。

自公推行之，且像文成而祀焉。[1]

除了建祠肖像以外，徐阶还从士人家中摹王守仁像，分为燕居像与朝衣冠像两类：

> 阳明先生像一幅，水墨写。嘉靖己亥［嘉靖十八年（1539）］，予督学江西，就士人家摹得先生燕居像二，朝衣冠像一。明年庚子夏，以燕居之一赠吕生，此幅是也。[2]

徐阶表示吕生所得的燕居像，人觉极似，而"貌殊不武"：

> 予尝见人言，此像于先生极似。以今观之，貌殊不武，然独以武功显于此，见儒者之作用矣。吕生诚有慕乎，尚于其学求之。[3]

这让人联想到《史记·留侯世家》太史公说张良像"状貌如妇人好女"，不能以貌取人的典故。徐阶说王守仁以武功显，但此武功是从其学术发用而来，所以关键还在学术而不在武功。学术为体，武功为用，这跟明中期以来的流行观点是一致的。

---

[1] 王世贞：《明特进光禄大夫柱国少师兼太子太师吏部尚书建极殿大学士赠太师谥文贞存斋徐公行状》，见《弇州山人续稿》卷一三六，7页，收入《明人文集丛刊》，第一期第22种，台北：文海出版社，1970，据明崇祯间刊本影印。

[2] 王守仁：《年谱附录一》"（嘉靖）四十三年甲子，少师徐阶撰先生像记"条，见《王阳明全集》（新编本）卷三五，1365页。钱明比对《年谱》与《世经堂集》中的记文内容，发现稍有不同，《世经堂集》说该像是"赠同年淡泉郑子"，而非《年谱》所说的"赠吕生舒"。钱明推测有可能是两幅画分赠郑、吕二人。见钱明：《阳明之遗像——形象考》，收入《王阳明及其学派论考》第9章，155—156页。

[3] 王守仁：《年谱附录一》"（嘉靖）四十三年甲子，少师徐阶撰先生像记"条，见《王阳明全集》（新编本）卷三五，1366页。

江西安福张鳌山（1511 年进士）也有阳明画像。张鳌山是进士出身，在宸濠之变时跟随王守仁勤王。理学上，他原本师事同乡李宗枑，得求放心之说，据方志所载，李宗枑"日行功过录"，以功过录求放心。[1] 此后张鳌山转师王守仁，王守仁的学术讲究自得，张鳌山颇受启发，所以在王守仁卒后，绘阳明画像以自范。邹守益记述：

> 张子鳌山绘阳明先师遗像，及汇书翰为一卷，夙夜用以自范。某敬题曰："会稽师训"。[2]

据"夙夜用以自范"，推测张鳌山可能有敬拜画像，或与画像对坐之类的行为。

王守仁的故乡浙江一带也有许多阳明画像，如明末黄道周（1585—1646）谈到，有人从浙江前往福建漳浦任官，便根据从余姚带来的阳明画像作塑像以祠祀之。[3] 晚清李慈铭（1830—1894）也指出——"文成公像越中旧家多有传者"。[4] 此外，清初湖北唐建中因游江南而得画像[5]，并出示予其友万承苍（1683—1746），显示清代江南仍有阳明画像流传。

---

[1] 《名臣》，见姚濬昌等修，周立瀛等纂：(同治)《安福县志》卷十，21 页。

[2] 邹守益：《题会稽师训卷》，见《邹守益集》卷十八，875 页，南京：凤凰出版社，2007。

[3] 黄道周：《王文成公碑》，见《黄石斋先生文集》卷十一，11 页 [收入《续修四库全书》第 1384 册，据清康熙五十三年（1714）郑玫刻本影印]："于时主县治者为天台王公，讳立准，莅任甫数月，举百废，以保甲治诸盗有声；四明施公莅吾漳八九年矣，……王公既选胜东郊，负郭临流，为堂宇甚壮，施公从姚江得文成像，遂貌之。"

[4] 吴庆坻：《蕉廊脞录》，200 页。

[5] 万承苍：《王阳明先生画像记》，见《孺庐先生文录》卷十一，5—7 页 [收入李祖陶：《国朝文录续编》，《续修四库全书》第 1671 册，据清同治七年（1868）李氏刻本影印]："唐君赤子游江南，得王阳明先生画像，宝而藏之。辛亥（1731）冬，相见于京师，出以授余，俾为记。余每一展视，辄悚然起敬，凝然若有思，如是者三年，未有以复也。……阳明先生画像，杭州、南安皆有石刻，此幅作辞阙图，盖若有隐痛焉。"

四、阳明画像的作用

收藏品题

士人常对画像有所品题，而对理学家画像的品题或相关文字，常涉及品题者对理学的看法或立场。如华亭董传策（1550 年进士）虽非理学家，但心慕阳明学，并与阳明学者往来 [1]，所以他在访阳明祠当晚，梦王守仁与其论学，梦中王守仁以门人弟子空谈为忧，嘱托董传策予以规劝。[2] 董传策应是在此祠中见到阳明像（不确定是塑像或画像），于是作诗：

> 儒门心脉久多岐，大慧慈湖一派师。
>
> 拈出良知真指窍，向来实证得居夷。
>
> 雄风自昔开山岳，朣像于今肃羽仪。
>
> 阅世可禁留应迹，谁寻真相破群疑。[3]

强调致良知之说是真指窍，而王守仁谪贬贵州则是致良知的实证地。又如邹元标，则是谈其致良知说：

> 登坛济济说良知，不著丝毫更数谁。

---

[1] 董传策亲近之叔叔董宜阳亦曾从学于邹守益，可为当时松江地区受到阳明学浪潮拍击之一例。董宜阳与邹守益事，可参考邱士华：《许初竹冈阡表介述》，载《故宫文物月刊》377 期，台北，2014，62—71 页。

[2] 董传策：《武夷从阳明祠归，夜梦访余论学，殊以空谈为忧，若属余规之云者，瘳而赋此以识二首，见《邕歈稿》卷六，10—11 页，收入《四库全书存目丛书》，集部第 122 册，据明万历刻本影印。

[3] 董传策：《阳明王先生祠像》，见《邕歈稿》卷二，4—5 页。

抛却语言诸伎俩，日星千古自昭垂。

群贤列圣无他语，惟一惟精只此中。

腊底雪消山尽处，柴门夜夜领春风。

辛苦平生几问津，迟回歧路倍伤神。

于今识得先生面，野草闲花一样春。

吾心宇宙有同然，却道金溪是学禅。

不是先生勤指点，谁令吾道日中天。

吾乡先辈盛流传，疑信相参苦未坚。

踏破草鞋无觅处，始知吾道有真诠。

人疑此道大圆通，规矩方圆妙不穷。

效地法天无两事，圆神方智总吾宗。[1]

邹元标的学术偏悟的一边，但对规矩准绳持之甚严，他在仁文书院的会约中提出"修悟双融"之说。[2] 因此前引诗的末一段既说此道大圆通，又说规矩方圆妙不穷，末了以"圆神方智总吾宗"作结。

品题并不限于阳明学者，如湛若水曾应地方官员之请，为阳明画像题赞，强调其学术上的发明：

逃释逃黄，匪猖匪狂；为知之良，文武弛张。目其凤凰，铁其肝肠；闇然其章，知柔知刚。万夫之望，兹非阳明先生之相，而中峰大夫程子之藏。[3]

---

[1] 邹元标：《题阳明先生像六首》，见《愿学集》卷一，40—41 页。

[2] 邹元标：《仁文会约语》，见《愿学集》卷八，11—14 页。

[3] 湛若水：《广州程贰守所藏新建伯阳明王先生像赞》，见《湛甘泉先生文集》卷二十一，52 页。

与阳明学对垒的程朱学者也有留下记录，如张邦奇（1484—1544），与王守仁为同时代人，他讥讽王守仁解格物为正物之说是穿凿附会[1]，所以题其像说：

> 屹屹乎棱厉，矫矫乎英异。文事武功，震耀斯世。而其志则凌跨千古，每欲以道而自知也。惜哉乎没也，未几而天下以道为讳矣。眥饥渴之饮食，谓梦寐为从乂，独何欤？吾欲起先生于九原，与之反复辩议，而不可得也，徒为之瞻遗容而兴喟。[2]

此处虽谈及王守仁的文事武功，但仍着眼在其学术，张邦奇欲起王守仁于地下与之论辩而不可得，只好对像叹息。

与像对坐

除了收藏以外，士人持有这些画像，往往还有求道与学术上的意义。当时颇流行一些自传式的游记或悟道历程的记载（这让人很容易联想起西方的《天路历程》），这类游记或悟道历程，对后学可以起到示范性作用。如邹守益在王守仁死后，着意编著《王阳明先生图谱》一书[3]，或钱德洪等人费心纂述《阳明先生年谱》，都可放在此脉络下理解。这些大儒在其门人弟子或后学的心中，颇有接近圣人的形象。文字书写悟道历程与气象，而画像则是这类圣人形象与气象的直接体现。

画像可能会被看作真人对待，见画像时，便仿佛真人临在而与其对越，可

---

[1] 张邦奇：《阳明先生像赞》，见《张文定公环碧堂集》卷十六，15 页，收入《续修四库全书》第 1337 册，据明刻本影印。

[2] 张邦奇：《阳明先生像赞》，见《张文定公环碧堂集》卷十五，15—16 页。

[3] 邹守益编著此书意旨，可参考王宗沐的序，见邹守益编：《王阳明先生图谱》，见《北京图书馆藏珍本年谱丛刊》第 43 册，1—2 页。

以收到提醒己心的效果。这类与像对坐的传统,应与《诗经·周颂·清庙》的"对越在天"(即对越上天之意)有关,如杨儒宾教授所指出,对越其实有上天注视监临之意,而不是人与上天在平等地位的对看。[1] 这也正可解释当时人悬像对坐的行为。悬阳明像对坐者,以王琼(1459—1532)最著名,不少笔记小说都有记载:

> 晋溪在本兵时,王文成抚赣,每读其疏,必称奇才。平生不见先生面,客有进先生像者,公悬之中堂,焚香对坐,左手抱孙,右手执先生奏读之,明日入奏事,必尽行其所请。[2]

王琼是王守仁的上司,他也许只是把画像视同真人,而跟王守仁的圣人形象未必有关。但其行被晚明曹于汴(1592 年进士)所效法,他亦悬冯应京像与其对坐。[3] 冯应京(1555—1606)是盱眙人,学于吉水邹元标门下,在《明儒学案》被归类入江右学案。王世贞(1526—1590)之子王士骐曾作诗颂扬王、曹二人事:

> 尚书悬像拜中丞,仆仆生前岂为名。近见山西曹给事,爱君仿佛似文成。[4]

---

[1] 杨儒宾:《〈雅〉〈颂〉与西周儒家的"对越"精神》,《中国哲学与文化》第 11 辑,39—67 页,桂林:广西师范大学出版社,2014。

[2] 姚之骃:《元明事类钞》卷十六,24 页,见《景印文渊阁四库全书》第 884 册。

[3] 曹于汴曾作《慕冈先生像赞》,《仰节堂集》卷九,14 页,收入《景印文渊阁四库全书》第 1293 册。

[4] 钱谦益撰集:丁集第六附见王司勋士骐五首,《赠冯慕冈二首冯时在诏狱》,见《列朝诗集》,4469 页,北京:中华书局,2007。

诗后则注：

> 王琼为大司马，悬王文成像于署中，日每揖之。安邑曹给事于汴于
> 慕冈亦然。

也有未曾见过王守仁，但悬像事之的例子，如四川遂宁杨名（1505—
1559）。王守仁谪贬贵阳时，受贵州提学副使席书（1461—1527）之邀，讲学文
明书院，并与席书之间有书信往来，杨名与席书两家是姻亲，所以他幼时便曾
读过王、席二人的通信，此后还与罗洪先等阳明学者结社讲学。杨名应未见过
王守仁，但慕其学术，于是悬其像如见其人：

> 先是吾外舅元山文襄公督学贵阳，王阳明公以部属劾刘瑾，谪龙场
> 驿。文襄聘居文明书院，相与讲定性主静之旨，有书札还往，方洲幼览
> 之，心解。至是与同第罗念庵洪先、程松溪文德，泊阳明弟子欧阳南埜
> 德、魏水洲良弼、薛中离侃结社讲学，雅契夙心，……悬阳明像于壁，羹
> 墙如见。[1]

王守仁以下，其门人弟子也有类似的例子，如习于聂豹门下的聂有善，便
悬其师画像于静室，对之端坐省身：

> 聂有善，双溪人，晚得聂贞襄主静宗旨，年四十，命圬者图其像，
> 上书太极图说，悬之静室，终日端坐省身。[2]

---

[1] 陈讲：《翰林院编修杨公实卿墓志铭》，见焦竑编纂：《国朝献徵录》卷二十一，106—107
页，台北：台湾学生书局，1965。
[2] 《人物志·处士》，见王建中等修，刘绎等纂：(同治)《永丰县志》卷二十三，28 页。

敬拜祭祀

除了与画像对坐，还有敬拜祭祀画像的行为。祀像的行为常见于家庭或家族中子女祭祀父母，最著名的即丁兰刻木事亲。丁兰刻木为母形，事之如生，"晨昏定省，以尽诚敬"。[1] 祭祀画像应是取法于此类孝行故事而来，如叶思忠便有事像如事生之行，据载其父画像因屋漏雨受潮，于是他跪伏于像前，直到像干为止：

> 叶思忠，字从本，方基，字本立，俱贵溪诸生，讲学于徐波石、甄寒泉之门，共相砥砺，而以致良知为主，以庸言庸行勿自欺为工夫。思忠执亲丧，庐墓侧，至服阕，偶屋漏雨，濡父像，即悬像跪伏竟日，俟乾乃已。[2]

阳明门人弟子也有祀像的行为，如永丰刘溢（1521 年进士），他游于罗洪先之门，祀阳明像于家，所祀是画像或木像不详：

> 刘溢，字冕峰，永丰秋江人。……祀王文成像于家，与弟沈同游吉水罗文恭之门。[3]

太湖李之让，因学宗良知，于是设阳明像祀之，所祀是画像或木像亦不详：

---

[1] 撰者不详：《孝行录》，无页码，东京：合资会社东京国文社，1922。

[2] 《儒林》，见蒋继洙等修，李树藩等纂：（同治）《广信府志》卷九之三，43—44 页，收入《中国方志丛书·华中地方·江西省》第 106 号，据清同治十二年（1873）刊本影印。

[3] 《人物志·处士》，见王建中等修，刘绎等纂：（同治）《永丰县志》卷二十三，28 页。

> 李之让，字太初，岁贡生，为桃源教谕，岁旱，民多饥死，县令犹督逋赋，之让泣请不听，遂弃职归，益精求性命之旨。……其学宗良知，设王阳明先生像祀之，学者称太初先生。[1]

理学特别讲究心性的领悟，尤其心学强调迷悟只在一念之间，所以一些人面谒大儒，因大儒的一句话大悟，便如从地狱脱身般重生，所以师弟子间的关系可以到十分紧密的程度。王畿、钱德洪二人在王守仁卒后，为其守丧三年，三年丧是父母丧，显示二人视王守仁为学术上的父母。罗汝芳事颜钧亦然，邹元标描写二人的相处情形是："夫颜横离口语，学非有加于先生，而终身事之不衰，生之缧继，周之赀财，事之有礼，此祖父不能必之孝子慈孙，而得之先生。"[2] 几乎跟子女侍奉父母一般无异，小自不敢有违其言，大至终身事奉而无倦色。

罗汝芳卒后，也有门人弟子敬拜其像，这可从李至清（万历时人）处得到佐证，据载他因汤显祖（1550—1616）而专程前往南城拜罗汝芳像。罗汝芳是汤显祖之师：

> 李至清，号超无，江阴人，初为诸生，能诗，有奇侠气，已而为头陀，过临川，汤显祖奇之。一日，问若士何师何友，更阅天下几何人？答云：吾师明德夫子，而友达观，其人皆已朽矣。达观以侠，故不可以竟行于世。天下悠悠，令人转思明德耳。遂至盱拜罗明德像，后又去头陀为将军，弓剑之余，时发愤为韵语，题曰《问剑》，显祖为之序。[3]

---

[1] 《人物志三·儒林》，见符兆鹏等修，赵继元等纂：（同治）《太湖县志》卷二十二，1页，收入《中国方志丛书·华中地方·安徽省》第106号，台北：成文出版社，1985，据清同治十一年（1872）刊本影印。

[2] 邹元标：《明大中大夫云南参政近溪罗先生墓碑》，见《愿学集》卷六上，51页。

[3] 《流寓》，见李人镜修，梅体萱纂：（同治）《南城县志》卷八之八，13—14页，收入《中国地方志集成·江西府县志辑》第55—56册，据清同治十二年（1873）刻本影印。

歧路彷徨

至于罗汝芳的传人杨起元（1547—1599）不仅敬拜其师像而已，而且"出入必以其像供养，有事必告而后行"。[1] 与此相似的还有周汝登的故事：

> （周汝登）已见近溪，七日无所启请，偶问"如何是择善固执"？近溪曰："择了这善而固执之者也。"从此便有悟入。近溪尝以《法苑珠林》示先生，先生览一二页，欲有所言，近溪止之，令且看去。先生竦然若鞭背。故先生供近溪像，节日必祭，事之终身。[2]

也是供奉罗汝芳像，终身奉祀。[3] 黄宗羲对此评论是：

> 自科举之学兴而师道亡矣，今老师门生之名遍于天下，岂无师哉，由于为师之易，而弟子之所以事其师者，非复古人之万一矣，犹可谓之师哉！[4]

则是着眼在师弟关系上，而其理想的师弟关系几乎等同于父子关系。顾宪成（1550—1612）的评论颇有意思：

> 罗近溪以颜山农为圣人，杨复所以罗近溪为圣人。[5]

---

[1] 黄宗羲:《泰州学案三·侍郎杨复所先生起元》,《明儒学案》卷三四, 805 页。

[2] 黄宗羲:《泰州学案五·尚宝周海门先生汝登》,《明儒学案》卷三六, 854 页。

[3] 方祖猷曾检查周汝登的《东越证学录》以及其他相关记载，主张周汝登应算是王畿的门人，受罗汝芳的影响相对较小。因此这段记载很可能是后人在抄录中把杨起元传误移到周汝登传中。方祖猷:《王畿评传》, 425—426 页, 南京: 南京大学出版社, 2001。

[4] 黄宗羲:《广师说》, 见《南雷文定三集》卷二, 44 页, 收入《清代诗文集汇编》第 33 册, 上海: 上海古籍出版社, 2010, 据清康熙刻本影印。

[5] 黄宗羲:《泰州学案三·侍郎杨复所先生起元》,《明儒学案》卷三四, 806 页。

显示这类学术上父母的角色跟圣人形象有关。

当时与阳明心学抗衡的江门心学，也有陈献章像或湛若水像的制作与流传。湛若水常建书院以奉祀其师，而湛若水的弟子仿而效之，所以二人像都被置于书院等公共空间。如庞嵩（1534年举人），广东南海人，他早年习于王守仁门下，晚年归乡从湛若水游，闻随处体认天理之说，感叹几虚此生 [1]，而庞嵩所至之处皆建书院以奉其师：

> 易庵在南海之弼唐，弼唐者，庞振卿先生所居之乡也，……他所至，则为一书院以奉甘泉，而甘泉平生所至，亦辄为书院以奉白沙，二先生者，皆可谓能尊其师者也。[2]

此处所言的奉白沙、甘泉，除了兴建书院以外，应也包括崇祀其像，所崇祀的可能是画像或塑像，所以庞嵩有《瞻甘泉遗像诗》曰："精华日月在颅首，两耳之旁南北斗。"[3] 门人后学如史桂芳（1518—1598）也有像而受人尊崇，据载江西万年县的蔡毅中，年少受教于史桂芳，史桂芳学宗陈献章。日后蔡毅中因事过其所居地时，"亟访师第宅，瞻拜遗像，立传赋诗，以叙恳诚"。[4]

悬像于私室者，则有广东区准高悬白沙像的例子：

[1]《列传五》，瑞麟等修，史澄等纂：（光绪）《广州府志》卷一一六，28—31页，收入《中国方志丛书·华南地方·广东省》第1号，台北：成文出版社，1966，据光绪五年（1879）刻本影印。

[2] 屈大均：《过易庵赠庞祖如序》，见《翁山文外》卷二，1页，收入《清代诗文集汇编》第119册，据清康熙刻本影印。

[3]《杂录二》，见瑞麟等修，史澄等纂：（光绪）《广州府志》卷一六一，8页。

[4]《艺文志总论》，见项珂、刘馥桂等修：（同治）《万年县志》卷九，21页，收入《中国方志丛书·华中地方·江西省》第258号，据清同治十年（1871）刊本影印。

区准高，字德园，……颖悟博学，年十五补入邑庠，十七食饩，试辄高等，一时名噪诸生。……生平有器识，善议论，黜浮华，务为有用之学，斋头常悬陈白沙小影，严师事之。及病，犹赋诗见志，专以无欲为却病奇方，其潜心理学，虽死不懈如此。[1]

至于把陈献章像当作父母像一般敬拜祭祀，则以贺钦（1437—1510）的故事最为人所熟知。贺钦是浙江定海人，他与陈献章相识于北京，闻其学后拜师称弟子，在辞官归乡后，贺钦便悬师像于别室，出告反面：

贺钦时为给事中，闻白沙论学，叹曰：至性不显，宝藏犹霾。世即我用，而我奚以为用。谒白沙执弟子礼，即日抗疏，解官还家，肖白沙像悬于别室，出告反面。[2]

贺钦的行为已不单纯是祭祀先贤或崇礼师尊而已，而是把陈献章当作父母一般看待。另有资料记载，贺钦曾率家中子弟敬拜画像。[3] 南海陈庸（1474年举人）也有拜像之举，载于《雒闽源流录》：

陈庸，字秉常，广东南海人，力行好古，举成化甲午，闻江门之学往师事之。白沙深取其德量，……病革，沐浴更衣，设白沙像，焚香再

---

[1] 《列传二》，见陶兆麟修，蔡逢思纂：（光绪）《高明县志》卷十三，41页，收入《中国方志丛书·华南地方·广东省》第186号，台北：成文出版社，1974，据清光绪二十年（1894）刊本影印。

[2] 孙奇逢：《陈白沙公献章》，见《理学宗传》卷二十，27—28页，收入《孔子文化大全》，济南：山东友谊书社，1989，据清光绪浙江书局刻本影印。

[3] 陈仁锡：《重刻医间贺先生稿序》，见《陈太史无梦园初集》马集四，66页，收入《续修四库全书》第1382册，据明崇祯八年（1635）陈礼锡陈智锡等刻本影印。

拜而逝。[1]

此处仅记陈庸卒前设陈献章像，焚香再拜而逝，但推测平日应已有此像，否则卒前从何处得来？既有此像，平日可能也有焚香祭祀之举。即使江门心学已衰的万历年间，仍有安福阳明学者刘元卿的族人刘焘（1538年进士），他与阳明学者讲学，又向慕陈献章之学，于是前往陈献章的故乡，三造其庐，并仿作其遗像，持像归家崇祀：

> 刘焘，层岩人，性端重朴，雅慕白沙之学，三造其庐，归仿其遗像祀之，与刘元卿暨诸弟讲学。[2]

这类供养祭祀其师画像的做法，让人很容易联想到禅宗的祖师像。[3] 相关研究指出，儒家的图像常受到佛、道教图像传统的影响，如《孔子圣迹图》便是一例。[4] 早在隋唐时代，前往中国求法的日僧便随身携带中国制的高僧画像回国，尽管各宗派皆有类似做法，不限于禅宗，但禅宗讲究不立文字，以心传心，所以日本禅僧除了携带历史上的祖师像以外，所师从的中国禅师的像更是必携之物，这是禅僧给予弟子，作为法脉继承（印可）的证明。加上禅师的形象常因公案而具体化、复杂化，所以这类画像也可作为公案的对象，亦即公案

---

[1] 张夏：《陈庸》，见《雒闽源流录》卷十四，10—11页，收入《四库全书存目丛书》，史部第123册，据清康熙二十一年（1682）黄昌衢彝叙堂刻本影印。

[2] 《人物志·儒林》，见姚濬昌等修，周立瀛等纂：（同治）《安福县志》卷十一，19页。

[3] 有关顶相一辞的理解的变化，可参考《造形の場》，见长冈龙作编：《讲座日本美术史》第四卷，第2章"造形と個別の磁場"，125—150页，东京：东京大学出版会，2005。

[4] Julia K. Murray, "The Temple of Confucius and Pictorial Biographies of the Sage," *The Journal of Asian Studies*, Vol.55, No.2 (May 1996): 269–300.

的绘画表现。[1] 尤其值得注意的是，这类画像也有在祖师忌辰拈香时张挂的作用[2]，所以有学者认为祖师像是作为仪式用或纪念品的性质而被赠予，后来成为礼拜对象。[3] 前述杨、周二人学术与禅学在内容上常常只有一间之隔，加上常与僧人往来，所以虽然缺乏直接的证据证明，但未必没有可能是受到祖师像的影响。

学术宗主所在

画像还有代表文化传承或学术宗主的象征意义，随其学术传承或宗主之别，所拜的像便有不同。前引杨廉请郭诩作二程及朱熹像，便因其以二程、朱熹为学术宗主，所以杨廉获像后十分珍视，表示这几幅画像"使日日而张之，则日日圣贤在目也；时时而张之，则时时圣贤在目也；岂不足以起后学敬仰之心乎！"[4] 相对于此，阳明学者则是敬拜阳明画像。但有意思的是，当阳明学者前往程朱学风气浓厚的地方讲学时，他们则选择拜孔子像，如前引邹守益在祁门举行讲会时，祁门属徽州府，当地的程朱学风颇盛，而邹守益选择拜孔子像，此时我们应看的就不只是拜什么像，而是不拜什么像。当地人拜朱子像，但邹守益却不拜，从学术宗主竞争的角度来看便极具象征意义。[5]

---

[1] 德永弘道：《南宋初期の禅宗祖師像について——拙菴德光賛達磨像を中心に》，载《国华》929，1971，7—17 页；930，1971，5—22 页。也可参考相井手诚之辅：《頂相における像主の表象——見心來復の場合》，载《佛教艺术》282，2005，13—35 页；李宜蓁：《入明使节の肖像：妙智院藏〈策彦周良像〉之研究》，硕士学位论文，台湾大学，2010。

[2] 萱場まゆみ：《頂相と挂真——興国寺本法燈国師像からの考察》，《美術史研究》33，1995，93—108 页。

[3] T. Griffith Foulk and Robert H. Sharf, "On the Ritual Use of Ch'an Portraiture in Medieval China," *Cahiers d'Extreme-Asie*, no.7 (1993): 149–219.

[4] 杨廉：《送清狂山人归泰和序》，见《杨文恪公文集》卷二十六，8 页。

[5] 拜孔子像有避免争议及凝聚共识的效果，所以邹元标在家乡主持的惜阴会也拜先师像，据载："家立一会，与家考之，乡立一会，与乡考之。凡乡会之日，设先师像于中庭，焚香而拜，以次列坐。"邹守益：《东廓邹先生文集》卷七，《惜阴申约》，20 页。

学术宗主之别在变局间尤易凸显。[1]明清之际，许多人将亡国归罪于理学，尤其是阳明心学，于是有人借由拜画像确立及宣示其学术宗主。如陈确（1604—1677）在诗作中指出：

> 忆昔游山阴，滔滔乘末禊。哲人忧丧乱，不替千秋志。眷言集朋俦，竭蹶三之会。肃肃阳明祠，确时预执事。（原注：癸卯日记：昔岁游山阴，先师时集同人于每月三之日，讲学阳明祠，确亦撰杖以从，痛今何可复得。）皇天忽崩颓，梁木久颠坠。披图何俨然，瞻拜时陨涕。呈我辨学书，遑遑不知罪。世士竞相非，往复一何亟。古学不可诬，焉能泯同异。窃见两先生，好辨亦不置。开怀与诸儒，牴牾岂有意。千圣同一心，退哉俟冥契。[2]

此诗作于康熙二年（1663），"辨学书"应即陈确作于顺治十一年（1654）的《大学辨》。《大学》一书的争讼，历宋元明三代不止，尤其在王守仁提出《大学》古本后，使各式各样的《大学》的改本或解释层出不穷，即连刘宗周（1578—1645）也曾被丰坊伪作的石经《大学》所惑。[3]陈确因作《大学辨》等篇，受人质疑违离其师刘宗周之学，于是他祭祀王、刘二人画像，并作诗自摅怀抱，他虽推翻王、刘二人之说，但拜谒画像之举则表明他不是站在竞争者或

---

[1] 明清之际便有士人因亡国之痛而拜圣贤图像，圣贤图像俨然成为华夷之辨的文化象征所在。如杨益介便隐于江西西山冰雪堂，列圣贤图像，作人社，行礼讲学陈祭其中，据载："（杨）益介字友石，明甲申三月之变，椎心顿足，痛不欲生，作采薇之歌，歌毕，放声而哭于峰下，构冰雪堂，列圣贤图像，作人社，引集同志之士，行礼讲学陈祭其中。"欧阳桂："上天峰"，见《西山志》卷五，17页，收入《四库禁毁书丛刊》，史部第72册，据清乾隆三十一年（1766）梅谷山房刻本影印。

[2] 陈确：《癸卯正月三日设阳明山阴两先生像拜之，呈性解二篇，感赋一首》，见《诗集》，《乾初先生遗集》卷三，3—4页，收入《清代诗文集汇编》第20册，据清陈敬璋餐霞轩钞本影印。

[3] 王汎森：《明代后期的造伪与思想争论——丰坊与〈大学〉石经》，载《新史学》第6期，第4卷，1995，1—20页。

反对者的角色。一如《易经·蛊卦》中的"幹父之蛊",既是修正,又有继承的意思。[1] 陈确所拜奠的王、刘二人画像可能出自江南一带的画师之手。陈确的族人陈之问在写给黄宗羲的一封信上说:"吴子升临阳明先生像,附使者以往。"[2]《国朝画识》中著录徽州画师吴旭,字子升,善人物写照[3],有可能是同一人,亦即吴旭画王守仁像,陈之问托人送去给黄宗羲。因此王、刘二人画像很可能出自吴旭之手。

秦松岱也是一例。秦松岱是无锡人,因读《传习录》有悟,于是构愿学斋,作阳明画像而奉祀之。无锡是晚明东林书院所在,当地学风更倾向程朱学,加上明末以来对阳明心学的批评日益增多,所以秦松岱崇祀阳明画像的行为,等于是宣示己之学术宗主。此后他参与江、浙一带的讲学活动,师事从陕西南下江南的李颙(1627—1705)。李颙文集中记载此事:

> 灯岩秦子讳松岱,潜心阳明之学,构愿学斋,肖像严事。志笃力勤,闻先生讲学明伦堂,趋赴拱听,又会讲于东林,徘徊不忍去。[4]

秦松岱之兄秦松龄(1637—1714)以文辞著名,《道南渊源录》中的《秦灯岩先生传》即出自秦松龄的玄孙秦瀛(1743—1821)之手。[5] 秦松岱所奉祀的画

---

[1] 与年谱有关的部分,见康熙二年条,见吴骞编:《陈乾初先生年谱》卷下,17—18 页,收入《北京图书馆藏珍本年谱丛刊》第 68 册,据民国四年(1915)铅印本影印。

[2] 黄宗羲:《附录》所附陈之问令升函,见《南雷文定前集》,9 页,收入《清代诗文集汇编》第 33 册,据清康熙刻本影印。

[3] 冯金伯:《国朝画识》,收入《中国历代画史汇编》第 4 册,卷十三,7 页,天津,天津古籍出版社,1997,据中华书局聚珍仿宋版精校影印。

[4] 李颙:《南行述》,见《二曲集》卷十,10 页,收入《清代诗文集汇编》第 105 册,据清康熙三十三年(1694)高尔公刻后印本影印。

[5] 邹钟泉:《秦灯岩先生传》,见《道南渊源录》卷十二,23 页,收入《四库未收书辑刊》第 9 辑 7 册,据清道光二十八年(1848)道南祠刻本影印。

像有可能一直留存下来，所以乾隆年间秦瀛也有题阳明画像诗。[1]

当清初施闰章（1618—1683）来江西任官，在青原山举行会讲，邹元标的弟子李元鼎奉持罗洪先与邹元标两人的遗像，率领当地士人前往讲学，据载：

> 时守宪愚山施公开讲青原，公持邹忠介、罗文恭两先生遗像，率诸生拜阶下，使知所宗，言学则首发明良知良能。[2]

李元鼎，吉水人，天启二年（1622）进士，入清后官至兵部左侍郎。李元鼎属于谷平李氏家族，族祖李中是罗洪先的老师，族父李邦华（1574—1644）则是邹元标的弟子。罗洪先与邹元标先后在吉水的讲学活动，谷平李氏族人都是主要成员。为了表明当地学术宗主，李元鼎选择的方式，是率领当地士人，共同奉持罗、邹二人遗像参与讲学。

与学术宗主有关的，还有儒释合流这个长期纠缠阳明心学，造成两造间存在既紧张、竞争但又常相交集的现象。如广东番禺屈大均（1630—1696）在明清之际的动乱后为了抗衡释氏，鼓励地方士人把理学家画像悬于堂室中以为师表。前文提及庞嵩往来王守仁、湛若水门下，家中收藏有王、湛及陈献章画像，屈大均遂建议庞嵩的曾孙庞嘉鼟把三人像加上庞嵩的画像挂出：

> 自庚寅变乱以来，吾广州所有书院皆毁于兵，独释氏之宫日新月盛，使吾儒有异教充塞之悲，斯道寂寥之叹。……祖如家中复有白沙、甘泉、

---

[1] 秦瀛并非理学中人，所以他的诗中只是简单夸赞了王守仁的学术与事功："宗臣遗像鬓毛苍，公已骑鲸去帝乡。慷慨誓师传赣水，艰危得力忆龙场。制科一代勋名在，学术千秋谤焰张。莫道虮蜉能撼树，斯文日月耀精芒。"秦瀛：《题王文成公遗像》，见《小岘山人诗文集》诗集卷十一，9页，收入《续修四库全书》第1464册，据清嘉庆刻本影印。

[2] 张贞生：《李少司马七十序》，见《庸书》卷五，16页，收入《四库全书存目丛书》，集部第229册，据清康熙十八年（1679）张世坤张世坊讲学山房刻本影印。

阳明与先生（按：庞嵩）遗像，吾欲祖如（按：嘉聱）尝悬于易庵之堂，以为吾人之师表。[1]

但也有一种情形，是双方因阳明画像而有交集，如清初吴谦牧（1631—1659）在一封信中谈到他受托装裱阳明画像，请施博寻觅善手：

又有一事，乃家仲兄前曾奉恩者，有王文成公遗像，乃龙山许氏家藏，托为装裱，工人不善，致有损坏，欲烦左右于郡中觅一善手别为装过。[2]

吴谦牧兄弟是刘宗周的学生，而施博的学术取向则在儒佛之间，如他自述："余孔氏门墙中人，每兼好禅宗家言"[3]，二人因画像而有共通的交契。

当心学家所讲学的书院——尤其是具象征意义的书院被改为佛寺时，也会触动一些士人的敏感神经。如罗洪先讲学的石莲洞，因位处僻远而少见人迹，但当石莲洞及正学书院被僧人买去改建为佛寺时，便有士人无法接受而试图阻止[4]，所采取的方式是奉罗洪先木主入屋中正坐。据清初讲学石莲洞的吴云追述此事：

---

[1]　屈大均：《过易庵赠庞祖如序》，见《翁山文外》卷二，1—2页。

[2]　吴谦牧：《与施易修》，见《吴志仁先生遗稿》卷五，无页码，中国国家图书馆藏清钞本。此条资料是王汎森老师所提供。

[3]　许三礼：《丁巳问答》，见《政学合一集》不分卷，23页，收入《四库全书存目丛书》，子部第165册，据清康熙刻本影印。

[4]　石莲洞是罗洪先的私人书屋，规模不大，因此在（万历）《吉安府志》的《学校志》中并未将之列入，请见余之祯，王时槐等纂修：《学校志》，（万历）《吉安府志》卷十五，9页。至于石莲洞南后来又筑正学书院，并由罗洪先本人亲自作记，其名虽为"书院"，然仍未达到一般建制化书院的规模，因此连胡直也只称之为"正学堂"。请见罗洪先：《正学书院记》，见周树槐等纂修：（道光）《吉水县志》卷三十一，7—9页，收入《中国方志丛书·华中地方·江西省》第766号，据清道光五年（1825）刻本影印；胡直：《念庵先生行状》，见《衡庐精舍藏稿》卷二十三，15页。

予读书洞中，周子懋则侍，懋则即周柳川先生之裔孙，柳川即公之贤弟子。自公（按：罗洪先）后中落，僧买正学书院为佛寺，懋则之严君周中丞忠节公，俟其佛寺既成，忽自冠带鼓乐，送公木主，以柳川先生配，入屋中正坐焉。然后责于僧曰："尔何敢擅买书院乎？"今公木主犹坐洞中，神有所依，中丞之力也。[1]

事件还有后续。罗洪先的裔孙不以木主为足，所以寻访罗洪先中状元时的画像，拜于书斋二年，才又回到石莲洞中敬拜木主，吴云续道：

公裔孙为中丞婿，得请公状元在京，自写及第谢恩像，朝冠朱衣，象简黄表，面如满月，秀目清眉，请至书室，拜礼二年，仍归于令孙，而后至洞中拜木主焉。[2]

据此可知奉罗洪先木主以阻僧人应有成效，所以石莲洞中仍奉此木主。另从叙述内容，画像因可让人明白睹见相貌，作用与木主仍稍有别。

还有僧人曾对邹元标的画像做出评论，据载：

无学，庐陵良家子也，常住西峰寺，……皆以为狂僧也。工诗善书，见邹南皋画像，拈笔题曰："烈著都门，名噪天下。世人见之，谓是仗节死义之臣，无学视之，仍是水田老者。"[3]

---

[1] 吴云：《石莲春》，见《天门诗文稿》不分卷，无页码，江西省图书馆藏清钞本。

[2] 吴云：《石莲春》，见《天门诗文稿》不分卷，无页码。

[3] 《仙释二》，见谢旻等修，陶成等纂：（雍正）《江西通志》卷一〇四，10页，收入《中国方志丛书·华中地方·江西省》第782号，据清雍正十年（1732）刊本影印。

邹元标处在晚明三教合一的风潮下，对二氏并未明显抵斥，其学偏悟，并跟罗大纮、郭子章（1543—1618）等人共同讲学青原山，罗、郭二人的学术都倾向三教合一，所以很容易让人误会邹元标的学术近于禅学。无学的题辞指邹元标以谏张居正（1525—1582）夺情事闻名天下，但若是除此不论，其实只是一名寻常老翁而已。我们若是考虑到邹元标作为阳明学者的背景，而题辞只提其谏夺情事，又指其为田边老者，而完全不及于其悟道与否，则此恐怕跟儒、释两家的竞争有关。

五、清代的一些变化

入清以后，阳明学受到不少人批评，一些人或者倾向官方正统的程朱学，或者对理学有所诟病而专志考据，于是对王守仁的态度或所持立场遂有转变。如以尊程朱学而得意官场的熊赐履（1635—1709）著《闲道录》，尊朱子而辟阳明，视王守仁为异类。[1] 如翁方纲（1733—1818）便从程朱学的角度批判王守仁，他特别作《姚江学致良知论》以驳阳明学，说：

> 幸至今日，经学昌明，学者皆知奉朱子为正路之导，其承姚江之说者，固当化去门户之见，平心虚衷，以适于经传之训义，……考证之学仍皆圣贤之学也，良知之学则无此学也。[2]

翁方纲的这段话主要是在绾合理学与考据学的过程中作筛选，而把阳明学

---

[1] 永瑢等撰："《闲道录》三卷"条，见《四库全书总目》，825 页。

[2] 翁方纲：《姚江学致良知论上》，见《复初斋文集》卷七，5 页，收入《清代诗文集汇编》第382 册，据清李彦章校刻本影印。

筛出了这个圈子外，但并未到深恶痛绝的程度。翁方纲收藏阳明像，曾为此画像题辞。[1] 清代有部分士人流行在每年苏轼生日时集会庆祝[2]，翁方纲同样也在苏轼生日当天，将苏轼像与黄庭坚、顾仲瑛、沈周、毛奇龄、朱彝尊等共六人像一同祭祀。[3] 翁方纲的有趣处在于，他本身既是经学家，却更推尊文人，而让几位经学家都配食于苏轼之侧。[4]

尽管清人对心学颇有批判，但仍持续有制作阳明画像的例子。当时甚至有人通过扶乩拜王守仁为师，且因王守仁入梦而作其画像，据说画像上王守仁"凛凛然有生气"：

> 陈春嘘名昶，阳湖人，入籍大兴，中式顺天乡试，出为浙江知县，历署桐乡、秀水、余姚诸县事，皆有惠政。在余姚时，有仙坛一所，相传阳明先生尝降此坛。春嘘素不信，为驳诘数事，乩中俱能辨雪，乃大服，请受业为弟子。一日早起，忽见阳明先生现形，修髯伟貌，高冠玉立，而面如削瓜，遂下拜，已不见矣。因手摹一像，凛凛然有生气。余尝见之，

---

[1]　翁方纲：《新建王文成公像，方纲以去年所得公手书春游诗临于帧，次韵敬题》，见《复初斋外集》诗卷第十五，1页："北学犹堪一脉寻（像摹自交河王氏），静中真意俨冠簪。瓣香俎豆交河近，倒影星辰越水深。客坐空惭挂私祝，春游谁解续高吟。暂来合眼蒲团上，又恐疏芜少定心。"交河王氏有可能是王兰生，他是河北交河人，康熙六十年（1721）进士，随李光地习律吕、历算、音韵之学。

[2]　如毕沅率领属吏门生礼拜明人陈洪绶所作的苏轼小像，见钱泳：《杂记上》"苏东坡生日会"条，见《履园丛话》卷二三，611页，北京：中华书局，1979。

[3]　方濬颐有《毛西河朱竹垞二先生像小幅》，应即此祭拜所用像，见《梦园书画录》卷二十三，34—37页。

[4]　翁方纲在所题诗的诗题，明白表露说"是日斋中供山谷、玉山、阳明、石田及毛、朱二先生像，以配东坡生日之筵。山谷像不敢以配意题也。敬题四轴各一诗"，另一首诗的诗题则是"黄文节公像虽日悬苏斋，然以配食之例为诗，则不敢也。载轩编修以摹本来，并奉斋中属赋"，黄文节即黄庭坚。可知王守仁等人是配食于苏轼之侧。翁方纲：《复初斋外集》诗卷第十五，14、15页。

虽老画师不及也。[1]

这类名人降乩的事件应不罕见，明清不少士人参与降乩活动，所以类似陈春嘘因降乩入梦而作阳明画像，不必是清以后才有。但这类事件在清以后似乎更常见于笔记小说间，似也象征了阳明画像与理学、圣人形象的脱钩。

驯至嘉庆、道光年间，由于时局动乱，一些有识之士思考经世之途，曾燠（1759—1830）对阳明画像的题辞，应可代表清中叶左右一些忧心时势的官员的立场与态度——不论其理学，而在乎王守仁的事功。曾燠是江西南城人，乾隆四十六年（1781）进士，编有《江西诗徵》，他对宋明理学并无好感，在一首题陆贽从祀孔庙诗诗末，曾燠坦率明言两宋理学不如汉唐儒者之见[2]，但他对王守仁却颇为心仪，曾燠任两淮盐政期间，在当地建有题襟馆，此馆名震大江南北[3]，而馆中便收藏有包括王守仁像的许多画像。曾燠两次为王守仁画像题辞，在一次的题辞上他说：

> 不画麒麟阁，谁图冰雪颜。
>
> 一官终岭表，千祀接尼山。
>
> 性命空谈易，经纶实效艰。
>
> 知兵儒者事，八辅小人患。
>
> 汉武轻衔橛，周王纵辙环。……

---

[1] 钱泳：《耆旧》"春嘘叔讷两明府"条，见《履园丛话》卷六，167 页。感谢何淑宜教授提供这条资料。

[2] 张维屏编撰：《陆宣公从祀孔庙诗》附识，《曾燠》，见《国朝诗人徵略二编》卷四一，1001 页（广州：中山大学出版社，2004）："北宋以前无道学之名，自汉至唐，其间忠臣义士直行己意，轰轰烈烈，多有宋以后讲学之儒所不能及者。"

[3] 方濬颐：《仪董轩记》，见《二知轩文存》卷二十，1—2 页，收入《清代诗文集汇编》第661 册，据清光绪四年（1878）刻本影印。

去思绵世代，拜像重悲潸。

今日烽常警，官军甲久撄。

生申何不再，窃愿破天悭。[1]

这首诗因达二十四韵，所以此处引文有所省略，此诗起首先说"性命空谈易，经纶实效艰"，显示所重在经纶而不在性命，引文中间省略的部分，则是引用古人故事讲王守仁的诸多事功，最后以"拜像重悲潸"，来反应今日缺乏经纶人才以平定祸乱。在另一次的题辞中，曾燠仍把重点放在缅怀王守仁的事功上：

学在阳明洞里天，兵销彭蠡泽中烟。

元黄未起东林党，黑白几诬北狩年。

乍得披图觇道气，想从忧国见华颠。

重吟纸尾怀归句，尚为征蛮缅昔贤。（原注：画像后附公自书《雨中归怀》一律，有"五月南征想伏波"之句。）[2]

看似是王守仁缅怀先贤，其实又暗喻了曾燠怀想王守仁事功之意。

贺长龄（1785—1848）对王守仁学术与事功的注意，应跟他巡抚贵州的经历有关。贺长龄出身湖南，是嘉庆、道光年间的经世派大臣与学者，曾主持《皇朝经世文编》的编纂工作，"经世文编"顾名思义即收录一些跟经世有关的文章，而其体例编排则是以"学术"为首，收录许多理学方面的文章，其次依序是治体、吏政、户政、礼政、兵政、刑政，显示贺长龄在经世事务上给了理

---

[1]　曾燠：《敬题王文成公画像二十四韵》，见《赏雨茅屋诗集》卷五，4页，收入《清代诗文集汇编》第456册，据清咸丰十一年（1861）重刻本影印。

[2]　曾燠：《再题王文成公画像》，见《赏雨茅屋诗集》卷五，4页。

学一个位置，正如李慈铭所言："其实当汉学极盛之后，实欲救汉学之偏，以折衷于宋学，……而又欲合洛闽之性理、东莱之文献、永嘉之经制、夹漈之考察诸学为一。"[1]

贺长龄在道光十六年（1836）后长达九年的时间担任贵州巡抚，贵州是王守仁当年被谪地与悟道处，当地扶风山阳明祠有大小两幅王守仁画像，若据郑珍（1806—1864）所述，此大小两幅像，大幅即侯服侧面大像，幅高六七尺许，上书封新建侯敕；小像是燕坐小像册，应类似前述吴庆坻所见的燕居授书小像，王守仁裔孙所藏，先后经唐鉴（1778—1861）、贺长龄之手，最后入扶风山阳明祠中。[2] 贺长龄及其友人戴熙（1805—1860）、何绍基（1800—1874）等都曾为阳明画像题辞，把阳明画像跟理学及经世的倾向紧密联系在一起。[3]

相对于曾燠与贺长龄重视事功，也有人从考据学转向两宋理学。如何绍基之父何凌汉（1772—1840），他在提学浙江时，便曾积极寻访黄宗羲始编，全祖望续编而成的《宋元学案》，显示他对两宋学术的关注。[4] 他还悬挂两宋理学家的画像于家中，朝夕瞻仰，据载：

> （何凌汉）居恒庄敬刻厉，无欹坐，无疾趋，独坐必敛容。急遽时作字，必裁划正坐而后书。画郑君及周子、二程子、张子、朱子像悬斋壁，

[1] 李慈铭著，由云龙辑：《集部·总集类》"皇朝经世文编"条，见《越缦堂读书记》，1205—1206 页，上海：上海书店出版社，2000。

[2] 张岱编：《阳明先生遗像册》，277 页。

[3] 贺长龄：《题阳明先生像有引》，见《耐庵诗文存》诗存卷三，17—18 页，收入《清代诗文集汇编》第 550 册，据清咸丰十一年（1861）刻本影印；何绍基：《中丞丈人见示阳明先生遗像敬赋书后》，见《东洲草堂诗钞》卷十，8 页，收入《清代诗文集汇编》第 604 册，据清同治六年（1867）长沙无园刻本影印；朱騰：《题贺中丞藏王文成公画像》，见孙雄辑《道咸同光四朝诗史》甲集卷一，54 页，收入《历代诗史长编》第 18 种，新北：鼎文书局，1971。

[4] 相关研究见张艺曦：《史语所藏〈宋儒学案〉在清中叶的编纂与流传》，载《历史语言研究所集刊》第 80 本，第 3 分，2009，451—505 页。

昕夕瞻仰。家范严肃，称于时。[1]

何凌汉的做法凸显他所倾心的是两宋理学，所以他选择挂的是北宋五子中除邵雍外的其他四人像，另加上朱熹像。"郑君"不确定是否指郑玄，显示他并未把考据学与理学对立起来。

何凌汉之子何绍基不仅曾随从贺长龄而为阳明画像题辞，还在北京主持顾祠祭，即崇祀顾炎武的活动，这个活动颇有挑战当时的考据学的意思。[2] 由于顾炎武说过"经学即理学"，所以何绍基对考据学与理学的态度及立场，跟何凌汉差异可能不大。他们虽然反对纯粹的考据学，但又未必认为考据学与理学是相悖而不能并立的。何凌汉父子的作为，反映当时学风的转变与理学的复兴。此后直到清末仍不断有阳明画像的制作与流传，以诗书画三绝著称的溥心畲（1896—1963），便有《王文成公像》的画作传世，人物形态与陈洪绶所作的相近。今寄存于台北故宫博物院。

小　结

本章对阳明像的讨论涉及两部分：一是圣人理想的追求与学术宗主，一是士人对像的崇敬或敬拜。讲学有时间与空间的限制，而《传习录》等书籍的流传虽可以让学术的影响力扩大到更广的地域，但这类书多半是语录或一些自传类的文体，对心学家的悟道过程仍偏重从文字描写。画像则可以具体体现理学

---

[1] 李元度：《何文安公事略》，见《国朝先正事略》第 3 册，卷二四，21 页，台北：台湾中华书局，1965。
[2] 王汎森：《清代儒者的全神堂——〈国史儒林传〉与道光年间顾祠祭的成立》，载《历史语言研究所集刊》第 79 本，第 1 分，2008，63—93 页。

家的形象，这些形象又跟明人对圣人理想的追求重叠在一起。包括陈献章、王守仁，以及一些心学家都有画像流传，而不少士人收藏这些画像，或与画像对越，甚至把画像当作真人或父母一般敬拜。

儒学与社会中下层人民的关系始终不强，而阳明学可能是儒学中走得最远的一支。在许多相关记载中，都指出阳明学者的讲学活动吸引一些商人、农夫或百姓听讲，这批庶民很可能会有人供奉或敬拜王守仁及其门人弟子的画像，很可惜没有这方面的资料留存。本章所讨论的对象仍限于士人群体，而尚未对塑画像与庶民的关系作更多的探讨。

入清以后，考据学盛起而理学转衰，作为官方所承认的程朱学仍不乏随从者，但以阳明学为主的心学则衰退最多，也因此人们对阳明画像的崇敬之意远不如明人。但在清中叶理学复兴之际，有志理学者除了搜集理学相关文献（如《宋元学案》），另一个具象征意义的行动就是崇祀画像。何凌汉悬两宋理学家画像，及何绍基祀顾炎武，都可看作是新学风将起的先兆，这些像的崇祀或敬拜活动在清中叶以后所起的作用，也许值得我们作更多的观察。

第五章　飞升出世的期待：明代士人与龙沙谶

前　言

余英时先生在《中国近世宗教伦理与商人精神》中谈到近世儒、释、道三教的入世倾向，认为新道教中如净明道与儒学的交涉颇值得注意。在明中晚期的心学运动中，净明道受到一些心学家如王畿、罗汝芳等人的注意，包括吸引不少士人持循的功过格也跟净明道有很深的渊源。[1]

---

[1]　过去关于净明道的研究，较多着眼于净明道的传承流派、经典文本的内容与教义的探讨、许逊相关传说的形成与流衍，近年也有学者搜集整理其科仪汇编。如专书有秋月观暎：《中国近世道教的形成——净明道の基礎の研究》（东京：创文社，1978）、黄小石：《净明道研究》（成都：巴蜀书社，1999）、毛礼镁编：《江西省高安县净明道科仪本汇编》（台北：新文丰出版公司，2006）等书。李丰楙：《许逊与萨守坚——邓志谟道教小说研究》（台北：台湾学生书局，1997）讨论许逊传说的形成与衍变，同时从邓志谟的《铁树记》小说看相关的许逊传说的演变。郭武的《〈净明忠孝全书〉研究——以宋、元社会为背景的考察》（北京：中国社会科学出版社，2005）以宋、元两代为主，所以对净明道在元末以后的发展，以及儒者与净明道道士或信徒的往来所谈不多，而郭武另有单篇发表的文章：《元代净明道与朱陆之学关系略论》（载《宗教学研究》第 2 期，2005，9—14 页）、《宋、元净明道与儒学关系综论——兼谈影响宗教融合的因素》（载《宗教哲学》第 34 期，2005，17—34 页）分析元代净明道与两宋理学中的朱陆两家之学的关系，但所论述多偏重在思想内容的部分。

单篇文章则如柳存仁：《许逊与兰公》，收入氏著：《和风堂文集》（中），上海：上海古籍出版社，1991，714—752 页；张泽洪：《净明道在江南的传播及其影响——以道教关系史为中心》，载《中国史研究》第 3 期，2002，47—58 页；李丰楙：《许逊的显化与圣迹——一个非常化祖师形象与历史刻画》，收入李丰楙、廖肇亨主编：《圣传与诗禅——中国文学与宗教论集》，台北："中央研究院"中国文哲研究所，2007，367—441 页。周建新《客家民间信仰的地域分（转下页）

本章聚焦在此派教中的"龙沙谶"预言，这道预言以许逊（239？—374）飞升一千两百四十年后为期，预言世界大乱，届时将有八百地仙前来平息乱事；由于预言的时间点正好落在明中晚期左右，因此明中期以后便不断有人附会各类异象或事件，指称龙沙谶即将或已经实现。在晚明三教合一的风潮中，龙沙谶更跨越了教派的界限，跟其他信仰结合，而预言的流行区域也从江西广及于江南一带，尤其以南京为中心。当时风行一时的昙阳子信仰与衡山二道之说，都分别有其末世预言，而这些预言也跟龙沙谶结合，且广为人知。

有趣的是，晚明部分士人对预言内容曾做出不同的解释，他们把平乱的八百地仙理解为将有八百人飞升登仙，吸引不少人的好奇或期待，希望知道自己的名字是否已登录仙籍，是否能在应谶之期一同飞升登仙。于是既有士人想借扶鸾一窥仙籍的内容，也有异人、道士借此吸引信众，又或有人对此嗤之以鼻。当时对应谶之期各有不同说法，但大约都落在明末以前，于是当明末各种应谶之期都宣告无效后，信众中既有失望者，也有人寻求其他解释，而不信者则肆力抨击。这些言论都提供了很好的切入点，方便后人借以观察"龙沙谶"预言对明中晚期士人的影响。

龙沙谶预言的流行也是晚明儒、道交涉的具体例证，而龙沙谶这个元素在江西、江南一带流行，并与其他信仰结合，也凸显了这不只是净明道与儒学或道教其他教派的交涉，而应被放到三教合一的背景下来理解。三教合一可以是学理学说的统合，也可能是不同教派或信仰中的不同元素彼此间的结合或交涉，龙沙谶预言流行所凸显的应是后者，当可作为我们理解晚明三教合一思潮的例证。

本章前半先讨论相关预言传说的演变，以及龙沙谶语如何脱颖而出，为元

（接上页）野：以许真君与三山国王为例》（载《韶关学院学报（社会科学版）》第1期，2002，76—82页）则是从客家信仰的角度研究净明道。三浦秀一则从养生的观点切入谈晚明万历年间龙沙谶预言的流行［Shuichi Miura（三浦秀一），"Nourishing Life and Becoming an Immortal: the Case of the Literati of the Wanli Period, Ming China," Paper presented at symposium "An International Workshop on Life, Disease and Death in Western and Eastern History of Ideas and Medicine," Needham Research Institute, Cambridge UK, 2004 ］。

明以后的士人所熟知，由于预言揭示的年代落在明中期以后，王守仁平宸濠乱也被附会是平定蛟乱。到了晚明，士人所重视的预言内容已从平定蛟乱转移到个人是否登录仙籍之内，因此本章后半从文化史角度切入，检视晚明的士人群体对飞升的期待，以及在三教合一的思潮下，龙沙谶与其他信仰或预言结合的情形，及其所带来的广泛影响。

一、斩蛟传说与龙沙谶

龙沙谶预言须从许逊信仰及其斩蛟传说谈起。日本学者秋月观暎把许逊信仰的发展分作四期：第一期是以游帷观为中心，系单纯的神仙信仰，具有祠庙信仰的特点。第二期则跨越隋唐北宋，在许逊教团衰退不久，胡慧超（？—703）针对以许逊祠庙为中心的神仙信仰，加入孝道的伦理内涵，促进了新教义的形成。许逊信仰也得到宋代皇室的信奉。第三期则是在辽金入侵的背景下，许逊教团从讲孝到讲忠孝的转变；直到第四期元初刘玉（1257—1308）整理教法，方才开创后来的净明忠孝道。许逊信仰也从单纯的斩蛟为民除害，拔宅飞升，转变到后来强调忠、孝的净明忠孝道。[1]

净明道主要的崇祀对象许逊，生于吴赤乌二年（239），而在晋孝武帝宁康二年［374，另一说为宁康三年（375）］，举家拔宅飞升，在世长达一百三十六年。传说许逊在晋武帝年间曾任四川旌阳令，任官期间留下不少神奇事迹，如灾荒时以灵丹点石成金，使民得以缴纳租赋；瘟疫时以神方救治疾患。此后许逊返回南昌西山修道，并以符箓禁咒驱瘟，服炼斋醮，济世度人。许逊最为人所称颂的，即他收伏制造水患的蛟蛇，并铸铁柱以镇之。关于斩蛟传说的结果，

---

[1] 秋月观暎：《中国近世道教の形成——净明道の基礎的研究》，248—249 页。

至少有三种版本流传：一是许逊仅镇蛟而未斩蛟，留下后来的乱源[1]；一种则是斩蛟，但又分为两种：一是蛟虽被斩，但却可能再起[2]；一是许逊留下蛟子未斩，而此蛟子将来可能作乱。[3] 由于有此伏笔，衍生出松沙谶语与龙沙谶语两则预言，而两则预言同源出《灵剑子》一书。

《灵剑子》撰于北宋年间，内容共分八段，分别是《序》《学问》《服气》《道海喻》《暗铭注》《松沙记》《道诫》《导引势》。《灵剑子》述说了两则预言，第一则是松沙谶语，内容叙述蛟蛇被许逊斩后，有蛟子从腹而出，但因灵剑不能斩无罪的蛟子，于是许逊做出预言。节录相关段落如下：

> （许逊）斩大蛇于西平、建昌之界，有子从腹而出，走投入江，遂飞神剑逐之，缘此蛇子无过，致神剑不诛。上足吴猛云："蛇子五百年后，当准前害于人民。"予答："以松坛为记，松枝低覆于坛拂地，合当五百年矣，吾当自下观之，若不伤害于民，吾之灵剑亦不能诛也。今来豫章之境，五陵之内，相次已去，前后有八百人，皆于此得道，而获升仙，当此之时，自有后贤以降伏之。"吴君云："将何物为记？"答曰："豫章大江中心，忽生沙洲，渐长延下，掩过沙井口，与龙沙相对，遮掩是也。其得道渐修之，各自成功，相次超升金阙，及为洞府名山主者，道首人师当出豫章之地，大扬吾道。吾著气法医书，都五十卷，流传于世，子请不忧。"[4]

---

[1] 如王义山：《龙沙道院碑》，见《稼村类稿》卷八，8页，收入《四库全书珍本》第335册，台北：台湾商务印书馆，1969—1970。

[2] 如郑元祐：《伏蛟台记》，见《侨吴集》卷九，14页，收入《元代珍本文集汇刊》第13册，台北："中央图书馆"，1970，据钞本影印。

[3] 如王士性："龙沙"条，见《广志绎》卷四，24页，收入《四库全书存目丛书》，史部第251册，据清康熙十五年（1676）刻本影印。

[4] 由于《灵剑子》原文似有阙漏，故此段引文乃根据《逍遥山万寿宫通志》上所录《松沙记》而作修改。参见《松沙记》，见金桂馨、漆逢源纂辑：《逍遥山万寿宫通志》卷十，19—20页，收入《中国道观志丛刊》第30册，南京：江苏古籍出版社，2000，据清光绪四年（1878）刊本影印。

这段预言可分作两部分：前半部指五百年后（约值唐末）许逊将从天界观察蛟子是否作乱，蛟子若未作乱则仍不能诛；后半部预言五百年后若蛟子作乱，另有后贤降伏之。同书《导引势》则言及一千两百四十年内将有八百人飞升，但此文跟松沙谶语没有直接关系。兹节录其文如下：

> 此导引后一千年中，有道首大扬道气，于宫商角徵羽，唱阕后多士矣，共八百众，于二炼后四元内，相次飞升矣。一炼五百年，二炼一千年，俗以十二年为一周，道以十二年为一纪，一元六十年，四元二百四十年，道为世矣。[1]

一炼是五百年，一元是六十年，所以"二炼后四元内"即一千两百四十年。而宋理宗年间所作的《西山许真君八十五化录》卷上"小蛇化"，则把松沙谶语跟一千两百四十年、八百人飞升之说连在一起，形成所谓的龙沙谶语：

> 蛇腹裂，有小蛇自腹中出，长数丈，甘君欲斩之，祖师曰："彼未为害，不可妄诛。"……群弟子请追而戮之，祖师曰："此蛇五百年后若为民害，当复出诛之。以吾坛前松柏为验，其枝覆坛拂地，是其时也。"又预谶云："吾仙去后一千二百四十年间，豫章之境，五陵之内，当出地仙八百人，其师出于豫章，大扬吾教。郡江心忽生沙洲掩过沙井口者，是其时也。"[2]

---

[1] 许真君：《导引势》，见《灵剑子》，610页，收入《中华道藏》第31册，北京：华夏出版社，2004。

[2] 《小蛇化》，见施岑编：《西山许真君八十五化录》卷上，400页，收入《中华道藏》第46册。

龙沙谶语的出现，或可看作是因宋理宗朝距离许逊飞升已达七百多年，远远超过松沙谶语五百年的时间，所以把预言年数改作一千两百四十年较可自圆其说。[1] 元代修纂的《净明忠孝全书》也采用新说，显示结合两道谶语的做法已得到确认。[2]

但清光绪年间的《逍遥山万寿宫通志》与傅金铨（1765？—？）《济一子道书十七种》却收录了一篇《龙沙谶记》，此记作者不详，所述应谶异象的内容十分复杂，录其文如下：

> 许真君曰：吾上升去一千四百四十年（按：另有作一千二百四十年）后，有当洪都龙沙入城，柏枝扫地，金陵火烧报恩寺，骊龙下地来地陵，沙涌钱塘江，黄河澄清，暴水冲堪桥断濠，复筑满堪桥作路，潭水剑龙腾空出辅圣仙，在延平金山，石生石塔，禅僧脱胎，流迹古心塌，四川古柏显神，五陵之内，采金烹矿，洪水涨濛。当此时也，吾道当兴。首出者，樵阳子也，八百地仙相继而出，逐蛟至洪都，而大会聚矣。谶曰：维木维猴，吾心甚忧，洪浑北决，疫疠南流，沙井涨遏，孽其浮游，若人斯出，生民之休。强围大困献涂月许逊。[3]

---

[1] 此后包括白玉蟾的《旌阳许真君传》《许太史真君图传》，以及《净明忠孝全书》中的《净明道师旌阳许真君传》与《西山隐士玉真刘先生传》，都将两道谶语连在一起，而沿袭不替。参见朱越利：《〈灵剑子〉的年代、内容及影响》，见赖宗贤统筹、詹石窗主编：《道韵》第9辑，127—148页，台北：中华大道事业公司，2001。黄小石指出，《灵剑子》未论及"净明"且又不注重道法，而有是忠孝伦理、内丹修炼的部分与灵宝净明派相同，估计是唐代许逊崇拜传承下来的另一支派，或是其他教派对许逊的依托。参见氏著：《净明道研究》，64—65页。但从朱越利的研究看来，《灵剑子》的谶语却对后来净明道有所影响。何守证的《灵宝净明新修九老神印伏魔秘法序》谶语应是利用松沙谶语所造作的，其说没有预言一千两百四十年，但已抛弃了五百年之说。请见朱越利文，133—134页；黄小石书，55—56页。

[2]《净明道师旌阳许真君传》，见《净明忠孝全书》卷一，4—5页，收入《正统道藏》第41册，台北：新文丰出版公司，1985。

[3]《龙沙谶记》，见金桂馨、漆逢源纂辑：《逍遥山万寿宫通志》卷十，21页。末后有按语："谶语即神宵伏蛟铁券之词。"

这段谶语的前半部是叙述相关异象，但因内容过于复杂，流传恐怕不广，目前所见的资料也不多。一千两百四十年的预言落点在明中晚期，引起当时部分士人对预言实现与随八百地仙飞升登仙的期待，下文将再详论；落点在清嘉庆、道光年间的一千四百四十年预言之说，也在清中叶吸引一些人对预言当兴的注意。[1] 由于一千四百四十年之说在清以前较罕见，所以此说不无可能是较后起的。至于民间传奇小说所叙述的或人们所熟悉的预言内容往往简单得多，而以一千两百四十年为期。[2] 一千两百四十年与一千四百四十年两说并存于傅金铨《济一子道书十七种》中。[3]

根据龙沙谶语，应谶之期将有"豫章之师"与"八百弟子"前来平乱。元代刘玉自称是豫章之师，而在临终前又说自己只是应谶之初机，八百弟子日后当会再来。于是预言被分作两阶段：师先到，弟子后来。但对不以刘玉为豫章之师的人来说，师与弟子仍可能一齐到来。

对于八百弟子是一时俱来，或相次降生后待应谶之期会合，并无定说，但若是相次到来，则会衍生出另一个问题，即：八百弟子如何可能存活如此之久？在前引的某些预言以八百弟子为地仙应可解答此一疑惑。道教的内丹学把仙分作五等：天仙、神仙、地仙、人仙、鬼仙。"地仙"有两义：一是指有福泽

---

[1]　傅金铨在道光三年（1823）时曾说："时已过一千四百五十三年，谶言当兴"，参见《许旌阳真君龙沙谶记》附的按语，见傅金铨编纂：《樵阳经》卷二，4页，收入《济一子道书十七种》，民国十年（1921）上海书局石印本。即使清末仍有人继续相信龙沙谶，如郑观应便是显例，相关研究请见杨俊峰：《改革者的内心世界——郑观应的道教信仰与济世志业》，载《台大历史学报》第35期，2005，85—126页；范纯武：《飞鸾、修真与办善——郑观应与上海的宗教世界》，见巫仁恕、康豹等编：《从城市看中国的现代性》，247—274页，台北："中央研究院"近代史研究所，2010。

[2]　如冯梦龙：《旌阳宫铁树镇妖》，见《警世通言》卷四十，78页，收入《古本小说集成》第316册，上海：上海古籍出版社，1994，据兼善堂本影印；陈弘绪："妙济万寿宫"条，见《江城名迹》卷三，39页，收入《四库全书珍本》第361册，台北：台湾商务印书馆，1969—1970，亦作此说。

[3]　两说分见《许旌阳真君龙沙谶记》，见傅金铨编纂：《樵阳经》卷二，4页；傅金铨注，见傅金铨编纂：《度人梯径》卷一，3页，收入《济一子道书十七种》。

之人；一是在地之仙，但未能飞升。此处采后一种解释。由于是在地之仙，因此可以等待应谶之期到来后再会合平乱。至于八百弟子与八百地仙两种说法之间，也许另有细微差别，即前者有可能是对道内弟子说，后者是对以外的人说，期能更广泛吸引人们相信，并扩大其说的影响力。

无论是松沙谶语，或是后起流行的龙沙谶语，都是对世界可能将乱的预言，但其中对地仙平乱的描述，却衍生出地仙在平乱后将飞升登仙的传说，加上成为地仙的前提是内丹修炼，几个因素混杂在一起的结果，使得晚明不少修炼内丹的士人往往期待自己能够列名八百人中，并等待应谶之期飞升登仙；相对于此，反而越来越少人忧心动乱将起，以及动乱将对百姓生活带来的影响。

有关谶语应验后的世界，因两道谶语对此都未多作说明，所以留给后人较大的想象空间，而这类对应谶后世界的想象，有可能跟人们对千年王国的期待有关，这类期待普遍流行于民间，至于龙沙谶语是否流行于社会基层，受限于相关资料不足而无法深论。[1] 因此本章将只讨论龙沙谶与江南士人群体间的关系，以及龙沙谶未应验后江右与江南士人群体的反应。

二、应验龙沙谶——从刘玉到王守仁

在前述秋月观暎为净明道发展史所划分的四期中，第三、四两期是从许逊

---

[1] 参见野口铁郎：《道教的千年王国運動の萌芽》，见秋月观暎编：《道教と宗教文化》，456—470 页，东京：株式会社平河出版社，1987。李丰楙则对六朝道教的末世论有深入的讨论，参见李丰楙：《六朝道教的末世救劫观》，见沈清松主编：《末世与希望》，131—156 页，台北：五南图书出版公司，1999；李丰楙：《六朝道教的度救观——真君、种民与度世》，载《东方宗教研究》第 5 期，1996，137—160 页；李丰楙：《传承与对应——六朝道经中"末世"说的提出与衍变》，载《中国文哲研究集刊》第 9 期，1996，91—130 页。

信仰发展成净明道的转变关键，其中以何真公与刘玉为代表人物。二人都留下与跟谶语相关的文字，前者有相传何真公弟子所作的《灵宝净明新修九老神印伏魔秘法序》，其文有云："顾唯龙沙已合，五陵之内应地仙者八百人，而师出于豫章。"[1] 文中因未明言应谶的年数，故不确定所引述的是松沙或龙沙谶语。后者有刘玉弟子所编的《净明忠孝全书》，由于刘玉所处的年代距离许逊飞升已超过松沙谶语所说的五百年期限，加上书中的相关文字采取统合两道谶语的做法，因此所谈的应是龙沙谶语。在《净明忠孝全书》的叙述中，何真公只扮演了过渡阶段的角色。

关于何真公其人的说法甚多。[2] 传说何真公因见两宋之际金兵入侵，人民遭受战乱之苦，于是向许逊祈求救渡，而得到的回应是许逊降临并传授经典，何真公据此以传度弟子五百余人，消禳厄会。《净明忠孝全书》载此传说：

> 初，都仙太史许真君以晋宁康甲戌岁（374）于豫章西山升仙，尝留谶记云："吾仙去后一千二百四十年间，五陵之内，当出弟子八百人，师出豫章河西岸，大扬吾教。郡江心忽生沙洲掩过沙井口者，是其时也。"至建炎戊申［建炎二年（1128）］，仅七百年，兵祸煽结，民物涂炭，何真公等致祷真君，匄垂救度，既而降神渝川，谕以辛亥八月望，当降玉隆宫。至期迎俟，日中云雾郁勃，自天而下，由殿西径升玉册殿，降授《飞仙度人经》《净明忠孝大法》，真公得之，建翼真坛，传度弟子五百余人，消禳厄会，民赖以安。[3]

[1] 何守证：《灵宝净明新修九老神印伏魔秘法序》，2页，见《正统道藏》第17册。
[2] 历来关于何真公、周真公、何守证的讨论甚多，郭武对此有所整理并提出己见，参见郭武：《〈净明忠孝全书〉研究——以宋、元社会为背景的考察》，195—203页。
[3] 《西山隐士玉真刘先生传》，见《净明忠孝全书》卷一，19页。

引文中的预言内容跟前引《西山许真君八十五化录》所载龙沙谶语的后半段大约相同，而此处谈到的建炎二年，距离许逊飞升其实已过了七百五十四年，文中的"仅七百年"应只是约略之词。由于龙沙谶语所预言是一千两百四十年后的事，对南宋人民等于是一个遥不可及的未来，偏偏当时兵连祸结，生民涂炭，于是何真公向许逊祈求救渡，而回应于此祈求的是有《飞仙度人经》与净明忠孝大法的降授。《正统道藏》有《太上洞玄灵宝飞仙度人经法》五卷，应即此处所说的《飞仙度人经》。何真公据此传度弟子，以消解灾难。但此时龙沙谶预言尚未应验。

百余年后，元初刘玉起。刘玉，号玉真子，是复兴净明道的关键人物，一些学者甚至把何真公及其以前人视为旧净明道，以刘玉为新净明道的开端。[1] 刘玉约于元至元十九年到元贞三年间（1282—1297）在南昌西山一带展开重建净明道的活动，其间有不少仙真降临传说，如胡慧超曾显现刘玉面前，告诉他将来际遇当如何真公时，并预言净明大教将兴，五陵之内当出八百弟子，以刘玉为师。据载：

> 迨今二百余年（按：应为一百余年），其法寝微，至元壬午［按：至元十九年（1282）］，朝命改隆兴路为龙兴，其年五月，章江门外生一洲。是秋，先生经行西山泻油冈，遇洞真天师胡君（按：即胡慧超），告以姓字。先生拜问曰："天师胡为在此？"曰："龙沙已生，净明大教将兴，当出八百弟子，汝为之师。岁在丙申［按：元贞二年（1296）］腊月庚申，真君下降子家，子际遇如何真公时，今在子夜，故来告子。"言讫不见，先生心窃自喜。[2]

---

[1] 任继愈主编：《中国道教史（增订本）》下册，756 页，北京：中国社会科学出版社，2001。
[2] 《西山隐士玉真刘先生传》，见《净明忠孝全书》卷一，19—20 页。

胡慧超告诉刘玉两件事：一是龙沙已生的异象，一是刘玉即预言中的"师出豫章"之师，但却独漏了年代未讲。[1] 可能的解释是当时［至元十九年（1282）］距离许逊飞升尚不满千年，不符合一千两百四十年后应谶之说，所以刘玉一方面以胡慧超显现为据，一方面则借胡慧超之言强调龙沙已生的异象，而以此异象作为预言即将应验的征兆。也因此刘玉在跟弟子的一段问答中说：

　　　　《龙沙记》都仙言之千年之前，具载《豫章职方乘》，流传至今，三尺童子莫不知之，非驾空无根之论也。龙沙自至元壬午生洲，绵亘豫章江心，非荒唐无验之说也。[2]

　　值得注意的是，当刘玉回头定位他与何真公的异同时，也谈到龙沙已生的异象。论及他与何真公所传法为何有约、繁之别时，刘玉的回答是："昔绍兴之时，仙期悬隔，权以救世，以法弘教，故繁；今龙沙已生，仙期迫近，急于度人，以道宏教，故约。"[3] 绍兴之时即指何真公时，当时距应谶之期尚远，所以何真公所传法只是"权以救世"而已；刘玉既是应谶而起，眼见龙沙已生，而知仙期迫近，急于度人，所以所传法约。龙沙已生的异象正是造成两人差异的关键所在。

　　龙沙位于南昌城北赣江之滨，据《水经注》载："赣水，又北迳龙沙西。沙甚洁白高峻，而陁有龙形。连亘五里中，旧俗九月九日升高处也。"《太平

---

[1]《龙沙谶记》："首出者，樵阳子也，八百地仙相继而出。"这段话，以刘玉为"樵阳子"，见傅金铨编纂：《济一子道书十七种》。参见郭武：《何真公、周真公与南宋净明道团的演变》，《汉学研究》第20卷，第2期，2002，192页，注13。

[2]《玉真先生语录外集》，见《净明忠孝全书》卷四，1页。

[3]《西山隐士玉真刘先生传》，见《净明忠孝全书》卷一，23页。跟李鼎《净明忠孝全传正讹》中《净明扬教刘先生传》的内容相较，多了"权以救世"与"急于度人"八字。

寰宇记》则载："在州北七里一带，江沙甚白而高峻，左右居人时见龙迹。"[1]
所谓的龙沙已生，应指至元十九年（1282）"章江门外生一洲"事。再参考前
引许逊的预言："豫章大江中心，忽生沙洲，渐长延下，掩过沙井口，与龙沙
相对遮掩是也。"刘玉既见章江门外已生沙洲，料想他日势将掩过沙井口，与
龙沙相对，所以对门下弟子强调"今龙沙已生，仙期迫近"，而急于度人。偏
偏直到临终前刘玉仍未得见此洲掩过沙井口，所以他又主张自己只是应谶之
初机，因此嘱咐弟子："吾此生为大教初机而来，异时再出，当与八百弟子俱
会"。[2] 对此我们可以解释为：刘玉在世时既未得见仙期到来，于是改弦换辙，
改仙期到他未来再出后。前引文中"当出八百弟子，汝为之师"一句，似指刘
玉当与八百弟子一齐前来，但刘玉临终所言则带出另一种可能的解释：即"豫
章之师"与八百弟子不必同时到来，反而是师先来，作为应谶初机，异时再跟
弟子会合。

　　不知是否受到刘玉之说的影响，活动于元明之际的刘崧（1321—1382，江
西泰和人）在为江西兴国县的旌阳道院作记时，也着眼于八百弟子将来，而未
提师出豫章一事：

　　　　余闻西山玉真刘先生初传净明忠孝之说于许仙，……昔旌阳之仙去
　　　也，谓千二百五十年后，五陵间当有弟子八百人出，以阐吾教，以其时考
　　　之，则几矣。安知其不有在于兹乎？[3]

---

[1]　郦道元：《水经注》卷三十九，18 页，见《景印文渊阁四库全书》第 573 册；乐史：《太平
寰宇记》卷一○六，6 页，见《景印文渊阁四库全书》第 470 册。另可参见《地理》"龙沙"条，
见许应鑅等修，曾作舟等纂：（同治）《南昌府志》卷二，42 页，收入《中国方志丛书·华中地
方·江西省》第 812 号，据清同治十二年（1873）刊本影印，据此条可知龙沙在德胜门外。

[2]　《西山隐士玉真刘先生传》，《净明忠孝全书》卷一，24—25 页。

[3]　刘崧：《旌阳道院记》，见《槎翁文集》卷五，22 页，收入《四库全书存目丛书》，集部第
24 册，据明嘉靖元年（1522）徐冠刻本影印。

刘崧是元末江西文坛领袖之一，曾与南昌铁柱观道人左克明往来。[1] 此段隐约似以刘玉为豫章之师，而旌阳道院的几位道人则在八百弟子之列。

尽管如此，未必人人都信刘玉即应谶而起者，至于胡慧超等人显现事，也未必能够说服众人，如刘崧谈及此事时便坦言："其所谓降临会遇者，余不得而详之"。[2] 也因此持续有人期待豫章之师的到来，而当元末胡道玄崛起鄱阳时，配合铁券问世的异象，便被一些人视为应谶之人。

传说许逊当年除了在南昌城南井铸铁为柱，下施八索，以钩锁地脉以外；同时铸铁盖覆庐陵玄潭，制其渊薮；并分别以铁符镇玄潭与鄱阳湖口，杜绝蛟蛇出入之路。[3] 元末鄱阳湖铁券曾移位，幸得出身鄱阳当地的胡道玄重新觅得，建伏蛟台以守护之。元末文坛领袖杨维桢（1296—1370，浙江诸暨人）游伏蛟台后，叙述其事始末，并以胡道玄为豫章之师：

> 按真君许逊，传晋永嘉时诛蛟精于鄱，蛟既诛，复埋铁券于鄱湖口，植灵柏于西山，用制蛟之余孽也。柏不幸毁于至正甲申［至正四年（1344）］。明年，铁券走其所，鄱阳道士胡道玄于东湖之滨，夜见神光烛天，电火下掣，于是就掣所得铁券，遂筑台东湖之滨，曰：伏蛟。仍瘗券其下，守以铜仙。始真君仙去时，言："五陵当出地仙八百人振其教，而嗣吾事者在钟陵。"今镇蛟之券千年而变，变而蛟复为孽，一旦先几，俾道玄得之，岂非神阴有授于道玄，而符钟陵之言乎！[4]

对杨维桢而言，"嗣吾事者在钟陵"应即指豫章之师，所以赋中他说"要

[1] 刘崧：《紫霞沧州楼记》，见《槎翁文集》卷五，13—14 页。

[2] 刘崧：《旌阳道院记》，见《槎翁文集》卷五，22 页。

[3] 《净明道师旌阳许真君传》，见《净明忠孝全书》卷一，7 页。

[4] 杨维桢：《伏蛟台赋》，见《铁崖赋稿》卷上，1 页，收入《续修四库全书》第 1325 册，据清劳权家钞本影印。

以一千年之久，制以八百师之冥"，把胡道玄与许逊并尊说："是旌阳之道至道
玄而益显，而道玄之泽与旌阳而罔穷"。[1]另一位文坛领袖郑元祐（1292—1364，
浙江遂昌人）为伏蛟台作记时也指出：

> 番阳胡君道玄之生适与悬记合。……兹胡君克绍都仙之烈，应县
> （按：应作悬）记之言，睹神几于未动之兆，伏精怪于欲作之先，自非仙
> 真神人，断弗能若是。蒙庄氏曰："至人之用心若镜。"其胡君之谓欤！[2]

胡道玄属于神霄派，此派创始于北宋江西南丰道士王文卿（1093—1153），
虽与净明道同属于符箓派道教，但仍是不同教派，因此胡道玄既未被列入净明
道的传承系谱中，而他所宣称的伏蛟，也只算是净明道史上的插曲而已，但此
事却凸显了龙沙谶预言颇为其他道教教派人士所知的事实。元末距离许逊飞升
尚未满千年，却已先后有刘玉、胡道玄自称应谶而起，原因可能跟异象的发生
有关。前者有龙沙已生的异象，后者则有铁券伏蛟事。

同样因单一事件而使人联想到龙沙谶的，有明中期王守仁平宸濠（？—
1520）乱事。过去人们较多谈到《阳明先生年谱》记载王守仁曾与铁柱宫道士
谈道，以及二十年后二人再度相遇的故事[3]，这位道士应即净明道人，但却较少
人注意到许逊斩蛟事与王守仁的关系。[4]

据阳明学者董谷《碧里杂存》"斩蛟"条所载：宸濠叛乱初起时，人心惶

---

[1] 杨维桢：《伏蛟台赋》，见《铁崖赋稿》卷上，2 页。

[2] 郑元祐：《伏蛟台记》，见《侨吴集》卷九，14 页。

[3] 弘治元年、正德二年条，见钱德洪编：《阳明先生年谱》上卷，2—3 页、8—10 页，收入
《宋明理学家年谱》第 11 册，北京：北京图书馆出版社，2005，据明嘉靖四十三年（1564）刻
本影印。

[4] 关于王守仁与道教的关系及其诸多交涉，柳存仁已有《明儒与道教》《王阳明与道教》《王
阳明与佛道两教》等一系列文章论及，均收入氏著《和风堂文集》。

惶，于是有人检出《许真君斩蛟记》这本小书，指陈书上有关蛟蛇作乱，"后阳明子斩之"的情节，不久传来王守仁平乱的捷报，证实这则预言得到应验。据载：

> 嘉靖八年（1529）春，金华举人范信，字成之，谓余言："宁王初反时，飞报到金华，知府某不胜忧惧，延士大夫至府议之。范时亦在座，有赵推官者，常州人也，言于知府曰：'公不须忧虑，阳明先生决擒之矣。'袖中出一小编，乃《许真君斩蛟记》也。卷末有一行，云：'蛟有遗腹子贻于世，落于江右，后被阳明子斩之。'既而不数日，果闻捷音。"范语如此。

紧接着前段，则是宸濠乱与龙沙谶语相符的叙述：

> （许逊）曰："吾没后一千二百四十年间，此妖复出，为民害。豫章之境，五陵之内，当有地仙八百人，出而诛之。"真人生于吴赤乌二年（239）正月二十八日，至晋宁康三年（375）八月朔，年一百三十六岁，拔宅上升云。余考传记，旌阳存日至今正德己卯［正德十四年（1519）］，大约适当一千二百四十年之数。且所记铁柱，实应宸濠之谶，亦异矣哉！……又见江西士人言，宁王初生时，见有白龙自井中出，入于江，非定数而何哉！[1]

---

[1] 董谷：《斩蛟》，见《碧里杂存》下卷，108—110 页，收入《丛书集成初编》第 2911 册，北京：中华书局，1985，据盐邑志林本影印。徐兆安的论文有论及王守仁与斩蛟事，请见徐兆安：《英雄与神仙——十六世纪中国士人的经世功业、文辞习气与道教经验》，硕士学位论文，台湾清华大学，2008，34 页。也可参考钱明：《王阳明的道教情结——以晚年生活为主线》，载《杭州师范学院学报（社会科学版）》第 2 期，2004，24—30 页。

这段对话的场景在浙江金华，前文杨维桢、郑元祐二人也是浙江人，显示相关预言已从江西传到江、浙一带。文中说的《许真君斩蛟记》，该版本已不可得见，现存的斩蛟故事都没有"后被阳明子斩之"这句话。[1]

宁王府与净明道间其实颇有渊源，明初宁献王朱权（1378—1448）晚年隐居南昌西山，因闻"龙沙有谶，师出豫章"之说，并得一老人授以净明忠孝之微言，所以自称前身是南极冲虚真君降生。《逍遥山万寿宫通志》中的净明道系谱称他为"净明朱真人"。[2] 民间甚至有朱权的画像流传。[3] 以宁王府与净明道的深厚渊源，加上宸濠曾在叛乱前寻求各类天命之说，推测宸濠应会涉猎净明道的相关预言。[4] 宸濠败后，便有一则有关宁王府的传说流行，内容是宸濠出生前，其父曾梦有蛇入宫中，把王府人吞食殆尽。[5] 此传说可解读为深受宸濠牵累的宁王府希望借此稍稍开脱。也因此，与宁王府渊源甚深的净明道，若借一些流行传说与宸濠划清界限，也就很合理了。如明代传奇小说《警世通言》的《旌阳宫铁树镇蛟》中就有宸濠前往净明道的祖庭南昌铁柱宫问卜的情节，问卜的结果未如宸濠所期待，据载：

正德戊寅［正德十三年（1518）］年间，宁府阴谋不轨，亲诣其宫，真君降箕笔云："三三两两两三三，杀尽江南一檐耽。荷叶败时黄菊绽，

---

[1] 至于一千两百四十年之说改从许逊存日而不从飞升当年起算，则可能跟年数不符有关。因为若以正德十四年为应谶之年，则应推为公元 279 年，而不是许逊飞升的公元 375 年，才适合作起算之年，加上许逊飞升前曾在世达一百多年，所以此处改从许逊存日起算，并以"大约适当一千二百四十之数"来带过年代不尽相符的质疑。

[2] 《净明朱真人传》，见金桂馨、漆逢源纂辑：《逍遥山万寿宫通志》卷五，44 页。

[3] 罗大纮：《宗侯近溪翁六十序》，见《紫原文集》卷五，39 页。

[4] 我检查相关记载，只发现宸濠与几位术士往来，如李自然推相其命面，称宸濠有天子分，李日芳说南昌城内东南有天子气穴，宸濠也笃信其说，筑阳春书院在此气穴上。参见雷礼等辑：《皇明大政纪》卷二十，20 页，见《四库全书存目丛书》，史部第 8 册，据明万历三十年（1602）秣陵周时泰博古堂刻本影印。

[5] 正德十四年（1519）条，见钱德洪编：《阳明先生年谱》中卷，45 页。

大明依旧镇江山。"后来果败。[1]

明末一篇署名"鹤岭子熊"的文章也谈到类似之事:"正嘉之际,江城有为吴濞、淮南之事者,终以自覆,说者谓许君之前知云。"[2] "许君"即许逊,此处说许逊预言宸濠作乱终将自覆,似可与前述的问卜传说相呼应。这类问卜传说如何形成,今已难以知晓,但它们确为净明道取得较有利的立场,既能跟宁王府撇清关系,又可向政府输诚。宸濠败后,南昌的铁柱、万寿两宫未被列入整肃名单,也许便与此有关。

即便如此,入清之后,不仅宁王后裔仍与净明道有着剪不断理还乱的纠葛,如八大山人朱耷在南昌创设青云谱道院,此道院便跟净明道渊源甚深。[3] 同时也有人继续谈论平宸濠乱与龙沙谶的关系,如康熙年间黄中说:

> 世言龙沙八百地仙之说,余录此以证焉。盖晋怀帝永嘉六年(312),距近岁庚申已千三百七十余年,所云千二百二十四年已过期矣。按其数,宸濠之变,适符其会云。辛酉春日记。[4]

黄中"录以证焉"的即其文集中的《许真君传》。"庚申"是清康熙十九年(1680),从晋怀帝永嘉六年(312)到正德十四年(1519),经过一千两百零七

---

[1] 冯梦龙:《旌阳宫铁树镇妖》,见《警世通言》卷四十,83—84 页。这则故事原出自邓志谟的《铁树记》,连诗句也相同。参见邓志谟:《武昌府郭璞脱凡·许真君拔宅升天》,见《铁树记》卷二,第 15 回,56 页,收入《古本小说集成》第 196 册,据万历癸卯初(1603)萃庆堂余泗泉刻本影印。

[2] 鹤岭子熊:《通义下》,见金桂馨、漆逢源纂辑:《逍遥山万寿宫通志》卷十七,22 页。

[3] 周体观:《青云谱道院落成记》,见《青云谱志》,11—12 页,收入《中国道观志丛刊》第 24 册,据民国九年(1920)住持徐云岩重刻本影印。另参见郭武:《朱道朗与青云派》,载《宗教学研究》第 4 期,2008,6—11 页。

[4] 黄中:《许真君传》,见《黄雪瀑集》,2 页,收入《四库未收书辑刊》第 7 辑第 23 册,据清康熙汲古堂刻本影印。

歧路彷徨

年，大体符合一千两百四十年之数。黄中应是参考了《净明忠孝全书·净明道师旌阳许真君传》一文，文中的许逊预言并无"吾没后"或"吾仙去后"等字眼，所以选择从永嘉六年起算。[1]

三、龙沙谶与其他流行信仰的结合

下迄晚明，已更接近一千两百四十年的应谶之期，因此在与万寿宫或许真君庙的相关文字中多会涉及龙沙谶以及将届应谶之期等。如江西南昌万恭（1515—1591），他虽非净明道信徒，但受到南昌一带气氛的感染，在为万寿宫题辞中便谈到"师今出于豫章"的预言：

> 明难众谕，幽有神知，毋谓虚化神，神化气，气化形，八十五玄功，昔存于铁柱，会看穷则变，变则通，通则久，千二百载，师今出于豫章。[2]

出身湖广一带的陈文烛（1535—？，1565 年进士），在为南昌许真君庙所作的碑记中也指出"沙洲过沙井口"的异象，说"今时将及"，期待预言应验，以解民苦厄。由于至元十九年（1282）沙洲便已生成，所以此刻人们所期待的是沙洲能够越积越高，最后掩过沙井口：

> 忆真君上升，谶云：吾仙去后一千二百四十年间，五陵之内当出弟子八百，师出豫章，大扬吾教，时生沙洲过沙井口。今时将及矣。岁侵苦

---

[1] 《净明道师旌阳许真君传》，见《净明忠孝全书》卷一，4—5 页。

[2] 万恭:《万寿宫题辞》，见《洞阳子集再续集》卷三，18 页，台北"国家图书馆"汉学研究中心藏，日本尊经阁文库明万历刊本影印本。

水，甚于蛟蛇，安得真君之灵福民乎？守土者祷焉。[1]

当时人对应谶地点也有不同的认知，除南昌外，也有人以江南为龙沙谶的应谶之地，所以有"世传龙沙之会，八百地仙出于江南"一类的说法流行。[2] 即连南昌当地流行的俗谚"真君谶云：龙沙高过城，南昌出圣人"，也被人从南昌改为江南。[3] 如王士性（1547—1598）《广志绎》载："旧有谶云：'龙沙高过城，江南出圣人。'今沙过城十余年矣。"[4]《广志绎》作于16世纪90年代前后，而人们对龙沙谶应验的期待也在此时越趋热烈。下文将再详论。

对飞升的期待：朱长春与虞淳熙

除了有沙洲异象外，龙沙谶预言受瞩目的关键还跟士人对飞升登仙的期待有关，而在此期待飞升的心理背景下，原本跟平乱有关的预言，跟动乱的关系变得越来越小，八百地仙反而变成成功飞升的指标性人物，下文将再深论。此处先举两例说明士人对飞升的期待，一是信徒，一是非信徒的例子。前者可见于吴悌（1502—1568）为江西抚州士人胡钦诏所作的墓志铭，文中谈到这位地方小读书人眼见龙沙谶将届期，出外寻觅异人学习丹道秘诀，期待服食后可飞升登仙，最后无功而返的历程：

---

[1] 陈文烛：《许真君庙碑》，见（万历）《新修南昌府志》卷二十八，23页，北京：书目文献出版社，1992，据日本内阁文库藏明万历十六年（1588）刻本影印。

[2] 陈懿典：《曹赤之盟兄六十寿序》，见《陈学士先生初集》卷五，29页，收入《四库禁毁书丛刊》，集部第79册，据明万历四十八年（1620）曹宪来刻本影印。陈懿典为1592年进士，生卒年不详。

[3] 宋懋澄：《吴城》，见《九籥集》续集，卷十，13页，收入《续修四库全书》第1374册，据明万历刻本影印。

[4] 王士性："龙沙"条，见《广志绎》卷四，24页。

许旌阳留豫章仙谶，欲应其期，则于仙家者愿没身殚力学焉。自言尝遇张方士授金丹秘诀，期相寻武夷间，长从不返，不忍遗二亲而止；间入云林，历三十六峰，采神药异草，炼冶铅永，庶几点化服食，可得而飞，仙者可致也，而竟无成。[1]

非信徒而期待飞升者可以朱长春（1583年进士）为例，从朱长春的文集中我们并未发现他有接触净明道或龙沙谶的迹象，但他却虔诚期待将来的飞升，显示这类心理颇流行于一些士人间。朱长春，字大复，浙江乌程人，以诗文闻名于世，从小喜读《庄子》。[2]《庄子·逍遥游》上记载："藐姑射之山，有神人居焉，肌肤若冰雪，绰约若处子，不食五谷，吸风饮露，乘云气，御飞龙，而游乎四海之外。"应是受到这段话的启示，朱长春在罢官里居后一意修真炼形，首先不分寒暑只着单衣，隔年又不食五谷，初实行时身形癯弱，后益敷腴，他将此归因于天行不息之功，里人更视之为真仙出世。[3]

由于修真炼形颇有小成，使朱长春误以为可接着进入"乘云气，御飞龙，而游乎四海之外"的飞升境界，于是他选定某日，把书桌叠了几十层高后，缘梯攀至顶端站定，把双手负于背后，踮起脚尖，做出雏鸟学飞的模样，接着往下一跳，满心以为将可飞升而去，不料结果却是堕地重伤，华盖破裂，幸而不死而已。[4]与朱长春交情甚笃，被视为"目下名士唯足下"的虞淳熙（1553—1621）[5]，听闻此消息后诧异不置，他去函质疑朱长春："兄云堕裂华盖，将习飞

---

[1]　吴悌：《胡生汝宣志铭》，见《吴疏山先生遗集》卷四，9页，收入《四库全书存目丛书》，史部第83册，据清咸丰二年（1852）颐园刻本影印。

[2]　朱长春说他"自童熹读《庄》，至今四易编，标所独造，时时有异。"参见朱长春：《读庄子跋》，见《朱太复文集》卷三十二，19页，收入《四库禁毁书丛刊》，集部第83册，据明万历刻本影印。

[3]　朱长春：《寄马函一》，见《朱太复文集》乙集卷三十六，13页。

[4]　钱谦益：《朱主事长春》，见《列朝诗集小传》丁集下，621页。

[5]　朱长春：《答虞长孺》，见《朱太复文集》乙集卷三十五，1页。

耶？实惊吾魂。神能飞，形讵可卒习耶？"[1]但其实虞淳熙也是一位"得道畸人"，不仅方术阴符无不通晓，同时也习仙习佛，接触各类异人奇说。[2]他曾拜昙阳子（1557—1580）为师，也曾向彭幼朔（？—1626？）习丹道[3]，昙阳子与彭幼朔二人都是跟龙沙谶预言有关的异人，下文将再谈及。

正是在此期待飞升出世的心理背景下，不少士人纷纷关注起龙沙谶预言，加上在晚明三教合一的思潮下，正统与非正统的信仰同时流行或结合：如有人便曾说所见有三四十人，所闻有百余家，都夸称已有秘藏玄诀。[4]这也让我们有必要思考一点：倘若龙沙谶只是净明道个别教派的预言，而从净明道入明后渐衰的情形来判断，此预言不至于受到太多人的关心；相对的，若是受到信徒与非信徒的共同瞩目，则很可能意味着此预言已超越教派的界限之外。因此龙沙谶跟其他流行信仰结合便不足为异了。[5]

以下我想用昙阳子信仰，以及与其相关的衡山二道为例证，来看包括屠隆（1542—1605）在内的这些江南士人对飞升登仙的期待，使得像昙阳子这类信仰流行于士人群体间。昙阳子、衡山二道所预示的大乱之日，被认为也是龙沙谶的应谶之期，脍炙人口的《袁了凡斩蛟记》即取用昙阳子信仰与龙沙谶语的部分元素，用以嘲讽时事。[6]由此也可见龙沙谶的影响范围已超越信仰或教派之

---

[1] 虞淳熙：《答朱太复》，见《虞德园先生集》卷二十四，22 页，收入《四库禁毁书丛刊》，集部第 43 册，据明末刻本影印。

[2] 黄汝亨：《吏部稽勋司员外郎德园虞公墓志铭》，见《寓林集》卷十五，31—37 页，收入《四库禁毁书丛刊》，集部第 42—43 册，据明天启二年（1622）武林黄氏原刊本影印；钱谦益：《虞稽勋淳熙》，见《列朝诗集小传》丁集下，619—620 页。

[3] 虞淳熙：《上昙阳师》，见《虞德园先生集》卷二十三，21—22 页；卷二十五，《与陈一心》，19 页。

[4] 朱长春：《寄马函一谈道书》，见《朱太复文集》乙集卷三十四，11—12 页。

[5] 当时即连僧人也谈龙沙谶，并将龙沙谶跟佛教义理相绾合，参见郑鄤：《大通来和尚塔碑》，见《峚阳草堂文集》卷十，4 页，收入《四库禁毁书丛刊》，集部第 126 册，据民国二十一年（1932）活字本影印。

[6] 关于昙阳子信仰的研究，参见 Ann Waltner, "Tan-Yang-Tzu and Wang Shih-Chen: Visionary and Bureaucrat in the Late Ming," *Late Imperial China* 8:1 (June 1987): 105–131.

外，并为许多人所熟知。

昙阳子信仰

昙阳子信仰流行于万历年间，吸引了不少文人士大夫的信从，而所崇奉的对象即昙阳子本人。昙阳子本名王焘贞，是大学士王锡爵（1534—1610）之女，本已许配同里徐氏，但昙阳子表示与徐氏无缘，且将出家以了生死大事，在经过几次灵验事迹与仙真接引后，昙阳子在众人眼前化去，荣登仙籍。此事本奇，更奇的是王锡爵兄弟及其家人、王世贞、屠隆，以及沈懋学（1539—1582）、冯梦祯、虞淳熙等人都曾奉昙阳子为师。有人甚至怀疑汤显祖的《牡丹亭》就是以昙阳子事为底本。[1]王世贞所作的《昙阳大师传》更是广为流布。[2]

以上几人有不少共同或交集的背景。首先，沈懋学、屠隆、冯梦祯为同年进士，三人以气节相尚，皆因反对首辅张居正夺情事而影响仕途，沈懋学更因率先上书反对夺情而为时人所侧目；虞淳熙则因反张居正而科考遭黜，待张居正败后方始得第。相似的政治立场，应是他们会与王锡爵密切往来的背景因素。有学者更猜测王锡爵等人师礼昙阳子，是想借此消除张居正对他们再次出山的疑虑。[3]其次，屠、冯、虞几人都是江浙一带的社集中人，在三教合一风潮的影响下，对一些非正统信仰会从三教合一的角度来思考，如王世贞之弟王世懋（1536—1588）便向人宣称"昙阳大师为三教大宗师"。[4]

不过，翻查沈、冯、虞等人的文集，谈到昙阳子的部分却不多，似乎昙阳

---

[1]　参见龚炜：《牡丹亭非昙阳子事》，见《巢林笔谈》卷五，4页，收入《续修四库全书》第1177册，据清乾隆三十年（1765）蓼怀阁刻本影印。

[2]　如王世懋游嵩山时随身携带此传，得便即出示寺中僧人观览。参见王世懋：《宿暖泉寺游嵩山少林寺记》，见《嵩书》卷二十二，22—29页，收入《四库全书存目丛书》，史部第232册，据明万历刻本影印。

[3]　徐朔方：《屠隆年谱》，见《晚明曲家年谱》，310页，杭州：浙江古籍出版社，1993。

[4]　王世贞：《与赵侍御》，见《王奉常集》卷四十四，14页，收入《四库全书存目丛书》第133册，据明万历刻本影印。

子只是众人信仰的对象之一而已,《列朝诗集小传》沈、冯、虞、王等人的小传,以及几人的文集中,也都未提到太多与昙阳子有关的事。倒是昙阳子化去前所留下的预言颇受注意,而且被认为与龙沙谶同指一事,如王世贞谈到当时两预言结合的情形,说:

> 今者龙沙高过豫章城,地仙之事当有验者。而先师昙阳子诗所谓五陵教主,世多不能悉,而注真君传者,以东门之镇为宛陵,南门之镇为浩陵,西门之镇为鹊陵,北门之镇为涪陵,中门之镇为泰陵以实,其分野太远,而名亦创新,未知其是否。[1]

五陵教主之说跟龙沙谶语中的"五陵之内当出弟子八百人"有关,但五陵指哪些,则是众说纷纭,有说五陵即五岳,此处所引的是其他新说。至于昙阳子诗及其预言与龙沙谶相符应事则见于《广志绎》:

> 旧有谶云:"龙沙高过城,江南出圣人。"今沙过城十余年矣。昔许旌阳斩蛟,蛟子逸去,散游鄱湖,弟子请悉诛之,旌阳曰:"吾去后一千一百二十□年,岁在三丙,五陵之内,当有八百地仙出,自能诛之,毋劳今日尽也。"今正当三丙间,去其岁不及二十年,又有龙沙之应。昙阳子记亦云"五陵为教主,古月一孤峰",意其所谓圣人者,神仙之流与! [2]

"三丙"不知所指何义 [3],而此处说的一千一百二十年,也跟其他人所主张的

---

[1] 王世贞:《书真仙通鉴后》,《读书后》卷八,8 页,收入《文津阁四库全书》第 1289 册,北京:商务印书馆,2006,据中国国家图书馆藏本影印。

[2] 王士性:"龙沙"条,见《广志绎》卷四,24 页。

[3] 三丙岁有可能是指年月日都是天干为丙之年,而因仅丙申年才有丙申月,故推测"岁在三丙"指丙申年丙申月丙申日之岁。此段谈到"今正当三丙间",似可解释为时值两个三(转下页)

年数不同，但确与昙阳子的预言有关。

　　正是在此脉络下，当万历年间日本侵略朝鲜，有人写作一书，把昙阳子跟许逊斩蛟故事相联结，故事系以丰臣秀吉（1537—1598）为蛟蛇，最终被昙阳子所杀。沈德符（1578—1642）《万历野获编》曾述及此事：

　　　　其人（按：即袁黄，1586 年进士）故耆宿名士，为太仓（按：王锡爵）相公门人，号相知，意其能援手，时竟传闻关白（按：指丰臣秀吉）已死，遂作一书，名《斩蛟记》。首云："关白平秀吉者，非人亦非妖，盖蛟也，漏刃于旌阳，化成此酋，素嗜鹅，在朝鲜时，曾谋放万鹅于海中，关白恣啖，因得割刃，而主之者，昙阳大师也。"《记》出，远近骇怪，其同邑先达遂作《辟蛟记》诋之，以快宿隙。究之，关白实未死，此君亦未得出山，而太仓相公曾见此《记》与否，皆未可知也。[1]

　　整段故事即流传甚广的《袁了凡斩蛟记》，尽管沈德符指称作者是袁黄（1533—1606），但据考证此文应系陈继儒（1558—1639）所作，作为嘲讽袁黄之用。[2] 至于《辟蛟记》的作者则未详。检视陈继儒的《斩蛟记》原文，以龙沙谶语作开头：

（接上页）丙岁［即嘉靖十五年（1536）与万历二十四年（1596）］之间，所以整句可解释为距离下一个三丙岁［万历二十四年（1596）］不到二十年的时间，已发生龙沙过城的异象。前引王世贞文谈到"今者龙沙高过豫章城"，王世贞卒于万历十八年（1590），显示龙沙过城是更早以前的事，与"去其岁不及二十年"的时间大约相符。
[1]　沈德符：《斩蛟记》，见《万历野获编》卷十七，17—18 页，收入《明季史料集珍》第 3 册，台北：伟文图书公司，1976，据"中央研究院"历史语言研究所藏本影印。
[2]　据孟森先生的考证，《斩蛟记》的作者应是陈继儒或其友人。《斩蛟记》的主角袁黄曾作《功过格》，与净明道的关系匪浅，此书的前身《太微仙君功过格》应即净明道人所造。但我翻检袁黄的《两行斋集》，却未见袁黄与净明道有所交涉，亦未见有提及净明道的言论。请见孟森：《袁了凡〈斩蛟记〉考》，见《明清史论著集刊续编》，73—80 页，台北：南天书局，1987。

关白平秀吉者，非日本人，非中国人，盖异类妖孽也。昔旌阳许真君斩蛟时，有小蛟从腹而出，以未有罪，不加诛。纵入江，归大海，至日本之红鹿江银蛟山居焉。历一千二百余年，所害物类，不可胜纪。今又化为人，即平秀吉也。[1]

以计除关白事与平宸濠乱有异曲同工之妙，作乱者都被比喻作蛟，而由旌阳子或王守仁斩之而除害。显示斩蛟传说在晚明颇为流行，龙沙谶语也广为人知，而有信徒更寄期待于旌阳子除此祸患。

衡山二道

旌阳子不是孤例，我们若是追踪笃信预言之说的屠隆行迹，另有衡山二道也与预言有关。屠隆先拜旌阳子为师，此后得识李海鸥，李海鸥宣称他曾得闻大道于金虚中与衡山二道，并以正诀相授。李海鸥所得授的正诀内容今已不得而知，但据屠隆说，行之颇有奇效，于是信之愈笃，此后又得金虚中亲自传授，"金先生所传，较之李君加详焉"。[2] 李、金与衡山二道都是当时的异人，而这些人所修炼的功夫都跟内丹学有关。

元明以来的道教，无论是内丹派或符箓派都很重视内丹，净明道虽属符箓派，也以内丹为本，而且内丹修炼甚至会被跟龙沙谶预言联结一起。元代以内丹学闻名的陈致虚（1290—？）便称其门人车兰谷为玄门栋梁者四十余年，得金丹之旨，"闻圣人之道矣，宜早修有为之德，高证无为之功，以应龙沙八百之谶。异时名公巨卿，必有取法于子者。"又指其门人明天琼所习内丹是成仙关键，说："知此则到家有期，可罢问程矣！所冀头头会合，口口参同，慨兴进道

---

[1] 陈继儒：《斩蛟记》，见《稀见珍本明清传奇小说集》，229 页，长春，吉林出版社，2007。
[2] 屠隆：《赠金虚中先生》，见《栖真馆集》卷一，2 页，收入《续修四库全书》第 1360 册，据明万历十八年（1590）吕氏栖真馆刻本影印。

之心，高中选仙之举。千年铁柱，久缔龙沙之盟。"[1]

及至晚明，则有人把目光焦点放在许逊所著的《石函记》[2]，认为此记与内丹修炼及龙沙谶预言有关。如彭好古（1586 年进士，湖北麻城人）以内丹学闻名，便曾校对《石函记》，而其目的则在于"有石函而谶可征"，他说：

> （按：许逊）仙去之后，其贻示后人者，《秘范》而外，莫有出于《石函》之一书，……今观其书，药物火候，备载无遗，而至言丹药蟠旋景象，尤为明悉，非实诣者未易悬解也。余不敢自谓得其解，而雠校讹赝，使观者因文得意，因意得诀，以为八百之倡。夫有《石函》而谶为可征，有余之雠校，而《石函》为可读矣。[3]

屠隆亦持此说，指出：

> 许旌阳《石函记》中龙沙期，政在此时，而海内开明疏畅之士，亦往往好谭性命，从事大道，盖所在有之。前此不闻士大夫烝烝若此，天数与人事，适冥契可喜。[4]

有趣的是，屠隆因昙阳子与龙沙谶，深信当时已将届应谶之期，并认为李海鸥、金虚中等人都是应谶之人，他说："旌阳曾著龙沙谶，千载八百群仙趄，

---

[1]　陈致虚：《与九宫山碧阳子车兰谷》，见《金丹大要》卷六，9 页，收入阎鹤洲辑：《道书全集》第 1 册，明万历辛卯［十九年（1591）］金陵阎氏刊本；明天琼：《序》，见陈致虚：《金丹大要》，总 2 页。

[2]　刘玉则否定此说，参见《玉真先生语录别集》，见《净明忠孝全书》卷五，10 页。王世贞也表示此书所构撰"皆不类晋人语"，应是后人模仿为之。王世贞：《书许真君石函记后》，见《读书后》卷七，10—11 页。

[3]　彭好古：《石函记题辞》，见金桂馨、漆逢源纂辑：《逍遥山万寿宫通志》卷十七，29 页。

[4]　屠隆：《酓陈仲醇道兄》，见《栖真馆集》卷十六，9—10 页。

豫章为帅应铁柱，李君无乃其人欤！"[1]接着又说：

> 许旌阳真君云："后吾一千二百四十年间，五陵之内，当有地仙八百
> 人出世，而师出豫章，以郡江龙沙生塞验之。"以其时考之，政符今日，
> 而开化大道，实豫章人。奇矣！奇矣！衡岳两道者，一为王抱阳，一为薛
> 玄阳，尝对金君语及此事。[2]

据前后文可知"开化大道，实豫章人"指金虚中。在另一处，屠隆也明确
指称昙阳子、龙沙谶，以及衡山二道的三则预言指同一事：

> 道民忆记昙师有庚寅之期，今将至矣。旌阳太史八百龙沙数，距此时不
> 远。而金虚中翁所遇衡山王、薛两真人亦云："此去二十季后，群仙乱出。"[3]

"庚寅"是万历十八年（1590），这与后文提及彭幼朔所预言的年数不同，
但不难想见此时对相关预言的期待与心理背景。[4]

四、龙沙谶在晚明南京士人间的流行

龙沙谶除了流行于江西南昌一带以外，江浙一带也不乏信徒或附会者，尤

---

[1] 屠隆：《赠李海鸥先生歌》，见《栖真馆集》卷三，23 页。

[2] 屠隆：《与王恒叔给事》，见《栖真馆集》卷十三，21 页。

[3] 屠隆：《与王元美司美》，见《栖真馆集》卷十六，13 页。相关研究也可参见徐美洁：《屠隆
净明道信仰及其性灵诗论》第 2、4 章，硕士学位论文，上海师范大学，2008。

[4] 有趣的是，在庚寅年这一年，有一位女性云鹤子在湖北襄阳尸解，此事受到士大夫注意，并持
与昙阳子相提并论。参见焦竑：《云鹤观碑记》，见《澹园集》，268 页，北京：中华书局，1999。

其在作为江南文化中心的南京，这类言论更为流行。晚明南京有各色人物往来，也常见方伎术士在此传扬其说，龙沙谶正是当时不少文人与理学家注目的焦点之一。理学家阵营中，江右与泰州学派的几位阳明学者，包括邹元标、管志道（1536—1608）都曾涉猎龙沙谶预言，文人如屠隆则醉心于此预言，并曾与管志道之间为此有过一番论辩。至于彭幼朔所引起的风潮则是发生在明末南京的另一桩奇事，彭幼朔所断定的应谶之期、仙籍之说，不仅曾经让钱谦益（1582—1664）这位知名文人受其迷惑，更吸引江西士人李鼎的信从，李鼎甚至不惜弃家入山，寻求登仙的机会，最后无功而返。以下先看 16 世纪末邹元标在南京的经历，以及管志道与屠隆的交涉论辩，接着看 17 世纪初彭幼朔所引起的风潮。

16 世纪末有不少理学家聚集于南京，如万历二十年（1592）前后许孚远（1535—1604）与周汝登（1577 年进士），二人因对"无善无恶"之说的见解不同，分别提出"九谛"与"九解"而展开论辩，便是以南京为舞台而轰动一时。[1] 晚明江右阳明学派的领袖人物邹元标也曾因任官而仟留南京，邹元标与屠隆是同榜进士，二人间颇有往来，尽管没有邹、屠二人间讨论龙沙谶的资料，不过邹元标确曾接触过净明道，但其鲜明的阳明学立场，使其看重的是与伦常规范有关的部分，而对龙沙谶预言敬而远之。邹元标回忆当年在南京的经历说：

> 忆予官白下（按：即南京）时，诸僚友往往谭仙家言，共师一妄男子，妄男子语之云："昔真君谓年若干后，八百弟子当应时起，龙沙之谶，实今其时。"而所出宝录，曰某，曰某，皆耳相授受。闻有名字其中者，仙仙乎欲飞。

---

[1]　黄宗羲：《明儒学案》，861 页。

宝录应是指八百地仙的仙籍，当时人认为若能列名其中，待将来八百地仙应谶而起时，便可一起冲举飞升登仙。于是龙沙谶不再只是一则祸乱将起的预言，反而变相为将有八百人成仙的保证。接着邹元标与妄男子间有一段对答：

> （妄男子）复密以语余曰："子名在高等。"余语之曰："余于君臣父子夫妇昆弟，循省多少缺略，安能谭世外事。"妄男子闻曰："吾固知是夫距而不吾入，子无乃泄吾藏乎！"

看来邹元标并不领情，他回归到净明道的伦理主张，说：

> 净明，语体也，忠孝，语行也。体清净则万行皆归，行忠孝则体益员朗。世有不忠君孝亲而称无上道耶？则吾夫子道不远人语，欺予哉？肯回心从事家庭父子兄弟间，循循雍雍，即员峤方壶，更无事希踪霞外矣。[1]

邹元标约于万历十六年到十八年间（1588—1590）仕宦南京，而所陈述的这段故事应即发生在这几年间。[2]"妄男子"应非后文将谈及的彭幼朔，这却显示此时已有人在南京宣传龙沙谶，并吸引不少信徒。[3]

另一位江右阳明学派的领袖人物邓以赞（1571 年进士，据说邹元标之学得于邓以赞处甚多）[4]，则曾接获屠隆来信谈及龙沙谶，屠隆在信中不忘宣传"五

---

[1] 以上三段引文参见邹元标：《净明忠孝录序》，见《邹子存真集》卷二，10—11 页。

[2] 《明史·邹元标传》载邹元标任官南京三年，此后家居几三十年，直到天启元年（1621）才获起用，据此可推知他待在南京的时间。张廷玉等撰：《明史》，6303—6304 页。

[3] 据钱谦益所作《彭仙翁幼朔》，万历十四、十五年间（1586—1587）彭幼朔尚游寓四川潼川州一带，万历二十二年（1594）后始来吴中。所以此人与彭幼朔应不是同一人。

[4] 程嗣章：《明儒讲学考》，49 页，见《四库全书存目丛书》，子部第 29 册，据清道光四年（1824）刻本影印。

陵八百之期至矣"，且说举人周光岳因识衡山二道而得见仙籍，而仙籍内容跟不少人都大有关系：

> 楚衡阳有周孝廉光岳先生，授道衡岳真师，修炼成矣。此公得见仙籍，知先生（按：邓以赞）在八百数内，为弟四人。云间陆平泉宗伯，吴门管登之金宪，平湖陆五台太宰，吉水邹尔瞻比部，并应龙沙谶。[1]

屠隆说邹元标在仙籍中，与妄男子之言同出一辙，而且还多了管志道、陆光祖（1521—1597，号五台居士）、陆树声（1509—1605，号平泉）等人，可惜在邓以赞的文集中未见相关回应。在晚明三教合一的潮流下，邓、邹二人虽然亲近释氏之学，但并未失其心学的基本立场，因此邓以赞正面回应屠隆的可能性不高。

倒是管志道跟屠隆有过一番论辩。管志道在《明儒学案》中被归入《泰州学案》，泰州学派属于狂放一路，与江右阳明学派的学风大不相同，但管志道是其中较严肃且颇有主张并坚持己见的人，《问辨牍》与《续问辨牍》二书中收录了他与当世人物的往来书信，管志道的信函往往动辄万言，内容颇为冗沓，但挽救世道的急切之情则溢于言表，所以信中往往反复以士风浇漓为念，痛斥霸儒、狂禅，主张回归王道，因此不难想象管志道与屠隆话不投机的情景。屠隆在给管志道的信中说：

> （屠）隆又观方今宿德名公，法门龙象，若云间之陆宗伯（树声），平湖之陆太宰（光祖），豫章之邓汝德（以赞），秀水之冯开之（梦祯），

---

[1] 屠隆：《与邓汝德少宰》，见《鸿苞》卷四十，28页，收入《四库全书存目丛书》第89册，据明万历三十八年（1610）茅元仪刻本影印。

武林之虞长孺（淳熙）……（以下缺叶）。[1]

以下虽未能得见全段文字，但比对前后文，应指几人都是士人领袖，也都亲炙佛法。信末则以"龙沙期逼矣"为说，并以己名未入名籍为忧：

> 去岁从灵隐隐者，闻南来消息甚大，而不及愚与先生；今其言亦未见左验。虽然，修行在我而已，安问名籍，无名籍而自力，主者岂有成心；有名籍而退林，圣贤焉肯护短。愚与先生勉之矣。[2]

但管志道对飞升及仙籍之说的兴趣不高，他曾明白表示——"玄门有飞升冲举之奇，不过凡夫奇之耳。"[3] 所以管志道在回信中直接浇了屠隆一头冷水，而且有鉴于屠隆在信中曾说昙阳子是圣人[4]，所以他批评昙阳子，说：

> 札中实重昙阳，然乃讳昙阳而称鸾公，是亦名不当实。儒家不称孔子为儒童菩萨，道家不称老子为大迦叶也，耻拜女姑为师，而托言于鸾公，便是修词不立诚处。见虽圆，矩未方也。[5]

甚至把矛头转向与屠隆同样沉迷于预言之说的潘士藻（1537—1600）：

---

[1] 管志道：《答屠仪部赤水丈书》所附屠隆来信，见《续问辨牍》卷二，39 页，收入《四库全书存目丛书》第 87 册，据明万历刻本影印。

[2] 管志道：《答屠仪部赤水丈书》所附屠隆来信，见《续问辨牍》卷二，54 页。

[3] 袁黄：《重修东岳行宫记》，见《袁了凡先生两行斋集》卷十二，2 页，台北"国家图书馆"藏，据明天启四年（1624）嘉兴袁氏家刊本摄制。有趣的是，《瀛洲仙籍》中却赫然有袁黄的名字。《瀛洲仙籍》一文作者不详，载傅金铨编纂：《樵阳经》卷二，4—5 页。

[4] 管志道：《答屠仪部赤水丈书》所附屠隆来信，见《续问辨牍》卷二，44 页。

[5] 管志道：《续问辨牍》卷二，《答屠仪部赤水丈书》，61 页。

吾闻之年生潘去华（按：潘士藻）谓昙阳屡降其乩，……札末谓有"从灵隐隐者闻南来消息甚大，而不及愚与足下。"盖愚与足下原不在八百地仙之列，焉得及之？此消息出乩仙乎？出幻梦乎？乩固难凭，梦亦难据，但使吾言吾行，诚足以建天地，质鬼神，俟百世而不惑，何乩仙幻梦之有。盖酷信乩幻之传消息者，往往误事。……以世人多滞龙沙之谶，妄有希觊而蹉过目前功德。[1]

这段话有两点值得注意：第一，邹元标所见的"妄男子"与屠隆皆夸谈名籍，显示当时是否列名名籍已成为一种流行言说，邹元标对此不以为然，但屠隆则颇以为意。第二，乩仙应即孙荣祖，又称慧虚子，当时不少信众在昙阳子卒后便通过孙荣祖与昙阳子沟通，不仅屠隆对此笃信不疑，即连王世贞也曾通过孙荣祖的扶鸾而求得金书《阴符经》。[2]此既可印证前述龙沙谶与昙阳子信仰结合，而昙阳子信仰又与乩仙有关。

屠隆主要活动于 16 世纪末，他虔信昙阳子，参与扶鸾，期待龙沙谶，但这些信仰最终都未能实现他飞升登仙的想望。据说他在病危临终前仍然扶床凝望，期待乩仙孙荣祖可以乘飙轮来迎他登仙，最后终于惆怅抑郁而卒。[3]

至于被管志道点名的潘士藻，他属于泰州学派的一员，颇信扶鸾，甚至有专属乩仙，名白云颖，常伴其在密室中相互啸咏。[4]公安三袁之一的袁中道（1570—

[1] 管志道：《答屠仪部赤水丈书》，见《续问辨牍》卷二，61—62 页。

[2] 钱谦益：《屠仪部隆》，见《列朝诗集小传》丁集上，445 页。王世贞：《孙荣祖氏所降仙笔贻我金书阴符经跋尾云文阳真人得道时所说白玉蟾翁始表见于世又以长歌四百九十字见赠颇及前生事勉以修持且劝檀施聊此奉酬并效薄见于奉行仙童宜真子》，见《弇州山人续稿》卷十，8—9 页；卷一五七，《紫姑仙书阴符经》，9—10 页。

[3] 钱谦益：《屠仪部隆》，见《列朝诗集小传》丁集上，445 页。

[4] 钱希言：《白云颖》，见《狯园》卷四，5—6 页，收入氏著：《松枢十九山》，台北"国家图书馆"汉学研究中心藏，日本内阁文库明万历二十八年（1600）刊本影印本。

1623）叙述潘士藻与乩仙往来的经过，此乩仙疑即白云颖：

> 公好仙，有乩仙怪于公家，与问答，皆中理解，或时下天篆，作龙飞凤翥之势，其言曰："五陵八百地仙之期已近，公其一数。"又指海内名士某某皆已登仙籍，公殊信之。其言甚多，皆天中事，大约近似陶隐君之《真诰》云。又言前世下土之文人才子，多为仙吏，某人今转某职。语新奇，娓娓可听。后愚兄弟每与公言，多婉以止之，欲其舍渺茫而专心性命之学。久之，公亦不复信，惟究心于《易》。[1]

"后愚兄弟"即公安三袁。乩仙以应谶之期已近为说，既说潘士藻在仙籍中，又称其他名士亦登仙籍，而所以能够详知仙籍内容，应与扶鸾有关，所以文中说"近似陶隐君之《真诰》"，《真诰》正是南朝陶弘景编纂扶鸾书籍而成。对潘士藻的任诞之行，《万历野获编》另有一番描述：

> 潘玺卿雪松士落（按：应作士藻），冯司成癸未（1583）所录士，滞符台十年，在京偕诸名士立讲会，每云吴猛镇铁柱宫，寔多遁去者。许真君约后千年，当生八百散仙，鼗此孽魔，今正其时矣。我为一人，与某某等皆同列，余师司成公，亦其一也。京师信之，竞求附仙籍。潘一同年素不预讲，亦遥隶群真，起大宅坿王公，云拔宅上升时，勿令赀产有所遗。司成见而姗笑之。[2]

符台即尚宝卿一职。万历十八年到二十八年间（1590—1600），潘士藻在南

---

[1] 袁中道：《潘去华尚宝传》，见《珂雪斋近集》卷七，32页，收入《明代论著丛刊》，台北：伟文图书公司，1976，据"中央图书馆"藏本影印。另据袁中道撰《珂雪斋集》（中）（上海：上海古籍出版社，2007）728页参互校订。

[2] 沈德符：《斩蛟记》，见《万历野获编》卷十七，18页。

歧路彷徨

京任尚宝卿[1]，而邹元标是万历十八年离开南京，可知潘士藻是在邹元标离京后方始与人谈龙沙谶事。从人们"竞求附仙籍"的现象来看，当时确有不少人信以为真，甚至有人为此大兴土木兴建大宅，以免将来拔宅飞升时不能把赀产一同带走。飞升登仙本应是弃去人事，如今却成了长保富贵之途。

进入 17 世纪，相关的预言传说越演越烈，一位谜样的人物彭幼朔在南京主导了当时信仰的走向，而李鼎这位以时文写作闻名于文人群体间的地方小读书人[2]，则因识彭幼朔而信应谶之期将届，并留下一些记录彭幼朔宣讲预言的资料。以下先从李鼎的背景谈起。

李鼎出身新建禹江李氏，其父李逊（1544 年进士）曾任学政，与净明道颇有渊源，在万恭所作的墓志铭中说他"乃入黄堂，友旌阳"，黄堂位于南昌府城南，所祀谌母是许逊之师，推测李逊应是黄堂隆道宫的信徒。[3]李鼎以儒起家，在考取顺天乡试举人后，恰逢西北边防有变，于是在万历十八年（1590），亦即屠隆等人所期待的庚寅之期，李鼎随军西行。恰好在此年前后，李鼎"西行遇异人"，此事成为他一生由儒转道的关键。李鼎在一封信上说："喜逢异人，指示性命根宗，豁然若披尺雾而睹白日，即一日而取侯封、佩相印，所不与易也。"[4]究竟李鼎所遇异人是谁？是否跟昙阳子信仰有关？虽不得而知，但在时间点上十分巧合。

对出世法的追求固然是李鼎接触净明道的远因，但此刻在政治上无出路则

---

[1]　潘士藻是万历十一年（1583）进士，他先后任温州推官、御史、广东布政司照磨、南京吏部主事、南京尚宝卿，最后卒于官。此处既说"滞符台十年"，而潘士藻卒于万历二十八年，则可推知他任官南京的时间。

[2]　陈弘绪历数当世士人有才学而未中举入仕者，江西以李鼎、罗曰褧、李贠三人为代表，而河南的代表人物张民表则是李鼎的弟子。参见陈弘绪：《孝廉余聿云先生墓表》，见《寒崖近稿》卷一，32 页，收入《陈士业先生集》，《四库全书存目丛书补编》，集部第 54 册，济南：齐鲁书社，2001，据清康熙二十六年（1687）刻本影印。

[3]　万恭：《李洪西墓志铭》，见《洞阳子集再续集》卷三，43 页。

[4]　李鼎：《与张林宗书》，见《李长卿集》卷十，13—15 页，台北"国家图书馆"藏，据明万历四十年（1612）豫章李氏家刊本摄制。

是近因。与李鼎有姻亲关系的大学士张位（1538—1605）曾对李鼎说道："君方欲临瀚海，封狼居胥，而未遂，乃遽逃于无何有之乡耶！"而李鼎只是"瞪视不答"。[1] 但此后李鼎渐转入净明道，以"净明忠孝"作为绾合儒学与净明道的关键所在，他说：

> 仲尼氏训忠孝，讨乱贼，忧世之志切矣，……都仙起晋代，崇道德，惓惓以忠孝为教，又自忠孝而衍为八柱，玄圣、素王之统一矣。[2]

除了绾合学理教义，李鼎还须解释铁柱镇蛟、冲举飞升等神话传说，毕竟事涉怪力乱神。对此，他说：

> 冲举之事，传神仙者往往而书，正史不载，意深远矣。铁柱虽镇地脉，则自旌阳公特创，为有目者所共睹，焉可诬也？盖宇宙在手，万化生身，造无而有，则为铁柱；化有而无，则为拔宅。玉真子以为役神物，移置海岛，则物而不化矣。总之以净明忠孝为本，何必异于圣学哉。列子曰："仲尼能为而能不为者也。"可以释千古之疑罔矣。[3]

李鼎身为儒者，却相信冲举飞升，所以他必须解释为何儒学不谈这类事，而他的答案是："仲尼能为而能不为"。言下之意，孔子只是不谈，但不表示冲举飞升就是子虚乌有之事。简言之，即使相信冲举飞升，但只须归本于净明忠孝，便跟儒学不相违背。

李鼎曾把相传许逊所作的论著都一一读过，他自述读这些论著时须"焚香

---

[1] "李鼎"条，见金桂馨、漆逢源纂辑：《逍遥山万寿宫通志》卷二十二，13页。

[2] 李鼎：《太上灵宝净明中黄八柱经》之疏，见《李长卿集》卷二十三，6—7页。

[3] 金桂馨、漆逢源纂辑：《逍遥山万寿宫通志》卷四，20页。

整襟读之，辄若端冕而听古乐，惟恐卧也"，显示李鼎对净明道教义并不陌生，但这却使他内心累积不少疑惑，如他便不信《石函记》是许逊所作，而赞同刘玉以此书为伪作的说法[1]；他也怀疑相传许逊座下十二弟子之一施岑所作的《西山许真君八十五化录》其实是后人伪托，并明言当时不少人跟他有同样的怀疑。[2]也因此李鼎曾有意作《净明忠孝全传正讹》与《净明忠孝全书别编》二书，但最后似仅完成《净明忠孝全传正讹》，此书后被收入西山万寿宫的宫志及李鼎的文集中。

李鼎所以作《净明忠孝全传正讹》，一方面是为净明道建立信史，一方面则跟龙沙谶有关。他说：

> 顷八百之期，近在目睫，将五陵之云合而至者，文献无征，则地主之责，胡可逭焉！缘取全书稍加删润，质以《道藏》之所纪录，父老之所传诵，汇为一帙，题曰《净明忠孝全传正讹》。[3]

由于认定应谶之期将届，所以李鼎取《净明忠孝全书》，并参考《道藏》及当地父老所传诵事而作此书，这本书不仅重新确定许逊、传教十真人的生平事略及其后继承正统者的系谱，并对相关玄理予以阐释。至于李鼎所认定的应谶之期，则是从许逊飞升当年加上一千两百四十年后的万历四十年（1612）、四十一年（1613）左右，所以他曾谈道：

> 都仙一千二百四十年之谶，适当万历在宥之壬子。[4]

---

[1] 李鼎：《太上灵宝净明中黄八柱经序》，见《李长卿集》卷二十三，4页。

[2] 李鼎：《净明忠孝全传正讹序》，见《李长卿集》卷二十三，1页。

[3] 李鼎：《净明忠孝全传正讹序》，见《李长卿集》卷二十三，1—2页。

[4] 李鼎：《净明忠孝全传正讹下》跋语，见《李长卿集》卷二十四，17页。

昔九州都仙太史许真君，以晋宁康二年（374）甲戌拔宅上升，垂记
有曰：自兹一千二百四十年间，五陵之内，地仙八百复起，其师出于豫
章，倒指至今上万历四十一年癸丑，适与期合。[1]

壬子即万历四十年。至于让李鼎对此应谶期待充满信心的关键有二：一是跟预
言有关异象的发生，如他说"比年豫章北沙高于雉堞，章江突生一洲，曲抱沙
井，玉隆宫柏叶曳地，吴越三楚山谷之间，蛟蜃乘风雨而腾出者，以数万计，
又适与谶合。"[2] 二是他在南京认识彭又朔，有关应谶的年数应是从彭又朔那边得
知的。

彭又朔这个名字，令人很快联想到钱谦益的《彭仙翁幼朔》一文，两名音
同字不同，有可能是同一人。[3] 在《雪堂随笔》有《彭又朔先生挽诗》四首，诗
前序文说道：

又朔先生，今之神仙也，二十年前来白下，士大夫多从之游，予心
实向往之，而以事未果。……昨年天启丙寅［天启六年（1626）］仲冬
二十四日，先生居兴化，作书以后事托沮修李君，遂冲举矣。[4]

此序作于天启七年（1627），二十年前即万历三十五年（1607），当年彭又
朔曾前往南京，而"彭幼朔"则在万历三十三年（1605）后曾仁足南京，与钱
谦益往来达四五年时间。另一方面，《陕西通志》载万历四十六年（1618）"彭

---

[1] 李鼎：《宇定天光记》，见《李长卿集》卷七，2 页。

[2] 李鼎：《宇定天光记》，见《李长卿集》卷七，2—3 页。

[3] 钱谦益：《彭仙翁幼朔》，见《列朝诗集小传》闰集，707—709 页。

[4] 顾起元：《彭又朔先生挽诗》，见《雪堂随笔》卷四，35 页，收入《四库禁毁书丛刊》第
203 册，据明天启七年（1627）刻本影印。

幼朔"曾停留当地，跟李鼎说彭又朔有"陕洛之行"[1]的叙述相合。显示"彭又朔"应即"彭又朔"。

据钱谦益作的小传，彭幼朔是一位往来各地的术士，他托言为了躲避阴府勾摄，以改变其生死命数，曾多次改换姓名，由于他能畅谈百余年朝野遗事，使不少人笃信他确已活了百年之久。彭幼朔常与读书人往来，曾以江甀甄的化名待在苏州，结交士人如孙七政（1573年前后在世）等人；[2]此后仔留湖广，与杨涟（1572—1625）往来。杨涟是湖广应山人，当时只是地方上无甚名气的小读书人，传说彭幼朔不仅曾救他性命，而且准确预言不喜时文制艺的杨涟将能考取进士。[3]《聊斋志异》中的杨大洪故事即据此改编。[4]此后彭幼朔似曾在四川云阳一带游历，后来前往南京，并得到不少当地人士信从。[5]不久杨涟因论劾魏忠贤（1568—1627）下狱，彭幼朔为避祸而离开南京，待天启末复还后卒于此。但另有传言说有人曾在山中见彭幼朔，仆从车马甚盛，最后不知所终。[6]目前所知彭幼朔留下的最后记录，是他跟支大纶（1574年进士）的长子支如玉（万历朝举人）往来，而他在天启六年（1626）临别前还揭露了支如玉是元四大家之一吴镇（1208—1354）后身的秘密。[7]

---

[1] 李鼎：《李长卿集》卷七，《宇定天光记》，3页："真人悠有陕洛之行。"

[2] 孙七政曾赠彭幼朔两首诗。请见孙七政：《赠江甀甄》，见《松韵堂集》卷九，13页，收入《四库全书存目丛书》，集部第142册，据明万历四十五年（1617）孙朝肃刻本影印。

[3] 杨涟在万历三十二年（1604）与彭幼朔曾一起闭关双林寺。请见杨涟：《为双林融长老作》，见《杨忠烈公文集》卷三，12页，收入《续修四库全书》第1371册，据清顺治十七年（1660）李赞元刻本影印。

[4] 请见钱谦益：《彭仙翁幼朔》，见《列朝诗集小传》闰集，707页。钱希言听来的情节则稍有不同，请见钱希言《狯园》卷四，36—37页。另见蒲松龄：《杨大洪》，见《聊斋志异会校会注会评本》卷九，1256页，台北：里仁书局，1978。

[5] 钱希言：《彭幼朔》，见《狯园》卷四，37—38页。此处言彭幼朔"于黄白之年已得手有事"。

[6] 此段关于彭幼朔的部分，钱谦益：《彭仙翁幼朔》，见《列朝诗集小传》闰集，707—709页。

[7] 支如玉：《彭又朔仙师奖挾入道回首时仍别授记曰子即梅花道人后身也敬用志之》，见《半衲庵笔语》卷一，1页，台北"国家图书馆"藏，明崇祯间刊本。

李鼎何时得识彭幼朔？根据李鼎的文集，整理其相关年表如下：

万历二十四年（1596）丙申，丙申丁酉之间，李鼎侨寓秦淮，与六安黎仲明、莆田郭圣仆居最密迩。[1]

万历二十五年（1597）丁酉，侨寓秦淮。[2]

万历二十九年（1601）辛丑，与谢廷赞遇于广陵，相与游。[3]

万历三十二年（1604）甲辰，甲辰乙巳间，李鼎侨寓广陵。[4]讲学维扬，得先圣孔子像。[5]

万历三十三年（1605）乙巳，李鼎汗漫游于广陵，二三子邀之讲业于社，得识当地教授庞一德。[6]与其门人倪启祚别于仪征。[7]李鼎将返豫章，闭户终老。[8]

万历三十六年（1608）戊申，秋杪，返棹金陵。卧病西山散庐。[9]李鼎贻书门人倪启祚，言己安故里，有终焉之志。[10]

据此年表可知，万历二十四年以后，李鼎的足迹便多在南京、扬州一带停留，直到万历三十六年返回南昌。钱谦益文既说万历三十三年到三十八年间（1605—1610）彭氏在南京与其交游，则李鼎在这几年间与彭幼朔往来的可能性最高。

---

[1] 李鼎：《弄丸说》，见《李长卿集》卷十六，23页。

[2] 李鼎：《奏进保泰策疏》，见《李长卿集》卷十八，3页。

[3] 李鼎：《游新都太平十寺记》，见《李长卿集》卷七，4页。

[4] 李鼎：《萧从韶建费迁祠解》，见《李长卿集》卷十六，24页。

[5] 李鼎：《至圣先师孔子像赞》，见《李长卿集》卷十六，14页。

[6] 李鼎：《双瀑堂文草序》，见《李长卿集》卷五，6页。

[7] 倪启祚：《李长卿先生经诂序》，见李鼎：《李长卿集》卷首，4页。

[8] 李鼎：《游新都太平十寺记》，见《李长卿集》卷七，4页。

[9] 李鼎：《松霞馆偶谭续》，见《李长卿集》卷二十一，1页。

[10] 倪启祚：《李长卿先生经诂序》，见李鼎：《李长卿集》卷首，4页。

对李鼎而言，得识彭幼朔是一件了不得的大事，因为彭幼朔不仅是应运而起者，而且还有秘法可传，所传法因人不同。李鼎自述其经历说：

> 乃我又朔彭真人，应运特兴，从游者甚伙，真人各授以秘密藏法，言人人殊，使坐玄室中，久之，虚中生白，神光陆离，或如弦月，或如海日，或如北斗，或如繁星，或见青鸾白鹤，或见蹲狮舞象，或游天堂，拜金母而揖木公，或入地府，睹先灵而逢故识，或坐少广而洞观乎四虚，或御飞轮而刘览乎八极，或甲士当前而离立，⋯⋯更仆未易悉数。[1]

从李鼎述说的神秘经验可知，彭幼朔似乎颇有一些本领，而不单只是靠传讲预言仙籍之说吸引信徒而已，也因此当时围绕在彭幼朔身边的信徒很多，李鼎是其中一员，支如玉可能也在其中。[2] 彭幼朔底下还有门人弟子，形成一个传道团体，即使在彭幼朔离开南京前往他方时，其座下大弟子周浑成仍然承续他的工作，并以彭幼朔将如许逊拔宅飞升，以及众人将可列大弟子之位为说：

> 真人倏有陕洛之行，⋯⋯首座周浑成先生自楚适至，诸弟子以不得请于真人者争叩浑成先生，先生不惮烦渎而诏告之曰：⋯⋯异日者真人应天诏拔宅上升，诸君子秉列宿之纛，御照夜之车，以媲美于吴甘十二大弟子之列，则兹光也，发之蒙矣。⋯⋯于时鼎也方拥篲操箕在弟子之末。[3]

从邹元标说"诸僚友往往谭仙家言，共师一妄男子"，到沈德符形容南京人士因潘士藻之宣传而"竞求附仙籍"，以及彭幼朔身旁信众围绕，显示前后

---

[1] 李鼎：《宇定天光记》，见《李长卿集》卷七，3 页。

[2] 李鼎：《支伯子尚书清旦阁艸序》，见《李长卿集》卷五，13—15 页。

[3] 李鼎：《宇定天光记》，见《李长卿集》卷七，3—4 页。

数十年间不断有人在南京传讲预言、仙籍，以及应谶之期将届等事，并得到许多人的信从，而从这些现象也可看到晚明南京士人信仰龙沙谶预言之绵延不断。

五、未应谶后的明末世界

龙沙谶既与昙阳子、乩仙等信仰结合，各信仰对应谶之期则各有一套说辞，特别"应谶之期将至"虽为许多人的共识，但对确实年份落在何时，却又言人人殊。

屠隆本人笃信昙阳子主张的庚寅之期，虽认定此年即龙沙谶的应谶之期。但过了万历十八年（1590），却未见任何应谶迹象，乃又招致管志道的猛烈抨击：

> 即龙沙之谶，或言八百地仙总在此时出现，或言旌阳原谶江心忽生沙洲，八百之师乃出。宋末元初，有刘玉真者，已应之矣，此后八百弟子，陆续出世，至此时而谶期始满耳。然今蛟不如期而出，则八百地仙之消息，亦属杳茫，故说者谓蛟类化作乱人，而八百仙之化身，多在宰官居士中，不以服食飞升显，而以净明忠孝之功行显。理或有之。然净明忠孝不出普贤行门，诚合孔子从心之矩，则亦不必复问普贤行门矣。以世人多滞龙沙之谶，妄有希觊，而蹉过目前功德。[1]

蛟既未如期而出，八百地仙之消息亦属杳茫，于是有人转化预言内容，宣

---

[1] 管志道:《答屠仪部赤水丈书》，见《续问辨牍》卷二，61—62 页。

称蛟类已化作乱人，而八百地仙则化作宰官居士，以净明忠孝之功显扬于世。[1] 前引陈继儒的《斩蛟记》也许就是据此新解而作，安排关白为蛟蛇，而终为宰官居士所斩等情节，以逞其嘲讽之能。

另一个应验之期则是万历二十六年（1598），但此说根据不详。相关言论见于彭好古为《石函记》所作题辞，他在万历二十八年（1600）因未应谶而疑心预言的可信度，显示他所期待的应谶之期也和他人不同：

> 尝读聚仙歌，知八百之谶自真君始。真君许昌人，徙南昌，生于吴之赤乌，仕于晋之太康，而上升于康宁二年八月之朔旦，时年一百三十六龄也。康宁距今盖一千二百四十二年有奇矣，而八百地仙未见有应运而起者，岂谶为不足信耶？……庚子仲夏朔四日一壑居士识。[2]

一壑居士即彭好古，"康宁"应是宁康之误。从晋宁康二年（374）许逊飞升起算，到万历二十六年（1598），只有一千两百二十四年而已，彭好古却坚持至此年已届满一千两百四十年。他确信此年即应谶之期，并感叹八百地仙何以尚未应运而起。[3]

此后则有彭幼朔。彭幼朔如何解释龙沙谶今已不得而知，但他给定龙沙谶一个确将实现的日期，即万历四十、四十一年左右，又以名列仙籍来吸引士人或信徒。彭幼朔尝以祝万寿的化名游走湖广一带，曾赠诗钱谦益，以"《石函》

---

[1] 这个说法在当时似颇流行，即使是对净明道与龙沙谶不甚熟悉的钱榗，在为龙沙亭碑作记时也有类似说法，请见钱榗：《新龙沙亭碑记》，见金桂馨、漆逢源纂辑：《逍遥山万寿宫通志》卷十八，12—13 页。

[2] 彭好古：《石函记题辞》，见金桂馨、漆逢源纂辑：《逍遥山万寿宫通志》卷十七，29 页。

[3] 有趣的是，在应谶之年未见八百地仙以后，彭好古开始从经典上寻找答案，于是次年先编定刊刻《铜符铁券》，隔年又校对刊刻《石函记》。参见彭好古：《铜符铁券题辞》，见《铜符铁券》，总 276 页，收入胡道静等主编：《藏外道书》第 6 册，成都：巴蜀书社，1992；彭好古：《石函记题辞》，见《石函记》，总 296 页，收入胡道静等主编：《藏外道书》第 6 册。

君已镌名久，有约龙沙共放歌"作结，并自注其诗说《石函记》上载有钱谦益的官衔与地望，所以他必在八百地仙之列无疑。[1] 崇祯年间钱谦益回忆说：

> 许叔逊，龙沙之祖也，净明忠孝，其教法具在也。以《真诰》考之，忠臣孝子，历数千百年，犹在金房玉室之间，迄于今不死也。……士君子出而致身遂志，分主忧，振国恤，其为修炼也，视山泽之癯，鶗息禽戏，块然独存者，所得孰多？吾尝从樵阳之侣，窥《石函》之閟籍，得厕名其间者，吾党盖有人焉，未可谓神仙去人远也。[2]

可见钱谦益曾有一段时间接触此说，而钱谦益与彭幼朔交游达四五年之久，恐怕也跟预言有关。但此后钱谦益便未再理会预言之说，且曾劝友人吴祖洲莫再着迷，他说：

> 人言兄故有仙骨，好修炼，龙沙《石函》，夙昔著名字，当以神仙度世为祝。……《易》与孔子之生也仁也，皆性寿也。兄之长生度世，取诸此为足矣，何事如昙鸾之访求仙籍，为菩提流支所唾弃哉！[3]

可知吴祖洲因名列仙籍而醉心预言之说，而钱谦益则力劝他应回归儒学，不假外求，显示包括龙沙谶、昙阳子信仰与仙籍之说，都已被钱谦益所

---

[1] 彭幼朔：《九日登高有感寄怀虞山钱太史》，见钱谦益编纂：《列朝诗集》，17页。这首诗附在彭幼朔的小传后。张豫章的《御选宋金元明四朝诗》则标明作者是"祝万寿"，但未附诗注。参见张豫章编：《御选宋金元明四朝诗》明诗卷九十，2页，见《景印文渊阁四库全书》第1443册。

[2] 钱谦益：《留仙馆记》，见《牧斋初学集》卷四五，1143—1144页，上海：上海古籍出版社，2009。文末有"崇祯壬午小岁日记"，可知此文作于崇祯十五年（1642）。

[3] 钱谦益：《吴祖洲八十序》，《牧斋有学集》卷二四，956页，上海：上海古籍出版社，1996。文中言"癸巳岁"，可知此文作于顺治十年（1653）。

捐弃了。[1]

但李鼎则十分笃信彭幼朔的预言，并真心期待应谶之年的来临。值得注意的是，在应谶之年的前几年李鼎的行踪突然成谜。从前引李鼎的年表可知，他在万历三十三年（1605）向人表示"将返豫章，闭户终老"[2]，万历三十六年（1608）"卧病西山㵎庐"[3]，并贻书门人倪启祚，明言己有终焉之志。[4] 所谓己有终焉之志，语焉不详，需从孙汝澄为其文集所作《跋》方能得其细节。原来在万历四十年（1612），即应谶当年，李鼎"离辋重去为寻仙游"[5]，但最终未能如其所愿，龙沙谶并未应验，于是李鼎失望而归。次年，即万历四十一年（1613），李鼎谈及其心情说："都仙一千二百四十年之谶，适当万历在宥之壬子。距今一年而溢耳。海内奉道弟子延领西望，而不得其朕也，盖日怦怦焉。"[6] 由于"不得其朕"，使其确知应谶的可能性已越来越小，但李鼎并未从此灰心丧志，反而开始寻求新的解释，所以他紧接着说：

> 余获《玉真先生语录》三卷，读既卒业，卓然而叹曰：撮发净明忠孝之旨，何其博而详，宛而曲当与！即至人再来，何得更一字益一语乎！因悟师出豫章之语，预谶先生（先生，豫章人）。况龙沙倏生，适当其会，则其应初机而出也；盖在今日为初机耳。嗣是五陵之英（五陵即五岳），八百之彦，钟天灵，胤地宝者，俨然而至，乌知非先生之高足，而后进之

---

[1] 陈寅恪曾笺解钱谦益《冬至后京江舟中感怀八首》，将诗中提及的"仙籍"释为登科记或缙绅录一类书，但从钱谦益与彭幼朔的交涉来看，不无可能就是实指仙籍本身，而非用典之辞。参见陈寅恪：《柳如是别传》，671 页，北京：生活・读书・新知三联书店，2001。钱谦益诗请见钱谦益：《牧斋初学集》卷二〇，676—681 页。

[2] 李鼎：《游新都太平十寺记》，见《李长卿集》卷七，4 页。

[3] 李鼎：《松霞馆偶谭续》，见《李长卿集》卷二十一，1 页。

[4] 倪启祚：《李长卿先生经诂序》，见李鼎：《李长卿集》卷首，4 页。

[5] 孙汝澄：《书李长卿集后》，见李鼎：《李长卿集》卷末，1 页。

[6] 李鼎：《净明忠孝全传正讹下》跋语，见《李长卿集》卷二十四，17 页。

领袖乎！[1]

李鼎回归到元代刘玉的说法，以刘玉为应谶之初机，即"师出豫章"之师。前文曾引刘玉临终之言"吾此生为大教初机而来"，刘玉既是初机，八百弟子尚未应谶而来，因此让李鼎仍可有所期待。

但未必人人都可接受此种说法，毕竟若是八百弟子未来，则当初许诺应谶的日期又作何解？于是检讨的声浪随之而起，一篇署名为"鹤岭子熊"的文章谈道：

> 预谶云：吾仙去后一千二百四十年，五陵之内，当出弟子八百人，师出于豫章，大扬吾教。郡江心忽生沙洲，掩过沙井口，是其时也。起晋宁康甲戌（374），迄我明万历癸丑，以其期则过矣。八百之会，豫章之师，谁乎？

此文又提到"妄男子"："近世有妄男子，托是谶以行其奸利，伪为八百名姓，诱民于炉火之术，则真许君之罪人也。"至于鹤岭子熊对龙沙谶自有一套解释，即归本于"忠孝"：

> 夫谶之作，昉于汉儒之有七纬，纬之于经，亦所不废，然而君子尊经而已矣。且夫许君以忠孝为心者也，为臣为忠，为子能孝，圣人之徒，即许君之徒耳。以今昌明之运，微福长川乔狱之灵，多士克生，旦暮望之，岂必山泽之癯童哉？……余故急提忠孝之宗，以闲正道，塞邪说，知我罪我，庸何计焉。[2]

---

[1] 李鼎：《净明忠孝全传正讹下》跋语，见《李长卿集》卷二十四，17页。
[2] 以上俱见鹤岭子熊：《通义下》，见金桂馨、漆逢源纂辑：《逍遥山万寿宫通志》卷十七，21页。

整段文字以龙沙谶未如"妄男子"所言应验，于是"急提忠孝之宗"，虽形式上未完全否定预言，但实质上却以忠孝取代了人们对预言的期待。这篇文字选择在龙沙谶未应验后才作，也可反证当时人们对预言实现的期待之深，以及"妄男子"言论的流行之广。

当南京士人对龙沙谶的狂热退潮之际，在净明道信仰起源所在的南昌则另有发展。由于冲举飞升往往需有内丹的修习，所以在应谶而起的预言失效后，很容易更偏向内丹方面的解释。

明末伍守阳（1552—1640）应时而起，江西知名士人黎元宽（1628 年进士）便将其视为希望所在。伍、黎二人都是南昌人，伍守阳师从同县曹还阳习内丹学，其学属于全真教邱长春（1148—1227）一系，所以他每每自称是"邱长春真人门下第八分符领节弟子"。伍守阳以内丹学闻名于世，往来南京、南昌两地间，其重要著作《天仙正理直论》也是在南京刊行。[1] 黎元宽活跃于明末文坛，与江右文坛领袖陈际泰（1567—1641）齐名，同时也跟江南复社领袖张溥、张采往来，被视为江西第一人。[2] 在学术上黎元宽兼融三教，既倡儒学，又与释、道两教往来甚密，尤其与净明道的关系匪浅，曾自称是净明道"服教利教之一子"。[3] 黎元宽为《天仙正理直论》所作序中便标榜伍守阳为应谶之人，以《天仙正理直论》为选仙的标准所在："伍子起南昌，实净明忠孝之教主所在，余固知其名姓之当谶于龙沙也，而亦知其书之可奉为选仙衡石耳。"连刊行此书的人也被他说成是"久在仙籍"。[4] 当其友人涂叔朴准备入山修行，黎元宽甚至殷切企盼他能有所得，说："我辈生乎净明忠孝神仙之里，发明兴起，今正

---

[1] 卿希泰：《中国道教史》卷四，42—47 页，台北：中华道统出版社，1997。

[2] 张世经：《黎博庵先生文集序》，见黎元宽：《进贤堂稿》卷首，1 页，收入《四库禁毁书丛刊》，集部第 145—146 册，据清康熙刻本影印。

[3] 黎元宽：《募修万寿宫小引》，见《进贤堂稿》卷二十六，103 页。

[4] 黎元宽：《天仙正理论序》，见《进贤堂稿》卷三，39—40 页。

是时。窃闻上真既有以诏叔朴矣,叔朴其直承当焉。"[1] 由此显示黎元宽确有所期待,而所期待者正是来自伍守阳的内丹学。

但翻检此书,并未发现跟龙沙谶直接相关的资料。不过,伍守阳在《天仙直论长生度世内炼金丹诀心法》(又名《内金丹》)提及:"受道弟子伍冲虚书于旌阳谶记,千二百四十二年之明,时万历乙卯春王正月。"[2] 万历乙卯即万历四十三年(1615),符合许逊飞升的三百七十五年加上一千两百四十年后的年数。在另一本著作《仙佛合宗语录》,伍守阳可能是受到南京一带期待龙沙谶风潮的影响,所以在一首诗及其注中谈及他对预言的解释:

> 旌阳曾为斩蛟来(晋时许旌阳真君斩蛟精至长沙府),
>
> 一剑功神迳自回(斩蛟已,回于南昌)。
>
> 千二百年吾复至(旌阳回后,于今又千二百余年矣,吾复至此,虽非为江上蛟精,却为斩肾水中蛟精而来也),
>
> 几微一窍气重开(一窍者,玄关一窍也;气重开者,先天一气,生生不已,开而复开也。采药有时,时至神知,亦予所谓觉而不觉,复觉真玄之说也)。[3]

---

[1] 黎元宽:《送涂叔朴入山序》,见《进贤堂稿》卷五,36 页。

[2] 伍守阳:《火候论第四章》,见《内金丹》,11 页,收入傅金铨编纂:《济一子道书十七种》。伍守阳的《天仙正理直论》有许多不同版本,《道藏辑要》所收的《天仙正理直论增注》七卷,是现存较早的版本之一。傅金铨的《济一子道书十七种》中的《内金丹》与《天仙正理读法点睛》则是另外的两个版本。《内金丹》应是《天仙正理直论》较早的稿本,所以书中的许多丹诀是《天仙正理直论增注》所没有的,而且更为直截简明。尤其书中所用的许多符号,也是其他刊本所没有的,故本章采用这个版本。相关研究参见丁常春:《伍守阳内丹思想研究》,28—29 页,成都:巴蜀书社,2007。

[3] 伍守阳:《吉王朱太和十九问》附录《和吉王朱太和诗二首》其二,见《仙佛合宗语录》卷一,40 页,收入阎永和、彭翰然重刻:《重刊道藏辑要》第 159 册,贺龙骧校订,清光绪丙午年(1906)成都二仙庵重刊本。

伍守阳把斩蛟解释成斩肾水之蛟，并回归到其所擅长的内丹学，黎元宽应是接受了这个解释，所以视伍守阳为应谶之人。

在晚明三教合一的风潮下，龙沙谶超越了教派的界限，对净明道的信徒或非信徒都有其影响力，并引起不少的共鸣。但明末国变以后，三教合一的思潮既衰，且龙沙谶未在所预言的年份实现，则其流行似乎也受到了影响。入清以后，我们便较少在士阶层看到如晚明那样的流行风潮，而是转以另一种形式出现在与扶鸾有关的资料中，颇值得注意。

余　论

从元到明，净明道与儒学之间不时有所交涉，净明道因其讲究忠孝与许逊斩蛟治水的功绩，而受到儒者普遍的重视与肯定。但净明道毕竟是道教的一个支派，有其宗教出世的面相，龙沙谶预言尤其凸显了这一点；而由江西与江南部分士人热切信仰龙沙谶的史实看来，更可提醒我们注意士人在理性思辨或主张之外的一面。

龙沙谶作为一则平乱的预言，原本常易与动乱相联结，如王守仁平宸濠乱便被附会为谶言的应验。但晚明士人对预言越来越偏重在飞升登仙的部分，从而发展出一波波的信仰热潮，这个热潮应与一千两百四十年应谶之期推测落在万历年间，以及当时出现种种相应的龙沙异象有关，而部分士人群体间弥漫着对飞升出世的期待，也是造成此预言流行的心理背景。尽管如此，仍令人好奇这则预言在晚明的流行是否还有其他的外缘因素？由于净明道或龙沙谶相关的资料十分零散，在此仅先推估几点可能的原因。

首先，许逊被视为江西福主，许逊信仰作为江西人日常生活的一部分，龙沙谶一类的预言很容易吸引当地人的注意与期待；加上有龙沙异象配合，更可能取信于人。至于江西以外的士人对此信仰的熟悉，且在同时代众多的神鬼怪传说中龙沙谶会独树一帜而受到部分士人群体的注意，则可能有几点原因：一是许逊作为水神的形象，在长江流域一带都有信奉者，所以江浙士人对此信仰并不陌生，从元末以来不断有江浙一带的士人谈到伏蛟事，如杨维桢之于胡道玄即是一例；二是龙沙谶这个单一元素与江南当地的其他信仰结合与流行，如县阳子就是很好的例子。

其次，扶鸾应是使龙沙谶流行的另一关键因素。明代士人喜扶鸾，如前文提及屠隆与孙荣祖、潘士藻与白云颖之例，屠、潘二人对飞升登仙的期待及其对应谶之期的确信都与扶鸾有关，其他如县阳子也曾"屡降其乩"，至于"妄男子"所传讲的仙籍宝箓，应也是来自扶鸾的结果。不难想象，当一千两百四十年的应谶之年日益接近，各式扶鸾的结果或宝箓仙籍之说充斥，龙沙谶变成不只是书面文字而已，而是很真实地发生在生活四周，于是部分士人便很容易受到这些说法的吸引。流行于清代的一千四百四十年预言，多次出现在吕洞宾的扶鸾书中，显示龙沙谶因扶鸾而与吕祖信仰合流，同时也印证了扶鸾可能是使龙沙谶流行于士人群体间的关键因素之一。

过去我们对明清传统士人的认识，往往偏重其有关理性层次的思辨或主张，而对其他层面所知较少，但从潘士藻、屠隆等人醉心预言之说，可见士人生活与言行实有其非理性的一面。我们从李鼎的例子也可发现，这位接受儒学教育，又是著名时文作者的士人，既在理性层次上试图结合儒学与净明道，又很主观地笃信龙沙谶对飞升登仙的保证，甚至不惜抛家弃子，前往西山迎接八百地仙的到来。两者共同构成了李鼎的生活，若忽略任何一面，都会使我们对士人的了解变得不够完整。借由本章对龙沙谶预言的研究，应可增加我们对江西与江南士人群体在理性层次以外的更多认识。

第六章　明代江西士人与净明道的交涉

前　言

近世儒、释、道三教的入世倾向，新道教中净明道因其教义讲究忠、孝，与儒学有不少交集处，而受到关注。净明道的核心即许逊信仰，在净明道流行甚广的江西，许逊被视为江西福主，如同闽台一带的妈祖信仰，已成为江西人生活的一部分，南宋以来，便有不少祭祀许逊的仪式典礼，直到明、清未衰。明末熊人霖（1586—1650）形容士农工商各阶层人崇祀许真君的盛况说：

> 海内之人仰天子之隆祀公如此，又见豫章民以诚祈公，多所昭应，于是从仕往来此地者，求似续者，农人耕田纳稼，富商持重赀涉江湖，窭人审搔手之功以供朝夕，皆相率奔走拜祷无虚日。[1]

许真君的斩蛟事迹受到江西人民的重视，与百姓的生活息息相关，所以地

---

[1]　熊人霖：《净明忠孝经注叙》，见《文选》，《南荣集诗文选》卷九，17 页，东京：高桥情报，1994，据日本内阁文库藏明崇祯十六年（1643）刊本影印。

方上传说有伐蛟之法 [1]，显示百姓对蛟龙作乱之说，并非全然视为传说或迷信。斩蛟法甚至曾载诸官员的奏折中，如雍正年间两江总督魏廷珍（1669—1756）便将此《伐蛟说》"刊刻其法，广布四方，使家喻而户晓之"，下迄乾隆年间江西巡抚何裕城（？—1790）又再重付剞劂，即连中央政府也曾重申"伐蛟之令"。显示无论是官方或民间，都有人笃信水患确与蛟龙作乱有关，蛟龙并非只是虚无缥缈的传说而已，所以地方官谈到许逊的功迹时，在此基础上说：

> 江西士民咸崇信晋臣旌阳令许逊，……虽相传伏蛟之说稍涉渺茫，而庙之附近地方，向无此患，似亦理之或有可信者。[2]

既说"伏蛟之说稍涉渺茫"，又说"似亦理之或有可信者"，显示即连官方也不敢完全斥为迷信而不理。因此，我们若是翻检江西的地方志，不少府县都有许真君观或万寿宫等崇奉许逊的祠祀，据今人统计达五百六十多所。[3] 在一份有关万寿宫的田野调查便指出，单仅赣州一带的许真君观或万寿宫，便高达一百多间。[4] 江西的这些宫观大多数是明清以后所建，尤其以清代最多，达百分之八十以上。

另一方面，江西商人往往视许逊为保护神，这些商人往来各地，足迹所及处常兴建万寿宫，宫中虽亦供奉其他神祇，但以许逊为主。[5] 如清初李绂（1673—1750）说："滇、黔、蜀、粤僻在西南，山川险远，中土士大夫非宦

---

[1] 清初官员谈到地方父老所教授的斩蛟之法，并将其法附在奏折上，详细内容请见《地理》，见许应鑅等修，曾作舟等纂：(同治)《南昌府志》卷三，91—93 页。

[2] 《地理》，见许应鑅等修，曾作舟等纂：(同治)《南昌府志》卷三，91—93 页。

[3] 章文焕：《万寿宫》，109、115 页，北京：华夏出版社，2004。

[4] 李晓文：《赣南客家地区许真君信仰研究》，硕士学位论文，江西赣南师范学院，2007。该文研究赣南地区的许真君信仰，对当地供奉许真君的万寿宫进行分县的统计。

[5] 我曾参访赣南地区的万寿宫，宫观中央是许逊的神像，但左右两侧则各有其他神祇。两壁则有廿四孝故事的图画。

游，率无由以至，惟吾乡人士游于是者独多"、"滇、黔、蜀、粤间为万寿宫者无虑百数十所"。[1] 此处虽未明言游于几地的是哪些人，但推测应以商人占了多数。[2] 许逊拥有的水神形象，以及长江流域沿岸常见的许逊崇拜，应也跟江右商人有关。[3]

值得一提的是，江西商人信仰许逊者中颇有德行而受儒学士人所赞赏的，如万恭曾为南昌胡孝子作传，说：

> 胡孝子遨游江湖，盖商家者流。六十归休乎豫章之黄牛洲，慨焉慕许敬之先生所为，又仙家者流。父母相继不养，庐墓凡六载，又儒家者流。[4]

胡孝子虽是商人而习净明道，但因以孝闻名，甚至被归入儒家者流。

由于净明道的相关资料有限，而跟儒学士人交涉的部分更少，所以本章主要根据从士人文集上所搜集到的资料进行分析。以下分作两时期讨论，一是从元及明初，这段时期的资料显示，儒学士人常因访游某宫观而结识当地道士，但对净明道的教义了解并不多。

一是看明中晚期的变化，在三教合一的风潮下，儒学士人与净明道的交涉，以及部分士人读《净明忠孝全书》而接触净明道的情形。

《净明忠孝全书》是刘玉的门人弟子所编，共六卷，首卷是净明道的几位重要人物的传记，第二卷是净明道的预言与法说、立坛疏等，第三卷以后，则是

---

[1] 李绂：《贵州万寿宫前殿碑记》，见《穆堂初稿》卷三十，13页，收入《四库禁毁书丛刊补编》第 86 册，据清乾隆刻本影印。

[2] 陈立立：《江右商与万寿宫》，载《江西科技师范学院学报》第 2 期，2005，72—78 页。

[3] 李丰楙：《宋代水神许逊传说之研究》，载《汉学研究》第 8 卷，第 1 期，1990，363—400 页。

[4] 万恭：《胡孝子传》，见《洞阳子集再续集》卷一，7 页。

刘玉的语录，以及刘玉弟子黄元吉（1271—1350）的问答。此书编于元代，当时得到不少朝廷大臣为其作序，但此后在元末或明初士人的相关资料中，却很少再看到人们阅读或接触此书的记录，直到明中期以后，才陆续看到一些人刊刻此书，而其目的有可能是传教，也有可能是希望让人了解净明道的教义。

元代刘玉对净明道教义的改造，尽管是从宗教的角度绾合儒学的某些思想，但在儒学士人读来，应觉颇为亲切。在学术思想仍然定于一尊，而对儒学以外其他宗教或教派缺乏兴趣的时代，《净明忠孝全书》这类书不会吸引多少士人有阅读的兴趣，即使是读了，也往往只是泛观，而未必深究其说。但在明中晚期三教合一的风潮下，士人积极在儒学以外寻求其他领域或宗教的学说或教义，阅读《净明忠孝全书》正是最方便的入手方式。人们不必前往寺观，也不须识净明道人，便可借由阅读此书而接触净明道。这也凸显出典籍的传播与影响。

面对净明道，儒学士人有的坚守儒学本位而拒斥之，如李材；有些人持两可的态度，如朱试；有的则是从儒学转入净明道，如李栻。本章第四节则以李鼎、熊人霖与黎元宽这三个案为例，看明末士人如何游移在儒学与净明道之间。

一、许逊信仰的发展

日本学者秋月观暎把净明道的前身许逊教团的发展分作四期，许逊教团从原本讲登仙、讲孝道，直到辽金入侵，才进一步转变为讲忠孝。登仙飞升事跟净明道的龙沙谶预言有关，至于斩蛟除害的传说，以及强调忠、孝两事，都跟政府的统治有关，而儒学既是官方的意识形态，自然在这几点上与净明道都有所交集。

官方基本上肯定许逊的功迹，在此举两例说明。元代刘岳申（1260—？）在为净明道的祖庭铁柱宫作记时，认为许逊因其功迹理当崇祀，他说：

道家载旌阳事，本以忠孝积功行，以正直驱物怪，柱出旌阳，理必不诬。……《祭法》曰："圣王之制祭祀也，能御大菑则祀之，能捍大患则祀之。若铁柱者，非能御菑捍患乎？宫屡毁而屡复，其复也，常不旋踵，人心之所向，有物司之矣。"[1]

文中并列忠孝与驱物怪，把许逊之所以得祀归诸御灾捍患，尽管儒学士人对斩蛟一事或信或疑，但对其功迹都持肯定的态度。另一方面，净明道讲究忠、孝，颇符合儒学的主旨，所以很容易引起官方与儒学士人的共鸣。如元明之际的刘崧谈到净明道说：

惟忠孝者，天之经，地之义，而民之行。亘古今天下，人之所以为人，仙之所以为仙者，修此而已矣！此而弗修，人且不可为，而况于仙乎？故净而明之，又学者之微旨也。[2]

刘崧强调忠孝，并把修道归本于此。至于常被引用的晚明高攀龙（1562—1626）的例子，高攀龙肯定净明道的忠孝主旨，并将忠孝与宗教切开，只谈忠孝，而不谈宗教，所以在与人的一段对话中，他以"不知玄"起头说：

有一玄客至东林，先生曰：东林朋友俱不知玄。虽然，仙家惟有许旌阳最正，其传只净明忠孝四字，谈玄者必尽得此四字，方是真玄。其人默默。[3]

---

[1] 刘岳申：《延真宫铁柱殿记》，见《申斋刘先生集》卷五，14—15页，收入《元代珍本文集丛刊》，台北："中央图书馆"，1970。

[2] 刘崧：《旌阳道院记》，见《槎翁文集》卷五，22页。

[3] 高攀龙：《会语》，见《高子遗书》卷五，24页，收入《景印文渊阁四库全书》第1292册。

无论是功迹或忠孝，官方或不少儒学士人常只是在儒学的立场上，很外缘地、形式性地对净明道予以肯定与赞扬，对其教义或信仰都未多涉及。

元代刘玉整理净明道教法，绾合净明道教义与两宋理学，使得净明道与儒学有另一个层次交涉的可能。刘玉一方面指出，他修道以来，"只是履践三十字"，甚觉受用，这三十字即：

> 惩忿窒欲，明理不昧心天。纤毫失度，即招黑暗之愆。霎顷邪言，必犯禁空之丑。[1]

所讲的内容跟理学十分近似，所以刘玉说他初学时"不甚诵道经，亦只是将旧记儒书在做工夫"[2]。刘玉把包括北宋五子、朱、陆等人都列为"天人"，认为他们"皆自仙佛中来"，说朱熹"自是武夷洞天神仙出来，扶儒教一遍"。[3] 教义上则强调忠、孝，如《玉真先生语录》中记载刘玉对教义的阐释，便围绕在"净明忠孝"四字展开，如有人问："古今法门多矣，何以此教独名净明忠孝？"刘玉答以：

> 别无他说。净明只是正心诚意，忠孝只是扶植纲常。但世儒习闻此语烂熟了，多是忽略过去，此间却务真践实履。[4]

先确认忠孝为其教义的核心，然后把忠孝的范围对象扩展到父母、君长之外，强调"一物不欺""一体皆爱"，使之达到不染不触一点杂质、纯洁净明的

---

[1] 黄元吉：《玉真先生语录内集》，见《净明忠孝全书》卷三，1—2 页。

[2] 黄元吉：《玉真先生语录内集》，见《净明忠孝全书》卷三，5、7、11 页。

[3] 黄元吉：《玉真先生语录外集》，见《净明忠孝全书》卷四，6—7 页。

[4] 黄元吉：《玉真先生语录内集》，见《净明忠孝全书》卷三，1 页。

境界；制定"始于忠孝立本，中于去欲正心，终于直至净明"三个相互衔接的修持步骤。[1] 因此有学者把刘玉以前的净明道称为旧净明道，而刘玉以后则是新净明道。[2]

新净明道的特色之一，即吸收了儒学的成分，丰富其教义的内容，但一些看似相同的教义，其实仍有细微不同处。如郭武所指出，刘玉在净明道的脉络下所谈的忠孝，其实有其宗教性的内涵，不能片面从儒学的角度理解。

除了刘玉对净明道教义有所创发以外，刘玉的门人弟子持续传播教义，著名者有黄元吉、徐慧，此后还有赵宜真（？—1382）与刘渊然（1351—1432）师徒二人[3]，但所传的除了净明道法以外，还加入了全真、清微二派之传。[4] 此外有宁献王朱权隐修于南昌西山，《逍遥山万寿宫通志》中的净明道系谱称他为"净明朱真人"。[5]

至此，我们看到两个层次的关系，一是儒学与净明道的交流，但局限在形式上，官方或代表官方发言的士人，在形式上对净明道持肯定态度，但对净明道的宗教性则置而不论。一是宗教性的，刘玉会通儒学与净明道，但仅限于单方面吸收儒学教义而已。

以下先看元及明初儒学士人与净明道的关系，然后是阳明学士人与净明道，以及在三教合一的风潮下，士人通过《净明忠孝全书》接触与学习净明道教义的事例。

---

[1] 黄元吉：《玉真先生语录别集》，见《净明忠孝全书》卷五，9 页。

[2] 关于新旧净明道的分别，请见任继愈主编：《中国道教史（增订本）》下册，754—776 页。

[3] 清初胡之玫所编纂的《太上灵宝净明宗教录》中，把赵、刘二人列在徐慧之后，见《太上灵宝净明宗教录》卷六，168 页，收入《藏外道书》第 7 册。

[4] 任继愈主编：《中国道教史（增订本）》下册，820—822 页。另见胡之玫编纂：《太上灵宝净明宗教录》卷六，168 页。

[5] 《净明朱真人传》，见金桂馨、漆逢源纂辑：《逍遥山万寿宫通志》卷五，44—45 页。

二、元及明初的儒学士人与净明道

元及明初在系谱上有名的净明道人，从黄元吉到刘渊然，留下了一些跟朝廷士大夫或高官显要交游往来的记录。但除此以外，便很少有关儒学士人与净明道人交游往来的资料，尤其是地方上的状况更难得知。受到资料不足的限制，我们很难作全面而深入的观察，而净明道既在江西最盛，以下便根据从当地儒学士人留下文集、笔记所搜得的相关资料进行讨论。

从元到明初，江西儒学士人常因游某宫观而结识观内的净明道人，加上某些道观道人会被赋予官职[1]，所以也可能因任官而相识。例如净明道祖庭所在的南昌铁柱宫，因位处城内，所以儒学士人不管信奉净明道与否，都常游历此间，或留下一些与宫中道人酬赠往来的诗文。如刘崧与炼师左克明相识，便为新建的楼作序，谈道：

> 其西庑为道寮，鳞次栉比，又市贾区列其前，庞杂喧嚣特甚，于是颐真堂，有德昭左炼师，今提点玉隆者，题其楼曰：紫霞沧州，而后是宫之玄境胜趣，翛然迥出乎埃壒之表矣。君尝请于前宣文学士周伯温氏书之，而属余为之记。余来豫章，数过左君而登斯楼焉。

以下接着谈此楼四周风景，最后说："风清月白之夜，子吹箫其上，泠然金石之音，老仙来归，视其故宇，目沧海之扬尘，慨云霞之变灭，将必有颉飞珮

---

[1] 明初置道录司，作为管理道教的最高机构，当时在地方上，府设道纪司，置正、副都纪一人；州设道正司，置道正一人；县设道会司，置道会一人。府、州、县的道教相关事，均由道录司统辖管理。见卿希泰、唐大潮：《道教史》，286页，南京：江苏人民出版社，2006。

骑鳞凤而往来于斯楼也，君其俟之。"[1] 由于铁柱宫位于市区，人群熙来攘往，所以刘崧特别标举其作为"玄境胜趣"的特质，而刘崧虽应左克明之请作序，但彼此间似只是一般的诗文往来而已。

明初开国大臣之一的朱善（1340—1413），则与另一位铁柱宫道士龚存敬相识。龚存敬以秋泉自号，当时任道纪一职，请文于朱善，朱善说：

> 豫章铁柱龚存敬以秋泉自号，而请予为之说。……存敬自少入宫，遵父师之训，乃□□□□今则学成行立，名姓达于天朝，遂有道纪之命，则又将以其所以正己者正人矣。[2]

朱善所措意的在龚存敬的道纪之职，及其是否能够正己正人，而完全没有涉入净明道的宗教性。

到了正统年间（1436—1449），铁柱宫道人刘真一也得到泰和萧镃（1393—1464）为其作序，刘真一时任副道纪。序文上写道：

> 刘师真一方为道士于颐真堂，师事其叔空碧，二人者，皆尚儒雅，而深究夫老氏之说，……自官京师十余年，所谓铁柱宫者，不得复□，然未尝一日不往来于怀，而刘师则以久别遂忘焉。岁之六月，刘师忽与朝天宫讲师曰吴青云者款门求见，……则知已为郡所荐，有副都纪之命矣。青云谓予言刘师之有今职，非他人比也。盖自其先曾祖以来，曰月窗为郡道纪，曰遽庵为道录，曰至灵而□□兄曰学古亦为郡副纪，今刘师实继学古

---

[1] 刘崧：《紫霞沧州楼记》，见《槎翁文集》卷五，13—14 页。

[2] 朱善：《铁柱龚秋泉说》，见《朱一斋先生文集》卷三，11—12 页，收入《四库全书存目丛书》，集部第 25 册，据明成化二十二年（1484）朱维鉴刻本影印。

之任，凡为□□者，四世于兹矣。[1]

萧镃有《尚约居士集》存世，考其文集可知萧镃并非道教信徒，而他与刘真一叔侄的往来，应是彼此在儒、道二家的学说上交流。刘真一自其先祖以来都是道士，他们并未遗世而独立，不仅跟儒学士人往来，而且还有血缘关系的联系。

除了铁柱宫以外，江西各县也有不少许逊的相关遗迹，这些遗迹所在处常见奉祀许逊的宫观，吸引一些士人前往游历，如元末明初出身新喻的梁寅（1309--1390），除了曾应左克明弟子熊常静所请，为铁柱宫作序以外[2]，也曾在新喻两处与许逊有关的丹井所在处——仙驭观与延真观留下记录。[3]

仙驭观建于晋安帝义熙二年（406），本名白鹤观，宋宣和五年（1123）诏赐额，始改名仙驭。仙驭观在元末因乱遭毁，此后两次迁建方始复兴。据称此观作用在"为皇家祈永年于是，为乡里御水旱于是，岁时禳灾厄，集福庆于是"[4]，而其领观事者，据梁寅说：

> 近代之领观事者，自雷震山而下，曰宋天池、雷德翁、吴紫云、文信中，皆甲乙相传，而霆震则信中之徒也。霆震之于德翁，德翁之于震

---

[1] 刘真一任副道纪后，在朝廷的主导下，重塑铁柱宫的许真君铜像，此事得到大学士李贤与兵部尚书孙原真作序。孙原真的序文中作刘一真，而官职也是副道纪，所以推测是同一人。见李贤：《重新许真君神像记》，收入金桂馨、漆逢源纂辑：《逍遥山万寿宫通志》卷十五，10—12页。孙原真：《铜像记》，收入金桂馨、漆逢源纂辑：《逍遥山万寿宫通志》卷十五，12—14页。

[2] 梁寅：《延真宫铁柱序》，收入金桂馨、漆逢源纂辑：《逍遥山万寿宫通志》卷十六，3—6页。

[3] 《山川》，曾国藩、刘坤一等修，刘绎、赵之谦等纂：（光绪）《江西通志》卷五八，15页："丹井，在新喻县，凡四，一在仙驭观，一在延真观，皆许旌阳炼丹处……"收入《中国地方志集成·江西府县志辑》第3—7册，南京：凤凰出版社，2009，据清光绪七年（1881）刻本影印。

[4] 梁寅：《仙驭观记》，见《新喻梁石门先生集》卷一，55—56页，收入《北京图书馆古籍珍本丛刊》，集部第96册，据清乾隆十五年（1750）刻本影印。另据梁寅《梁石门集》校补，收入《元人文集珍本丛刊》第7册，台北：新文丰出版社，1985，清光绪十五年（1889）刊本。

山，皆以兄子而事叔。当兵之兴也，霆震暨其徒施元静，历艰历险，守道不易。[1]

从雷震山、雷德翁，至雷霆震，则是三代的叔侄关系，显示这间道观还跟地方家族有关。

延真观亦因许逊信仰而建，"有阚公者捐基而构焉，盖殁而祀之至今"。此观初名仙台观，后乃更名。延真观的领观事者则是：

> 处兹山者，前莫得而考，至于近代，有余炼师空空、吴炼师无无，俱能究元微之旨，兼文辞之学，以扬教范，以起敬向。今则其徒黄君其有，复能绍先师之传。……空空讳济民，无无字无一，又字明德，黄君名奇一，于予为同里，其有徒王明学、杨仲元，于观之中兴赞助为多，而于道亦善继。[2]

可知延真观虽跟地方家族无关，但跟地方人士的关系仍深，黄奇跟梁寅同里，王明学、杨仲元应也是地方人士。此外还有两位异人陶士隐、胡云外，驻锡翔云观，此观亦因许逊而建，观后有旌阳醮斗坛。[3]梁寅亦为其堂作记。[4]

仙驭、延真与翔云等观，是明初新喻崇祀许逊的几间宫观，同时也是少数得到梁寅作序的佛道寺观。但从文中对仙驭、延真两观主观者的源流传承的叙述来看，梁寅与这些人都无深交，而无论是雷震山、余空空或吴无无等人，似都无甚声名，在同时代的文集或相关方志资料上，都未见相关资料。

---

[1] 梁寅：《仙驭观记》，见《新喻梁石门先生集》卷一，55 页。

[2] 梁寅：《延真观记》，见《新喻梁石门先生集》卷一，56—57 页。

[3] 《寺观》，见曾国藩、刘坤一等修，刘绎、赵之谦等纂：（光绪）《江西通志》卷一二二，34 页："翔云观，在新喻县东南龙仙山，晋义熙二年许旌阳建观，后有旌阳醮坛，宋宣和四年赐今额。"

[4] 梁寅：《冲和堂记》，见《新喻梁石门先生集》卷一，15—16 页。

除了南昌府以外，净明道在江西中南部也有不少宫观。如庐陵当地崇祀许逊的道观以西林高明宫为最著，由于当地常有水患，有人前往南昌玉隆万寿宫迎许逊像来此，遂建此宫。[1] 赵宜真似居此宫中，江右大儒陈谟（1305—1400）偕友人游访高明宫时曾与其晤面，据载：

> 癸丑重九日，郡庠诸贤偕游西林高明宫，自退庵夏先生凡五人焉，缘仄径而上，既及松门，憩石阶一息，羽士聂霞外、赵元阳、袁元极，云褐迎笑，延入客次，气少定，盥洁，谒高明宫。[2]

元末动乱，高明宫遭毁，而在当地人士王仁英的倡导下，"殿堂庖寝皆复其旧"，此后又过五十年，再重新之。[3] 明初胡俨（1360—1443）为此作序，谈道：

> 道家者流，本清静无为，而旌阳之教，独尚忠孝。余尝得其书而观之，有以一念不欺为忠，一事不苟为孝，深叹其辞旨切而操修严也。使为其徒者，奉其教不失，岂不可以进于高明也哉！呜呼，世之人孰有外忠孝而为行者，此余于是宫所以为之记者。若夫山川秀美，无不可爱，有刘霖之记在。[4]

此处仍只着眼在忠、孝而已。[5]

---

[1] 胡俨：《重修高明宫记》，见《胡祭酒集》卷九，10 页，收入《北京图书馆古籍珍本丛刊》第 102 册，据明隆庆四年（1570）李迁刻本影印。

[2] 陈谟：《游西林分韵诗引》，见《海桑集》卷六，53—54 页，收入《景印文渊阁四库全书》第 1232 册。

[3] 胡俨：《重修高明宫记》，见《胡祭酒集》卷九，10 页。

[4] 胡俨：《重修高明宫记》，见《胡祭酒集》卷九，11 页。

[5] 直到嘉靖年间，则有安福李天麟，据载得旌阳清净之学，但其师承源流不详。曾燠：《道流·李天麟》，见《江西诗徵》卷九十一，41 页。

刘崧《旌阳道院记》与萧镃的《启玄子传》，则是元末明初文献资料中少数两篇以净明道人为主题的文字。刘崧在文中叙述旌阳道院之兴，系因兴国县钟姓士人在三台山习净明道，兴国县隶属于赣州府治，据载：

> 邑人有钟生者，颇慧而好修，与洞清治平观之道士曰杨质以诚，曰王谦顺、曰刘会时宪者游。既而得净明忠孝之学，将施其地，结茅其土，祀旌阳而诵习焉。既辟地矣，会兵乱，而钟生亦去世，乃不果。[1]

我们若是另外参考地方志所录的有关泰和陈谟的相关资料，陈谟也曾避乱而至兴国，作客钟廷芳家，并与杨以诚往来[2]，显示刘崧所说的钟生应即钟廷芳或其族人，钟廷芳的背景应是儒家士人，而且被列入《文苑》传中，其家族则是当地大族，据载：

> 钟廷芳，兴国人，（钟）绍安曾孙，祖斗光，为赣儒学正，家藏书万卷，恣客借读。……（钟廷芳）尝摄邑文学，家藏书未备者，捐资以购。……琴谱、丹经、奕数、星术，亦旁通而肆考焉，学者称东岩先生。[3]

钟生去世后，杨以诚等人仍在此地，当地官员为其建旌阳道院，刘崧叙述杨以诚的日常生活行事：

> 以诚玄悟颖异，而疏放不羁，与人交，其语默，去留恒不可测，然

---

[1] 刘崧：《旌阳道院记》，见《槎翁文集》卷五，21页。

[2] 《寓贤·泰和陈谟》，见魏瀛修、鲁琪光、钟音鸿纂：(同治)《赣州府志》卷五十九，5—6页。

[3] 《文苑·钟廷芳》，见魏瀛修，鲁琪光、钟音鸿纂：(同治)《赣州府志》卷五十五，5页。

闻有高尚之士，虽百十里不惮风雨寒暑以求即之，否则终岁与居，而名姓不知也。又平居好援古今，陈说忠义，人有过，至面折不忌，时喋若醉语，及与之饮，乃终日未尝醉，尝揽一布袍，飘飘然行歌市中，童子或指之曰：颠道，往往大笑而返，其类有道者欤！顺圣、时宪与其徒黎日昇又能力耕山下田以自给，至辍耕，即读书不休。其才质之美，盖故儒家子云。[1]

从"故儒家子"可知杨以诚是由儒入道，而无论是陈说忠义，或躬耕读书，都是儒学士人的作为，所以文末以"故儒家子"作结。

兴国县治平观的道人启玄子，他师从刘渊然的弟子王大素，据载：

> 姓刘，字静微，启玄子其号也。自弱冠入赣州兴国治平观为道士，礼高道王大素为师。大素，长春刘真人弟子也。……读儒书，得其大指，喜与贤士大夫游，贤士大夫多爱重之，造其庐者无虚日，以故启玄子浸有闻于时。……其先本吉之泰和仁善乡刘家坊人，其父存与，始徙居兴国太平乡崇善里。[2]

启玄子虽然是治平观道士，但他读儒书，与士大夫游，完全是儒学士人的行迳。可惜我们找不到其他相关的资料，无从进一步得知启玄子的人际关系网络，以及与士大夫间的往来情形。[3]

---

[1] 刘崧：《旌阳道院记》，见《槎翁文集》卷五，22—23 页。

[2] 萧镃：《启玄子传》，见《尚约居士集》卷十九，10—11 页，东京：高桥情报，1990，据日本内阁文库藏明弘治七年（1494）刊后补本影印。

[3] 此时士大夫习净明道的事例罕见，目前仅见赵文友一人，似是净明道，但又语焉不详，原文如下："赵文友，章江人，高世士也，……日读老子书，尤究心于静明学，静明尊旌阳吕宗施，教本于忠孝，法不妄传，传必得人。去旌阳数百里，刘天游者，号称得静明传，隐于金精山，文友往师之，历年久，尽得其法之秘，归则教大行于世，凡弭疫疹祟，用正箴邪，靡不验者。……洪武十四年，朝廷需材图治，县邑长以文友贡，擢授长安令，长安邑剧事繁，称难理，文友至，驭民无他道，惟教以孝且忠，不数月，民知事上不可欺，奉亲不敢薄，翕然（转下页）

在本节我们看到元及明初地方士人与净明道的接触，有些是游历道观，有些是由儒入道而仍维持与儒学士人的往来，但整体而言，儒学士人对净明道的涉入仍不深。不过，在近世道教入世倾向的趋势下，加上三教合一的风潮，明中晚期不少士人开始走出儒学本位，而更多在思想上与二氏会通，并体现在其日常生活间。

值得注意的是，《净明忠孝全书》虽在元末明初便已编成，但有关地方士人阅读这本书的记载却很少。对比之下，明中晚期却有不少儒学士人阅读或积极刊刻此书，显示《净明忠孝全书》对明中晚期儒学士人接触净明道发挥不小的作用。

三、阳明学以后的儒学士人与净明道

明中晚期是阳明学发展的高峰期，同时也是三教合一风潮转盛时，尽管王守仁最初未必有绾合三教之意，但其流风所至，许许多多阳明学者或者参考释、道之学，又或者干脆走向三教合一。也可以说，阳明学与晚明三教合一之风的流行脱不了关系。

江西是净明道的祖庭所在，而当地也有江右阳明学派的发展，两者之间的关系遂值得注意。目前常被提及的一些知名阳明学者与净明道人的接触，如王守仁与铁柱宫道士的往来，王畿、罗汝芳等人都曾与胡东州（清虚）往来，有说胡是王的弟子，也有说王畿执贽胡东州门下；罗汝芳则曾师事胡东州，并实践水、镜对观的净明道修炼方式。[1]

（接上页）以治称最他邑。"可惜目前仅见此一孤例，也未能找到吕宗施或刘天游的相关资料。见罗子理：《蓬隐记》，见《罗德安先生文集》卷一，11 页，收入《天津图书馆孤本秘籍丛书》第 10 册，北京：中华全国图书馆文献缩微复制中心，1999，据明隆庆四年（1570）罗纵刻本影印。

[1] 秋月观暎：《净明道と明代の宗教・思想》，见《中国近世道教の形成：净明道の基础的研究》，174—176 页。

此外，阳明学者常在寺观讲学，不同于明初士人只是游历道观，阳明学者往往因为讲学而与寺观有较密切的关系。罗洪先的玄潭讲学就是很著名的例子。玄潭位于江西吉水县境内，相传与鄱阳湖地气相通，当年许逊为了防堵蛟龙，不仅铸二铁釜分别覆于鄱阳湖与玄潭，同时留下镇蛟铁剑于玄潭崇元观中 [1]，而此铁剑在明初还曾失而复得。[2] 明中期罗洪先选择在玄潭讲学，但他并非净明道信徒，他的态度跟官方是一样的，所重视的是许逊的功德 [3]，对其教义，则只注意与儒学相通的部分，他说：

所指长生，不在年岁，于此有悟，始堪承传。故其书中往往以净明忠孝四字为首务，云净云明，正为一切不贪着，一切不糊涂，此其宗旨端的，了了可想。[4]

---

[1] 这则传说主要应是根据《松沙记》的记载而来，《松沙记》，见金桂馨、漆逢源纂：《逍遥山万寿宫通志》卷十，19—20 页；罗大纮：《玄潭重建真君阁及修罗文恭雪浪阁纪事疏》，见《紫原文集》卷八，46 页。但不确定鄱阳湖与玄潭地气相通的说法从何而来。

[2] 对此铁剑传说，刘玉也曾谈过，《刘玉真先生语录》，见金桂馨、漆逢源纂：《逍遥山万寿宫通志》卷十，26—33 页。至于明初铁剑失而复得事，详情不得而知，但从相关的诗文题名可窥一二；如揭傒斯的一首诗题为《庐陵玄潭观旧藏许旌阳斩蛟剑兴国有一道士过庐陵窃之至于京师以献吴真人邀予赋诗遣还本观》，见揭傒斯：《诗集》，《揭文安公全集》卷二，16—17 页，收入《四部丛刊》初编第 237 册，上海：上海书店出版社，1989，据上海涵芬楼借景乌程蒋氏密韵楼藏孔荭谷钞本重印。刘夏也作《吉水玄潭观旧岁许旌阳剑失之十五年复得于天界寺僧》，见刘夏：《刘尚宾文集》卷二，5—6 页，收入《续修四库全书》第 1326 册，据明永乐刘拙刻成化刘衢增修本影印。玄潭观即指玄潭的崇元观。从这两首诗题，可知此剑本遭兴国县的道士窃走，后来才得归还。如前文谈及，兴国县既有净明道道观，则窃剑道士很可能是净明道中人。吴真人应即吴全节，元代著名的玄教道士，得到朝廷的重用。至于天界寺僧，则是与刘夏往来讨论学术的一名僧人。

[3] 罗大纮：《玄潭重建真君阁及修罗文恭雪浪阁纪事疏》，见《紫原文集》卷八，46—47 页。

[4] 罗洪先：《答同年》，收入孙奇逢：《理学宗传》卷十，39 页，收入《续修四库全书》第 514 册，据清康熙六年（1667）张沐程启朱刻本影印。四库本的罗洪先文集中未见此信。编纂《理学宗传》的孙奇逢对净明道的评语跟罗洪先相似，说："从来介寿有妙旨，莫以曲语幻人耳，忠孝净明是仙诀，不外尼山仁寿理。"请见孙奇逢：《五月·二十日》，见《孙徵君日谱录存》卷十七，56 页，收入《续修四库全书》第 559 册，据清光绪十一年（1885）刻本影印。

值得注意的是，玄潭原本只是净明道观，而在罗洪先前来讲学以后，玄潭这个"神仙之奥"，同时也成为"理学之区"。[1] 另一方面，由于罗洪先的形象颇富道教色彩[2]，加上三教合一之风，于是衍生出后来的许多说词，罗大纮与郭子章二人这两位晚明江右阳明学派的代表人物，便将罗洪先的讲学诠释出另一层的意义。罗大纮说：

> 旌阳之功，文恭之学，两者俱不可泯。[3]

郭子章也说：

> 是真君不独治蛟，且蔚为人文，以玄教开理学也。文恭倡道玄潭，
> 为真君建阁，……不独宗孔，而推高旌阳，以理学翼玄教也。[4]

此处许逊的形象已从单纯的斩蛟治水，有功德于民，更进一步被视为"以玄教开理学"，而罗洪先的玄潭讲学则是"以理学翼玄教"。把玄教与理学并称。

---

[1]　罗洪先将此地奉祀许逊而已颓毁的雪浪阁重新修建，为其作上梁文，并以此地作为讲学地，见罗大纮：《玄潭重建真君阁及修罗文恭雪浪阁纪事疏》，见《紫原文集》卷八，46—48 页。所以罗大纮说："本朝大学士解公手书崇元观尚新，然尚以为神仙之奥，非理学之区也"，但因罗洪先的讲学，则"遂为圣域"。关于玄潭雪浪阁的修建，请见罗洪先：《雪浪阁集序》，见《念庵文集》卷十一，17 页。此阁最后得以修建，主要是因吉水知县王之诰出资，作为罗洪先的讲学地。上梁文请见罗洪先：《玄潭雪浪阁上梁文》，见《念庵文集》卷十八，4—5 页。玄潭在罗洪先去世后荒废，下迄晚明，罗大纮仿罗洪先故事，得到官方的资助而又重建雪浪阁。请见罗大纮：《寄邹齐云观察》，见《紫原文集》卷六，47 页："蒙垂念玄潭许旌阳、罗文恭遗址，发心捐大惠，修建魏阁，则二君在天之灵，阴佑之力，或亦不诬也。"

[2]　如晚明便已流行关于罗洪先成仙的传说，以及题为"罗状元醒世歌（诗）"的劝善文字。请见徐兆安：《英雄与神仙：十六世纪中国士人的经世功业、文辞习气与道教经验》，124 页。

[3]　郭子章：《募缘修吉水玄潭观雪浪阁文》，见《蠙衣生传草》卷十，24 页，收入《四库全书存目丛书》，集部第 156 册，据明万历刻本影印。这是郭子章引用罗大纮的话。

[4]　郭子章：《募缘修吉水玄潭观雪浪阁文》，见《蠙衣生传草》卷十，24 页。

玄教是正一教的一支，由于净明道在入明以后，渐与正一教合流，所以郭子章以玄教来概括称之。在罗、郭二人的追溯与诠释下，罗洪先选择玄潭讲学，被视为是对玄教与阳明学的绾合。罗大纮与郭子章的学术都沾染有很浓厚的二氏色彩，如罗大纮说他先读《传习录》有悟，但直到读佛典后才真正彻悟；郭子章与佛教的交涉也很深。所以我们不能因为罗、郭二人的说法便认定这是罗洪先的本意，但从罗洪先到罗大纮、郭子章的变化，则让我们看到三教合一的风潮所带来的影响。

三教合一风潮的影响，跟本章有关的有两部分：一是净明道的某些元素，如龙沙谶预言，独立于净明道之上而流行于一些士人群体之间，在三教合一的风潮之下，不同教派之间的界限是可以逾越的，所以人们有可能同时学习儒学与道教，而从中截取有兴趣的元素，重新组合。一些文人士大夫也许未曾接触净明道，但却熟悉龙沙谶预言，或深受其说的影响，在此举一例说明：罗大纮曾为王在晋（？—1643）的《龙沙学录》作序，序文上说：

> 章门故有龙沙谶，未有应者，方伯王明初先生（按：王在晋）函瑶编十种见遗，而以《龙沙学录》命为之序，其在兹乎！其在兹乎！……方伯先生负超凡之资，而留心于入圣之门，不应龙沙谶，吾不信也。[1]

《龙沙学录》一书纯粹是儒学方面的内容，罗大纮却从书名发挥，谈到龙沙谶预言至今尚未应验，而王在晋则可能是应谶之人。罗大纮与王在晋都非净明道中人，此处却大谈龙沙谶，而且把"入圣之门"与"应龙沙谶"放在一起。

另一部分是儒学士人对待净明道的态度与作为。在三教合一的风潮下净明道与儒学的关系，所涉及的，应不只有教义上的绾合而已，还会表现在具体的

---

[1]　罗大纮：《龙沙学录序》，见《紫原文集》卷三，7—9 页。

言行事为，甚至是通俗的小说与传说中。如晚明冯梦龙（1574—1646）编纂的《三教偶拈》，便分别以王守仁、许逊以及济公作为儒、道、释三教的代表，可知阳明学与净明道在晚明社会颇为流行，所以王、许二人被选作儒、道的代表人物。《三教偶拈》中的王守仁故事，即《王阳明先生出身靖乱录》，内容充斥神怪传说，以及道士间的斗法，明显是三教合一下的产物。以小说的形式流行，加上对王守仁故事神怪化，显示此书所设定的读者应不只有儒家的文人士大夫而已，而对阅读此书的读者而言，阳明学与净明道的交集也不会只在学术内容而已。

　　受到资料的限制，本章难以深入细论三教合一的风潮对净明道与儒学的交涉所带来的影响。因此只能从目前所能看到几个例证，了解明中晚期部分儒学士人如何看待净明道。这些士人的立场，从不能两立，到调和两者，有如光谱一般，可以有许许多多种的可能性。

　　面对三教合一思潮及净明道的挑战，一些儒学士人选择严守儒学立场，如李材便是一例。李材是江西丰城县人，他被归类到江右阳明学派，但自成一家，在《明儒学案》中独立为《止修学案》。对李材而言，人们不能既尊儒学又奉净明道，所以他在一封书信上劝告一位贺姓士人应习儒学而非净明道。他说：

> 古称：道不同不相为谋，……大率儒其人，老其学，依据孔孟，游艺佛老，如简所云云者，真足下谓乎？然则仆之不可与足下相谋也决矣。……且仙财亦何足以济世也？……稚川（按：葛洪）旌阳术至矣，鸡犬鸾凤矣，凡宅且冲举矣，累行积功，何所不至，未闻其以仙财济世也。[1]

　　关于贺姓士人的来历不详，但从李材的信可知贺姓士人兼习两教，而且持

---

[1] 李材：《答贺继赓书》，见《见罗李先生观我堂稿》卷十四，7—8 页，东京：高桥情报，1993，据日本内阁文库藏明万历间爱成堂刊本影印。

此以询问李材,而李材的反应十分强烈,甚至以"道不同不相为谋"回应。这种决绝的态度,正凸显出李材将此视为一大挑战。

另一位江右阳明学派的学者朱试(以功),他是章潢(1527—1608)的弟子,名气虽未如其师显赫,但当时被认为是继章潢以后唯一可称道的布衣学者,显示朱试在南昌一带的思想文化圈有其地位。在一段对话中记载了他与地方人士谈净明道事:

> 朱以功(按:朱试)曰:或问仙可学乎?丹可炼乎?曰:无问我可不可,且问汝能不能。旌阳非吾乡之所谓仙而能丹者乎?当其时,以净明忠孝立教,以点化施济为功,汝能乎?不能乎?……若果能遵净明忠孝之教,有存施济不肯误五百年后之心,则为仙可也,为圣亦可也。[1]

朱试的焦点放在儒学成圣的目标上,而问者则着眼在炼丹飞仙上,彼此各有立场,朱试则以"净明忠孝"四字来作调停,认为只需能够遵此四字,则成圣、成仙俱无不可。在态度与立场上都较李材缓和得多。

在三教合一的风潮下,不少人跟朱试有类似的立场或倾向。如晚明江右阳明学派代表人物邓以赞,他持守儒学立场,但学术颇出入二氏,当时他在净明道的祖庭西山万寿宫旁结逍遥靖庐,与张位、李梴二人共同讲学。[2] 张位曾任大学士,在立场上颇倾道教,但翻检张位的文集,仅见他在一首诗上说:"我所思兮许太史,……净明忠孝值天经,治水驱蛟镇地灵。"[3] 赞赏许逊的净明忠孝之

---

[1] 张萱:《西园闻见录》卷一〇六,18—19 页,见《续修四库全书》第 1170 册,据民国二十九年(1940)哈佛燕京学社印本影印。

[2] 徐以琅:《重修逍遥靖庐记》,收入金桂馨、漆逢源纂辑:《逍遥山万寿宫通志》卷十五,25—27 页。

[3] 张位:《乡慕》,见《闲云馆集》卷四,7—8 页,台北"国家图书馆"汉学研究中心藏,明刊本影印本。

岐路彷徨

道与其功迹，基本上他仍沿袭官方的话语，至于对拔宅飞升等传说，张位则抱持存疑的态度，但他仍相信"儒而仙""圣而神"的"神人"确实存在。[1] 可知他是游移在儒、道之间。李梴是李材的兄长，崇奉净明道。尽管立场稍有出入，但三人却可以共同讲学而无碍。

至于亲近净明道的士人，李梴正是一例。李梴是嘉靖年间进士，他原本习儒，但后来转向净明道，甚至曾绝粒饮水达四十日以上，墓志铭上便记载：

> （李梴）结庐玉隆万寿宫侧，旌阳炼真故处，取拙修铭之斋，取忠信笃敬书之绅，……后竟谭玄虚神仙事。久之，则绝粒饮水，逾四十。[2]

李梴通过什么渠道了解净明道的教义？李梴虽结庐于万寿宫侧，并无资料显示他曾结识或师承净明道人。不过，李梴曾刊行《净明忠孝全书》一事[3]，有可能他就是借此书而了解净明道。有意思的是，王世贞也读过此书，他说：

> 窃从邮筒拜亹亹之诲，又获睹梓《净明忠孝》诸经，窃窥门下于度世经世之间，执其枢矣。[4]

王世贞曾沉迷流行于江南一带的昙阳子信仰，而因昙阳子仙去时留下的预言，与龙沙谶预言在内容上颇相近，所以王世贞应是为了解龙沙谶而读此书。王世贞在读后更试图绾合两预言，他说：

---

[1]　张位：《大学士张位重建万寿宫记》，见金桂馨、漆逢源纂辑：《逍遥山万寿宫志》卷十五，15—19 页。

[2]　万恭：《李石龙墓志铭》，见《洞阳子集再续集》卷九，25 页。

[3]　《李梴条》，见金桂馨、漆逢源纂辑：《逍遥山万寿宫志》卷二十二，12 页。

[4]　王世贞：《李侍御》，见《弇州四部稿续稿》卷二〇二，3—4 页，收入《景印文渊阁四库全书》第 1284 册。

今者龙沙高过豫章城，地仙之事当有验者。而先师昙阳子诗所谓五陵教主，世多不能悉，而注真君传者，以东门之镇为宛陵，南门之镇为浩陵，西门之镇为鹊陵，北门之镇为涪陵，中门之镇为泰陵以实，其分野太远，而名亦创新，未知其是否。[1]

此处的许真君传，有可能即出自《净明忠孝全书》。王世贞甚至认为刊刻此书有益于度世经世，所以他说李梴梓行此书，是在"度世经世之间执其枢矣"。

晚明江右阳明学派大儒邹元标曾为《净明忠孝全书》作序，这是应其弟子娄衷和（字）的请求而作。邹元标持守儒学立场，他对净明道的态度是肯定其讲究忠孝，但不谈其宗教面相的部分，这一点跟李材、朱试的立场相近。他说：

> 净明，语体也；忠孝，语行也。体清净则万行皆归，行忠孝则体益员朗。世有不忠君孝亲而称无上道耶？则吾夫子道不远人语，欺予哉？肯回心从事家庭父子兄弟间，循循雍雍，即员峤方壶，更无事希踪霞外矣。[2]

以忠、孝两事为净明道与儒学最可交集处，但强调应"从事家庭父子兄弟间"，但"无事希踪霞外"，则是对净明道的宗教面相作了否定。

值得注意的是，请邹元标作序的娄衷和，出自吉水县城东坊娄家巷崇本娄氏家族，其父娄世絜即商人出身，十分热衷于理学，他不仅与邹元标家族有联姻关系，二子都是邹元标的学生。[3] 如前述，江西商人颇崇奉许逊信仰，而娄衷

---

[1] 王世贞：《书真仙通鉴后》，见《读书后》卷八，8 页。

[2] 邹元标：《净明忠孝录序》，见《邹子存真集》卷二，10—11 页。

[3] 娄世絜中年从商，并用盈余添置田产，由于经营得法，不几年便以赀产冠邑中。娄世絜经商成功以后，并未以财富自雄，而是十分热衷公益，举凡创书院、葺学宫、修建桥梁、铺葺道路，他都常捐助金钱以佐工费。在万历十九年（1591）的大荒中，他曾因出粟赈饥 （转下页）

和接触净明道应跟其商人之子的背景有关，而据娄衷和自述，他是从湖广来的道士而得《净明忠孝全书》。湖广一带自元以来便有净明道的相关记载，如欧阳守道（1209—？）讲学岳麓书院时，书院旁便有万寿道宫，似即净明道的道观。当时有道人谭享夫（字）来书院听其讲《大学》，欧阳守道便劝道人可居万寿道宫。[1] 而娄衷和从湖广道人处得《净明忠孝全书》，然后在家塾中刊行，使更多人接触净明道的教义——无论是信徒或非信徒。

明末知名士人熊开元（1625年进士）也有跟娄衷和类似的遭遇。熊开元是湖北嘉鱼县人，他谈到当地有一位觉来大师，其人兼涉儒释道三教，并往来白湖社等文社中。觉来大师得于玄学甚深，曾与熊开元谈净明道，而关键则在于："初止以《净明忠孝集》授开，秘之，谓余人不当与语此，故罕有知者。"[2] 此处的《净明忠孝集》应即《净明忠孝全书》，但觉来"秘之"而不愿意公开此书，而这也反衬出李栻与娄衷和刊行《净明忠孝全书》，正好打破了这种秘之的可能性，而让书籍的流传更广。

江南一带也有《净明忠孝全书》的流行，如孙慎行（1565—1636）为宣传忠孝，而把《净明忠孝全书》与《文昌化书》两书合并刊刻，名之为《忠孝两书》。他说：

（接上页）得到朝廷的表彰，加上他八十岁时主动捐献修建大江州桥，所以让阳明学者称道不已。娄世絜本身既与邹元标往来，二子又在邹元标门下求学，遂由邹元标为娄世絜邀誉，表彰其义行。另一位阳明学者曾同亨表示，娄世絜应该是"稍闻仁义之说"，所以在谋利之外还能不忘拯穷悯乏的责任。以上请见邹元标：《娄甘泉亲丈八十序》，见《邹子存真集》卷二，116—118页；罗大纮：《义隐传》，见《紫原文集》卷九，53—55页；曾同亨：《寿处士娄甘泉八十序》，《泉湖山房稿》卷十一，28页。此外，在崇祯年间重修仁文书院时，娄世絜的长子娄文华名列及门之士的名单中，而娄文华、娄文蔚兄弟年龄既然相仿，推测二人应该都在邹元标门下学习。《书院》，见彭际盛等修，胡宗元等纂：（光绪）《吉水县志》卷二十二，4页，收入《中国地方志辑成·江西府县志辑》第65册，据清光绪元年（1875）刻本影印。

[1]　欧阳守道：《送谭道士归湘西序》，见《巽斋文集》卷八，3—5页，收入《景印文渊阁四库全书》第1183册。

[2]　熊开元：《觉来生大师墓志铭》，见《鱼山剩稿》卷八，4页，收入《笔记小说大观》第43编，第4册，台北：新兴书局，1986。

《文昌化书》行矣，复刻许祖《净明录》，合而题之曰:《忠孝两书》。……两书一纪事，一证理，一则应化成神，呵护域中，一则飞举成仙，逍遥世外。世且谓间气之挺生，异术之天授，而总之不逾忠孝。[1]

又说:

吾盖读《化书》，始终惟匡世宁人汲汲，至净明道术，总归诸忠孝，更其灼矣。[2]

如黄汝亨（1558—1626）的乡人黄应奎，虽非信徒，却因读此书而受净明道教义的影响。据载:

居恒手一编，乃许旌阳《忠孝集》。而人见公老而神王，疑其好神仙丹药术，公笑曰:生死昼夜，任天乘化而已，起贪生一念，留形人间世，即落阴趣矣。[3]

除了《净明忠孝全书》的刊刻流传以外，也有士人对许逊相关事迹感到兴趣，如刘天眷、徐世溥（1608—1658）、陈弘绪（1597—1665）等人便网罗许逊的相关轶事以成书:

昔西山霞源献叟刘天眷著《西山述志》，其曾侄懋金云：幼从受学

---

[1] 孙慎行:《忠孝两书记后》，见《玄晏斋文抄》，《玄晏斋集》五种卷三，83 页，收入《四库禁毁丛书》，集部第 123 册，据明崇祯刻本影印。

[2] 孙慎行:《选诗自序》，见《玄晏斋文抄》，《玄晏斋集》卷二，189 页。

[3] 黄汝亨:《宪副黄公传》，见《寓林集》卷十一，22 页，收入《续修四库全书》第 1369 册，据明天启四年（1624）吴敬吴芝等刻本影印。

时，见《述志》中载旌阳事极多，又习闻，日与徐巨源（按：徐世溥）、陈士业（按：陈弘绪）诸先正网罗旌阳轶事，欲集各旧传，别汇成编，梓存于后，晚岁年将百，惜志未就云。今其稿尽散失，而访辑日浅，将以俟之博雅拾遗者。[1]

李鼎则考证净明道历代系谱的讹误，而作《净明忠孝全传正讹》一书。

当时也有士人与净明道人往来，如明末张逍遥隐居南昌西山时，便吸引了不少士人前往访视：

> 士大夫闻（张逍遥）而过访焉，禹港李康成者首先造诣，继而周公令树，李公太虚（按：李明睿），陈公士业（按：陈弘绪），黎公博庵（按：黎元宽），刘公旅庵，间与之谈休咎，率多奇中。[2]

李明睿（1585—1671）、陈弘绪、黎元宽这几位南昌一带的知名士人都名列其中。文德翼（1634年进士）则为习净明道法的道人作传：

> （周）道人名复贤，字振安，古吴农家子也，……遇异客于山阴道上，授以净明玄功，来仙者于洪都观中，……复贤亦不自神也，功行益勤，愿惟利物，神理弥静，道可亡身。……忽自书曰：清净玄功二十春，蒲团时听虎龙吟，不知有作终归幻，及至无为始是真。复书曰：净明祖师命我玄通界证果，明午当赴召，沐浴如时，坐逝，年五十有九云。[3]

---

[1] 金桂馨、漆逢源纂辑：《逍遥山万寿宫通志》卷四，20—21 页。

[2] 《净明张真人传》，见金桂馨、漆逢源纂辑：《逍遥山万寿宫通志》卷五，46 页。

[3] 文德翼：《嘉禾周振安道人传》，见《求是堂文集》卷十二，20—22 页，收入《四库禁毁书丛刊》，集部第 141 册，据明末刻本影印。

或者因居宫观而相识，如朱吾弼的例子便很有趣。朱吾弼是瑞州府高安县人，高安当地的净明道颇盛，朱吾弼在考取进士以前，因在妙真宫读书而与吴炼师熟识，据他自述：

> 炼师姓吴氏，名魁元，玄号黔泉，邑北乡梨塘人，柱史克英公（按：吴杰）族孙。初诸父吴瑞吉住持妙真，炼师依之，读书宫中，瑞吉窥其志意卓荦，襟度开朗，非风尘人，度为弟子。弟子炼师学玄崇儒，……余讲秋宫西，炼师期待严重，明年下禙延礼。盖乙亥冬，余偕弟吾輪列上庠，嗣是多主其悟玄堂，稔炼师注厝过超道流，恪守清规，敬共法事，兴废举坠，殚力创竖宫门一，且整肃山中诸弟子如己弟子，出入无敢屑越，玄风大振。[1]

可知吴炼师是御史吴杰的族孙，而该族似与妙真宫颇有渊源，吴炼师就是被吴瑞吉度为弟子。而吴炼师与族人的关系则是：

> 且谓教本净明忠孝，岂诚亡亲戚？故梨塘中落，炼师不以方外诿，亲亲长长老老幼幼，周贫捍患，族眷十九倚炼师，斯其玄名儒行，有吾儒所弗及。

当家族中落之际，吴炼师本着净明道的忠、孝教义，负责安顿家族亲友，周贫济弱，凸显其入世倾向的一面。此外，吴炼师与当代士大夫也颇有交游：

> 时傅同寇、范参知，谌、杨别驾、廖吴州刺史诸公，佥折节与游，

---

[1] 朱吾弼:《妙真宫吴炼师魁元墓碑》，见《密林漫稿》卷三，45—46 页，收入《天津孤本秘籍丛刊》第 11 册，据明天启二年（1622）朱恒敬等校刻本影印。

弹棋飞觞，恋恋故交。

我们若是对比于第二节的讨论，元及明初士人往往因游某宫观而识净明道人，又或者只是单纯为道人作序，但在思想上与生活上彼此没有多少交集。但从李材、朱试被问，及邹元标作序事来看，显示净明道已越来越多出现在生活周边，甚至有士人或门下弟子有意绾合儒学与净明道，以至于李材必须严词以对，朱、邹二人必须仔细分疏，不让其逾雷池一步。

此刻的儒学与净明道的交涉，跟元代刘玉对二者的绾合不同。刘玉以道人的身份，在净明道的内部试图融合儒家学说，并将儒家的学说予以宗教化。李栻与娄衷和二人则是儒学出身而受到净明道的影响，加上《净明忠孝全书》的刊刻与阅读，正可作为三教合一风潮下儒学士人受到净明道吸引的例证。

四、明末江西士人的几个例证

以下我想用李鼎、熊人霖与黎元宽三个例子说明当时部分儒学士人接触净明道，以及《净明忠孝全书》的影响。

李鼎比熊、黎二人早了一个世代，他在世时，阳明学仍方兴未艾，所以李鼎曾参与在一些阳明学讲学活动中，包括江右、浙中与泰州学派，甚至与江门心学的人物都有所往来。李鼎同时也参加一些文社活动，几位与前七子有关的人物，都跟他有私人交情或姻亲关系。李鼎可说是活在晚明的理学与文学的流行风潮中，但他却同时也选择了净明道作为他的身心归宿所在。熊人霖则是著名的学术官僚，同时也是接触西学之先的熊明遇（1580—1649）之子，熊人霖也有一些西学著作，他与黎元宽都是南昌一带的文社士人，但都转入净明道。黎元宽是知名文人，他积极倡导三教合一，而在三教中更偏向净明道。

李鼎出身新建禹江李氏，属于官宦世家，其父李逊曾任学政[1]，李鼎则在万历十六年（1588）考取顺天府乡试举人。李鼎常与文坛人士往来，在南昌当地，他跟杨汝允缔结姻亲——在前七子倡导古文运动时，南昌一带率先响应的两人，一是余曰德（1514—1583，1550年进士），一是杨汝允。[2]同样以文学著名江右的谢廷谅、谢廷讚（1557—？）两兄弟则与李鼎为同社社友。[3]李鼎本人也以文章为人所重，曾有时文制义出版，由陈懿典作序。[4]

李鼎有其儒学的家学渊源，其父李逊任官广东时，与江门心学学者湛若水及程朱学者黄佐往来[5]，且以所学教导李鼎。[6]李鼎本身则曾注解一系列的儒家经典，名之曰《经诂》。[7]在李鼎文集中有一篇文字是《谢吴侯赠博雅大儒匾启》，显示他曾经得到"博雅大儒"的称号。[8]

李鼎曾前往扬州讲学[9]，参加当地的"复初社"，这是王艮的门人后学所组成的社集，李鼎在社中结识布衣学者顾彬。在阳明学的各学派中，泰州学派是最接近平民的一派，顾彬是陶匠韩贞的弟子，读书不多，在拜入韩贞门下后，韩贞指示他不必追求那些高文典册中的知识，而应归本于孝悌，此后顾彬加入复

---

[1]　万恭：《李洪西墓志铭》，见《洞阳子集再续集》卷三，43页。

[2]　李鼎：《九霞山人诗集后序》，见《李长卿集》卷五，16—17页。

[3]　谢廷讚：《李长卿净明忠孝正讹序》，见李鼎：《李长卿集》卷首，1—5页。谢廷讚自称"社弟"。李鼎则在《怀谢曰可比部社丈》一诗中，称谢廷讚为"社丈"，此诗见李鼎：《李长卿集》卷二，4页。

[4]　陈懿典：《李长卿制义序》，见《陈学士先生初集》卷一，16—19页。

[5]　李鼎：《双瀑堂文草序》，见《李长卿集》卷五，5页。

[6]　李逊与湛若水门下的弟子庞嵩相友，二人在南京"相与谭道德，称莫逆焉"，而李鼎与庞嵩之子庞一德则各承其家学，并相识相友。李鼎：《双瀑堂文草序》，见《李长卿集》卷五，6页。

[7]　李鼎所诂解的经籍，以《论语》《大学》《中庸》为主，《孟子》《诗经》次之。据说《经诂》"简而确，质而古奥"，在当时颇为流行，"博士弟子员皆心师而传诵之"。《兴复·乡贤·李鼎》，见金桂馨、漆逢源纂辑：《逍遥山万寿宫通志》卷二十二，12—13页。

[8]　李鼎：《谢吴侯赠博雅大儒匾启》，见《李长卿集》卷十一，17—18页。

[9]　协助出版李鼎文集的倪启祚、章万椿两人，就是李鼎的门人。二人皆扬州人，章万椿的心远轩以刊刻《苏长公小品文》著称于世。请见倪启祚：《李长卿先生经诂序》，见李鼎：《李长卿集》卷首，5页。

初社，在社中与李鼎相识。[1]李鼎对顾彬推崇备至，有"隐君，今之心斋也"之类的赞美之辞，把顾彬与王艮相提并论。

除了儒学与文学以外，李鼎还接触了净明道，这段渊源同样可上溯到李逊的影响。推测李逊应是黄堂隆道宫的信徒，在万恭为李逊作的墓志铭说他"乃入黄堂，友旌阳"[2]，黄堂位于南昌府城南，所祀谌母是许逊之师，只是相关记载十分简略，无从得知李逊与净明道关系深浅。相对于此，李鼎对净明道颇有想法，尤其具体表现在他对龙沙谶预言的笃信上，甚至为此不惜抛弃尘世一切，入山等待飞升[3]，最后不果而失望。[4]

相较于与儒学、文社中人的往来，李鼎并未留下跟净明道人或有关人士接触的记录，而曹学佺指出李鼎曾读《净明忠孝全书》，显示他有可能是从这本书而了解净明道的教义，李鼎在反复摩挲阅读后，发现此书不少讹误之处，于是作《净明忠孝全传正讹》一书[5]，以正其讹，此书一方面考证净明道历代系谱的讹误，一方面则对一些玄理进行阐述，据载：

（李鼎）取《净明忠孝经》，手订其讹文，又为《旌阳许真君传》，与净明启教兰公、谌君、净明传教十真人及金公胡詹二士传，铨论守中黄、

---

[1] 李鼎：《顾乐川隐君传》，见《李长卿集》卷十六，5—7页。

[2] 万恭：《李洪西墓志铭》，见《洞阳子集再续集》卷三，43页。

[3] 曹学佺：《赠李长卿序》，《石仓文稿》卷二，4页（收入《续修四库全书》第1367册，据明万历刻本影印）："闻长卿一旦弃其家室辎重为入道计，皆人所难。"有趣的是，当时期待龙沙谶实现，八百地仙降世的人，不只是李鼎一人而已，如徐𤊻也说："吾推龙沙谶合正斯日，会当入山拍手招群仙。"徐𤊻：《约喻叔虞游西山》，见《鳌峰集》卷八，32页，收入《续修四库全书》第1381册，据明天启五年（1625）南居益刻本影印。

[4] 请参见本书第五章。

[5] 秋月观暎未能得见李鼎的文集，所以在推测《净明忠孝全传正讹》的成书年代时，犯了一点错误。秋月观暎根据《逍遥山万寿宫通志》上所收录的《正讹》内容，末后附《净明张真人传》，而此人是明末清初人，所以推测《正讹》应成书于1662至1726年间。但其实这个部分并非出自李鼎手笔，而是后人所添入。

虚四谷、塞二兑、开二洞、立八柱诸秘，颇泄玄微，读者飘飘有骖鸾鹤凌云霞之想。[1]

《净明忠孝全传正讹》有李鼎的文社社友谢廷讚作序[2]，并被收入《逍遥山万寿通宫志》中，显示此书在当世颇有流传。

较李鼎晚一辈的熊人霖与黎元宽，处于阳明学中衰而文社流行的时期。熊人霖是江西进贤人，崇祯十年（1637）进士，官至太常少卿；其父熊明遇，官至兵部尚书，是晚明与西学接触甚深的几人之一，熊人霖受熊明遇的影响，吸收西方地理学知识，完成《地纬》一书。[3]

熊人霖曾为《净明忠孝全书》作注并刊刻其书[4]，据他自述，注解这本书的原因在于：

> 夫神道之教，视之官师，则呼吁倍亲；视之父兄，则威明增肃。牖民孔易，殆是之谓也。世俗多以怪语奇言，附益于公，公之志而既隐矣。余敬事公有日，常梦中髣髴奉教，知公之所以为公，自有在也。因取《净明忠孝经注》，刻之公祠，使奔走拜祷于祠下者，皆得以迪公之训，求福不回，奋然兴于仁义忠孝之途。公之功与精神，庶几益显，斯无负圣朝以

---

[1] 陈弘绪：《孝廉李公传》，见《敦宿堂留书》卷一，35 页，收入《陈士业先生集》。

[2] 谢廷讚：《李长卿净明忠孝正讹序》，见李鼎：《李长卿集》卷首，1—5 页。

[3] 可参考邓爱虹：《利玛窦、章潢、熊明遇与南昌地区的西学东渐》，载《江西教育学院学报》第 25 卷，第 4 期，2004，105—109 页。

[4] 金桂馨、漆逢源纂辑：《逍遥山万寿宫通志》卷十，22 页："按：明邑人李鼎，取旌阳《净明忠孝经》，手订其讹；进贤熊人霖有《净明忠孝经注序》。"此处仅言有序，黎元宽为熊人霖作墓志铭时，列其著作："公所著有《四书绎》《诗约笺》《名臣录绎》《相臣绎》《忠孝经绎》《地纬》《南荣》《熊山》《寻云》等集。"黎元宽：《太常寺少卿熊公鹤台墓志铭》，见《进贤堂稿》卷二十二，47 页。此处《忠孝经绎》很可能就是熊人霖为《净明忠孝全书》作注的书名。

儒者祠祀公，为万民报功祈福之盛典哉！[1]

"余敬事公有日，常梦中髣髴奉教"，可见熊人霖也信仰净明道。他指出，净明道之教，较诸官员更为亲切，较诸父兄更为严肃，所以"牖民孔易"，一方面从神道设教的角度肯定其忠孝之教，一方面也显示熊人霖所期待于这本书的读者群是以庶民百姓为主。不过，胡维霖（1613年进士）对此事的说法稍有出入，他反而以这本书的读者群是士大夫，他说：

> 观其注《净明忠孝经》，盖飘飘然仙矣！所以教忠教孝者，盖于今天下士大夫直下顶门一针。[2]

但无论是针对百姓或士大夫而刊刻，都是借由刊刻流传《净明忠孝全书》而使更多人接触净明道教义。

明末另一位信仰净明道甚虔的官僚学者黎元宽，崇祯元年（1628）进士，明亡后隐居南昌。黎元宽与复社诸子颇有私交，在张溥等人的要求下，曾不惜得罪首辅温体仁（1573—1639）而查禁《绿牡丹传奇》，并因此丢官。

黎元宽的《进贤堂稿》因遭禁毁的缘故，所以过去不容易看到，翻检此集可以很快发现，黎元宽受到三教合一的风潮影响甚深，所以他跟僧、道的往来记录不少，尤其是跟僧人或寺庙的相关文字最多。但他在谈到净明道时，特别自称是"服教利教之一子"[3]，显示他也崇奉其教，而且信之甚笃，所以他对净明道的教义给予很高的推崇，说：

---

[1] 熊人霖：《净明忠孝经注叙》，见《文选》，《南荣集诗文选》卷九，17 页。

[2] 胡维霖：《笙南草小引》，见熊人霖：《南荣集诗文选》卷首，5 页。

[3] 黎元宽：《募修万寿宫小引》，见《进贤堂稿》卷二十六，103 页。

净明，固宗乘之最精微，而忠孝，亦戒律之至重大。[1]

他在西山万寿宫重建时所作的两篇文字中则说：

自洪厓、浮丘而上，故不乏仙，而其大指，或与世教无甚相切，唯净明忠孝者，独以修性，共以修伦，此亦谁复得外其法传。自维斗衍于兰、谌，而集成于我许祖，是故天下之严祀祖者，常自天子达，岂不以服其教，而利其为教者之多哉！[2]

净明以修性，忠孝以修伦，此神仙之隆轨，实与圣学王治而相宣。故自古拔宅飞升者凡千百族，而惟许祖谓之都仙，典祀由晋代至今无替，以尊其教。[3]

此外，黎元宽也曾与宁王府宗室后裔八大山人朱耷往来。明初宁王朱权晚年倾心道教，位列净明道宗师之一，终明之世，宁王府或其宗室后裔与净明道始终有所关联。[4]所以朱耷在南昌创建的青云观，即净明道的道观，而黎元宽曾为此观作序[5]，可知明亡以后，黎元宽仍然参与西山的净明道活动。

明亡以后，尽管南昌西山仍有净明道的传承，但士人群体间有关净明道的言论明显变少。但另一方面，净明道，尤其是许逊信仰在民间并未稍歇，如清初不少地方继续兴建净明道的道观，蕲州的万寿宫便是一例。[6]曾在明末遭屠城

---

[1] 黎元宽：《募大修丹霞观缘起》，见《进贤堂稿》卷二十六，18 页。

[2] 黎元宽：《募修万寿宫小引》，见《进贤堂稿》卷二十六，103 页。

[3] 黎元宽：《募鼎建万寿宫疏》，见《进贤堂稿》卷二十七，6 页。

[4] 罗大纮曾与一位宁王府的后裔"近溪翁"往来，他指出，近溪翁受到朱权影响而习仙，所习仙极可能与净明道有关，见罗大纮：《宗侯近溪翁六十序》，见《紫原文集》卷五，38—39 页。

[5] 郭武：《朱道朗与青云派》。黎元宽这篇序未收入其文集《进贤堂稿》中，仅见于《青云谱志》。

[6] 黎元宽：《蕲州鼎建万寿宫缘起》，见《进贤堂稿》卷二十八，29—30 页。

的扬州，虽然先前并无这类道观，但因持续有人从江西迁居此地，遂有许真君行宫之建，作疏者指出：

> 广陵乙酉之惨，犹豫章也，此地未尝有特祀真君者，而豫章之人生此地为繁。今钟子师义、傅子美悔、彭子俣、刘子一山等，相率择地，创建行宫，以崇祀事，……凡此下民其可不益励修省，以无蹈厥罚，……无徒修崇祀之文，务实求忠孝、净明，以为昭事，庶乎其可也。[1]

显示即使经历动乱，净明道仍持续流行于社会基层与庶民百姓间。

小　结

过去我们多注意到思想史上的大人物、大名字，诸如王守仁、李材、邹元标等人，但这些人往往坚守其儒学的立场不变，遂使我们不容易看到儒学与其他宗教之间的交涉。但通过许多例证，我们看到这些大名字、大人物的身边不少亲友门人弟子，通过阅读《净明忠孝全书》而接触净明道。在晚明三教合一的潮流下，有不少儒释间交流互通的事例，尤其常见士人被释氏扳去，而在此处我们则可看到许多地方上的小读书人，既接受净明道，又试图会通儒道，说明净明道在三教合一的风潮中并未缺席。

《净明忠孝全书》编成于元代，而在明中晚期受到人们的重视，有人刊刻，有人注解，也有人正讹，随着这本书的流行，净明道的流传更广，人们不必前往净明道的宫观，或结识净明道人，或具实际的师承渊源，而只需阅读此书，

---

[1]　王猷定：《扬州募建许真君行宫疏》，见《四照堂文集》卷五，40—41页，收入《四库未收书辑刊》第5辑第27册，据清康熙二十二年（1683）王玑刻本影印。

便可初步了解净明道的基本教义。另一方面，明末最后的几十年，龙沙谶预言曾风行一时，这则预言出自净明道，而流行于江南、江西一带的士人群体间。不少人虽未必是净明道的信徒，但都因龙沙谶预言而接触净明道，并通过阅读《净明忠孝全书》而进一步了解预言的内容与净明道的教义。

《净明忠孝全书》的刊刻，以及龙沙谶预言的流行，都使净明道的流传广及于信徒之外，尽管明亡以后，有一段时间较少有士人群体谈论净明道的资料，但随着王朝的稳定，以及学术思潮的变化，是否有另一波儒学士人与净明道接触，则有待将来更多的研究。

第七章　诗文、制艺与经世：以李鼎为例

前　言

李鼎，字长卿，江西新建人，目前晚明文学史或理学史的论著都不会提到他，但他跟净明道的关系，尤其是他曾编纂修订《净明忠孝全书正讹》，使他在净明道的研究中不会缺席。过去我们对李鼎的印象仅停留在他与净明道的交涉，但对他的学术渊源、经世作为，以及他如何处理儒学与宗教的关系，所知仍很有限。李鼎所处的年代正值文学复古运动及心学运动由盛转衰，而明末制艺文社渐兴之际。李鼎所往来多文学之士，尤其是跟后七子阵营关系较近，而他把文章与经世看作是一而非二，这点颇不同于一般文人。过去人们对文学之士的印象多停留在讲究辞章，或是如陈子龙（1608—1647）编《皇明经世文编》的纸上谈兵。李鼎不仅亲身参与军事征伐活动及河道治理，更将这些经世作为联结到晚明复兴的诸子学，并特别重视诸子学中关于刑名战阵的部分，然后又把诸子学归本于制艺写作，正是文章与经世的合一。

李鼎对文章的界定及定位似有前后期的转变。李鼎早、中年参与复古派的诗文社集，所认定的文章应即复古派所倡导的诗文，待他晚年归乡，转而高度推崇制艺，以为制艺中有"文之理"，可以"究万古不易之理"，这已跟明末制艺社集的领袖如艾南英等人的看法相似。李鼎的这个转变，正好也揭示了明末

江南及江西一带士人，从复古派的诗文社集转向制艺社集的走向。另一方面，在明末三教合一的风潮下，李鼎以儒学为本，却也热衷于净明道的出世法，以及期待龙沙谶的飞升预言。也可以说，李鼎几乎跟整个明中晚期的这个大风潮的几个面向都密切相关。本章把李鼎的生平事迹分作三方面，先是经世武功，次是诗文社集的人际网络，最后是儒学与宗教的著述及活动。从李鼎的个案，正好可以看到从文学复古运动转向制艺写作，以及在三教合一之风下如何绾合儒学与宗教这几个风潮的变化。

一、学 术 渊 源

李鼎的父亲李逊，出身新建禹江李氏 [1]，李逊活跃的年代正值以阳明学为主的心学运动，以及以后七子为中心的文学复古运动流行的时期，嘉靖三十六到三十七年间（1557—1558），李逊往广东一带任提学使，李鼎随行。当时广东分别有湛若水与黄佐倡学，李逊往来湛、黄两家。一般认为湛若水属于江门心学，黄佐属于程朱理学，但李鼎侧重黄佐归类为文学词藻之士，他说：

> 时甘泉湛先生倡道学，泰泉黄先生振词藻。先大夫朝湛夕黄，未尝
> 不虚往实归，而退以命于不佞也。盖湛氏之学得之南海，南海者，白沙陈
> 先生也；而梁公实、欧桢伯、黎惟敬诸君子，则又李、王之羽翼，而接武

---

[1] 请见万恭：《李洪西墓志铭》，见《洞阳子集再续集》卷三，44 页。李鼎家族跟李材（1529—1607）的家族颇有渊源，李鼎曾在一篇文章中谈到两族族人的交情，显示彼此间并不生疏。见李鼎：《明故特进荣禄大夫柱国守备南京掌南京中军都督府事丰城侯绍东李公行状》，见《李长卿集》卷十二，10—19 页。李材是阳明心学的代表人物之一，他的止修之学在江西一带颇有影响力，相关研究见刘勇：《中晚明士人的讲学活动与学派建构：以李材（1529—1607）为中心的研究》，北京：商务印书馆，2015。

歧路彷徨

于黄者也。岭南文物之盛，骎骎乎邹鲁之遗矣。[1]

不仅黄佐本人以文章名世，其弟子梁有誉（1521—1556，字公实）、欧大任（1516—1596，字桢伯）、黎民表（1515—1581，字惟敬）[2] 北上江南、京畿一带，与李攀龙（1514—1570）、王世贞为首的后七子往来，而欧、黎二人更被王世贞列入广五子与续五子之中。此处的文学，指的是复古派的文学。

李鼎早年随父宦游，应颇受到父亲的影响，而整体看来，在文学与理学之间，李鼎更亲近文学。他早年在文学方面亲近以后七子为中心的复古派，所以不仅在南昌与人组诗社，其门人汪应娄也以诗作著称，他往来的人更有不少跟复古派有关，显示李鼎也在当时的文学复古运动潮流中。相对的，他对理学家的谈说讲论颇有微词，他说：

> 迩来谭性命者夥矣，大都醉心于释典而发挥于九经之注，立议愈深，而经旨愈晦。莫若以《中庸》全文互证《中庸》之旨，以《孟子》全文互证《孟子》之旨，庶不失作者之意。[3]

此处不满以释典解经，这也让人好奇李鼎如何思考三教合一（后详）。

李鼎活跃于万历中期，此时文学复古运动已渐由盛转衰，不仅后七子相继凋零，文学风气也从复古派转向公安、竟陵。万历二十年（1592），王世贞去世而袁宏道（1568—1610）考取进士，廖可斌便以此年作为两造学风一衰一盛之

---

[1] 李鼎:《双瀑堂文草序》，见《李长卿集》卷五，5—6 页。

[2] 三人皆曾习于黄佐门下，见郭棐:《献徵类·词华黼藻·明·欧大任》，见（万历）《粤大记》卷二十四，43 页，收入《日本藏中国罕见地方志丛刊》第 2 册，北京：书目文献出版社，1990，据日本内阁文库藏明万历间刻本影印。

[3] 李鼎:《中庸大旨》，见《李长卿集》卷二十六，21 页。

交接点。[1] 当时主领江西文坛、列名于后五子与续五子的余曰德卒于万历十一年（1583），朱多煃（1534—1593）卒于万历二十四年［1596，一说万历二十年（1593）］，而楚风之盛已及于江西，以至于钱谦益《列朝诗集小传》所录最后两位江西士人之一的邓渼（1569—1628），必须极力阻止他人受此风的影响。[2] 但李鼎所参与的，仍多是复古派流风下的诗文社集，而跟公安、竟陵的关系很淡薄。

李鼎所追求的并不只有文学而已，他希望另有实际的经世作为。经世可以有很丰富而多样的方式与内容，李鼎侧重军事战略这个层面，此倾向应亦承自其父李逊。据说李逊在考取进士、观政兵部时，便取《九边图论图考》来读，以为"此经世第一事"，并在屏风上绘边塞图，日夜与同年友朋扬榷隘塞御守良策。[3]

李鼎如何思考文学与经世的关系？李鼎的两封信颇堪玩味。一封是给山西巡抚朱孟震，朱孟震，江西新淦人，曾主持南京的青溪社，这个社集是当时南京最重要的社集活动。朱孟震曾寄一篇诗或文予李鼎，可能是请其唱和，所以李鼎回信说"阁下布其大惠，示我瑶篇，赈我乏困"，并赞扬朱孟震的文学成就是"集诸名家而成一大家者"[4]。一封是给大同马姓巡抚，这位巡抚曾与李鼎饮酒谈文论诗，"文必祢六经，而以东汉为砥柱；诗必祖风雅，而以盛唐为尾闾"，可知是受到复古派流风的影响，而信中李鼎起始便说："不佞结发事海内贤豪长

---

[1] 廖可斌：《复古派与明代文学思潮》下册，481 页，台北：文津出版社，1994。

[2] 钱谦益：《邓金都渼》，见《列朝诗集小传》丁集下，645 页："其自序谓：'……王、李既废，流派各别，狂瞽奔逐，实繁有徒。孝丰吴稼璇，词林老宿，见楚人而大悦，尽弃其学而学焉。予厉声诃禁，乃止。'"

[3] 李鼎：《明中宪大夫提督学校广东按察司副使先考洪西府君行状》，见《李长卿集》卷十二，2b—3a 页。与李鼎同族，而属于丰城湖茫一脉的李环，也一样以此为经世第一事。李鼎与李环交情颇深，李环曾以"吾兄沈毅多谋，弟亦临敌不惧，政足相济"为说。李鼎：《中都都督府丰城侯绍东李公行状》，见《李长卿集》卷十二，10—19 页。

[4] 李鼎：《报朱秉器开府书》，见《李长卿集》卷十，4、5 页。

者，皆后北地、历下、姑苏、新安二、三君子而崛起者也"，并在信中赞誉马姓巡抚"与北地、历下、姑苏、新安诸君子并驱于中原，无不及焉"。[1]

共同的文学背景是李鼎与朱、马二人交往的基础所在，而值得注意的是，在此基础上，李鼎誉美朱孟震有文武具足之才，"舍朝廷之清秩，而应羽檄之倥偬"，并且引孔子（前551—前479）与卫灵公（前540—前493）对话的典故说：

> 昔宣尼不对卫灵之问陈，而以俎豆自居，匪薄军旅而不为也。礼乐征伐，同原而异用，其不以军旅为军旅，而以俎豆为军旅。故知宣尼深于陈，而以深于陈者对卫灵也。阁下词锋笔颖，雄视千古，即出其绪余以收叩关归农之绩也，其何难哉！不肖文谢陆何（按：应是隋何之误），武惭绛灌。[2]

李鼎说"礼乐征伐，同原而异用"，此正可用来说明他对文学与经世武功两者关系的看法。李鼎既佩服朱孟震文武全才，又把自己比拟于隋何、周勃（？—前169，封绛侯）、灌婴（？—前176）等人，足见其自负之意。在给马姓巡抚的信上，李鼎则针对后七子文学流风的流弊，批评某些人把文章、经世分作两途，他说：

> 又有异焉者，未秉青藜，先张白眼，以纵情杯酒为旷达，以遗落世故为高标，其有识，抱先忧，欲系颈单于而笞背中行者，一切鄙之为俗物，目之为武人。此文章、经世所以岐为两途，而随何无武，绛、灌无

---

[1] 李鼎：《与大同马明府书》，见《李长卿集》卷十，6、7页。

[2] 李鼎：《报朱秉器开府书》，见《李长卿集》卷十，5页。

文，昔人有遗恨矣。[1]

同样引隋何、绛灌为例，若隋何无武、绛灌无文则有遗恨。在李鼎看来，经世并不止于书面文章，还须实际落实在武功征伐上。文武具足，文章与经世合一，正是李鼎的理想所寄。

曹丕（187—226）《典论·论文》："文章，经国之大业。"传统士人并不把文章视为小技，即使是写作文章也可以是经世事业。文章与经世的关系可以有很多种，如同光谱一般。若光谱的最右侧是文章写作，最左侧是经世，则诗文社集中的士人，很多是在光谱的中间偏右，而李鼎则在中间偏左。李鼎更偏重在实际的经世事功上。

李鼎早年担任幕僚，中年江南结社与人交游，直到晚年投身制艺与宗教活动。早、中年两阶段，正好提供我们观察他的文章与经世的交涉。

二、经世：军事及治水

万历十六年（1588）李鼎似有占籍，所以以江西人而考取顺天府举人，留在北京一带与人结社，张民表（1570—1642）、阮南朋应都是社集成员之一，李鼎指出：

> 乃有钱塘阮生，定石交于倾盖；中牟张生（按：张民表），问奇字于敝庐。于时长卿氏开蒋径，结祇社，双龙之气既合，而千秋之业遂讲矣。摛文作法于周秦，谭诗取裁于汉魏，而又以其余力为经生制义。[2]

---

[1] 李鼎：《与大同马明府书》，见《李长卿集》卷十，6—7页。
[2] 李鼎：《流霏馆两生义序》，见《李长卿集》卷五，11页。

据"摘文作法于周秦，谭诗取裁于汉魏"，可知此社应是复古派流风下的产物。李鼎的文集第一卷是张民表所编校，而张民表以门人自称，显示二人的师生情谊一直持续不断。[1]

万历十八年（1590）西疆有乱，由于顺义王黄台吉（？—1586）死，其子扯力克（？—1607）嗣，大臣切尽黄台吉用事，部曲莫相统一，频抄掠诸番。切尽黄台吉之弟火落赤者，拥众入据陕西莽剌川，射杀明副将李奎，以致于洮河大震。[2]李鼎于是草《边策》六篇，分别是：《形势》《才难》《实伍》《勇气》《营马》《间谍》，得到大学士王锡爵、许国（1527—1596）的赏识[3]，而将李鼎推荐于当时负责经略陕西四镇及山西、宣大边务的兵部尚书郑洛，担任幕僚职。[4]于是李鼎随军出发，足迹所及，包括昌平、上谷，经云中，历雁门、榆林、宁夏、固原，税驾于河湟，间关七塞，共几万余里路程。从李鼎的书信可知他并不是一般的幕僚，而是如陈弘绪所说的，"自督抚大将军以下，莫不握手交欢，侧席伺颜色"。[5]如先有宣大总督萧大亨（1532—1612）款待李鼎，咨询其见解[6]；接着大同巡抚邢玠（1540—1612）迎李鼎到云中[7]；陕西巡抚叶梦熊（1531—1597）与李鼎执手论交[8]；李鼎则与兵科给事中

---

[1] 李鼎前往塞北一带时，仍关心张、阮二人的乡试成绩，并写信恭喜张林宗考取举人，以及惋惜阮南朋不第。李鼎：《与张林宗书》，见《李长卿集》卷十，13—15页。

[2] 陈弘绪：《孝廉李公传》，见《敦宿堂留书》卷一，32页，收入《陈士业先生集》。

[3] 李鼎动身西行后，便写了一封信给王锡爵与许国，报告他对西疆形势的看法，见李鼎：《寓阳和报许王二相公书》，见《李长卿集》卷十，1—4页。

[4] 李鼎：《奏进保泰策疏》，见《李长卿集》卷十八，1页；夏燮：《明通鉴》，2702页，台北：世界书局，1962。

[5] 陈弘绪：《孝廉李公传》，见《敦宿堂留书》卷一，32页，收入《陈士业先生集》。

[6] 李鼎：《寓阳和报许王二相公书》，见《李长卿集》卷十，1—2页。

[7] 李鼎：《报朱秉器开府书》，见《李长卿集》卷十，5—6页。

[8] 李鼎：《谢叶开府公书》，见《李长卿集》卷十，12—13页。李鼎曾为萧大亨作书及贺寿，见李鼎：《代萧总督贺申长洲相公一品三考加恩启》，见《李长卿集》卷十一，4—5页；卷十一，《贺萧总督寿启》，10—11页。

张栋综论全陕门户所在的河州处置事。[1]

当时对西疆有主战与主和两派，主和派较得势，主张以通贡开市的方式进行安抚。但李鼎以为此是一时之谋，而非万世之计，毕竟"夷狄豺狼之不可厌"，边防战力才是要事。所以他致函王锡爵、许国二位大学士，表达主战的立场，并指出使用火器及训练士兵熟练火器是关键所在，他说：

> 鼎竭其不敏，于木发、佛狼机、三眼铳、拒马枪等器，稍为讲求，略制式样，务求费省功大，亦微有成效矣。然制器非难，制之得法为难；制之得法非难，运器者操演纯熟、得手应心为难。自非不惜小费，大破拘挛，未见其易易也。[2]

西疆战事在一两年内便即底定，据说李鼎的赞画起了很大的作用。[3] 但班师回朝后，李鼎不仅未被授官，反而行踪不明。根据万历二十二年（1594）李鼎写给张位的一封信上说已"落魄江左"，可知他当时颇不得志。由于张位是当朝大学士，于是李鼎在信中除了对朝政提出建言，同时也希望向张位面陈他对边防的意见，他说：

> 夫不肖鼎尝陆沉塞北矣，而不言边；落魄江左矣，而不言海。此其说有二：善战者战于庙堂之上，则边海不必言；又其地理辽远，形胜、士马、防守、器械、分合、奇正之务，更仆未可悉数，浅言之则无当，深言之则冗长而不可听。傥再赐明问，则方寸之地，尺一之牍，当自效于异

---

[1] 李鼎：《与阅视张都谏论河州事》，见《李长卿集》卷十，8—12 页。

[2] 李鼎：《寓阳和报许王二相公书》，见《李长卿集》卷十，3 页。

[3] 陈弘绪：《孝廉李公传》，见《敦宿堂留书》卷一，33 页（收入《陈士业先生集》）："卒之，佐郑司马功成，檄谕扯力克东归，而革火落赤市赏，遂令远徙者。赞画，鼎之力也。"

日焉。[1]

    此后李鼎北上，在北京待了一段时间，推测可能是与张位晤面议政，但张位在读竟李鼎对朝政的建议后，评语是"事难猝行，然君谠论，终不能泯灭，着之简册，以待后耳"[2]，并未采纳其建言。

    当时发生两件大事，一是日本侵朝鲜事，一是黄、淮河泛滥，致明祖陵被淹事。关于前者，当时的兵部尚书石星（1537—1599）倾向封王，跟日本达成封丰臣秀吉为日本王之议，但日本意在贡市而不在封王，于是和议破局，而石星饱受责难。于是李鼎在万历二十四年（1596）致函石星，劝石星引咎责躬，奉宣朝廷威德，并建议他寓封于勘，寓勘于守[3]，石星不能用。次年李鼎又再修书，劝以国家最巨且急之事：一国本，一备倭；而石星既因和议破局而受责难，李鼎遂劝石星改议国本事，以将功补过。[4]但石星皆不能用。值得注意的是，李鼎只有举人功名，又无官职，却能够上书石星，而石星收信后虽怒却不发作[5]，应是有所顾忌，其所顾忌的可能即李鼎的姻亲张位。

    另一件是黄淮河泛滥事。治黄河一直是晚明的重大议题，而且有不同的治水主张，分别有潘季驯（1521—1595）、杨一魁（1536—1609）两派。潘季驯主张"束水攻沙"，因此担任河道总督的二十七年间，筑堤以合黄、淮河之水，但万历二十年（1592）泗州大水，却淹及明祖陵，万历皇帝（1563—1620，1572—1620 在位）震怒，于是潘季驯解职归乡。李鼎在万历二十二年（1594）入

---

[1] 李鼎：《上张相公书》，见《李长卿集》卷九，10 页。

[2] 陈弘绪：《孝廉李公传》，见《敦宿堂留书》卷一，35 页，收入《陈士业先生集》。

[3] 李鼎：《上大司马石公书》，见《李长卿集》卷九，10—16 页。此信年代可见李鼎：《奏进保泰疏策》，见《李长卿集》卷十八，1 页。

[4] 李鼎：《再上大司马石公书》，见《李长卿集》卷九，16—18 页。

[5] 李鼎：《再上大司马石公书》，见《李长卿集》卷九，16—17 页："客岁鼎不度愚贱，谬以未同逆耳之言，仰渎阁下，不蒙见报。说者皆谓阁下积怒，有待而发，然鼎寸心，知有国耳，不暇计阁下之怒与不怒也。"

京时，便已注意此事，如他所说：

> 不佞以甲午除夕入都门，越明年，则当事者以祖陵告急，圣天子赫
> 然震怒，二、三元老以及在事诸公无日不以问水为务，即瞶落如不佞，亦
> 得拾其绪论以为谭资。[1]

此后朝廷改采杨一魁的"分黄导淮"之议，即分黄河水，及疏浚海口。从相
关资料判断，李鼎支持这一派的主张，于是"挟奇策谒治河使者"[2]，由于李鼎曾为
工部侍郎徐作代笔的《分黄导淮大工纪略》一文[3]，推测此治河使者应即徐作。[4]

徐作是张位的亲信，而张、徐、李三人都是南昌人，推测李鼎应是担任徐作
的幕僚，齐往巡视河工。万历二十四年（1596），朝廷大举役夫二十万人投入分黄
导淮的工作，次年竣工。工成后，水患稍平，而淮扬小安。李鼎所代笔的《分黄
导淮大工纪略》即万历二十五年（1597）所作，是徐作陈述经过并谢恩的奏疏。

李鼎自述万历二十四、二十五两年间，"侨寓秦淮之上"，而在一封给负责
河事的官员樊兆程的信中说："往不佞之奉教于秦淮署中也，门下出《海口图
议》开示指画。"[5]可知这两年他因治河事而驻足南京。这段期间，李鼎除了治河
以外，也常与人结社，"赏彝鼎，展书画，爇名香，烹苦茗"[6]，推测樊兆程也曾
与会，所以李鼎赠其秦镜一枚，以及《玉女潭记》一卷。[7]

---

[1] 李鼎：《与樊工部书》，见《李长卿集》卷十，15页。

[2] 曹学佺：《赠李长卿序》，见《石仓文稿》卷二，4页，收入《石仓全集》。

[3] 李鼎：《分黄导淮大工纪略》，见《李长卿集》卷七，11—16页。此文应作于万历二十五年
（1597）。

[4] 徐作是负责此次治河的重要人物之一，见李鼎：《左司空念吾徐公考迹序》，见《李长卿集》
卷四，2页。

[5] 李鼎：《与樊工部书》，见《李长卿集》卷十，15页。

[6] 以上见李鼎：《弄丸说》，见《李长卿集》卷十六，23页。

[7] 李鼎：《与樊工部书》，见《李长卿集》卷十，15、16页。

歧路彷徨

万历二十五年（1597）治河事毕后，李鼎拟《海策》六篇，并同前作《边策》六篇，一起上书朝廷 [1]，而能够上书朝廷，应是托借张位或徐作的关系。这六篇中的一篇跟火器有关。[2] 但对李鼎这次的上书，圣旨中只有简短"兵部知道"四字，似乎未受重视。[3] 次年，万历二十六年（1598），第一次妖书案起，张位、徐作分别被罢职与冠带闲住 [4]，李鼎在朝中顿失依靠，于是他离开北京而转往江南一带，展开他中年参与江南社集的生活。

尽管如此，李鼎并未完全忘怀他的经世事业，仍多方留意并寻求机会。万历二十八年（1600）西南有杨应龙（1551—1600）之乱，乱平后，因贵州巡抚郭子章之疏奏，而有清疆之议，李鼎从邸报得知此事，遂修书郭孔陵议论此事。[5] 郭孔陵是郭子章的三子，同时也是李鼎的门人。李鼎应是想通过郭孔陵给郭子章建议，而从郭子章后来敦请李鼎为其题诗来看，两方的关系应该不错。[6] 此外，李鼎亦曾致函予应天巡抚周孔教（1548—1613），论仪真运河事，指漕船从城外过有三害，建议让漕船入城而收三利。文末更向周孔教推荐仪真知县李一阳（李鼎的同年举人）。[7] 周孔教是临川人，万历八年（1580）进士，他在应天巡抚总督河道任上刊行《周中丞疏稿》十六卷，其中包括《西台疏稿》，极论石星等封日本弃朝鲜之非。周孔教与谢廷谅、姜宏范同撰《千金堤志》八卷，

---

[1] 李鼎：《奏进保泰策疏》，见《李长卿集》卷十八，2 页；陈弘绪：《孝廉李公传》，见《敦宿堂留书》卷一，33 页，收入《陈士业先生集》。

[2] 李鼎：《海策五火攻》，见《李长卿集》卷十八，12—13 页。

[3] 李鼎：《奏进保泰策疏》，见《李长卿集》卷十八，1—3 页。

[4] 张位事见《纪七十一·神宗显皇帝》万历二十六年六月丙寅条，见《明通鉴》卷七一，2785 页；徐作事见《人物·仕绩下·明·徐作》，见许应鑅等修，曾作舟等纂：(同治)《南昌府志》卷四十一，4623 页。

[5] 李鼎：《与郭陵乌论黔事书》，见《李长卿集》卷十，20—22 页。

[6] 李鼎：《上大中丞青螺郭先生书》，见《李长卿集》卷九，18—19 页。信中说："岁丙午，先生季公肆业南雍，招鼎共事砚席，……然卒不敢通一刺以讯左右。"

[7] 李鼎：《与周怀鲁开府论仪真运河书》，见《李长卿集》卷十，16—17 页。即使在回乡后，李鼎对河渠仍多关注。文集中有两封信，便是他写给地方官员，请疏浚章内河。李鼎：《请浚章江内河桃竹港启》，见《李长卿集》卷十一，20 页；《又启》，21 页。

千金堤在抚州府城东，当汝水之冲，屡有兴废，可知此书也与水利有关。[1] 李鼎与周孔教同乡，二人在封贡事的立场一致，而李鼎对水利又自有一套看法，加上有谢廷谅这个共同的朋友，应是这几层关系，让李鼎自信可以写信给周孔教讨论运河事。

李鼎也很注意同时代人的论点。当时华亭杨忠裕曾作《杞说寒闻》，议论疆、封贡及河渠事，颇为李鼎所赞赏，以"言言石画，字字金声，经济、文章，两擅其美"称之[2]，李鼎对此书作了许多评语。如杨忠裕亦持漕船入城之说，所以李鼎附和说："不佞欲改瓜仪运河于城中，其说具载别楮。"[3] 对日本封贡事，杨忠裕以为"封倭非必尽失策也"，李鼎也说："不佞曾以此策干石司马，愧未同而言，不免以石投水耳。"[4]

若据清人的评论，杨一魁的治水只有短暂成功而已，黄、淮河不久便又泛滥，杨一魁被削职为民。西疆与西南乱事也未能真正解决，所以天启以后乱事又起。若从事后诸葛来看，李鼎的这些方略谋划，都并非能够长治久安之策，也因此不难理解为何李鼎留下许多论述，却始终乏人问津。倒是李鼎对女真的评论颇有先见之明，见李鼎给晏文辉的信。晏文辉，字怀泉，南昌人，万历十六年（1588）举人，万历二十六年（1598）进士。他与李鼎既是同乡，又是同榜举人，彼此应有交情。而从此信可知，李鼎晚年仍未放弃对军事武功的关注及经世的抱负，他仍借邸报而知辽阳事，忧心女真与其他边疆民族不同，女真所欲不在财帛而在疆土，为祸更大。[5]

---

[1] 李鼎:《借箸编序》，见《李长卿集》卷十九，1 页。从李鼎留下的著作看，除了前述《边策》《海策》以外，另有《借箸编》六编，主要是跟水利有关，李鼎自许为"藏名武林之墟，睹水利之宜，亟兴而作"，显示水利一直是他关注的焦点所在。

[2] 李鼎:《杞说私评》，见《李长卿集》卷十九，14 页。

[3] 李鼎:《杞说私评》，见《李长卿集》卷十九，16 页。

[4] 李鼎:《杞说私评》，见《李长卿集》卷十九，21—22 页。

[5] 李鼎:《与晏怀泉给谏年丈论建夷书》，见《李长卿集》卷十，19—20 页。此信应作于万历三十六年（1608）左右。

三、江南社集与交游

万历二十四、二十五两年（1596、1597）李鼎已因治河事居南京。万历二十六年（1598），张位、徐作因妖书案而被黜归乡，李鼎遂停驻江南一带，此后与侨寓扬州的谢廷讚相遇，而迁往扬州居住。直到万历三十六年（1608）返回江西以前，李鼎主要都在江南、扬州一带活动。

令人好奇的是，李鼎如何打入江南的社交圈，这个疑惑在分析李鼎与曹学佺的关系，及参考谢廷讚的文集以后豁然开朗。据曹学佺所述，他在万历二十二年（1594）入京时，便已闻李鼎之名，但二人似未谋面。此后几年，李鼎因治河事，而常在南京，并参与当地社集，当地社集名称与成员皆不详，仅知治河官员樊兆程也在其中，而李鼎另与六安黎仲明、莆田郭天中（字圣仆）也因社集而熟识。[1]直到万历二十七年（1599），曹学佺因中察典量移南京，曹、李二人方始相识。[2]曹学佺在南京主持金陵社集[3]，推测李鼎也曾与会，并借此社集结识许多人。[4]

接着李鼎移居扬州，与谢廷讚相游，及共同讲学。李鼎与谢廷讚的文集有共通点，即文集的每一卷都有不同的门人弟子参与校订（见附表1与附表2）。两个表中的一些人名是重复的，如许国心、彭承芠、章万椿、倪启祚等。显示二人一起讲学，所以门人弟子的名单才会重复。至于所讲者何学？据李鼎自述

---

[1] 李鼎:《弄丸说》，见《李长卿集》卷十六，23页。

[2] 曹学佺:《赠李长卿序》，见《石仓文稿》卷二，4页。

[3] 何宗美将此社集定于万历三十二年（1604），见氏著:《文人结社与明代文学的演进》下册，319页，北京：人民出版社，2011。

[4] 如李鼎收有一首诗题为《元夕偕诸君集曹能始计部衙斋咏夹纱灯屏分得银字》，见《李长卿集》卷二，11页。

"万历乙巳 [三十三年（1605）]，不佞汗漫游于广陵，二三子邀之讲业于社"[1]，又说：

> 岁万历甲辰、乙巳间，予寓广陵，多士从游者日众。昼则群聚讲业于堂，夜则然灯匡坐于室，复有居相近者六、七人就而讲《易》，各出所见相质证，而取裁于予。[2]

另据其弟子倪启祚所言，李鼎在大业堂讲学，所讲述的跟经义有关，其中还包括李逊所授的《学》《庸》要旨。倪启祚叙其事说：

> 记甲、乙岁（按：即甲辰、乙巳），先生列帐于大业堂中，四方之士麋至，虽单门后进，必加曲诱，因剖示《中庸》秘旨，脉络□生，直剖心印，迥非经生款启之识。余尝侦其展帙沉思，达丙夜不寐，时有会心处，或据余榻亟授之。若《大学》言心不言性，《中庸》言性不言心，尤提要钩玄之语，即近代名通者未闻有良比也。[3]

此处仅说李鼎讲经义，若再参考谢廷讚的序文，便知李、谢二人所教授的与制艺有关。谢廷讚在为弟子制艺所作的序文上说：

> 余为广陵雁户十年矣，闭户授经，用佐饘粥。癸卯 [万历三十一年（1603）] 则陈以忠恕先、章万椿愚公、倪文焕贲白、郑之彦仲俊兄弟辈数十君子游吾门，而贲白即以癸卯捷。丙午 [万历三十四年（1606）] 则许

---

[1] 李鼎：《双瀑堂文草序》，见《李长卿集》卷五，6页。

[2] 李鼎：《萧从韶建费迁祠解》，见《李长卿集》卷十六，24页。

[3] 倪启祚：《李长卿先生经诂序》，收入李鼎：《李长卿集》卷首，2页。

国心贯日、彭承茞五臣、游扬友时、江延历凝一、倪所（启）祚昌锡辈数十君子游吾门，而凝一即以丙午捷。昌锡以己酉［万历三十七年（1609）］捷。今年庚戌［万历三十八年（1610）］，醝台彭公捐俸几二千缗，大辟维扬之馆，拔郡邑州庠之俊，如李通伯经洎、游友时辈百十余人，肄业其中，而谬使不佞偕同岁兄韦中石司农衡其文。[1]

谢廷讚自万历二十八年（1600）因议册立礼而被褫职为民后，便因生活而侨寓扬州，李鼎是后来才到。他们教导门人弟子的内容跟科考有关，所以谢廷讚还为弟子的制艺作序。不过，万历三十八年官员重修维扬书院时[2]，书院主持人中却没有李鼎的名字，可知他在扬州并未停留太久。

但李鼎与扬州士人的交游颇频密，包括他在大业堂讲学而有一批门人弟子，而扬州同样也是四方士人聚集之处，使他得以结识来自各地的士人。

扬州曾有两次重要社集活动，分别是嘉靖末年的竹西社及万历晚期的淮南社。首先是嘉靖末年，广五子之一的欧大任来扬州任官，与陆弼等人结竹西社。陆弼是寓居扬州的新安人，被视为当地诗坛的代表人物。[3] 在欧大任离开扬州后，竹西社很快便衰落。[4] 此后直到万历三十七年（1609），李维桢（1547—1624）侨寓扬州期间，才由李维桢主盟，偕同陆弼等人结淮南社，希望再现竹西社的盛况。[5] 李鼎来扬州时适逢前后两次社集的中断期，但他仍然多方与人

---

[1] 谢廷讚：《游友时绿天馆制义叙》，见《步丘草》卷十一，96页，东京：高桥情报，据日本内阁文库藏明万历间刊本影印。

[2] 维扬书院的修建，见谢廷讚：《前茅录序》，见《步丘草》卷十一，19—21页；卷十六，《重修维扬书院纪事跋》，1—4页。

[3] 薛冈：《吉知白诗》，见《天爵堂文集》卷二，9页（收入《四库未收书辑刊》第6辑第25册，据明崇祯刻本影印）："海内诗人，三十余年来，以其诗贻余者，积不下千卷，广陵陆无从、冒伯麐与焉。余尝以二君为诗人今日正鹄。"

[4] 欧大任：《竹西集序》，见《欧虞部集》文集卷五，22页，收入《四库禁毁书丛刊》，集部第47册，据清刻本影印。

[5] 淮南社的资料见何宗美：《文人结社与明代文学的演进》下册，328页。

交游。如他与陆弼、夏玄成等人都有往来[1]，有诸如《不佞掩关兴严寺，喜人日放晴，许灵长携素具偕陆无从、夏玄成环坐关次，讲秋竟日，无从诗成见示，赋此以答》这类社集的诗作。[2] 兴严寺在南京，陆无从即陆弼，许灵长即许光祚，钱塘人。几人同在南京集会的原因，则可能与万历三十三年至三十八年间（1605—1610）彭幼朔在南京宣传龙沙谶预言有关，因为据说夏玄成"十岁慕神仙冲举之事，已而昌披自喜，意不可一世，亦不见可于时"[3]，此倾向正与李鼎相合，所以二人应都不会错过彭幼朔所宣传的飞升预言。值得注意的是，李鼎虽是失意而居扬州，但他仍未放弃武功经世的想法。他与如皋冒愈昌相识，冒愈昌是后七子的捍卫者[4]，李鼎曾作一首七言律诗《送冒伯麟之来州》相赠，诗的重点却放在日本封贡事：

> 知君故有东封疏，好及明时觐帝颜。[5]

李鼎在顾大猷的浮黎馆集会中与茅坤之子茅维相识。[6] 跟功过格的作者袁黄亦识于扬州。[7] 茅、袁二人皆非一般文士，而同样有经世的那一面。

前文谈到李鼎与周孔教论河运，及与郭子章论清疆，亦此时期的事。万历

---

[1]　夏玄成参与淮南社资料见缪荃孙、吴昌绶、董康：《集部·淮南社草》，见《嘉业堂藏书志》卷四，1051 页，上海：复旦大学出版社，1997。

[2]　李鼎：《李长卿集》卷一，15—16 页。

[3]　谢廷讃：《夏玄成制义叙》，见《步丘草》卷十一，25 页。

[4]　周亮工：《因树屋书影》卷四，32 页［见《续修四库全书》第 1134 册，据清康熙六年（1667）刻本影印］："当万历末年，抨击七子者甚众，伯麐守师说，抗词抵拄，愤楚人之訾謷，至欲以身死之。"

[5]　李鼎：《送冒候麟之来州》，见《李长卿集》卷二，1 页。

[6]　李鼎：《集顾所建小侯浮黎馆送茅孝若北上分得真字》，见《李长卿集》卷二，7 页；卷二，《送茅孝若应制北上》，11 页。

[7]　李鼎：《答赠袁了凡先生二首有序》，见《李长卿集》卷二，6 页："顷先生移席广陵，乃得一瞻道范。"

三十三年（1605），李鼎曾往仪真[1]，《与周怀鲁开府论仪真运河书》应即此年所作，而信中说他"居广陵、真州之间"[2]，可知他往来扬州与仪真之间。次年，万历三十四年（1606），李鼎收到弟子郭孔陵的来信，表示他正在南京国子监，邀其共事砚席。[3] 推测郭孔陵应是希望李鼎前往南京讲学，但被李鼎所婉拒。同年，李鼎作《与郭陵舄论黔事书》谈贵州事，郭陵舄即郭孔陵，信中李鼎谈到曾为黔事而"招黎仲明计之"[4]，在另一封给郭孔陵之父郭子章的信中，也谈及"友人黎仲明氏以先生所制太夫人新阡十景诗绘之于图，属鼎里言引首"[5]，显示李鼎先前在南京社集所识的黎仲明，不仅仅只是诗文社友而已，还是一同筹划军事谋略的伙伴。

通过此一脉络，亦可理解李鼎上奏朝廷的《海策》第三策谈到北京的诗文结社，便是着眼于社集的实际作用，并以郑晓（1499—1566）、万恭为例说：

> 盖闻都中缙绅诗社、学会相继代起，惟先臣郑晓、万恭，与二三同志联经济会，以故一时人材独盛。[6]

显示即使是诗文结社，李鼎也希望是文章、经世合一。

此后，李鼎之子李克家前来扬州接李鼎回江西过六十大寿，时间应在万历

---

[1] 倪启祚:《李长卿先生经诂序》，见李鼎:《李长卿集》卷首，4 页:"乙巳秋，余别先生于真州。"

[2] 李鼎:《与周怀鲁开府论仪真运河书》，见《李长卿集》卷十，17 页。

[3] 李鼎:《上大中丞青螺郭先生书》，见《李长卿集》卷九，19 页。

[4] 李鼎:《与郭陵舄论黔事书》，见《李长卿集》卷十，21 页。

[5] 李鼎:《上中大丞青螺郭先生书》，见《李长卿集》卷九，19 页。十景诗见卷一，《狮山十景为大中丞郭青螺公赋》，20—22 页。

[6] 李鼎:《海策三·储材》，见《李长卿集》卷十八，10 页。

三十六年（1608）左右[1]，正式结束李鼎在江南的游历岁月。

在李鼎早年往来的人物中，张位与徐作是南昌人，樊兆程是进贤人，周孔教是临川人，朱孟震是新淦人，谢廷讚是金溪人。简言之，给予李鼎政治奥援，或是李鼎所积极往来结交的，很大比例都是江西人，而同乡关系亦给予他很大的帮助。也因此，尽管李鼎只有举人功名，又未实际授官，但他较诸大多数士人有更多在政治或军事上一展身手的机会。尤其是跟张位的姻亲关系，以及张位对其才华的赏识，让李鼎有机会实际参与治河之事，并能将所著策论上呈朝廷，甚至两次以书信劝谏石星。另一方面，朱孟震与谢廷讚本即社集中人，樊兆程在南京与李鼎共同参与社集，而张位与徐作在归乡后更分别主持及参与佳山社与匡山社的社集活动。这也提醒我们，同乡关系还会与共同的文学主张与社集交游相交集，并且更加巩固。

李鼎中年转往江南，在江南的交游圈中，李鼎结识来自各地的士人，如黎仲明即此时所识。此时李鼎失去张位这个政治奥援，他改以著书立说的方式发表他对经世实务的想法，同时也培养后进，而其门人弟子则形成一个小群体，其子李克家也在这个群体中。《方舆胜略》这本带有实用性质书籍的编纂出版，便是这些门人弟子的成绩。李克家则另有《戎事类占》一书，得到以博学著称的宗室朱郁仪的推崇。[2]

值得注意的是，李鼎所处时代正值制艺写作风潮渐兴之际。万历二十八年（1600）在临川与金溪交界处举行的紫云社，社员中既有江右四大家之三的陈际泰、罗万藻（？—1647）、章世纯（1575—1644），也有临川、金溪两地士人的参与，这个社集可视为是明末江西较早的制艺社集。此后，越来越多士人把精

---

[1]　谢廷讚：《寿李长卿序》，见《霞继亭集》卷中，57 页，台北"国家图书馆"善本室藏明万历刊本。李鼎自述他在嘉靖丁巳、戊午年间，以童稚从其父李逊游宦岭南，所以可推知他在万历三十六年应是过六十大寿。见李鼎：《双瀑堂文草序》，见《李长卿集》卷五，5 页。

[2]　《人物·文苑·明·李克家》，见许应鑅等修，曾作舟等纂：(同治)《南昌府志》卷四十四，40 页。

神与注意力放到制艺写作中，除了个人的揣摩，还组成社集，共同交流，把制艺当作专门之学研习。

李鼎很敏锐地察觉此一动向，所以他晚年归乡以后，不仅继续教导制艺，而且对制艺的态度也开始转为高度推崇。加上李鼎晚年又投身于净明道活动中，颇让人好奇他如何绾合制艺与宗教两者。

四、典籍、儒学与净明道

李鼎离开江南的文人交游圈后回到江西，主要是为了期待龙沙谶预言的应谶之期的到来，但同一时间，李鼎也有从诗文转向制艺的倾向。

若据李鼎的门人孙汝澄的序文所说，李鼎归乡之初，心思所注，除了龙沙谶预言，便在著作。他说：

> 往岁戊申秋之季，先生倦游还山，……订西山之约，蕲以性命之旨相印证耳。明年中夏，余将有事于燕，重忘久要，过访先生，信宿山中，再订后约。先生云："世外事一切不关于心，课孙之暇，掇拾吾文，蕲去断简，附以近作，编次成帙。……"余为命其篇曰《经诂》。[1]

戊申即万历三十六年（1608），李鼎在此年从南京返回江西。由于应谶之期是万历四十年（1612），所以他与孙汝澄订西山之约，准备在此之前前往西山迎接八百地仙。与此同时，李鼎也完成了《松霞馆偶谭》《松霞馆续谭》《松霞馆赘言》，以及《经诂》这几本著作。其中《经诂》最值得注意。李鼎曾刊刻《四书

---

[1] 孙汝澄：《书李长卿集后》，见李鼎：《李长卿集》卷末，1—4 页。

古注》[1]，并与王思任（1575—1646）合编《诗经古注》，这两本书都是制艺写作的参考书籍。而《经诂》一书，所诂之书包括《论语》《大学》《中庸》《孟子》《诗经》，很可能就是在两本古注之外另作个人注解，所以应也跟制艺写作有关。

如前文所述，李鼎对理学是比较疏远的。他尤其不喜理学家的语录，所以多所批评说：

> 文以训雅，言以谕俗，若五官四肢听命于天君而不相摄者也。自语录兴而文运之厄，历数百年而不返，是在右文者加之意耳。[2]

> 古人以文学、言语为两科，故里歌巷吟，悉经藻饰，而传之至今。宋儒以语录、文章为一事，故家猷国宪，无非口占，而行之不远。[3]

强调文学、言语为两科，而批评宋儒混文章、语录为一事，可知李鼎认为应以文章——而非语录——论述经义。如其在扬州的弟子倪启祚在为李鼎晚年的著作作序时指出：

> 宋儒多以语录代文章，致辞多粗率，而未可经远，吾师李长卿先生尝数言之。诸所著述若十种，业既绚辞英于东璧，撷文颖于西京矣。乃于圣贤经语，则锐思毫芒，绲以年岁，每一命管，辄厘举嘉义，无只语染学究习，而辞条与笔阵，忽不自知其汩汩然来也。[4]

极力称赞李鼎文章之佳妙，与其对语录辞多粗率、未可经远的批评相对比。

---

[1] 李鼎：《刻四书古注序》，见《李长卿集》卷五，1—2 页。

[2] 李鼎：《经诂·子曰文莫章》，见《李长卿集》卷二十五，25 页。

[3] 李鼎：《松霞馆偶谭》，见《李长卿集》卷二十，11 页。

[4] 倪启祚：《李长卿先生经诂序》，见李鼎：《李长卿集》卷首，1—2 页。

文章如何解经？李鼎早、中年所致意的，在于文章与经世不应歧为两途，李鼎虽对文章的内涵没有说明清楚，但从他当时所往来的人及所参与的社集来看，应指诗与古文辞（以下简称诗文）。对李鼎这类经世取向如此明显的人，他尽可不必在乎文章，但他却坚持文章与经世不可歧为二途，而且持续参与各种社集。社集的人际网络，以及可以找到同道中人，固然是原因之一——这也显示这类诗文社集可以吸引各类人等，而不仅仅只是诗文的同好而已。对李鼎而言，文章不只是文章，还是儒学的大本，因为儒学典籍的经义，都须以文章注解及阐述。

晚年李鼎则把制艺也视为文章。李鼎对制艺的看法历经三变。他早年便以制艺闻名，张民表即其早年所收的弟子；中年在扬州，晚年归乡开馆授徒，所教授的也是制艺写作。如他所自述——"余既谢经生业，诸君子持所论著就余扬榷者，屡满户外"。[1] 他说：

> 今所称制义，大都十年一变，讵惟十年，亦且岁更，讵惟岁更，亦且月异而日新焉。……余于此技盖三变云；初以菽粟视之，技亦菽粟而报余；既以鸡肋视之，技亦鸡肋而报余；今直土苴之矣，而与诸君子扬榷时，辄有一言之几乎道，岂所谓岫云海市，无心于文者得之耶！[2]

早年致意科举，所以说"以菽粟视之"；中年在扬州开馆，但志不在此，所以说"以鸡肋视之"，食之无味，弃之可惜。戏剧性的变化则发生在他晚年归乡后，常在制艺的讨论中有一言而几于道，所以李鼎进而主张制艺有其文之理，他说：

---

[1] 李鼎:《刻朋来集序》，见《李长卿集》卷五，12 页。
[2] 李鼎:《刻朋来集序》，见《李长卿集》卷五，12—13 页。

> 万古不易者，文之理；三年一变者，文之调。究万古不易之理，从
> 三年一变之调，于举子业也何有。[1]

"三年一变者"，应指受科举考试影响的制艺走向，但无论其走向如何变异，仍不离其万古不易之理。尽管李鼎没有留下制艺著作，但从他所刊刻及所作的儒学著作，都跟制艺写作有关，正可佐证他晚年以制艺来定义文章，以及思考与论述经籍的义理。

诗文与制艺属于不同的文体，一般从文学史的角度看复古派中衰，取而代兴的应是公安、竟陵。但在李鼎的这个个案所呈现则是从诗文到制艺的转变，这个转变正好跟明末江西社集活动的风潮转变一致。江西文坛自余曰德、朱多煃在 16 世纪 90 年代先后去世后，接着便是万历二十六年（1598）左右张位在归乡以后所倡导的佳山社（推测李鼎也曾与会）[2]，以及成立于万历三十二年（1604）左右、由匡山九子所成立的匡山社。匡山社是继余曰德、朱多煃等人的芙蓉社以后的重要社集，所以陈弘绪说：

> 豫章之诗，当王李时，芙蓉社称盛；已再盛于匡山社，则公安诸袁
> 争雄长焉。[3]

---

[1]　李鼎：《松霞馆偶谭续》，见《李长卿集》卷二十一，5 页。

[2]　《人物志·文苑·明》，见承需修，杜有裳、杨兆崧纂：（同治）《新建县志》卷四十八，22页［收入《中国方志集成·江西府县志辑》第 5—6 册，据清同治十年（1871）刻本影印］："汪应娄，字汉章，少负俊才，万历己酉（1609）乡举公车不第，益好为古文辞，与相国张洪阳，及里中耆宿朱谋㙔、喻均辈为佳山社、龙光社，徜徉山水间。"（光绪）《江西通志》作"匡山社、龙光社"，"匡""佳"二字相似，应是抄写或刊刻舛误。见《列传四·南昌府四·明》，见曾国藩、刘坤一等修，刘绎、赵之谦等纂：（光绪）《江西通志》卷一三七，40 页。李鼎在万历三十一年（1603）张位七十大寿时作《瑞芝篇张相国七十》，应是在此时参与佳山社。见李鼎：《李长卿集》卷三，1—3 页。

[3]　陈弘绪：《朱万合刻诗序》，见《恒山存稿》卷二，9 页，收入《陈士业先生集》。

匡山社的中心人物戴九玄病殁于天启初年，推测这个社集应持续到万历末、天启初止。芙蓉社是文学复古运动风潮下的产物，而匡山社则已受到公安派的影响。

同样也在万历中期以后，制艺文社渐起，先有紫云社这个地方性的社集，到了万历四十三年（1615）举行的豫章社，则堪称一时盛会。豫章社全社虽仅十余人，但都是江西各地的文学领袖人物，于是借由豫章社使得各地士人有更密切的来往与联系。[1]此后制艺社集方才日盛。所以李鼎的转向，既可说是反映此一风气的转变，同时也是走在风气之先。

除了制艺，李鼎更在乎的是为儒学以外的其他学问找到定位及位置。对于晚明复兴的诸子学，以及释道二氏，李鼎指出：

> 诸子百家各有一端之说，学者兼总博收，以备采择，可也。若专治刑名一端，则有自毙之害；专治战阵一端，则有殃民之害；其他杨墨至战国而始盛，佛释至东汉而始入中国，老子与孔子同时，未尝指为异端，阙之可也。[2]

诸子百家须以儒学为本，免生弊病。这似正是李鼎的夫子自道——尽管具备军事谋略与治理河渠的才能，而儒学仍是大本所在。对释道两教，李鼎则持兼容并蓄的看法，他说：

---

[1] 储大文：《孟春复集时习堂序》，见《存砚楼二集》卷五，23 页［收入《四库未收书辑刊》第 9 辑第 19 册，据清乾隆京江张氏刻十九年（1754）储球孙等补修本影印］："豫章社不越数十人，售殆尽，为明神、熹时盛事，奇文雅不阂科举。"《四库全书总目》中以豫章社是艾南英、陈际泰、罗万藻、章世纯等四人主导成立，应误。见永瑢等撰：《子部四十八·类书类存目二》，见《四库全书总目》，1174 页："其时张溥与张采立复社，艾南英与章世纯、陈际泰及万藻立豫章社。"

[2] 李鼎：《经诂·子曰攻乎异端章》，见《李长卿集》卷二十五，7 页。

> 三教大圣人，阐经世出世之真宗，心心相印，一身小天地，会不神
> 而神之妙理，绵绵若存。[1]

> 与二氏作敌国，画水徒勤；引三教为一家，搏沙自苦；曲士强生分
> 合，至人不立异同。[2]

诸子百家须以儒学为本，而释道则与儒学并立，既无本末之别，也无异同
可分。不同于一些三教合一论者在教义上融合三教，李鼎反而强调三教教义不
能任意互通，所以前引李鼎不满时人以释典解经，而说："迩来谭性命者夥矣，
大都醉心于释典而发挥于九经之注，立议愈深，而经旨愈晦。"[3] 儒学典籍必须以
经解经，而不能以释典解经。三教间虽不立异，但也不求同，可让他在儒学与
净明道之间有较大的转圜空间。

李鼎晚年所信奉的净明道，属于新道教中符箓派的一支，由于强调忠、孝，
所以与儒学颇有交涉，并且受到心学家如王畿、罗汝芳等人的注意。李鼎与净
明道的因缘，可以上溯到早年，他在写给郭子章的一封信上说：

> 鼎于文章家不能窥其一斑，惟数十年来，从方以外者授黄老庄列道
> 家之言，颇有一得，当图晋而献之左右，先生将无戒阍人内之否！[4]

引文既说"数十年来"，从万历三十四年（1606）往前推算，至少必须是
万历十四年（1586）以前，而李鼎是万历十六年（1608）考取举人，亦即李鼎
在考取举人前便已从方外之士得授道家之言方才合理。我们若是再考虑到李鼎

---

[1] 李鼎：《松霞馆偶谭》，见《李长卿集》卷二十，2 页。
[2] 李鼎：《松霞馆偶谭》，见《李长卿集》卷二十，4 页。
[3] 李鼎：《中庸大旨》，见《李长卿集》卷二十六，21 页。
[4] 李鼎：《上大中丞青螺郭先生书》，见《李长卿集》卷九，19 页。

深受其父李逊的影响，而据万恭为李逊所作的墓志铭中说他"乃入黄堂，友旌阳"[1]，黄堂位于南昌府城南，所祀谌母是许逊之师，李逊应是黄堂隆道宫的信徒。推测李鼎应与其父同样受到黄堂隆道宫道士的影响，而得闻道教教义。此后，李鼎随军西征时则谈道：

> 不佞西行，喜逢异人，指示性命根宗，豁然若披尺雾而睹白日，即一日而取侯封、佩相印，所不与易也！何时得与足下一究竟乎！[2]

尽管没有任何资料显示李鼎所遇异人是谁，以及所得闻道是怎样的内容，但应是道教的性命根宗之学。把经世事业视为第一义的李鼎，竟说出"一日而取侯封、佩相印，所不与易也"这类话，显示他所闻的性命根宗让他得见一番新气象、新天地。但当时李鼎并未真的放弃经世理想而寻求出世。直到晚年李鼎归乡，方才醉心于净明道，姻亲张位劝他说："君方欲临瀚海，封狼居胥，而未遂，乃遽逃于无何有之乡耶！"李鼎的反应是"瞪视不答"[3]，可能就是他的出世之想由来已久，而张位却不解此意。

在继续讨论前，我们应对一些选项先作排除。首先，李鼎在江南的那段期间，尽管江南一度流行昙阳子信仰，但当时王世贞、屠隆等人都已身故，而李鼎文集中也不见有关昙阳子的言论，所以他所遇的异人应跟昙阳子信仰无关。其次，李鼎后来在南京遇彭幼朔，但从相关文字来看，二人应非旧识，所以他在西行所遇异人，应也非彭幼朔。

但与彭幼朔在南京的相遇，对李鼎而言确是一件大事，而彭幼朔也是让李鼎从信奉净明道到进一步笃信龙沙谶末世预言的关键人物。李鼎叙述他所见的

---

[1] 万恭：《李洪西墓志铭》，《洞阳子集再续集》卷三，43 页。

[2] 李鼎：《与张林宗书》，《李长卿集》卷十，15 页。

[3] 《志·兴复·乡贤·李鼎》，见金桂馨、漆逢源纂辑：《逍遥山万寿宫通志》卷二十二，13 页。

彭幼朔，说：

> 乃我又朔彭真人，应运特兴，从游者甚夥，真人各授以秘密藏法，言人人殊，使坐玄室中。久之，虚中生白，神光陆离，或如弦月，或如海日；或如北斗，或如繁星；或见青鸾白鹤，或见蹲狮舞象；或游天堂，拜金母而揖木公；或入地府，睹先灵而逢故识；或坐少广而洞观乎四虚，或御飞轮而刘览乎八极；或甲士当前而离立，或攻曹附耳而密陈。[1]

此段所述，多属神迹或怪力乱神之事，既无关于净明道教义，也未及于李鼎所关心的性命根宗。当时南京流行龙沙谶预言，吸引江南许多士人的信从。龙沙谶预言虽从净明道而来，但后来的发展却已脱出净明道原本的脉络。在净明道的脉络下，该预言本指许逊飞升，一千二百四十年后，天下将大乱，于是将有八百地仙前来平乱。但该预言经过流传转化后，人们所重视却多集中在自己的姓名是否列于仙籍而得以随八百地仙冲举飞升。当时谈预言者不少，彭幼朔即其中之一。[2] 彭幼朔如何解释龙沙谶今已不得而知，但他给了龙沙谶一个确定实现的时间，即万历四十、四十一年（1612、1613），同时以名列仙籍来吸引士人或信徒。李鼎从彭幼朔处得闻预言，并真心期待应谶之年的来临。所以他在万历三十三年（1605）向人表示"将返豫章，闭户终老"[3]，万历三十六年（1608）"卧病西山敝庐"[4]，并贻书门人倪启祚，明言己有终焉之志。[5] 另据孙汝澄所述，可知所谓己有终焉之志，即李鼎为此谶言"离辐重去，为寻仙游"。[6]

---

[1] 李鼎：《宇定天光记》，见《李长卿集》卷七，3页。

[2] 见本书第五章。

[3] 李鼎：《游新都太平十寺记》，见《李长卿集》卷七，4页。

[4] 李鼎：《松霞馆偶谭续》，见《李长卿集》卷二十一，1页。

[5] 倪启祚：《李长卿先生经诂序》，收入李鼎：《李长卿集》卷首，4页。

[6] 孙汝澄：《书李长卿集后》，见李鼎：《李长卿集》卷末，1页。

但此举并未能如其所愿，李鼎始终未见龙沙谶的应验之迹，所以他在寻仙之后谈其心情说："都仙一千二百四十年之谶，适当万历在宥之壬子。距今一年而溢耳。海内奉道弟子延领西望，而不得其朕也，盖日怦怦焉。"[1]

此处"距今一年而溢"不解其确切意，似可指万历三十九年（1611），也可以是万历四十一年（1613）。为其集作序的倪启祚说李鼎"委骨幽岩，入修夜之不旸"[2]，作跋的孙汝澄称其文集是"遗稿"[3]，二人的序跋都标明是万历四十年（1612）作。若当时李鼎已卒，则李鼎便是在应谶年的前一年失望说"不得其朕"。但李鼎的卒年实在太过巧合，不免让人怀疑，是否李鼎因其寻仙游，而被视为已出世而不住世，所以倪、孙二人才会作此语。

李鼎出身南昌，加上早年接触黄堂隆道宫的背景及西行得闻性命根宗的际遇，所以归乡等待应谶之年时，便着手整理净明道的相关资料，完成《净明忠孝全传正讹》。作此书的原因，在于过去许多有关许逊及其弟子的传说启人疑窦，而今应谶之期已近，希望借此书取信于人。[4]李鼎说：

> 盖作者欲彰神圣之奇，而反以伤诞；欲著颠末之详，而反以伤冗；欲侈雅俗之观，而反以伤俚。即深信如洪州人士且有疑焉，而欲令疑者之信，不已远乎！顷八百之期，近在目睫，将五陵之云合而至者，文献无征，则地主之责，胡可诿焉！缘取全书，稍加删润，质以《道藏》之所纪录，父老之所传诵，汇为一帙。[5]

---

[1] 李鼎：《净明扬教刘先生传》，见《李长卿集》卷二十四，17 页。

[2] 倪启祚：《李长卿先生经诂序》，见李鼎：《李长卿集》卷首，4 页。

[3] 孙汝澄：《书李长卿集后》，见李鼎：《李长卿集》卷末，3 页。

[4] 李鼎有意针对许逊遗论、刘玉语录，以及教义问答而作《净明忠孝全书别编》，但未果。见李鼎：《净明忠孝全传正讹序》，见《李长卿集》卷二十三，3 页。

[5] 李鼎：《净明忠孝全传正讹序》，见《李长卿集》卷二十三，1—2 页。

尽管作此书是为了避免伤诞、伤冗，但李鼎并未抹除许逊的神异事迹不载。李鼎先说净明道以忠孝为教，是儒、道两家的交集所在，而许逊兼有儒、道两教之统：

> 仲尼氏训忠孝，讨乱贼，忧世之志切矣。老氏乃曰："六亲不和，有孝慈；国家昏乱，有忠臣。"若有不屑焉者。晋人课虚无，废名检，至与礼法之士相视若仇，宁独将无同而已耶？都仙（按：许逊）起晋代，崇道德，惓惓以忠孝为教，又自忠孝而衍为八柱，玄圣、素王之统一矣。[1]

八柱是跟《太上灵宝净明中黄八柱经》有关，李鼎称八柱为神舍之主，也是垂世八宝，分别是忠、孝、廉、谨、宽、裕、容、忍，前四者是修身，"修身如此，可以成德"；后四者是接物，"以此接物，怨咎涤除"。[2]所以前引文说"自忠孝而衍为八柱"。孔子是素王，玄圣即道教形象的老子。细绎其言，应是指老子不谈忠孝，但许逊虽属道教，以忠孝为教，能够与儒学相合，因此能够把素王与玄圣二统合而为一。

另一方面，对于神异事迹，李鼎同样强调以忠孝为本，并以孔子能为而能不为作解，说：

> 冲举之事，传神仙者往往而书，正史不载，意深远矣。铁柱维镇地脉，则自旌阳公特创，为有目者所共睹，焉可诬也！盖宇宙在手，万化生身，造无而有，则为铁柱；化有而无，则为拔宅。……总之以净明忠孝为本，何必异于圣学哉！列子曰仲尼能为而能不为者也，可以释千古之疑囷矣。[3]

---

[1] 李鼎：《太上灵宝净明中黄八柱经》，见《李长卿集》卷二十三，6—7页。

[2] 李鼎：《太上灵宝净明中黄八柱经》，见《李长卿集》卷二十三，4页。

[3] 李鼎：《净明道师旌阳许真君后传》，见《李长卿集》卷二十三，18页。

冲举飞升跟龙沙谶有关，李鼎对此深信不疑；铁柱斩蛟则是许逊最重要也最为人所知的事迹，自然不能撇开不论。所以李鼎一再强调忠孝为本，以及孔子能为而不为，意即两事都不算是子不语的怪力乱神。

李鼎在完成《正讹》一书后，作表上予许逊，表上写道：

> 鼎世业为儒，稍涉六籍百家之涘；弱龄慕道，未窥三洞四辅之藩。仗剑怀书，爰失塞翁之马；寻师访侣，终亡岐路之羊。讵知天翼其行，举趾动蒙荆棘；或者神授之鉴，回心获证菩提。[1]

此段即写其生平经历：早年以儒为本，同时接触道教，但未深究其典籍。此后武功经世，西行而遇异人，故曰失塞翁之马；接着在江南的文社交游，未能经世致用，所以只是岐路之羊；最后终于"回心获证菩提"。"菩提"是佛教用语，但李鼎却用来指他因净明道而证悟。

小　结

明中晚期的文学复古运动中，李鼎是比较少见的特例，他以文学辞章著称，也有强烈追求经世实践的倾向，而且强调文章与经世不可歧为二途。李鼎晚年虽然转向净明道，但他刻意突出忠孝的教义与斩蛟治水的功迹，以便在经世与出世之间取得协调。

李鼎晚年转向制艺也很值得注意。在豫章社以前，江西各地的制艺社集不多，而当制艺社集尚未大盛，李鼎却已走在风气之先，这也可以解释，为何晚李鼎一辈、南昌的制艺作手陈弘绪会为李鼎作传。李鼎无论早、中年与晚年，

---

[1]　李鼎：《恭进净明忠孝经传正讹表》，见《李长卿集》卷二十四，23页。

都同时跨足在经世、宗教，以及儒学三者之间。关键不同只在于早、中年李鼎侧重诗文，而晚年则偏向制艺与净明道。

　　李鼎的个案具体而微体现整个从万历年间到明末的风气转变，至少在江西一地，发生从复古派的诗文社集到制艺社集的转变。尽管诗文与制艺不是同类的文体，在文学史的讨论上也不会将两者并列，但由此个案即可看出，对这个时期的风潮转变，不能只从文体及文风的转变看，而必须更广泛而全面思考其他面相。尤其李鼎晚年不必应科举，也无功名之想，所以我们对制艺社集，也不应将其简单定位为类似今日的应试补习班。

附表 1 《李长卿集》的编校门人名单

卷目	编 校 门 人	卷目	编 校 门 人
卷一	中牟张民表	卷二〇	新安程百二
卷二	建武梅庆生	卷二一	广陵徐心绎
卷三	江都游扬	卷二二	婺源孙良蔚
卷四	江都倪启祚	卷二三	南昌汪应娄
卷五	江都许国心	卷二四	泰和郭孔陵
卷六	河津刘有质 / 刘有纶	卷二五	侄李克定
卷七	江都彭承莒 / 彭承古	卷二六	孙李三齐
卷八	真州李毓	卷二七	孙李三楚
卷九	当涂端汝洛	卷二八	孙李三晋
卷一〇	江都章万椿	序一	大泌山人李维桢本宁撰,天都门人程百二幼舆氏书
卷一一	江都秦秉孝 / 秦秉廉	序二	西平友弟谢廷谅友可撰,门人汪应娄书
卷一二	句容王士修	序三	万历四十年(1612)通家友弟歙谢陛撰,齐安门人孟淑孔书
卷一三	新安程可征	序四	年友弟王衡题
卷一四	武林钱权	序五	友雷映元亮撰,门人程可征公车书
卷一五	真州王维亮	序六	东海高出题,门人潘一驹书
卷一六	真州晏有声	序七	社弟谢廷讃撰,白沙门人王维亮书
卷一七	齐安孟淑孔	序八	门人倪启祚撰,门人章万椿书
卷一八	金陵张振豪	跋	万历四十年(1612)新安孙汝澄撰,武林门人钱权书
卷一九	金陵陈文明		

附表 2 《步丘草》的编校门人名单

卷目	编 校 门 人	卷目	编 校 门 人
卷一	李通 / 章万椿	卷一三	车从轼 / 车从辙
卷二	马呈锦 / 陈以忠	卷一四	许国心 / 郑茂英
卷三	郑之彦 / 何士杰	卷一五	陶士允 / 黄金聘
卷四	施我素 / 郑之冕	卷一六	王庭柏 / 方云起
卷五	（缺）	卷一七	张懋谦 / 方学周
卷六	李长敷 / 章万桂	卷一八	杨时明 / 王灿然
卷七	楼祖虞 / 卞时强	卷一九	许明仪 / 周应麟
卷八	游扬 / 甯时需	卷二〇	（缺首页）
卷九	张用宾 / 张大礼	卷二一	（缺）
卷一〇	彭承荩 / 彭承古	序一	李维桢撰，古临社弟李光远书
卷一一	朱文鼎 / 范攀龙	序二	万历四十二年甲寅（1614）谢廷谅书于五达庄
卷一二	郭一缙 / 姚文淑		

第八章　风潮递嬗下的地方小读书人：以涂伯昌为中心

前　　言

明中晚期的三股风潮：文学复古运动、心学运动、制艺风潮。诗文、心学与制艺，看似是三个领域，但所形成的风潮却彼此交集交错而相关。过去较多会从大方向看士人如何应对各种运动或风潮，尤其把焦点放在文化中心区或重要人物身上。中心区往往可以很快反应思潮的变换，以及个别思潮的倾向。同样，重要人物的特色往往较为凸显，例如心学家专谈心学而少在诗社，诗人吟诗作对而不常涉及心学，制艺名家也较少被心学的问题所困扰。至于地方上的小读书人，我们固然可以推测他们在这三波风潮中，应该既接触心学、诗文，也写制艺，而且往往随着风潮而转，同时被其他的两种风潮所困扰，但往往苦于材料不足，我们很难去详细了解这些默默无闻的小读书人的状况。

本章主要聚焦在后邓元锡（1529—1593）时代，直到明末的这段时期，尤其是以涂伯昌为中心的新城士人如何应对从阳明心学到制艺风潮的转变。邓元锡与涂伯昌各自属于新城的两大族，新城僻处山区，文教并不发达，功名成就也不高，从嘉靖朝以后直到明末的举人进士共四十余人，而出自邓、涂二人家族的便占了全部的三分之一左右，亦即有三分之一的举人或进士是二人的族人，而其他举人、进士则有不少是邓元锡的门人弟子，或涂伯昌的友人。所以邓元锡去世以后，借由其族人，仍有不小的影响力，至于涂伯昌亦然。邓、涂二人，可说是不同时期的新城士人群体的中心人物。借由观察这段时期的新城学术，可以看到从心学讲会衰微到制艺文社兴起的这段时期的过程与变化。

一、新城的心学渊源

新城在明代属于建昌府，建昌府共五县：南城、南丰、新城、广昌、泸溪，而以南城为府治所在。新城僻处山区，尽管有河流流经，但小而湍急，必须到南城以后才较适合航行，加上士人须至南城参加府试，使得新城士人较多往来新城、南城之间，与南城的关系亦较于其他几县密切。

另一方面，尽管明代把抚州与建昌分别为两府，但从地形、交通与文化上，两府其实可以视为同一区域，例如今日的行政区划，便将历史上的两府之地合并称作抚州地区，临川则是此区的文化中心。新城士人与邻县南城的关系最密切，而临川虽然距离较远，新城士人仍不时会前往该地。

嘉靖、隆庆、万历三朝是阳明心学的极盛期，不少地方都有阳明学的讲会，而其中江西作为江右阳明学派所在，被视为阳明心学的正统。江西从学术文化的发展的角度可粗分作三区，分别是吉安、抚州与南昌等三个中心，《明儒学案》江右学案所列人物的地域分布亦主要在此三区。其中吉安府是阳明心学的重镇，邹守益、罗洪先、聂豹等多位重要的阳明学者皆聚集于此。南昌府则先后有魏良弼三兄弟主持学术，以及邓以赞、章潢等人继起，尽管声光不能与吉安府相提并论，但亦仅居次而已。[1]

---

[1] 有关阳明讲会的研究，可参考吕妙芬：《阳明学士人社群——历史、思想与实践》。阳明心学家的活动，请见吴震：《明代知识界讲学活动系年1522—1602》。关于江右阳明学派的研究，请见张艺曦：《社群、家族与王学的乡里实践：以明中晚期江西吉水、安福两县为例》。

相较之下，抚州地区的阳明心学的风气不算极盛。抚州府的阳明心学以陈明水（1494—1562）为代表，但影响力未能广及于抚州府以外区域，建昌府的阳明心学则以新城邓元锡、南城罗汝芳二人为首。邓元锡，字汝极，号潜谷，从学于邹守益、刘邦采，得其旨要。邓元锡重视九容、九思，以及对知识的博学考索，他先后完成《五经绎》《三礼绎》与《函史》等书，皆与经史之学有关，而经史之学正是邓元锡殊异于同时代其他阳明心学家之处。[1] 至于罗汝芳的研究已颇多，此处仅简单介绍。罗汝芳被视为泰州学派的代表人物，其学主张不学不虑以求本心，而本心即孝弟慈[2]，此说颇与明中期讲究德性之知，而置闻见之知为第二位的学风相合。罗汝芳长年在外任官，居乡时间不长，但声望极高，在抚州地区几乎可以与王守仁相提并论。罗汝芳长邓元锡十余岁，而邓早年曾向罗问学，所以邓元锡自述"元锡固时时从罗先生游，不尽名其学"[3]，加上邓元锡的声光不如罗汝芳显赫，所以甚至有说邓元锡师从于罗汝芳[4]，不过清代《新城县志》的编者提出疑问，说：

---

[1]　余英时先生也指出这点，表示邓元锡已有意开辟经学的新途，不过从焦竑所作序，可知焦竑仍未放弃其理学门面。见余英时：《从宋明儒学的发展论清代思想史》，见余英时：《历史与思想》，87—119 页，尤其是 114 页，台北：联经出版事业公司，1987。

[2]　关于罗汝芳的研究实在太多，所以此处仅列举几篇与本章较有关的文章或专书，较早研究罗汝芳而成一家言者，当推程玉瑛的文章及专书，请见程玉瑛：《晚明被遗忘的思想家：罗汝芳（近溪）诗文事迹编年》（台北：广文书局，1995），另有一篇也稍有涉及，即程玉瑛：《王艮（1483—1541）与泰州学派：良知的普及化》（载《台湾师范大学历史学报》第 17 期，1989，59—136 页）。另有李庆龙的博士论文则是较早专门以罗汝芳为题的专著，请见李庆龙：《罗汝芳思想研究》（博士学位论文，台湾大学，1999）。后来陆续有一些文章是从讲学活动，以及众多阳明后学的角度研究，如吕妙芬：《明代宁国府的阳明讲论活动》（载《新史学》第 12 卷，第 1 期，2001，53—114 页）、吴震：《阳明后学研究》（上海：上海人民出版社，2003）、吴震：《罗汝芳评传》（南京：南京大学出版社，2005）。

[3]　邓元锡：《将仕郎益国典仪樵南罗君墓志铭》，见《潜学编》卷八，38 页，收入《四库全书存目丛书》，集部第 130 册，据明万历三十五年（1607）左宗郢刻本影印。

[4]　《明史》便说邓元锡是南城人，而"游邑人罗汝芳门"。见张廷玉等撰：《明史》，7291 页。

元锡学与罗汝芳异。罗学出颜钧,《潜学稿·陈一泉墓志》诋颜、罗之学甚笃,祭罗文亦有异其所异语,又有与罗书,于罗并不称师,康熙郡志亦不载元锡师罗,《通志》及《明史·儒林传》谓元锡南城人,游罗门,误矣。[1]

黄端伯在为罗汝芳的语录所作序中则说:

邓子尊罗子,信罗子,犹若有疑于罗子,邓子知罗子者也。[2]

看来二人的关系应在师友之间。焦竑曾评价邓元锡的学术是:"以经征悟,以悟征经"[3],并列悟与经,显示邓元锡重经史而未废悟,与偏重悟的罗汝芳在学术上或有相通处,加上彼此地缘相近,又共同讲学,所以并列二人便很合理,邓澄说:

时郡近溪罗先生得心斋之传,直指人心,不学不虑,孩提孝弟,日用饮食之常,易简直截,海内称龙溪笔近溪舌。先生(按:邓元锡)与之相和节如金玉,亦时相调剂如水火。学者游于罗先生之大,而归先生之正,至今称盱江罗邓两先生无间云。[4]

---

[1] 《理学》,见刘昌岳修、邓家祺纂:(同治)《新城县志》卷十,6—7页,收入《中国方志丛书·华中地方·江西省》第256号,据清同治九年(1870)刊本影印。

[2] 黄端伯:《罗近溪先生语录序》,见《瑶光阁集》卷六,1页,收入《四库全书存目丛书》,集部第193册,据清乾隆黄祐刻本影印。关于邓元锡、罗汝芳与泰州学派的关系,刘勇有相关讨论,见刘勇:《邓元锡与〈皇明书〉:十六世纪晚期的明代学术思想史编撰》第1章第3节,硕士学位论文,中山大学,2005。

[3] 焦竑:《邓潜谷先生经绎序》,见《焦氏澹园续集》卷一,17页,收入《续修四库全书》第1364册,据明万历三十九年(1611)朱汝鳌刻本影印。

[4] 邓澄:《徵君先生传》,见《邓东垣集》卷八,10页,收入《四库禁毁丛刊补编》第80册,据北京图书馆藏清敦凤堂活字本。据邓元锡《潜学编》卷首所收邓澄《徵君先生传》补。

邓澄是邓元锡的族人及门人，而这段文字出自邓元锡传，应可代表同时代新城士人的看法，亦即认为罗、邓学术可以相调剂如水火[1]，二人同是当地阳明心学的宗主人物。

　　不过，邓元锡在世时，他的学术并未得到太多人的重视，邓澄在为邓元锡所作的传中说："邑人固鲜知先生"[2]，此言应有实指，只是我们仍须判断这句话的强度。邓元锡的住所在县城旁的南津，他长年待在新城，而多半只在住所附近讲学，所以算是很在地性，也很小规模地讲学。相对于此，罗汝芳经常四方讲学，动辄吸引数百人听讲，等到万历初年罗汝芳致仕归乡，则在抚州府的府城临川与金溪讲学[3]，吸引不少新城士人前去听讲，对新城士人的学术影响力明显凌驾于邓元锡之上。邓澄说"学者游于罗先生之大，而归先生之正"或"罗先生大而邓先生谨严"[4]，应是为了调停两者，以及让邓元锡在罗汝芳的巨大影响力下仍取得一席地而说。

　　邓元锡的学术主要有赖于地方家族及几位核心门人传承其学。邓氏族人中当推邓渼［万历二十六年（1598）进士］与邓澄［万历三十二年（1604）进士］二人，邓渼，字远游，号壶邱，以诗作著称；邓澄，字于德，号来沙，他同时习于罗汝芳、邓元锡二人门下。邓澄的下一辈邓京［字君大，号存六，万历三十一年（1603）举人］自幼喜读先儒格言，少从邓元锡学，且读遍邓元锡所

---

[1]　值得注意的是，邓澄的这段话中把罗汝芳的学术归类到为王艮之传，或许有可能是受到焦竑的引导所致，因为焦竑在为王艮所作的传中，也用了"以经征悟，以悟征经"，尽管这句话最初的出处是来自赵大洲，但焦竑用这句话来说邓元锡与王艮。

[2]　邓澄：《徵君先生传》，见《邓东垣集》卷八，13 页。

[3]　临川的讲学地在城内羊角山、正觉寺一带，金溪的在疏山一带，这两处都位于抚河沿岸，交通上较便利。请见《宦业》，见胡钊、松安等修纂：（道光）《金溪县志》卷十一，17 页，收入《中国方志丛书·华中地方·江西省》第 800 号，据清道光六年（1826）刊本；李东明：《徐得吾先生传》，见（金溪）《上源徐氏宗谱》卷七，8 页，金溪琉璃乡印山上源徐水兴家藏，民国三十五年（1946）十修。

[4]　黎元宽：《明翰林院庶吉士监察御史巡按南直隶邓公来沙先生墓表》，见邓澄：《邓东垣集》卷首，4 页。

著书。[1]

新城东坊涂氏与邓氏并列新城两大家族。涂氏在明初曾盛极一时，多人取得进士功名，但永乐二年（1404）以后，将近二百年未再有人得中进士[2]，直到万历三十五年（1607）涂国鼎方才填补此空白。邓、涂二族之间常有联姻[3]，关系密切，所以涂国鼎的上一辈有不少人师从或与邓元锡相友，如涂储，以诗名，所作《涂诗选》有邓元锡作序。[4]涂国鼎之父涂朝敬（字良直，别号一亭）则贽从邓元锡、罗汝芳讲学，据载他"取理于罗，取材于邓"[5]，而且终身服膺二人之学。[6]涂术师邓元锡，无子，嘱其侄涂云雁［万历七年（1579）乡荐］往师之。[7]涂云雁从其言，少从邓元锡游，后又随罗汝芳学，得二人印可，并将所学用于施政。[8]涂懋政［万历十六年（1588）举人］也是"早从邓元锡游，敦尚实学"。[9]邓元锡的两位门人——张榗［嘉靖三十八年（1559）进士］与冯渠［万历十一年（1583）进士］都未留下文集，冯渠的事迹不显[10]，张榗是邓元锡的姑

---

[1] 邓澄：《从子工部司务存六暨二妇合葬墓志铭》，见《邓东垣集》卷十二，12—13页。

[2] 这一点可从新城的世进士坊得到印证。世进士坊包括涂钦、涂敬、涂顺、涂国鼎、涂景祚、涂学烜、涂应槐几人，涂钦［洪武十八年（1385）进士］、涂顺［永乐二年（1404）进士］是父子，涂敬（永乐二年进士）是涂钦的从弟，但紧接着涂国鼎则是万历三十五年（1607）丁未进士，涂景祚则是入清后人。

[3] 如邓元锡便说："新城族望称涂氏，乃族姓姻联，涂、邓为睦。"邓元锡：《寿涂少溪序》，见《潜学编》卷七，32页。

[4] 邓元锡：《涂诗选序》，见《潜学编》卷六，47—49页。

[5] 熊明遇：《敕封大行人涂公一亭墓志铭》，见《文直行书诗文》文卷十四，16页，收入《四库禁毁书丛刊》，集部第106册，据清顺治十七年（1660）熊人霖刻本影印。

[6] 涂国鼎：《显考一亭府君行状》，见《性徐堂集》卷十，39页，收入《四库禁毁书丛刊补编》第69册，据清康熙蒨园刻本影印。

[7] 《人物》，见周天德等修纂：（康熙）《新城县志》卷九，101页，收入《中国方志丛书·华中地方·江西省》第895号，据清康熙十二年（1673）刊本影印。

[8] 邓澄：《明中宪大夫雷阳太守涂公振宇先生墓志铭》，见《邓东垣集》卷十一，16—17页。

[9] 以上见《孝友》，见邵子彝等修、鲁琪光等纂：（同治）《建昌府志》卷八，16页，收入《中国方志丛书·华中地方·江西省》第831号，据清同治十一（1872）年刊本影印。

[10] 冯渠的事迹请见邓澄：《中宪大夫太仆寺少卿冯公墓志铭》，见《邓东垣集》卷十一，1—7页。但墓志铭中仅记冯渠曾师邓元锡，及致仕后汲汲讲学，而对其人际网络、居乡作为则未多提及。

表兄弟，二人年纪相近，可说是亦师亦友。[1] 张櫆曾在皆春堂书屋讲学。[2] 张櫆的从侄张钥则从学于罗汝芳门下。[3]

邓元锡卒于万历二十一年（1593），门人弟子在其居处附近建邓徵君祠[4]，据载每月朔望后一日，群诸慕道者都会讲学于此祠中。[5] 邓徵君祠主要是左宗郢、张櫆、冯渠所建，涂朝敬之子涂国鼎作记。左宗郢，字景贤，号心源，南城人，万历十七年（1589）进士，他在考取进士以前，跟随罗汝芳、邓元锡二人学习十年的时间，据其自述"性命大宗，早岁得之明德，而危微正反，则参之徵君"[6]，明德即罗汝芳，徵君即邓元锡。左宗郢长年在外任官，所以推测祠会的讲学活动即由张櫆、冯渠，加上涂朝敬等人主持，邓澄应也在此祠会中。较诸张櫆、冯渠、涂朝敬等人，邓澄的年纪小了一辈以上。这个祠会活动并未持续很久，不仅邓澄的文集中未再提及此祠会，而且也未再见讲会的记录。据此应可推测，在邓元锡这位大儒去世以后不久，新城当地便少见有讲学活动。

讲会不再举行，并不表示邓元锡的学术已全面衰微，相反地，邓元锡借由其著作的刊刻，而仍持续发挥影响力。同样，罗汝芳去世后，其著作亦持续流传及被阅读，而有其影响力。

---

[1] 《先正》，见方懋禄等修、夏之翰等纂：（乾隆）《新城县志》卷九，52 页，收入《中国方志丛书·华中地方·江西省》第 896 号，据清乾隆十六（1751）年刊本影印。

[2] 《地理》，见邵子彝等修、鲁琪光等纂：（同治）《建昌府志》卷一，3 页："皆春堂书屋：在新城东隅，张櫆讲学之所。"

[3] 《人物》，见周天德等修纂：（康熙）《新城县志》卷九，94 页。

[4] 《建置》，见邵子彝等修、鲁琪光等纂：（同治）《建昌府志》卷二，15 页："邓徵君祠，在南津，祀明儒邓元锡，其门人张櫆、冯渠、左宗郢等建，涂国鼎为记。"

[5] 涂国鼎：《显考一亭府君行状》，见《性馀堂集》卷十，39 页。

[6] 邓澄：《中宪大夫南京太常寺少卿左公墓志铭》，见《邓东垣集》卷十，17 页。

二、邓元锡与六经之文

阳明学的相关著作影响最大的，当推《传习录》与古本《大学》，对《大学》的解释是阳明学与程朱学立异的关键所在，而《传习录》则记载王守仁与门人弟子及友人之间的讨论，内容包括阳明学的许多重要观念，所以当时不少士人都是从这两本小书接触阳明学。[1] 随着阳明学的流行，王守仁的门人弟子及后学各立宗旨，亦各张其说，士人除了参与讲会以外，也会阅读这些心学家的语录及其文集。语录的内容往往是某些讲会的精要所在，而文集虽不如语录好读，但心学家常在其文集的一些文章阐释其学说论点或宗旨，所以仍会吸引一些人阅读。罗汝芳是很典型的例子，他的讲学极受士人欢迎，语录与文集也有不少读者，不仅《明道录》及其文集《近溪子集》在其生前便已陆续刊刻出版，《近溪子集》有耿定向、杨起元等人批点，其卒后刊行的《盱坛直诠》影响亦大。

邓元锡则稍有不同。邓元锡的学术重心在经史之学，所以没有专门的语录，而其著作都是在其卒后由左宗郢所主持刊刻。万历三十五年（1607）左宗郢担任浙江巡盐御史期间，刊刻邓元锡的《潜学编》，并请陶望龄作序。[2] 陶望龄，字周望，号石篑，是王守仁的再传弟子，《明史》记载：

---

[1]　见本书第三章。

[2]　当时刊行的有《潜学编》与《五经绎》，并得到包括焦竑、顾宪成、陶望龄等人的作序。焦竑：《邓潜谷先生经绎序》，见《焦氏澹园续集》卷一，16—18 页；顾宪成：《〈五经绎〉序》，见《泾皋藏稿》卷六，15—17 页，收入《景印文渊阁四库全书》第 1292 册；陶望龄：《潜学编序》，见《歇庵集》卷三，13—15 页，收入《续修四库全书》第 1365 册，据明万历乔时敏等刻本影印。在崇祯七年（1634），即邓元锡卒（1593）后四十年，其族子邓澄为其《五经绎》《函史》作序，可知二书在此年应又重刻，见邓澄：《邓潜谷先生五经绎序》，见《邓东垣集》卷三，1 页；卷三，《函史序》，8 页。

越中自王守仁后，一传为王畿，再传为周汝登、陶望龄。[1]

《明儒学案》中陶望龄在"泰州学案"，被视为跟王艮这一派的学术有关[2]，前文谈到邓澄以为罗汝芳与邓元锡二人学术皆与王艮颇有渊源，而这也许是左宗郢找陶望龄作序的原因之一。至于陶望龄的另一个身份：会元与制艺名家，则较少人注意（后详）。陶望龄的这篇序文颇值得细读，从中可见到从阳明心学到制艺风潮的风气递嬗变迁的征兆，所以不烦文长征引关键段落如下——

　　明兴，一以经术设科，而帖括俳偶，所诣弥下。弘、正间，修词家蔚起，吐弃故烂，更命古学，于是古文、经义之文，又判然为二矣。然唐宋巨家，取法厐材，皆元本六籍，金陵、眉山辈，虽名为文章士，而精讨创构，其勤过于老宿，以故其所著，酝涵浩博，往往可诵。近之君子，其为经义，羌雄而已，为古业，剽攘而已。其专不及汉儒，以博又远逊唐宋。当治经，既不暇古业，为古业；又不暇求本于六经。哄市集潦，积薄流浅，侜侻而鄙俭，盖经术、艺文之道，至此而交受其散。潜谷先生据道也实矣，然后绎之乎经；离经也通矣，然后函之乎史；肆经史也洽矣，然后摛之为文。其文：意行理遣，而命于法；疑立万行，而余于态；庄言雅奏，而极于情。……盖明兴以来，为六经之文，自先生始。[3]

————————

[1]　张廷玉等撰：《明史》，6591—6592 页。

[2]　关于陶望龄的思想，以及他被视为王畿的再传，但却被放在"泰州学案"的讨论，请见杨正显：《陶望龄与晚明思想》，台北：花木兰出版社，2010。陶氏兄弟在浙中一带的活动，请见王汎森：《清初讲经会》，载《历史语言研究所集刊》第 68 本，第 3 分，1997，503—588 页；王汎森：《清初思想趋向与〈刘子节要〉：兼论清初蕺山学派的分裂》，载《历史语言研究所集刊》第 68 本，第 2 分，1997，417—448 页。

[3]　陶望龄：《潜学编序》，见《歇庵集》卷三，14—15 页。

经义指对六经义理的解释，而经义之文则指制艺，弘、正年间自命古学的修辞家则指前七子。这段话的关键在于"明兴以来为六经之文自先生始"，在陶望龄看来，前七子倡议复古而有古文辞的复兴，但古文辞却与经义之文判然为二，士人难以兼治两者，只有侧重古文辞，而不暇求本于儒经，最终让古文辞与经义互蒙其害，所以陶望龄提出"六经之文"，而此六经之文不仅绾合古文辞与经义，而且还可以是理想的应试之文。陶望龄并未明言六经之文是理想的应试文体，但他开头提出"明兴一以经术设科"、古文辞与经义之文（即制艺）的二分，末尾说"明兴以来为六经之文"，以及六经之文绾合古文辞与经义，便隐然有以六经之文为理想的应试之文之意。

陶望龄的主张很值得注意。首先，陶望龄从儒经立论，明言作文必须本于六经，与明中期复古派的文风有别，复古派主张"文必秦汉，诗必盛唐"，所阅读及所师法仅指向子、史、集各类书，而未跟尊经或复兴儒经等口号联结在一起。[1] 其次，陶望龄虽未说明六经之文应以何种文体形式呈现，但这篇序文既是为邓元锡的《潜学编》所作，而邓元锡不以制艺闻名，也未留下制艺方面的文稿。《潜学编》共十二卷，前五卷是诗作，其他几卷则分别是序记、墓铭、行状、圹记、祭文、传记、杂著与书启等，完全没有制艺文字。据此来看，必须以古文辞（甚至包括诗）的文体形式写作，而且能够阐扬经义，绾合古文辞与经义，方才算是六经之文。

陶望龄的这篇序文除了放在《潜学编》卷首，也被收入陶望龄的文集中，显示对陶望龄而言并不是单纯的应酬之作，而这篇序文也很受到邓元锡的门人邓澄的注意，所以崇祯年间《潜学编》重新刊行时，邓澄在所作序中便特别引用这段话，说：

---

[1] 请参见王汎森：《明代中晚期思想文化的大变动》（待刊）。

歧路彷徨

先生以经为学，以史归经，以诗文稟正于经史，其取材奥博，既异于儒先辞达之腐，其握符典则，又绝不堕于晚近词林儇薄之恍，专以名集，固可兄八家，而迭唱埙篪，总统其全，亦既祖六经，祢子长，而当其世嫡。善乎！会稽陶周望之言：明兴以来，能为六经之文，自先生始。知言哉！知言哉！……勿徒以诗人、文人概先生也。[1]

从左宗郢到邓澄，二人在做的，是确立罗汝芳与邓元锡的学术地位，尤其是让邓元锡这个很当地的心学家取得不亚于罗汝芳的地位。若从心学谈，在一个讲会及语录盛行的年代，无论是在江右或泰州学派中，邓元锡都不特别，毕竟邓元锡不以心性讲说、当下启迷开悟为长，而只是专意于经史著作。邓澄在为邓元锡《函史》作序时，虽以"邑开未及五百年而有先生"[2]来形容邓元锡，但充其量只会被视为是门人后学的褒扬，虚而无实，不易取信于人。但陶望龄则明确以"六经之文"极力抬高邓元锡的地位，而称为明兴以来一人，重新定位并高度赞扬邓元锡的诗与古文辞及其经史之学，而且认为邓元锡的诗与古文辞和经史之学是二而一的，而邓澄的"勿徒以诗人、文人概先生"，则是更明确肯定这一点。

陶望龄的六经之文之说，固然跟万历年间重视经史之学的风气有关，——当时出现不少以经或史为名的社集，而且都强调读经或读史。[3]但我们若考虑另外两点：第一，此时的阳明心学并不单纯是师友讲说，而更进入到科举用书，尤其渗透到儒经注解，影响人们对儒经的解释及制艺的写作。第二，陶望龄作

---

[1]　邓澄：《潜学稿序》，见《邓东垣集》卷三，16 页。

[2]　邓澄：《函史序》，见《邓东垣集》卷三，8 页。

[3]　这股风气一直延续到明末，明末制艺文社豫章社、复社士人倡导通经学古，以及主张文应本于六经。以上请参见王汎森：《清初的讲经会》，载《历史语言研究所集刊》第 68 本，第 3 分，1997，503—588 页，尤其是 505—514 页。关于第三波文学复古运动指向经书的研究，请见王汎森：《明代中晚期思想文化的大变动》（待刊）。林庆彰则指出，明中期以后有一种具系统且全面的经学复兴运动，见林庆彰：《晚明经学的复兴运动》，收入氏著：《明代经学研究论集》，79—145 页，台北：文史哲出版社，1994。

为心学家与会元／制艺名家的双重身份。在这些条件背景下，让六经之文这句话有了更多层次的意思，也让人有可能从理想的应试之文的方向来理解六经之文的内涵，及推崇邓元锡。以下两节便分别谈阳明心学与科举用书的关系，以及陶望龄作为制艺名家的身份及影响力。

三、科举用书中的阳明心学

万历中期以后阳明心学讲会之风日趋衰微，但阳明心学并未随之而衰，而是扩大影响力到坊间的科举用书，尤其是影响儒经注解。坊间的科举用书多数是注解《四书》，也有一部分是注解《五经》，这些书几乎都是为士人准备科考而作，其中不少是名家或托名名家的作品。[1] 由于科举考试的四书场须以朱熹《四书集注》的注解为准，所以不少儒经注解都是倾向程朱学的立场，但仍有为数不少的儒经注解在内容或部分内容上跟阳明心学相近。如万历年间几位著名的会元李廷机（1542—1616）、汤宾尹（1568—？），都是当时流行的科举用书的作者或署名者。李廷机，字尔张，号九我，福建晋江人，万历十一年（1583）会元，官至内阁首辅；汤宾尹，字嘉宾，号睡庵，别号霍林，南直隶宣城人，万历二十三年（1595）会元。在署名会元李廷机所作的《新镌翰林九我李先生家传四书文林贯旨》一书中，《大学》的章节编排虽仍沿用朱熹的经一章，传十章的方式，而且纳入朱熹的《格致补传》，但在解释上却用了阳明心学的良知说。如对《格致补传》"所谓致知在格物者，言欲致吾之知，在即物而穷其理也"的"致吾之知"，则解释为"致极吾心之知"，并旁注曰"吾之知是吾心的良知"。对"盖人心之灵莫不有知"的"知"，则解释为"本然之知"，并旁注曰

---

[1]　请参见沈俊平：《举业津梁：明中叶以后坊刻制举用书的生产与流通》，台北：台湾学生书局，2009。

"知指良知言"。而且在此句之上总括曰：

> 先儒论人同具乎良知，将示人以致知之孝（按：学）也。[1]

在李廷机之后，题为汤宾尹所作的《鼎镌睡庵汤太史四书脉》也直接指出良知。李廷机、陶望龄、汤宾尹是前后三届（1583、1589、1595）的会元，尤其汤宾尹是在李、陶二人之后主导制艺文坛的巨子大家。前引李廷机的注解是列出《大学》经文，在经文旁作旁释及说明，汤宾尹的这本书则未列经文而直抒旨要，而且不少处皆引用阳明心学的致良知来解经，如谈诚意，说：

> 致知即是诚意之功。盖人心有知处，即是意。知之自欺蔽者，皆缘自己物欲所蔽，就是意不诚。诚其意者，务于此致其良知，而毋自欺蔽。此便是诚意在致知的意思。[2]

接着谈格物，说：

> 致谓推极者，盖良知必不尽泯，因其明处，推极于全体之灵觉。……格物者，物理原是良知内素具的，须以心品格剂量，不失尺寸，不爽锱铢，才有真知，乃从良知上格物理，非从物理上致良知也。……不曰格物，而曰物格，是物已格了，物格即知自至，物格之外，再无致知工夫。良知之体极大，谓之至者，满其量也，知至则本来良知更无拘蔽。[3]

---

[1] 此段所引俱见李廷机：《大学乙卷》，见《新镌翰林九我李先生家传四书文林贯旨》，6页，日本东京国立公文书馆内阁文库藏，明万历二十八年（1600）刊本。

[2] 汤宾尹：《大学》，见《鼎镌睡庵汤太史四书脉》卷一，4页，哈佛大学燕京图书馆藏，明万历四十三年（1615）序刊本。

[3] 汤宾尹：《大学》，见《鼎镌睡庵汤太史四书脉》卷一，4页。

第八章　风潮递嬗下的地方小读书人：以涂伯昌为中心　　251

汤宾尹的这段文字若是单独抽离出来，几乎就跟心学家的讲学语录一样，而且连解释方式也很相近。连汤宾尹这位制艺文坛的巨子大家都直接引用心学学说解经，不难想象阳明心学对当时儒经注解的影响程度。

另一方面，尽管官方规定制艺对《四书》内容的阐释不能脱离朱熹《四书集注》的范围[1]，但士人并不是把《四书集注》记诵下来即可，尤其《四书集注》的不少注解是很片段的，若只靠记诵，很难将不同注解串连起来。但若要写出好的制艺文字，必须能够对儒经的字句融会贯通，让人无论旁敲侧击，正反侧问，皆能给自出新意的答案。所以也有不少儒经注解倾向提挈某个宗旨作通贯全章的解释，尽管没有标榜心学或良知，但其实跟心学家标榜宗旨亦颇相近。一些书甚至还会直接批评朱熹的《四书集注》胶着在字句上，如晚明朱长春的《四书万卷楼新镌主意》，他便不满意《四书集注》的解释，如《论语》首章"学而时习之，不亦说乎！"《四书集注》的解释是——

> 人性皆善，而觉有先后，后觉者必效先觉之所为，乃可以明善而复其初也。……既学而又时时习之，则所学者熟，而中心喜说，其进自不能已矣。

朱长春批评此注解是"解字义"，是"已求之人而不求之心"，说：

> 圣人开口便说学而时习，朱先生云学是效先觉，此犹是解字义，此已求之人而不求心。又曰既学矣而又时时习之，夫曰既学是谓学古训也，又曰时时习之是谓时时温习也，即后所谓温故知新，本言心也，亦曰学能时习旧闻而每有新得也。二十篇中，朱子所论学者，大约主此。今时

---

[1]　明初官方编定的《四书大全》，则是朱子学后学对《四书集注》的再阐释，以羽翼朱注，相关研究请见朱冶：《元明朱子学的递嬗：〈四书五经性理大全〉研究》，北京：人民出版社，2019。

则背本心上论学。盖自心本自惺惺矗矗，时时提醒此心，使之常明常惺，是为时习，非必效先觉考古训而后为学也。[1]

另外再看"吾十有五而志于学章"更可见两者的差别，朱熹采取分句注解——

> 吾十有五而志于学：古者十五而入大学。心之所之谓之志。此所谓学，即大学之道也。志乎此，则念念在此而为之不厌矣。
>
> 三十而立：有以自立，则守之固而无所事志矣。
>
> 四十而不惑：于事物之所当，皆无所疑，则知之明而无所事守矣。
>
> 五十而知天命：天命，即天道之流行而赋于物者，乃事物所以当然之故也。知此则知极其精，而不惑又不足言矣。
>
> 六十而耳顺：声入心通，无所违逆，知之之至，不思而得也。
>
> 七十而从心所欲，不逾矩：从，如字。从，随也。矩，法度之器，所以为方者也。随其心之所欲，而自不过于法度，安而行之，不勉而中也。

这些注解是把每一句分开看待也分别解释，但对士人而言，他们所困扰的是每一句之间的联系。例如为何从志于学到而立？为何而立以后，接着是不惑？所立的，所不惑的，又各自是什么？以及与志于学的"志"或"学"又有什么关系？朱长春的注解则是前后一贯，他说：

> 通章首一个志字，末一个心字，乃首尾血脉。首节学字，乃是唤起一生之学，如下文立与不惑、知命、耳顺、从心，俱也。此志字，乃唤

---

[1] 朱长春：《凡例》，见《四书万卷楼新镌主意》卷首，7—8 页，日本东京国立公文书馆内阁文库藏，明刊本。

明一生为学之心。如求立、求不惑、求知命、求耳顺，求至于不逾矩，俱是志于学也。十五之志学，毕直志到不逾矩田地，更无歇足之期。[1]

类似的例子不少，由此可见科举考试虽以朱注为准，但不少科举用书注经解经的方式则跟心学颇近似，而这些采用心学的解释或受心学影响的科举用书，可视为是心学的更进一步的发展。若跟讲会相比，讲会毕竟有时空的限制，这些科举用书则在各方流传，士人不必特别前往某地的讲会听讲，可以自行阅读这些书，其实颇为方便。

心学借由科举用书影响士人的制艺写作，所以才会有明末艾南英被人广泛传诵的那段话，他说：

> 国初时功令严密，匪程朱之言弗遵也，盖至摘取良知之说，而士稍异学矣。然予观其书，不过师友讲论，立教明宗而已，未尝以入制举业也。其徒龙溪、绪山阐明其师之说而又过焉，亦未尝以入制举业也。龙溪之举业不传，阳明、绪山班班可考矣，衡较其文，持详矜重，若未始肆然欲自异于朱氏之学者。[2]

艾南英分别师友讲论与制艺写作为二，他并不在乎心学的内容是否与程朱学立异，所以若只是师友讲论立教明宗则无妨，而他所不满的是明末心学入制艺业衍生的问题，所以认为必须尽斥心学。但从另一面看，正反映当时心学与制艺的关系日益密切，所以作为心学家的陶望龄才会提出六经之文，以六经之文为经术设科下的理想文字。

---

[1] 朱长春：《上论》，见《四书万卷楼新镌主意》卷一，17—18 页。
[2] 艾南英：《今文待序篇下》，见《天佣子集》卷一，8 页。

四、制艺名家的推崇及影响力

明代科举不考诗文词赋，而改考《四书》《五经》的经义，其经义本可参考古注疏，但在官方编定《四书大全》与《五经大全》以后，废古注疏不用[1]，于是对儒经的解释遂依官方定本为准。此经义文的文体即通称的制艺或八股文。明初对格式程法的要求尚不严格，制艺往往不为格式程法所限，作者直述经义，文风朴拙古茂。直到成化、弘治两朝方才奠定制艺的写作格式，其中尤以王鏊（1450—1524）为关键，他不只把制艺当作经籍的注解，而更将其视为载道的文章[2]，让制艺具有作为新文体的条件。所以俞长城把王鏊比拟如《史记》、杜诗或右军书之类的典范。[3] 王鏊以外，钱（福）、唐（顺之）、瞿（景淳）亦尝试制艺文体的各种可能，与王鏊并称四大家，后来去钱福而代以薛应旂，改称王薛唐瞿。[4]

---

[1]　如《明史》所述："颁科举定式，初场试《四书》义三道，经义四道。《四书》主朱子《集注》，《易》主程《传》、朱子《本义》，《书》主蔡氏传及古注疏，《诗》主朱子《集传》，《春秋》主左氏、公羊、穀梁三传及胡安国、张洽传，《礼记》主古注疏。永乐间，颁《四书》《五经大全》，废注疏不用。其后，《春秋》亦不用张洽传，《礼记》止用陈澔《集说》。二场试论一道，判五道，诏、诰、表、内科一道。三场试经史时务策五道。"见张廷玉等撰《明史》，1694 页。

[2]　孔庆茂：《八股文史》，87 页，南京：凤凰出版社，2008。

[3]　俞长城：《王守溪稿》，见《可仪堂一百二十名家制义》卷四，16 页，日本东京国立公文书馆藏，文盛堂怀德堂全梓乾隆三年（1738）重镌本。

[4]　关于科举与制艺的研究，Benjamin A. Elman 的 *A Cultural History of Civil Examinations in Late Imperial China* (Berkeley: University of California Press, 2000)，是较早对科举制度作综观研究的专著，而龚笃清的《明代八股文史》（长沙：岳麓书社，2015）是有关制艺的通论著作，孔庆茂的《八股文史》深入讨论明清制艺发展与各种思潮间的关系，黄明理《儒者归有光析论：以应举为考察核心》（台北：里仁书局，2009）与侯美珍《明代乡会试〈诗经〉义出题研究》（台北：台湾学生书局，2014）都是对专题的讨论。近年则有不少相关的论文集的结集及出版，如刘海峰、张亚群：《科举制的终结与科举学的兴起》（武汉：华中师范大学出版社，2006）、刘海峰：《二十世纪科举研究论文选编》（武汉：武汉大学出版社，2009）、陈文新、余来明编：《明代文学与科举文化国际学术研讨会论文集》（武汉：武汉大学出版社，2010），收录了这个领域的不少杰出文章。

制艺写作发展到万历中晚期，以元脉派的声势最盛。所谓元脉派（或另称法脉派、机法派）主要诉求是取前人作品，尤其历科会元的文章揣摩其机法，依所揣摩的机法写作制艺。[1]元脉派并不是真有一派，而是将历届进士科考试的会元都列为元脉派的传承者，只是各科会元亦有高下之别，某些会元往往更受重视，而可以主导制艺文坛多年。尤其是王鏊、唐顺之两人，被视为典型模范，成为士人在制艺写作上取法的对象，如贺贻孙说：

> 成弘以来，文运昌明，士习端恪，王、唐诸君子之文，春容尔雅，号为元脉。[2]

董其昌（1555—1636）更发明"九字诀"——宾、转、反、斡、代、翻、脱、擒、离，以概括制艺写作上的九个机法。元脉派流行于明中晚期，尤其在万历朝后期达到高峰，对当时的制艺文坛影响甚大。[3]陶望龄被列为元脉派的一员，这点可参考钱谦益所说：

> 何谓举子之时文？本经术，通训故，析理必程朱，遣词必欧苏，……自王守溪（按：王鏊）以迄于顾东江（按：顾清）、汪青湖（按：汪应轸）、唐荆川（按：唐顺之）、许石城（按：许谷）、瞿昆湖（按：瞿景淳），如谱宗派，如授衣钵，神圣工巧，斯为极则。隆万之间，邓定宇（按：邓以赞）、冯开之（按：冯梦祯）、萧汉冲（按：萧良有）、李九我（按：李廷机）、袁石浦（按：袁宗道）、陶石篑（按：陶望龄）诸公，坛

---

[1] 关于元脉派的介绍，请见龚笃清：《明代八股文史》第五章；孔庆茂：《八股文史》第四章。

[2] 贺贻孙：《徐巨源制义序》，见《水田居文集》文集卷三，63页，收入《四库全书存目丛书》，集部第208册，据清道光至同治间赐书楼刻水田居全集本影印。关于董其昌的部分，请见孔庆茂：《八股文史》第四章第5节，184—199页。

[3] 郑鄤：《汤霍林》，见《峚阳草堂诗文集》卷七，15页。

字相继，谓之元脉。江河之流，不绝如线。久而渐失其真，汤霍林（按：汤宾尹）开串合之门，顾升伯（按：顾天埈）谈倒插之法，因风接响，奉为金科玉条，莠苗稗谷，似是而非，而先民之矩度与其神理澌灭不可复问矣。[1]

此处所列诸人，除了顾天埈以外，其余都是历届的会试会元，而且是依年代先后排列，其中陶望龄与汤宾尹先后主导万历年间的制艺文坛风气，尤其是陶望龄以奇矫文风而得会元，影响当时文风甚大。[2]陶望龄与汤宾尹关系甚为密切[3]，二人曾共同编校出版注解书，在前引署名汤宾尹编纂的《鼎镌睡庵汤太史四书脉》，全书卷首有"座师温陵九我李先生、会稽石篑陶先生仝校"，在每卷卷首另有"座师会稽石篑陶望龄校定"的字样，可见此书是陶望龄主校，而李廷机协校。李廷机、陶望龄、汤宾尹，分别是万历十一年（1583）、十七年（1589）与二十三年（1595）的会元。也可以说，这本注解书，是当时士人所仰望的、被归类到元脉派的几位代表人物所挂名编著。

前引陶望龄的序文作于万历三十五年（1607），此时正值心学运动盛极而渐衰，及制艺风潮将兴而未盛之际。万历二十八年（1600）先有临川与金溪交

---

[1] 钱谦益：《家塾论举业杂说》，见《牧斋有学集》卷四五，1508 页。

[2] 钱谦益虽说汤宾尹开串合之门，而顾天埈谈倒插之法，但汤、顾二人共同主试时曾交换意见，汤宾尹大赞其顾天埈的倒插法，可见串合、倒插是当时极为主流的风气。见汤宾尹：《丁未同门稿序》，见《睡庵稿》卷三，20 页（收入《四库禁毁书丛刊》，集部第 63 册，据明万历间刻本影印）："余（按：汤宾尹）所最旨者曰：今人文绝不知有倒法，文之脉在动，动在转，转之用全在用倒。"有人认为有此流弊的部分原因可归咎于陶望龄所引领的文风，如《钦定四书文》说："自万历己丑陶石篑以奇矫得元，而壬辰踵之，遂以陵驾之习首咎因之。……至于任意武断，概用倒提，故为串插，……亦不得尽以为创始者之过也。"见方苞编：《故大德》，《钦定四书文》卷四，10 页，收入《景印文渊阁四库全书》第 1451 册。壬辰会元是吴默，字因之，而此评说吴默沿承陶望龄的奇矫文风，此后相沿成习，于是有汤宾尹的串合，与顾天埈的倒插。

[3] 如汤宾尹自述，他在北京时，便借住于陶望龄的寓所，而他所自号的睡庵，亦即他此时的住居之名。见汤宾尹：《任白甫云龙阁草序》，见《睡庵稿》卷二，10 页。

界处举行的紫云社，这是明末江西较早的制艺社集，也是江右四大家中的陈际泰、章世纯、罗万藻出身的社集。与陶望龄同时代的士人，如南昌李鼎，便因制艺风潮的兴起而调整对制艺的评价，指称士人可以从制艺中究竟万古不易之理[1]，把制艺与理联结在一起。因此，陶望龄不从心学立论，而是提出六经之文，尽管邓元锡并无知名的制艺文章传世，甚至连进士功名也没有，在陶望龄的解释下，邓元锡依凭其心学造诣及其经史之学，却可作六经之文，是明兴以经术设科以后的唯一一人。在此大背景下，六经之文与制艺的经义之文便很难截然二分。

陶望龄是心学家，也是元脉派的代表人物，他指出邓元锡的经史之学及六经之文的重要性，这个定位对新城士人是可以满意的，所以邓澄才会在多年后又再提起。但万历中期元脉派仍如日中天时所作的定位，到了万历末期及天启、崇祯年间却有变。当以江右四大家为中心兴起新一波的风潮，不仅在制艺上攻击元脉派，而且颇有反心学的氛围，这时候不仅邓元锡失去其经术设科之后明兴以来一人的地位，新城士人也必须重新思考在新风潮下的出路。

五、明末江西派的制艺新主张及文社之兴

通经学古与反心学的倾向

万历朝如日中天的元脉派到了万历朝晚期及天启、崇祯年间，却一变而为众矢之的。前引钱谦益便大力抨击汤宾尹，而清初王步青的评论，更可凸显明末清初士人对元脉派的反省。王步青是金坛人，以制艺见称于世，四库馆臣称

---

[1] 李鼎早年虽以制艺闻名，但其心力多放在诗作与经世实务上，直到晚年归乡，大约万历三十六年（1608），方才正视制艺的价值，他不仅开门授徒教导制艺，完成《经诂》这本跟制艺有关的儒经注解书，并且高度推崇制艺，视为已可究竟于"理"。引文见李鼎：《松霞馆偶谭续》，见《李长卿集》卷二十一，5 页。请参考本书第七章。

其"法律严谨，不失尺寸，在近时号为正宗"。[1] 王步青曾作《天崇十家文钞》《明文钞》等书，他把明中期以后制艺的发展大略分作成弘正嘉、隆万与天崇三期[2]，而他对万历中晚期制艺文风，就是以"专尚员机，日趋软调"来批评元脉派，他说：

> 壬辰［万历二十年（1592）］以降，专尚员机，日趋软调，垂三十年，气萎体败，虽有贞父（按：黄汝亨）、孟旋（按：方应祥）诸公标持风格，力不足起衰。其他奉一二巨子，缪种流传，起秽自臭，又无论矣。……手秉文衡，于题之窾会，文之义法，曾未经心，模窃形似，或哆口从时，或轻谈变俗，俾骏稚荒伧，时亦弋获，操觚者漠然无所向，古今安在不同慨哉！[3]

"垂三十年"所指从万历二十年到天启二年（1622），此正是元脉派的流行期[4]，浙江一带有黄汝亨、方应祥起而抗衡，但效果有限，直到以江右四大家为首的江西派兴起，方才拨动新风气，而江西派所引起风气的关键词即"通经学古"。[5]

---

[1] 永瑢等撰：《钦定四库全书总目》，1675 页。

[2] 王步青：《明文钞序》，见《已山先生别集》卷一，13 页（收入《四库全书存目丛书》，集部第 273 册，据清乾隆敦复堂刻本影印）："今夫论文之指约有三端，曰理，曰法，曰才。而论明文者，于成弘正嘉言理，隆万言法，天崇以才。"王步青的分法跟清人方苞一致，都是把明人所推尊的成弘与正嘉合并看。王步青的理由是，正德朝首科会元即王鏊，此后端绪相承，风流未坠，而嘉靖朝初中期去正德朝不甚远，所以他说："明文之盛者，虽跻正嘉于成弘，亦未为过，而风会则固殊矣。"见王步青：《题程墨所见集二》，见《已山先生别集》卷二，4 页。

[3] 王步青：《题程墨所见集三》，见《已山先生别集》卷二，5 页。

[4] 壬辰年（1592）的会元吴默便是受到陶望龄的奇矫文风的影响，以下沿袭成风，而在乙未年（1595）有汤宾尹为会元，此后汤宾尹主导制艺文坛风气二十余年。

[5] 如艾南英说："自万历之季，房稿盛行，而天下无制艺，学者莫不剿袭浮艳以欺夺主司，孟旋先生毅然以斯文为己任，而天下始知以通经学古为高。"见艾南英：《青来阁二集序》，见《天佣子集》卷二，43—44 页。

江西派又名豫章派，因万历四十三年（1615）在江西南昌举行的豫章社而得名，前述元脉派并不真有一派，而江西派则是确有社集活动。此派以抚州的江右四大家最著名，南昌万时华、陈弘绪、徐世溥等人也很活跃。过去人们多聚焦在复社，却忽略了比复社更早主盟制艺文坛的江西制艺群体所带领的流风。即连"通经学古"这个跟复社画上等号的关键词，也是从江西派开始大力倡导的。

万历朝在元脉派流风的影响下，许多士人除了《四书》以外，多数心力都花在揣摩历届会元的文章，而很少再读经、史类的著作。尽管方应祥等人力倡通经学古，但势单力孤而难有作为，直到江西派方始以群体的力量引领风潮。江西派力倡古学，而古学原本六经——是六经而不是《四书》。艾南英说：

> 举业至万历之季，卑陋极矣，自四家之文出，而天下知以通经学古为高。[1]

既讲究通经学古，则所须读的书极多，包括经、史、子、集，艾南英说：

> 制举虽小，然必本之经以求其确，本之史以雄其断，本之诸子以致其幽，本之欧曾大家以严其法，若是，是亦制举之泉源也。[2]

陈弘绪亦呼应说：

> 吾江右制艺，世共指为异而奉之，然吾观江右之文，类本之经以深其源，参之史以究其变，博之欧苏诸大家以荡其气。[3]

---

[1] 艾南英：《四家合作摘谬序》，见《天佣子集》卷三，40 页。

[2] 艾南英：《戴子年淇上草序》，见《天佣子集》卷三，35 页。

[3] 陈弘绪：《李平叔文序》，见《石庄初集》卷二，39 页，收入《陈士业先生集》。

徐世溥则说：

> 性情者，文之根本也；经术者，文之圃也；历代史乘，昔人事辞文
> 之雨露膏泽也；诸子百家，文之旁流支润也。芟而崇之，存乎儒先，修而
> 艺之，成于前辈大家。君子植其根于六经之圃，而沃之以子史群书，正之
> 以先儒格言，萬法乎先正，然后其文能浅而深，约而备，茂而有间，与汉
> 史、唐诗并行天地，乃为一代之制义云尔。[1]

江西派倡议"通经学古"，让士人不再把制艺当作作文而已，而是必须通读
各类典籍，以充实学识，在此学识的基础上方才能够作出好的制艺。这类多读
书的主张极易引起他人侧目或反对，毕竟跟揣摩历届会元的文章相比，多读书
对制艺写作的帮助总是隔了一层。加上江西派诸人多数艰于一第，根本无法与
元脉派的会元身份相提并论，所以江西派初期颇受非难。徐世溥便谈到江西派
为人所姗笑的情景，并痛斥元脉之说，说：

> 一二小人，力不逮古，因其卑弱不能强有立，辄文以他说，缘饰章
> 句，瞻顾前后，自命曰脉。又荒芜无实，汰枝束股，以掩其陋，自命曰
> 法。属有天幸，试进士即冠，天下翕然从之，腐缓不举，筋弛骨折，经络
> 痿绝，如老人重得瘵且瘅也，文始靡矣。江右诸儒者，乃力为古学，思拯
> 其病，其言始出，士大夫率诽笑，以为怪迂不经，越十余年，其道始明，
> 而靡靡之习为之一振。……要之原本六经，期于明先王圣人之道而止。[2]

---

[1]　徐世溥：《答李尔瞻论时文书》，见《榆溪逸稿》卷五，14 页，收入《清代诗文集汇编》第
26 册，据清嘉庆年间刻本影印。

[2]　徐世溥：《苔园近艺序》，见《榆溪逸稿》卷四，1 页。

法、脉即指元脉而言。我们从南昌衷崇熹的遭遇，亦可见江西派所面对的反对与批判的声音之大。衷崇熹亦属江西派，他在会试途中曾驻足扬州，当地年轻士人雷士俊入其门下，而衷崇熹对他的要求是：

> 是时士之举业，类剿袭臭腐以欺有司，白首讲诵者，考亭《四书》，及所占经，句释、字诂，粗解其说而已。先生告以文之源流，上自《易》《诗》《书》《礼》《春秋左氏》《公羊》《穀梁》《周礼》《仪礼》《孝经》《尔雅》，中至《史》《汉》，下及韩、柳、欧、苏、王、曾诸家之指。[1]

所读的包括十三经、史书与唐宋八大家文。值得注意的是雷士俊的父亲的反应：

> 士俊闻而慕之，慨然有事于古，然府君颇慊之，尝倚门立，士俊侍，谓曰：《学》《庸》《语》《孟》，辞约理尽，不深求力索，而但务博览，此先民所耻，以为记问之学者也。[2]

雷士俊的父亲认为专注在《四书》即可，而且直斥博览群籍将被"先民所耻"。

另一方面，江西派还隐然有反心学的倾向。江西有心学的正统江右学派，而其重镇吉安府，明末有邹元标主持仁文书院讲学，这是与东林书院并列的全国几大书院之一。不过，天启四年（1624）邹元标去世以后，当地心学风气一蹶不振，即使邹元标的弟子李邦华接继讲学，但李邦华是以忠义而不以心学著称，所以并未能够再度带动心学的风气。当天启、崇祯年间制艺风潮最盛时，

---

[1]　雷士俊：《太学生显考府君权厝志》，见《艾陵文钞》卷十三，4 页，收入《四库禁毁书丛刊》，集部第 90 册，据清康熙莘乐草堂刻本影印。

[2]　雷士俊：《太学生显考府君权厝志》，见《艾陵文钞》卷十三，4 页。

吉安的制艺名家却跟心学几乎毫无渊源。

值得注意的是，在江西这个心学正统之地，明末却见反心学的倾向。如艾南英指斥阳明学作为在野讲学的学说，不应上升到科举时文中影响制艺写作，便是颇为人所熟知一段话。[1]艾南英对心性讨论并无兴趣，所以在其文集中少见心性等词，而他对心学的批判，不选择入室操戈，而是从是否入制举业来判断，由于士人以心学入制举业，所以必须尽斥之。艾南英为方应祥的文集作序，对方应祥以斯文为己任及倡通经学古大加赞叹之余，也把箭头转向阳明心学，说：

> 先生生于伯安（按：王守仁）、汝中（按：王畿）二君子之邦，二君子之言盈天下，而先生文章议论，不独不沾沾于其乡之大人，而二君子毫厘千里之谬，亦似有待先生而后正者，又予私心所向往。[2]

此处竟是以方应祥所倡的通经学古可正心学之谬。

在这波通经学古与反心学的倾向下，邓元锡虽未被攻击，但也未有人提及邓元锡的经史之学，而陶望龄为邓元锡作的定位，以及经义、文章的关系，"明兴以来，为六经之文，自先生始"的评价亦无人闻问。而且贺贻孙、陈弘绪二人分别提出新的见解，贺贻孙说：

> 士折节为经生家言，本以穷理明道，非独取科名而已也。成弘以来，文运昌明，士习端恪，王、唐（按：王鏊、唐顺之）诸君子之文，春客尔雅，号为元脉。精气所极，科名应之。后之学者遂迁其学以取科名，柔筋缓步，取青媲白，以庶几有司之一遇。……向所谓穷理明道者，皆视为迂

---

[1] 艾南英：《今文待序篇下》，见《天佣子集》卷一，8 页。

[2] 艾南英：《青来阁二集序》，见《天佣子集》卷二，45 页。

阔无用之学，而科名与文章之途始分。于是一二豪杰，厌薄举业，更为古文辞以驰骋其才情，而古文与时文之途又分矣。二十年来，豫章诸公乃为古学以振之。尔时巨源（按：徐世溥）以少年高才，茂先（按：万时华）、士业（按：陈弘绪）、左之（按：邓履中）、士云（按：刘斯陛），递为雄长，同人唱和，实繁有徒，薄海以内，望风响应，而古文与时文复合。[1]

贺贻孙说的古文与时文，即陶望龄的古文与经义之文。陶、贺二人都同意是复古派使得古文与时文二分，于是陶望龄倡六经之文以崇邓元锡，但贺贻孙却完全只字未提邓元锡，而是将功劳归诸豫章诸公，亦即江西派诸人，而且以江西派的制艺取代六经之文之说。陈弘绪的看法虽有别于贺贻孙，仅是大同中的小异，他说：

> 盖自嘉、隆以来，帖括剽窃之陋习，忽流入于古文，一二负名之士，好以秦汉相欺，字裁句掇，荡然不复知所谓真古文者。吾社忧之，乃以唐宋诸大家力挽颓澜，毋亦谓摹秦汉之失，或至舍体气而专字句，而唐宋诸大家无从置力于字句之间也。……吾社为之二十年，高者永叔，次或子固、介甫，庶几退之之杰出于其间。[2]

陶望龄、贺贻孙认为复古派造成古文与时文二分，而陈弘绪则是指责复古派剽窃的陋习流入于文章中。但即使对复古派的定位有别，陈弘绪跟贺贻孙一致推尊江西派士人，而且陈弘绪更隐然以真古文来说江西派的制艺。在贺、陈二人的重新定位下，元脉派与邓元锡同时被边缘化了。

---

[1] 贺贻孙：《徐巨源制义序》，见《水田居文集》文集卷三，63 页。
[2] 陈弘绪：《徐巨源文集序》，见《鸿桷集》卷一，27 页，收入《陈士业先生集》。

制艺文社及大社的兴起与流行 [1]

万历中期以后，阳明心学在江西的中衰，尤其是讲会活动的数量及规模的缩减，相应而起的，是以江右四大家为首的制艺群体，以及在江西各地陆续成立的制艺文社。这让前述通经学古与反心学的倾向，不会只是限于一时一地或一小群人的主张，而是随着制艺文社的推展、大社的举行，成为江西派士人所熟悉的倾向，以及代表江西派的共识。新城位于僻远山区，无论是阳明心学的退潮，或制艺风潮的兴起，新城的反应都比其他文化区如南昌、临川来得晚，于是后文将会看到涂伯昌如何在阳明心学及制艺风潮间踌躇徘徊，以及涂伯昌及新城士人群体如何借由加入社集而为江右四大家所熟识，并且进入江西派的流行圈中。

关于明末社集的研究，过去较注意江南复社及相关社集活动，而较少人注意同时期江西的社集，其实江西的社集活动极盛，江西豫章社甚至足以与江南复社分庭抗礼。明末制艺风潮下的江西社集可以往前追溯到万历二十八年（1600）临川的紫云社，当时江西各地的制艺文社极少，陈际泰甚至以"五指诎之"来形容 [2]，紫云社是较早也较重要的社集。该社成员主要来自临川，有陈际泰、章世纯、罗万藻、祝徽、丘兆麟（1572—1629）、游王廷、蔡国用（1579—1640）、

---

[1] 关于明人社集的研究，较多放在文学史、政治史的脉络下讨论，郭绍虞的《明代的文人集团》（收入郭绍虞：《照隅室古典文学论集》，518—610页，上海：上海古籍出版社，1986）、谢国桢的《明清之际党社运动考》（北京：中华书局，1982）都是这个领域的名作。陈宝良《中国的社与会》（台北：南天书局，1998）对社集做出分类，而何宗美长期搜集社集相关资料，其近作《文人结社与明代文学的演进》，则是借由大规模汇整诗文社集与制艺文社的资料，以讨论文学流派与文学思潮的转变。李玉栓《明代文人结社考》（北京：中华书局，2013）也是对社集资料的整理与考订之作。近几年则有一些文章是从政治、家族、地域性、城市生活、文化转型切入，而且将眼光扩大到士阶层相关的其他阶层（如医者），以及东亚周边各国，以更多元也更整体的眼光，以中国为中心看东亚世界的社集发展，请见张艺曦主编：《结社的艺术：16—18世纪东亚世界的文人社集》。

[2] 陈际泰：《新城大社序》，见《大乙山房文集》卷四，21页（收入《四库禁毁书丛刊补编》第67册，据明崇祯六年（1633）刻本影印）："忆余庚子之役，既罢归，因邀全人为社。……盖海内之社比于此者，未始顿五指而诎之也。"

管龙跃（字）、曾栋兄弟四人。[1] 其中陈际泰、章世纯、罗万藻皆名列江右四大家中。明末江西制艺风潮及社集之兴，可说是从紫云社这个地方社集开始。

与紫云社同时或稍晚有汝南腾茂社，可能是以原班人马为主干另外成立的社集。据陈际泰所述，"社业自分两家，其雅则命体不失冲气者，若干为辈，而管龙跃、傅友梅为首；其玄博开宗奇矫自绝者，若干为辈，而陈大士为首"[2]，显示两社仍有别。[3] 此后更有金石大社，推测举行于天启四年至七年（1624—1627）之间[4]，据丘兆麟说：

> 吾郡极力为时艺之士，有陈大士、章大力、艾千子、罗文止数人，其一时声响气势，能命令海内，……一时慕好风尚，又能移易海内，……此数人固尝告人曰：……若我所为，千古之事，文章之道也。富贵自富贵，文章自文章，生平降心抑首于此中。……且今大力、千子又既已售矣，大士、文止既未遽售，而海内售者类多以之为售，亦奈何以为不售，则文之不当富贵资者，又何尝不富贵者哉！……即金石大社不足以尽予郡之名士，而予郡之名士实盛于此。[5]

---

[1] 陈际泰：《曾叔子合刻序》，见《已吾集》卷三，7页，收入《四库禁毁书丛刊》，集部第9册，据清顺治李来泰刻本影印。

[2] 罗万藻：《汝南明业社序》，见《此观堂集》卷四，32—33页，收入《四库全书存目丛书》，集部第192册，据清乾隆二十一年（1756）跃斋刻本影印。

[3] 由于两社不少人先后得第而飏去，可想见两社在当时应颇受临川士人所瞩目，见陈孝逸：《府君行述》，见《痴山集》卷一，11页，收入《四库禁毁书丛刊》，集部第49册，据清初刻本影印。但艾南英不在前两社中，必须等到万历三十四年（1606），艾南英入府学，方始结识罗万藻、陈际泰、章世纯三人，艾南英是东乡人，东乡本属临川，后来另划一县。至此四人齐集，而江右四家之名以定。见艾南英：《年谱》，见《天佣子集》卷首，丙午年。

[4] 根据丘兆麟序文提及章、艾、罗三人中举的情形，章世纯与艾南英分别是天启元年（1621）与四年举人，而罗万藻是天启七年举人，可知金石大社举行于天启四年到七年之间。

[5] 丘兆麟：《金石大社序》，见《玉书庭全集》卷十一，90—92页，中国国家图书馆藏，清康熙十一年（1672）修本。

　　　　　　　　　　　　　　　　　　　　　　　　　　　　　　　岐路彷徨

从"予郡之名士实盛于此",可知这也是当地很重要的社集。

其他各地也陆续有制艺文社兴起,如万历三十八年（1610）左右同属于南昌府的丰城有制艺文社,当地无论一方之名宿,或继起之新秀都在此社中,可知这是丰城最具代表性的社集,如涂伯昌说:

> 二十年来,一方之名宿,后来之选锋,无不出其社中,飏去为名公钜卿者,不可指数。[1]

抚州府的金溪也有文社。金溪原有城南会,城南会的会址不明,由于此会成员以横源张氏族人为主,而横渠张氏家族位于金溪县石门乡横源,横源便在金溪县城南,所以城南会应即在张氏家族附近举行。到了万历年间,在该族名士张应雷（1534—1608）的倡导下,另外成立禹门社,此社社址位于临川、金溪之间,推测应在横源所在石门乡与临川县的交界处,据陈际泰所作序说:

> 禹门社介临、金之间,是诸隽之所走集也。其得名,张顺斋先生（按:张应雷）实为之,先后社于是者,翔去不可枚举,中辍者数年,近乃复有吾党之刻而俨其人。盖地重而人因重,不敢以亏疏佐小之气辱此名社也。[2]

此社是张应雷倡始,而张应雷卒于万历三十六年（1608）,陈际泰的序作于万历末或天启初,可知后续仍有人主持社集活动。[3]此社既位于临、金之间,又是诸隽之所走集,加上由临川陈际泰作序,推测该社应有来自临川、金溪两地

---

[1] 涂伯昌:《龙山大社序》,见《涂子一杯水》卷三,32 页。

[2] 陈际泰:《禹门社序》,见《大乙山房文集》卷四,24 页。

[3] 序文中提及周钟、张溥倡导经术,而二人崛起于天启年间,所以可推知禹门社也是在此刻重振。

士人。从过去以家族为主、类似族会的城南会，扩大为两县士人共同参与的禹门社，而当江右四大家倡导制艺，此社亦占一席地。[1]

瑞金有赤水社，这是杨以任在万历四十六年（1618）考取举人以后，与同邑朱敬之、谢士芳、谢子起、兄杨希元、侄杨汝基所成立的社集。[2] 杨以任在江西的声名不亚于江右四大家，但因年仅三十五岁而卒，致其影响力无法与江右四大家相提并论。

随着各地制艺文社兴起，于是更进一步形成的跨地域大社，豫章社则应时而起。徐世溥指出：

> 曩余闻长老言，嘉隆时，先正闱试诸牒出，相从议论，揣甲乙者不失锱铢。其时士无交游，坊无选刻，文会不过族姓同里数人，月有定课，至期毕业，醴酒三四行而止。乡会试录出，姓名乃达于境外。……盖自余操笔墨与诸君倡和，已合十三郡之贤秀皆在，更十数年，而南北之声气毕通，称大同矣。[3]

"合十三郡之贤秀"的大社，应即万历四十三年（1615）的豫章社。这个社集代表的是制艺文社进入另一阶段的标志，也就是从原本"不过族姓同里数人"的文会，变成南北声气相通的大社。尽管豫章社只是一时一地举行而已，成员人数也有限，但却有人以豫章社来称江西派的群体，正可见此社的重要。[4]

---

[1] 相关研究见本书第九章。

[2] 蒋方增修：（道光）《瑞金县志》卷七，5 页，收入《中国地方志集成，江西府县志辑》第81 册，据清道光二年（1822）刻本影印。

[3] 徐世溥：《同人合编序》，见《榆溪逸稿》卷四，9 页。

[4] 《四库全书总目》中以豫章社是艾南英、陈际泰、罗万藻、章世纯等四人主导成立，应误。见永瑢等撰：《四库全书总目》，26 页："其时张溥与张采立复社，艾南英与章世纯、陈际泰及罗万藻立豫章社。"

豫章社的倡导起于江西布政使李长庚，合江西各地士人于一处举行社集，据载：

> 大冢宰李长庚任江西左布政，其子春潮才而好奇，合豫章诸能文者为豫章社，临川则陈际泰、罗万藻、章世纯，东乡则艾南英，泰和则萧士玮、曾大奇，吉水则刘同升，南城则邓仲骥，丰城则杨惟休、李臸，进贤则陈维谦、李光倬、陈维恭，皆郡邑间最驰声者，而南昌、新建，首时华与万曰佳、喻全禩，时华尤为所推服。[1]

豫章社全社虽仅十余人，但这十余人是来自江西各地的领袖人物，于是借此社而让各地士人有更密切的来往与联系的机会。另一方面，南昌当地另有一批名未大起的年轻士人虽未能入会，但可以与该社成员往来论交，遂使其眼界一时开阔。[2]

利用豫章社的集会，无论社中或社外的人，彼此都可借此机会相识交流。如南昌万时华与吉安曾大奇、萧十玮（1585—1651）相识，并借几人而识得其他吉安士人，让万时华以此为豪说——"西昌二十年来才士云起，尽与余善"[3]，西昌即泰和，是吉安府的一县。陈弘绪虽未入豫章社，但他另组杏花楼社，社外士人多入此社，而彼此相识，如陈弘绪便在此识得曾大奇之子曾文饶。[4]

值得注意的是陈际泰、艾南英与陈弘绪这批年轻士人的相识。万历四十六年（1618）乡试年，陈际泰与合称南州四子的余正垣（余曰德之孙）、李奇（李迁曾孙）、刘斯陛、邓履中（邓以赞从子）握手订交[5]，艾南英亦与陈弘绪等人订

---

[1] 陈弘绪：《先友祀乡贤万徽君传》，见《敦宿堂留书》卷一，39 页，收入《陈士业先生集》。

[2] 陈弘绪：《曾尧臣文序》，见《石庄初集》卷五，3 页，收入《陈士业先生集》。

[3] 万时华：《曾尧臣合稿序》，见《溉园二集》卷一，5 页，收入《四库禁毁书丛刊》，集部第144 册，据明末刻本影印。

[4] 陈弘绪：《曾尧臣文序》，见《石庄初集》卷五，3 页，收入《陈士业先生集》。

[5] 陈际泰：《余小星小引》，见《大乙山房文集》卷六，46 页。

交[1]，并与徐世溥结为异姓兄弟。[2] 由于年辈上的差距，加上陈、艾等人成名较早，所以这批南昌士人隐然以陈、艾等人为首。所以《豫章社选》编成出版以后，陈弘绪所盛推的是江右四大家，他说：

> 适云将（按：李燨）、茂先（按：万时华）《豫章社选》成，诸兄弟盛推临汝之学。[3]

从"诸兄弟盛推临汝之学"，已可看出南昌年轻士人对江右四大家的倾慕之情。借由大社的举行，让江右四大家的声望日高，而其制艺及相关见解更可影响其他士人，并更具有代表性，以江右四大家为中心，遂形成所谓的江西派。

在新一波的风潮中，新城士人如何回应？涂伯昌是这个时期新城士人领袖，所以以下聚焦于涂伯昌来谈。

六、大风潮下的涂伯昌及新城士人

当涂伯昌（1589—1650）[4] 出生，邓元锡、罗汝芳已卒，待其少年，邓徽君

---

[1] 天启五年（1625），艾南英作《四子合刻序》，较诸陈际泰于万历四十六年（1618）识得四子晚了七年左右的时间。四子即刘斯陞、邓履中、余正垣、李奇。艾南英先识万时华、李云将、喻仲延等人于豫章社，此后又识刘、邓、余、李与陈弘绪等人。见艾南英：《四子合刻序》，见《天佣子集》卷二，57—58 页。

[2] 清初王士禛便说陈弘绪、徐世溥二人是"南州眉目"，可知二人是南昌年轻士人的代表。见王士禛：《居易录》卷十一，25 页，收入《文津阁四库全书》，子部第 871 册，据中国国家图书馆藏本影印；又见徐世溥：《名公评语》，见《榆溪逸稿》卷首，1 页。

[3] 陈弘绪：《曾尧臣文序》，见《石庄初集》卷五，3 页，收入《陈士业先生集》。

[4] 涂伯昌自述十五岁出就外傅，而他在万历三十九年（1611）游浙而师黄汝亨，据丁艳女士提供的民国二十三年（1934）所修《涂氏家谱》，可知涂伯昌生于万历十七年（1589）。见涂伯昌：《侄孙不疑文序》，见《涂子一杯水》卷三，68 页；卷三，《辛乙稿序》，77 页。

祠的讲学活动也已停歇，连邻近的南城也少有心学的讲学活动。[1]但因邓、涂二族的联姻关系，不少涂氏族人皆受到邓元锡直接或间接的影响，如涂伯昌从侄涂世名（字仲嘉），便是跟随族人涂珤学习，而涂珤是邓元锡的门人。[2]涂伯昌与涂世名既过从甚密，也与涂世延一家时相往来，而涂世延家亦传邓元锡、罗汝芳的学术。[3]正是在此心学的氛围中，所以涂伯昌对心学并不陌生。当涂伯昌十岁在私塾读书时，被朱熹的《格物补传》所困扰，却无人可以请教，但他并不死心，远道前往江右阳明学的中心——吉安问学。此时大约是万历四十年（1612）前后，当时吉安的几位知名的心学家，有安福邹德泳（1616年进士）、邹元标，但不知何故，涂伯昌所请教的是郭子章，郭子章曾平定杨应龙之乱，李鼎致函与其讨论后续的清疆之事（详第七章），但郭子章其实并不以心学著称，而郭子章引用薛瑄的话——"格物只是格个性"回答，涂伯昌"时佩其言，未通其意"，而且不久以后更有"益复茫然"之感。[4]也可以说，来到万历中期以后，作为非中心区的新城的讲会中衰，而中心区的吉安的讲会虽然持续举行，但已不具有强大的说服力，所以士人即使前来问学，仍可能无功而返。

　　另一方面，涂伯昌早年便即外出浙江习于黄汝亨门下，黄汝亨是制艺名家，涂伯昌回乡以后，应即凭借此求学的经历，既教导族人子弟制艺，包括族人涂世名、侄涂可大（字）与侄孙涂大隽[5]，而其大弟子黄香（字孝若）与他是姻亲关系。[6]

---

[1]　由于涂伯昌曾在南城参加诗社，但他却必须远道前往吉安参加讲会，所以推测在罗汝芳卒后，南城也已没有心学讲会活动，或至少没有足以吸引他的心学家的讲学。

[2]　方懋禄等修，夏之翰等纂：（乾隆）《新城县志》卷九，31页。

[3]　《先正》，见方懋禄等修，夏之翰等纂：（乾隆）《新城县志》卷九，56、67页；涂伯昌：《侄孙不疑文序》，见《涂子一杯水》卷三，68—70页。

[4]　涂伯昌：《上吴秋圃先生格物辨第一书》，见《涂子一杯水》卷二，38页。

[5]　涂伯昌：《侄孙不疑文序》，见《涂子一杯水》卷三，68—70页。

[6]　黄孝若于万历四十八年（1620）入门称弟子，此后涂伯昌弟子日益进，涂叔咸、张子威、吴玄晖皆涂门之选。见涂伯昌：《辛乙再稿予》，见《涂子一杯水》卷三，79页。

也有外地士人前来求学，如泰和刘溡、萧汝器[1]、万季玄[2]等。可知涂伯昌的制艺在新城当地已颇有声名。

除了涂伯昌以外，新城尚有不少制艺作手，只是多半散居各区，彼此少有往来。如涂伯昌居香山，而杨思本、杨调矞在金船峰读书，杨公望居华盖山，江公遽、裘曰尾分别居白石与卓溪，彼此皆相距甚远而不常相见[3]，如涂伯昌所言——"非郡邑试事，岁不数面"。[4]

随着豫章社的举行，以及各地举行社集加强相互联系的风气，涂伯昌及新城士人亦受此风潮影响，遂以涂伯昌为中心成立鸿响社。鸿响社成立于万历末年，属于地方性社集，成员亦仅限于新城士人。[5]万历四十八年（1620）另有新城大社，核心成员达二十一人，带来更多人际往来联结的机会。[6]所以天启七年（1627）的乡试年，涂伯昌与杨思本、鲁汝亨[7]、裘曰尾、过周谋[8]、杨居理[9]、杨居吉[10]、

[1] 涂伯昌：《刘叔道文序》，见《涂子一杯水》卷三，42页。

[2] 涂伯昌：《万季玄文序》，见《涂子一杯水》卷三，43页。

[3] 杨思本：《三山课业序》，见《榴馆初函集》卷四，8—9页，收入《四库全书存目丛书》，集部第194册，据清康熙十三年（1674）杨日升刻本影印。此外，从崇祯二年（1629）的刻偶社的选文一事也可有佐证。当时偶社之刻，半属新城，其中最为世所知名者四人：吴怀璩、吴之才兄弟，及江公逊、江观其兄弟，但四人居处都离县城甚远，如涂伯昌所言，"非郡邑试事，岁不数面"。可知这几位新城的知名士人彼此间并无常态性的社集活动。见涂伯昌：《吴孙胅文序》，见《涂子一杯水》卷三，49页。

[4] 涂伯昌：《吴孙胅文序》，见《涂子一杯水》卷三，49页。

[5] 根据《新城县志》所述："张景，字伯远，北坊人，荣之孙，少补弟子员，治《易经》。以过周谋、江以硕、王尊、涂伯昌、鄢郢、涂斯皇结文社往来。"所处所说的文社，有可能就是鸿响社。见《文苑》，见刘昌岳修、邓家祺纂：(同治)《新城县志》卷十，8页，收入《中国地方志集成·江西府县志辑》第57册，据清同治十年（1871）刻本影印。

[6] 陈际泰：《新城大社序》，见《大乙山房文集》卷四，22页："近日文章一派乃在新城，其人气盛心果，不屑近事，人人发伏藏之书而读之，而得其芳泽源流之所处。"

[7] 《忠义》，见邵子彝等修、鲁琪光等纂：(同治)《建昌府志》卷八，14页。

[8] 《宦业上》，见邵子彝等修、鲁琪光等纂：(同治)《建昌府志》卷八，60页。

[9] 《乡举》，见刘昌岳修、邓家祺纂：(同治)《新城县志》卷八，7页。

[10] 杨矞调亦杨思庠六子中之一子，但目前资料所及，无法确定其名。只知杨思庠热心赈济，而其子杨思曾（字象贤）、杨居梓（字梦熊）、杨居吉亦能继父志，见《善士》，见邵子彝（转下页）

江以硕[1]等共八人结为异姓鸰鸰[2]，共同准备乡试。基本上已经形成一个关系较紧密的群体。

从地方性社集到大社，新城士人的联结日益紧密，并且与外界的联系亦日多日广。所以崇祯二年（1629）新城士人在临川便与他地士人共结偶社，而此社社刻所收录的文章，新城士人文章竟占了一半的篇幅，使原本不甚注意新城的艾南英等人大为惊讶，而有"近日文章光气半在新城"之语。[3] 涂伯昌更指出几位新城士人在当时备受瞩目的情形：

> 偶社刻其文，半属吾邑（按：新城），其中为世所最指名者，为吴怀璞、孙肤（按：吴之才）、江公逊（按：江以硕）、观其兄弟四人。[4]

此处所举出的四人，在新城的居所皆去城市几百里，"非郡邑试事，岁不数面"，所以早期新城当地举行社集而编社刻时，以不得四人之文为恨。[5] 但随着制艺风潮的流行，如今不仅愿意让社刻收录其文[6]，而且吴之才的文章更得到艾南英、陈际泰的高度赞赏并为其延誉。[7] 这些都显示新城风气的转变，而且进入了整个江右的文化交流圈中。

（接上页）等修、鲁琪光等纂：(同治)《建昌府志》卷八，16 页。另据涂伯昌《寿杨怀翁年伯六十文》可知几人的排行从长到幼应是：伯杨居曾、仲杨居理、叔杨居台（字黼调）、季杨居梓，以下更有杨居吉（字公安）、杨居宪（字天生），及其孙杨日升。除了杨居理考取举人，杨居台卒于庠，其他人皆列名弟子员。涂文见《涂子一杯水》卷四，59 页。感谢丁艳女士提供杨氏家族的族谱资料。

[1]　刘昌岳修、邓家祺纂：(同治)《新城县志》卷八，5 页。

[2]　涂伯昌：《涂子一杯水》卷三，47 页。

[3]　涂伯昌：《吴孙肤文序》，见《涂子一杯水》卷三，49 页。

[4]　涂伯昌：《吴孙肤文序》，见《涂子一杯水》卷三，49 页。

[5]　涂伯昌之侄涂世名主持的东山社刻，便以不得四人之文为恨，见涂伯昌：《吴孙肤文序》，见《涂子一杯水》卷三，49 页。

[6]　如吴之才、江以硕原本皆不愿刻文，见涂伯昌：《江公逊文序》《吴孙肤文序》，见《涂子一杯水》卷三，47—48、49—51 页。

[7]　涂伯昌：《吴孙肤文序》，见《涂子一杯水》卷三，49 页。

当新城随着整个大风潮而变的时候，涂伯昌的观点与立场也有变。新城因为僻处山区，所以士人普遍不常与外界接触，但涂伯昌是少数希望走出新城的人。首先，涂伯昌早年便出外师从浙江黄汝亨学习制艺，而黄汝亨在江右四大家以前便已率先反对元脉派的文风。此后新城成立鸿响社，这虽是地方性社集，但涂伯昌已找上临川的丘兆麟帮忙为此社社刻作序。丘兆麟，字毛伯，临川人，万历三十八年（1610）进士，与江右四大家的上一辈汤显祖齐名。[1] 在为鸿响社所作序文中，丘兆麟提到涂伯昌的转变，他说：

> 予最苦乡里小儿强解事，……止惟是朱程尸祝，唐薛服膺，仿袭摹誊，倘使其援笔不停，厝手无碍，而文之事以为如是已矣。……黎川有涂子期氏（按：涂伯昌）者，予向尝与之道，此时子期求友四方，所交皆天下巨公，所闻皆天下腴词，未暇理予言。迨数年来，子期息影山中，阇求冥证，乃始谓予言近是，摛词命意，婉转依傍，而其同社诸友人，亦复闻其风而悦之，若而人，故坊间有梓行其《鸿响集》者，……黎川之文从此有闻天下矣。[2]

丘兆麟的这段话十分有意思，据丘所言，涂伯昌最初对制艺的见解是跟丘兆麟有别的，但后来回到新城，息影山中数年以后，才认同丘兆麟的看法。那么丘兆麟的见解是什么呢？

丘兆麟不满当时制艺"唐薛服膺""仿袭摹誊"，此应是指元脉派的文风而言，而当时涂伯昌可能尚未脱离元脉派的影响，所以未能与丘兆麟的见解一致。接着涂伯昌息影山中方始有变，造成他这段时间有变的，是他在山中读《易

---

[1] 徐奋鹏：《刻汝上两大家文序》，见《汇辑各文》第七部，47—48页，收入《徐笔峒先生十二部文集》，台北故宫博物院摄制北平图书馆善本书胶片，据明秣陵王凤翔光启堂重刊本。

[2] 丘兆麟：《鸿响社文引》，见《玉书庭全集》卷十四，7—8页。

经》，并以六经遗文与所得相印证。[1]涂伯昌选择读《五经》而不是《四书》，而且将所悟与六经之文相印证，这种重视经书的取向，已跟元脉派不同，而更接近江西派所标举的通经学古。

此后涂伯昌侨寓临川时与陈际泰相识定交[2]，使他更进一步转向江西派，而他赞誉陈际泰的那段话便很值得细究，他说：

> 与人同者，物必归焉。吾友陈大士，衣被天下二十年，天下赴之无
> 岐向，其有得于《同人》之象者与。[3]

涂伯昌在山中读《易经》，因同人卦而悟得无我之学，而他以此卦来说陈际泰，可知涂伯昌所说的无我之学，应即"与人同者，物必归焉"的意思，而无我、同人的实际效益，就是能够"天下赴之无岐向"，这是涂伯昌所期待达到的结果，而陈际泰则是已先登此坛者。陈际泰成名甚早，不仅名列江右四大家之一，加上以制艺写作量大且精闻名，他虽然在崇祯七年（1634）才中进士，但在此之前早已名闻遐迩，不仅在江西一地，即连江南复社诸子亦对其高度推崇，如张采便分别刊刻其制艺与古文辞作品。[4]陈际泰的文稿盛行于世应即涂伯昌所说的衣被天下。

但更深一层看，涂伯昌是在临川与陈际泰相识而写下这段话，而当年度陈际泰为《豫章文正》作序，希望此选本能够重新端正江西派的文风。涂伯昌应

---

[1] 涂伯昌：《丙庚再稿序》，见《涂子一杯水》卷三，80 页。

[2] 涂伯昌：《丙庚再稿序》，见《涂子一杯水》卷三，80 页；陈继儒：《〈涂子一杯水〉序》，见涂伯昌：《涂子一杯水》卷首，3 页。

[3] 涂伯昌：《偶社序》，见《涂子一杯水》卷三，30 页。

[4] 见张采：《陈大士集序》，见《知畏堂集》文卷二，10—11 页，收入《四库禁毁书丛刊》，集部第 81 册，据清康熙刻本影印；文卷二，《大士之燕草序》，28—29 页；文卷二，《陈大士稿序》，30—31 页。

知此事，而他的这段话极可能是跟陈际泰的序有关，所以我们有必要看这篇序。陈际泰序上说：

> 庚子以来，文章气靡而理赝，习而溺之者以为固然，而以圣贤之规旨，与秦汉以逮成弘之义类绳之，初不知为何物，二三兄弟忧焉，故起而为典则之文以矫之，使气疏而劲，理明而确，如是焉则已矣。[1]

陈际泰的"为典则之文以矫之"，应跟涂伯昌的"天下赴之无歧向"类似。同人的意思，本就不是消极地等待他人与己同，而是必须让人人皆跟随其典则之文的文风。从涂伯昌对陈际泰及其典则之文的佩服，亦可见他已融入江西派的文风中。

从僻远山区的新城融入江西派，应让涂伯昌不免心生感叹，感叹自己若能生于通都大邑岂非更佳。[2] 另一名新城制艺作手杨思本也有类似的感受，杨思本居乡间时，常与族人往来讨论制艺，后来才举家迁往县城，原因则是他认为"村居耳目既狭，不足以开发性灵"。[3] 涂、杨是新城当地士人中与外界联系较多的两位，二人竟都有相似的感想。

七、涂伯昌的疑问与彷徨

但我们却看到涂伯昌仍然被阳明心学所留下的问题所困扰。涂伯昌特别重视《大学》，视为他能否无碍融通全部儒经的关键所在。也因此，我们看到涂伯

---

[1] 陈际泰：《豫章文正二集序》，见《大乙山房文集》卷六，4 页。

[2] 涂伯昌：《〈涂子一杯水〉三篇自序》，见《涂子一杯水》卷首。

[3] 杨思本：《自序》，见《榴馆初函集》卷四，29 页。杨思本所往来的族人包括杨王孙（字）、杨希震（字古白）、杨必先（字）、杨仲容（字）、杨思乾（字太冲，天启元年举人）、杨云卿（字）、杨守彦（字）。

昌早期被《大学》的格物之说所困扰，这个困扰并未因为息影山中读《易经》悟《同人》卦而得到解答，必须等到崇祯七年（1634），吴麟瑞来江西任官时，涂伯昌习其学，方才"如梦方醒"。

吴麟瑞出身浙江海盐，既是知名的学术官僚，还是罗汝芳的弟子，而他在新城所讲的即罗汝芳的学术，所以涂伯昌说"吾师莅吾土，大畅罗明德之学"。[1]如前文所述，新城的心学主要来自邓元锡、罗汝芳二人，而吴麟瑞所谈的正与新城路数相合。吴麟瑞有《尊经草》与《古本大学通》等书，但今皆已不传，所以我们无从了解他对《大学》解释的独到之处，以及能让涂伯昌如此信服的原因。但从涂伯昌为这两本书所作序文来看，涂伯昌对吴麟瑞是真心信服的，他说：

> 昌捧读未竟，生平疑情雪消冰泮，证以所见所闻，及六经、《语》《孟》诸书，了无滞响。……昌以《大学》得师始明，格物得师始透，古今得师始定。[2]

涂伯昌还特意作两篇文字以附和：一是《大学述》以阐扬吴麟瑞之书，一是《格物述》二篇以抒发吴麟瑞的格物之说[3]，而且更集诸家疏解大学之说而作《古本大学辨》。[4]涂伯昌前后共写给吴麟瑞五封信，信中多反复谈及吴麟瑞的格物说对他的影响之大。第五封信作于甲申年，即崇祯自缢当年，他谈到"五月中忽闻国变，泪枯心死，不复知人世之乐"，但他却仍"欲为君国存此空言"。[5]

---

[1] 涂伯昌：《合刻盱江黄孝子胡哀烈二录序》，见《涂子一杯水》卷二，68 页。

[2] 涂伯昌：《上吴秋圃先生格物辨第一书》，见《涂子一杯水》卷二，39 页。

[3] 涂伯昌：《大学格物辨序》，见《涂子一杯水》卷二，26 页。

[4] 涂伯昌：《古本大学辨序》，见《涂子一杯水》卷二，24—25 页。

[5] 涂伯昌：《第五书》，见《涂子一杯水》卷二，44 页。

显示他对此说的重视程度之高。

因罗汝芳的学术而豁然开朗的，不只有涂伯昌一人而已。当涂伯昌跟族侄涂世名谈吴麟瑞的学术时，涂世名便出示罗汝芳的《罗明德集》，而且书上都有涂世名的批画，显示他从罗汝芳的文集获益甚大。涂伯昌叙述这段经过，说：

> 自予师吴秋圃（按：吴麟瑞）先生，与闻圣学正宗，归语仲嘉，亦先获此意，出所读《罗明德集》示予，手自批画，晶晶属属，字字如对古人，始信学问消长之数，关乎神明，抑如节候之自转，初不自知也。……仲嘉为予言别后读家恭襄公（按：涂宗濬）《隆沙证学记》，忽尔朝彻，数年所读《罗明德书》，忽于此印合，发为文章，遂洞洞不竭若是。……明德之不学不虑，恭襄之即止即修，微茫之际，其拈合正恐未易，予与仲嘉方聋然于所未至，愿从世之有道君子一问津焉。[1]

涂宗濬是南昌人，李材的弟子，以事功著称，万历年间曾讲学于澹台祠，著有《隆沙证学记》[2]，该书主要谈他对《大学》的解释，"即止即修"即其论学主旨，以及他对《大学》的解释。涂伯昌与涂世名二人皆因《大学》章句解释的歧异所苦恼，于是先读《隆沙证学记》，再读《罗明德集》，最后与吴麟瑞的说法相印证，最后涂伯昌所作的制艺，终于能够如有源之水，源源不绝。所读的是心学家的著作，所写的却是制艺文章，正显示心学与制艺写作之间的密切关系。

此后，涂伯昌综论儒经的义理与制艺文章的关系时，他把心学放在两宋理学之后，处在从理学到制艺之间的关键位置，他说：

---

[1] 涂伯昌：《侄仲嘉文序》，见《涂子一杯水》卷三，64—65 页。

[2] 台湾各图书馆未收藏此书，此书承广州中山大学刘勇教授赠予吕妙芬所长，而吕所长转寄予我。谨此致谢。

战国、秦汉，经术未明，诸子各出其见，以互相是非，言无折衷，固也。唐、宋诸家虽知尊经，而源流未晰，韩、苏之《原道》《论经》，其所传者，文也。自周、程、张、朱出，群赵宋数十年人文，共扶进斯道，而经术昭明，至今日王、罗（按：罗汝芳）诸君子倡隆圣学，洞若观火，学者户奉圣人之言惟谨，抑欲如退之之《原道》，老泉之《论经》，终不能昧其所知，而气亦蒙翳而不达矣。何也？理明故也。故为唐宋之文人易，为今人之文人难。[1]

这段话见于涂伯昌写给涂世名的信中，应是二人会通心学与制艺以后的共同看法。涂伯昌这段话很完整陈述了他所认为的文与理的关系：两宋以前经术未明，所以文只是文。两宋诸儒是阐扬经术，而须到明代王守仁、罗汝芳等人，方才使得经术如日中天，让学者户奉圣人之言，所以今日士人所作的文章，必须是阐道明理之文，也因此涂伯昌在末尾说："为唐宋之文人易，为今人之文人难。"

在涂伯昌所勾勒的发展史中，从两宋到明代诸儒，让儒经的经术义理从沉晦到昭明，从昭明到大行于世。所以涂伯昌在此给了心学一个颇关键的位置——对儒学经术的阐发，虽然始于两宋诸儒，但必须来到明代心学，方始达到巅峰。于是接下来应思考：生今之世，不是如宋明诸儒继续讲论心性义理之学，而是应该写作经义之文。从两宋程朱学到明代心学，再下一步是今日之制艺，也可以说，制艺是心学的更进一步。

制艺是心学的更进一步，正是持此见解，所以涂伯昌高度推崇制艺文章，他说：

明兴以经术造士，限以八股，其体至洁，其情至孤，其结撰至严密。

---

[1] 涂伯昌：《侄仲嘉啸园续草序》，见《涂子一杯水》卷三，71 页。

二百余年，士困尺幅之中，欲竖眉开口，自措一语而不可得。……此我高皇帝厉世磨钝之道，于斯为大。[1]

夫经义于文章，体洁而位尊，上以生圣人之心，下以持学人之券，皆于尺幅见之。[2]

儒经的义理须由后人以文字来发扬阐明，而历代各有不同作家、不同文体，所以涂伯昌以"经义于文章，体洁而位尊"，正是把解释经义的制艺文字，视为是高于历代其他作家的文字。据此便可理解涂伯昌的下一段话，他说：

夫时文之为时文，易易耳；易时文而古文，亦易易耳。唯夫调于今古而出之，古人之精神尽见，而又不越于制义之幅，以进而求于六经之主。……自有文章以来，汉人持风格而不能畅；韩、苏能畅矣，求之于理，或未尽合；濂洛诸君子，理道精微，而修辞则靡合；之三者包举而连文，吾举以似大士，大士顾引以相期也。[3]

汉人的文章是有风格而不流畅，唐宋八大家的文章则既有风格又能流畅，但却未尽合于理。宋明理学家精于理，但疏于修辞。必须等到制艺文章，方才能够兼包风格、修辞与理三者。

涂伯昌肯定心学的主张，跟江西派的反心学倾向相反，例如涂伯昌所心折的陈际泰便很排斥心学及其讲学活动。[4]据此来看，涂伯昌把制艺视为是心学的更进一步的主张，在明末江西派群体中，可谓是空谷足音。

---

[1] 涂伯昌：《陈大士寿序》，见《涂子一杯水》卷三，4 页。

[2] 涂伯昌：《侄仲嘉文序》，见《涂子一杯水》卷三，63—64 页。

[3] 涂伯昌：《偶社序》，见《涂子一杯水》卷三，31 页。

[4] 罗万藻：《陈大士先生传》，见陈际泰：《已吾集》卷首，2 页。

在此须稍作说明：心学（或广义的理学）与制艺的关系向来是颇受关注的题目，尤其在江西这个江右阳明学派的大本营，很容易看到人们谈论这个题目。如徐奋鹏的友人为其著作作序，便特别标举徐奋鹏对举业的看法，说：

> 举业文字果理学外物，不必讲乎？曰：英人哲士，以理学为举业，即自己文字，即圣人贤人经语。卑者记诵套括之章，餂前人余唾为己口中津，殊陈腐可厌。嗟夫，此真学究也，理学之所以日晦，所自来矣。文字习而举业盛，举业盛而理学微，学者而奈何辨之不蚤辨也！……故先生之学，专求圣贤于心，方且谓圣贤不在简册而在此心，矧从简册上寻题目，拘拘作举业文字也耶！[1]

徐奋鹏，别号笔峒先生，江西临川人，常与汤显祖往来。他在乡里所在的笔架山上设馆教授举业。此处他以理学与举业，认为好的制艺必须有理学为核心及根本，否则便只是不足道的举业文字而已。徐奋鹏的见解是以理学为本位，但并未像涂伯昌一样，把制艺作为心学（或理学）发展的下一阶段的结晶。

至于江右四大家则是把两宋理学与制艺之间视为是断裂，而不是如涂伯昌所勾勒的连续的发展。如陈际泰说：

> 汉儒释经而经不明，然而经存；宋儒释经而经明，然而经亡。此其故殆难言之矣。注疏变而为说书，说书变而为时义，经所悔几何，经所存亦几何，经无所赖是，乌乎，其自以为功也乎哉！……后学所习者，制义也，以注疏释经而不得，以制艺释经而顾得之，既得其所为经，复得其所

---

[1] 戴振光：《理学明辨录序》，见徐奋鹏：《徐笔峒先生十二部文集》卷首，1—2 页。

为时文，是两登之计也，则谓之有功也。[1]

陈际泰既攻汉儒，也批宋儒，宋儒虽然阐明经义，但却导致经亡，所以今日必须"以制艺释经而顾得之"。陈际泰应认为从两宋理学到当时江西派以制艺释经，两者间是断裂的，而且中间有过一段暗晦不明的时期。涂伯昌则认为从两宋理学到心学到制艺，是一阶阶往上爬升的。

无论是徐奋鹏或陈际泰，都未如涂伯昌从发展的角度谈心学与制艺的关系，以及把制艺定位为心学的更进一步，所以我们应该怎么定位涂伯昌及其主张呢？

涂伯昌不算是江西派的核心人物，名气亦仅及于新城或抚州一带，而未能如江右四大家有跨地域的声望，但也是这个缘故，让他能够在主流意见之外，提出不同的见解，尽管这个见解在当代未必受到重视，但入清以后临川李来泰（1631—1684）却有类似的看法，他说：

> 夫制义一道，于文为特粹，而又严以一王之制，其隆重亦非昔代文章比也。汉儒雅尚经说，侈稽古之力，而章程无闻焉。唐沿南北遗习，隽异之士逐于词章，所称明经者，不过帖括记诵止耳。关闽濂洛之书，又未免如禅家所称，直指心地，扫除文字者。经义行而词章、理学汇于一途。[2]

> 合文与道而一之，其惟今之制义乎！[3]

---

[1] 陈际泰：《诗经功臣序》，见《大乙山房文集》卷六，7 页。

[2] 李来泰：《马章民文序》，见《莲龛集》卷五，13 页，收入《四库全书存目丛书》，集部第222 册，据清雍正李辙等刻本影印。

[3] 李来泰：《三科闱墨弘文序》，见《莲龛集》卷五，17 页。

岐路彷徨

制义者，理学之余，然非制义，则理学亦无由传。[1]

李来泰的看法跟涂伯昌十分近似，认为制艺是合文与道为一，汇辞章、理学于一途。二人大同中的小异是：涂伯昌更强调心学，而李来泰则以理学作为总称。若涂伯昌认为制艺是心学的更进一步，而李来泰则主张有理学以后才有制艺，所以说制艺是理学之余。

另一方面，尽管涂伯昌给了心学一个关键的位置，但他对心学并非毫无批评。既然制艺是心学的更进一步，则由筏登岸以后，便回头见筏之不足。所以涂伯昌对王守仁的著作的态度有过变化，他说：

十余年读《阳明集》，向知其透彻处，今知其差别处。[2]

在接受吴麟瑞的格物说以后，更转身批评王守仁的良知说，说：

格物之义又沉晦于良知之说者，百有余年。[3]

至此尚只是稍有微词。但等到甲申年，听闻亡国的消息，涂伯昌在感到天崩地裂之余，便把全部的罪过归于致良知之说，他说：

伏念天下之乱，本于人心，人心之坏，由于学术。穷源溯流，不能不致憾良知之说。今天下人希灵悟，士鲜躬行，一旦变起，文章侍从之臣，觍颜从逆，其流弊一至于此。总之，平居无大公至正之学，临难必无

---

[1] 李来泰：《吴协子制艺序》，见《莲龛集》卷五，21 页。
[2] 涂伯昌：《第四书》，见《涂子一杯水》卷二，42 页。
[3] 涂伯昌：《〈大学〉格物辨序》，见《涂子一杯水》卷二，26—27 页。

舍生取义之臣。[1]

在归罪致良知的同时，涂伯昌则转向罗钦顺的《困知记》，他说：

> 得罗整庵《困知记》读之，整庵，阳明同时，所载《大学》古本原
> 序，及辨《朱子晚年定论》，足征信于方来，亦置一解，附一辨，成书三
> 册，薰沐五上，求师序刻。[2]

这会让人想到艾南英的话，他说：

> 国朝理学之传，至正、嘉而王氏之说行，天下靡然日趋于异端，当
> 是时，修明程朱之学，与其徒力诤而胜之，如距杨墨，斥佛老者，……在
> 江右则罗文庄，……予于《困知记》注习颇详，常欲取其条贯，类入攻王
> 氏斥佛老者，拟独为书，冠之《蒙引》《存疑》之前，使天下后学为四书
> 举业者，无为王氏所惑。[3]

艾南英是江西派中最积极反心学的，而读《困知记》，可视为涂伯昌在学术
上全然转向——在此之前，涂伯昌尚只转步，而尚未移身。当阳明心学在几大
核心区——吉安、南昌等地退潮以后，偏远区未必跟核心区的发展同步，而或
留些许心学流风，但如今连在新城这个偏远区，受心学问题缠扰而外出寻师寓
居吉安三年的涂伯昌亦转向，甚至反身批评心学，亦可见心学流风在江西已完
全退潮。

----

[1] 涂伯昌：《第五书》，见《涂子一杯水》卷二，44 页。
[2] 涂伯昌：《第五书》，见《涂子一杯水》卷二，43—44 页。
[3] 艾南英：《张伯矣稿序》，见《天佣子集》卷四，45 页。

另外值得一提的是，邓元锡的学术，待邓元锡卒后乃迄于明亡，在新城当地仍续有流传及影响。江右阳明学派在明中期鼎盛时期，不少地方的阳明学者除了借由讲学传讲学术以外，也会参与在地方的社会福利事业上，如明中期安福、吉水等地的阳明学者便以群体的方式进行包括乡约、丈量与赋役改革等事务。[1] 邓元锡亦然，他除了讲学以外，较为人所称道的即推行社仓。邓元锡的住所在县城南津，所以推行社仓的区域也集中在县城附近，他仿古人实行社仓法，先在本族内建仓，后来加入者多，于是合乡为社，坚持四十年不辍。[2] 此与吉水、安福等地相似，都是心学家在万物一体说的促动下所做。邓元锡的弟子张槚与涂朝敬 [3]，秉承其师的原则，亦先后主持县城左近的桥梁的修复 [4]，据载：

> 惠德桥在县西门外，旧名通济桥。……明正德丙子水冲，后为浮梁。万历八年（1580），侍郎张槚重建石墩木梁，改今额。癸巳没于水，更新之。丙午毁于火，槚长子应祥修之。丁巳夏大水复决，邑涂朝敬纠里众复建石墩木梁，鼗以平砥，及东西两亭。[5]

邓元锡的经史之学也有传人，如邓志学作《天官义疏》，涂伯昌为其刊行 [6]，并作序指出："其书不言祸逼，不言缠度，而第诠其义理所存，与六经大旨，毫

---

[1] 张艺曦：《社群、家族与王学的乡里实践：以明中晚期江西吉水、安福两县为例》，尤其是第五章。

[2] 邓元锡：《新城县义仓记》，见《潜学编》卷七，49—53 页。

[3] 涂朝敬、涂国鼎居东坊菜园巷，见《乡都》，见刘昌岳修、邓家祺纂：（同治）《新城县志》卷一，1 页；张槚的豸绣坊位于县治西，故推知其居处在此，见《坊表》，见刘昌岳修、邓家祺纂：（同治）《新城县志》卷二，1 页。另一说张槚是洵溪人。

[4] 关于新城的研究很少，也甚少人注意新城有保甲图册，可借此讨论新城在地势力的问题，这部分有衷海燕的介绍，请见衷海燕：《〈江西新城保甲图册〉与新城中田地方势力》，载《华南研究资料中心通讯》第 18 期，2000，20—21 页。

[5] 《津梁》，见刘昌岳修、邓家祺纂：（同治）《新城县志》卷二，3 页。

[6] 周天德等修纂：（康熙）《新城县志》卷九，88 页。

发不爽。"[1]

明末阳明心学虽已退潮，而士人多不讲心学，自然也少见与心学有关的社会福利措施，但在明亡动乱之际，心学却以另一种形式出现，此见顺治二年（1645）新城的乱事，这场乱事也发生在县城[2]，而由邓玉主持平乱，据载：

> 邑奸民黄士奇、江以京等相与倡乱，号百花英，……为明经邓玉元白所得，……阴与孝廉邓韶部署其众，夜半攻之，战于鸬鹚石，黄嘉赞为前锋，黄有"金科"为继。嘉赞者，字纯德，嘉缙之弟。……玉按籍大索，次第被擒获，戮于校场，积尸无算，邑赖以宁。[3]

邓玉，字符白，邓元锡的后辈族人，曾有一段时间向涂伯昌学习制艺，而得其赞誉。[4]关于此次平乱，有从邓玉的角度记载，便特别点出他与阳明心学的关系，据载：

> 邓玉，字元白，南津人，崇正选贡，……究心王阳明学，有干略，明季乱，邑豪某聚众掠财帛为患，玉结勇士御之，战有期，佯疾卧，令师巫为祷，敌侦信少懈，出不意，先期捣其巢歼焉，邑赖以安。……隐邑南赤溪，自号南村主人，与江一绅、鄢郢、邓鼎诸人结南村社。[5]

邓玉究心阳明学，而他所侧重的，是事功方面的干略。王守仁曾平宸濠乱，

---

[1] 涂伯昌:《天官义疏序》，见《涂子一杯水》卷二，2页。

[2] 参考黄嘉赞的小传，可知此乱其实只发生在县城附近而已，见《隐逸》，见刘昌岳修、邓家祺纂:（同治）《新城县志》卷十，4页。

[3] 《保甲》，见刘昌岳修、邓家祺纂:（同治）《新城县志》卷六，8页。

[4] 周天德等修纂:（康熙）《新城县志》卷九，91页。

[5] 《隐逸》，见刘昌岳修、邓家祺纂:（同治）《新城县志》卷十，5页。

所以阳明心学除了心性义理以外，也有事功的一面。平百花英之乱，便有赖邓玉的干略及暗中主持其事。在平乱后，邓玉还与人结南村社，而参与社集的核心成员，包括邓韶[1]、邓鼎[2]、鄢郢[3]、江一绅[4]等人，除了鄢郢被列于《文苑》以外，其他几人都放在县志的《隐逸》传中，可推想此社应只是宴游的诗酒文社，而跟科考或功名无关。值得注意的是，邓玉、邓鼎、邓韶皆同族，显示邓元锡的心学最后反而借由家族流传下来。

小　　结

　　江右阳明学派向来被视为阳明心学的正统，而以吉安、南昌两地为最盛，一些著名的门人弟子及后学，亦多集中两地。在江西诸儒中，邓元锡的声光不显，他既未四方讲学，也几乎没有语录流传，他所致力的是经、史之学，所撰作的大部头的《函史》之类的书，可以想见读者不多，所以在心学鼎盛时其少受到注意。即使在新城当地，邓元锡的声名也常被邻县南城罗汝芳所凌驾而过，不仅门下弟子前往罗汝芳处听讲，而一些文献甚至说邓元锡是罗汝芳的弟子，《明史》甚至把邓元锡的所在地搞错，列为跟罗汝芳的一样是南城人。

　　如此声光黯淡的心学家，却受到包括陶望龄、焦竑等人的注意，这应是如

---

[1]《隐逸》，见刘昌岳修、邓家祺纂：(同治)《新城县志》卷十，6页："邓韶，字姚声，号介于，明崇正己卯乡举，乙酉与邑贡生邓玉平寇江以京等，邑赖以宁。……隐居南市。"

[2]《隐逸》，见刘昌岳修、邓家祺纂：(同治)《新城县志》卷十，5—6页："(邓)鼎，字九公，玉族叔，顺治辛卯贡生，师事黄祠部端伯，工诗文，有才名。"

[3]《文苑》，见刘昌岳修、邓家祺纂：(同治)《新城县志》卷十，10页："鄢郢，字晴岚，南坊人，顺治十一年（1654）岁贡生，工诗文，……与同时邓玉、黄龙元、陈一麟、邓代兴、邓鼎、江一绅辈诗文相酬唱，才名籍甚。"

[4]《隐逸》，见刘昌岳修、邓家祺纂：(同治)《新城县志》卷十，6页："江一绅，字五章，少补弟子员，文行为时所推，邓侍御澄、黄祠部端伯皆敬礼之，工王逸少楷草书法。辛卯序当贡，让与同族江雁卿，栖隐南山楼，与邓玉等结南村社，诗酒自娱。"

余英时先生所说的，在万历年间学风将变之际，经史之学渐受重视的征兆。经史之学——尤其是经学，可以联结到考据学，也可以联结到经义，所以陶望龄的"明兴以来，为六经之文，自先生始"，为邓元锡的经史之学下一定脚。陶望龄是心学家，也是元脉派的制艺名家，世人所认定的元脉衣钵传承，很明显是受到禅宗的影响，而跟理学的道学系谱亦相近，而在心学鼎盛时，元脉派的几位代表人物（如邓以赞、陶望龄、汤宾尹）都不避讳其与心学的关系。陶望龄的双重身份，由他来谈心学家邓元锡的文章与经义的关系，既格外有分量，也可视为是下一波江西派提出回归儒经的先声。

明末江西派以群体及社集的规模倡始通经学古，不再定睛于科考最重视的《四书》，更返求诸六经。此时的复经、回归经学，跟明中期以来复古派所倡的文学复古运动的差别在于复古派仅复史、子、集，而未曾呼吁复经。[1] 这应也可以视为艾南英除了攻乎心学为异端以外，亦抨击复古派的原因——正是因为相近，所以必须攻击以区辨彼此。在重视经史之学的风气下，邓元锡的后人重新刊刻《潜学编》《函史》等书，邓澄在序文中更重提陶望龄的那段序文以提醒读者，并强调"毋徒以诗人、文人概先生"。[2] 其实何止不能徒以诗人、文人概括邓元锡，亦不能仅视其为心学家，而必须重视邓元锡是首位能够为六经之文者。对邓澄而言，恐怕明末通经学古的大旗必须有邓元锡的名号才对。

但其实在明末江西派所倡议通经学古所掀起的风潮中，邓元锡不仅没有显著的位置，甚至在反心学的倾向下，邓元锡被排拔在外。由陈弘绪、贺贻孙所编织的明文发展史中，自复古派让古文辞与经义之文歧为二后，须待江西派诸人矢志古学，方能将二者重新合而为一。邓元锡不仅不是明兴以来一人，而且可说是完全被排挤到圈外。

这对明末新城士人是一大警讯，涂伯昌所代表的则是对此通经学古及反心

[1] 关于明末的复古指向经书的研究，请见王汎森：《明代中晚期思想文化的大变动》（待刊）。
[2] 邓澄：《潜学稿序》，见《邓东垣集》卷三，16页。

学的新风潮的回应。涂伯昌并未放弃新城本地从明中期以来的邓元锡的心学渊源，加上他因对《大学》的解释而倾心于罗汝芳之学，所以他不像陈弘绪、贺贻孙等人从明文发展史立论，而是拉长时间轴，从文与理的关系切入。在他所建构的系谱中，两宋诸儒始阐明经术，而王守仁、罗汝芳等人则让经术如中天，于是给了心学一个关键的位置，由于心学，方才让今日人人皆习经术，户奉圣人之言惟谨。接着他做出更突破性的结论：即今日理明，必须能够合文与理为一，有理有文，所以从两宋程朱学到明代心学，而更下一步即今日之制艺。也可以说，制艺是心学的更进一步。

涂伯昌的主张可谓是空谷足音，在明末江西派群体中并未得到普遍的重视与注意，但等到明亡以后，清初江西士人必须重新建构制艺与理学的关系时，李来泰竟与涂伯昌提出类似的主张，表示："制义者，理学之余，然非制义，则理学亦无由传。"此或可说是闭门造车出门合辙，抑或可视为是铜山崩而洛钟应的现象，在整个时代风潮变化之际，即使不同时代亦未曾晤面的士人，也有类似的思考方向。

附表 涂伯昌年表

万历三十九年辛亥（1611）	始游越，师事黄汝亨。[1]
万历四十年壬子（1612）	访邹元标于山中。[2] 读书郭子章家两年，面目多在风尘间。[3] 以格物之义请正郭子章。郭子章云：众讼纷纷聚讼，惟薛文清云"格物只是格个性"，此语确然。时佩其言，未通其意。后读注疏程朱阳明诸说，益复茫然。冬日蚁舟吉州江上，不觉大哭，惭悔无及。[4]
万历四十一年癸丑（1613）	返山结茅仙居山中。与其妻菽水不给，绝食者竟日，或日同食一瓜，啜沸水数杯而已。凡所得诗文经义，皆天真独往。[5]
万历四十四年丙辰（1616）	始出馆谷，教授族弟涂五玉（字）诸子。[6]
万历四十五年丁巳（1617）	嫡母黄孺人卒。[7]
万历四十六年戊午（1618）	父卒，方寸乱矣，觉生人之乐尽矣。[8] 会黄汝亨校士建昌府，大索涂伯昌之卷不获，檄涂伯昌往见，涂伯昌以姓字不祥不往。[9] 应在此年，泰和刘溥（字叔道）、萧汝器二人前往相从于萧曲峰。[10] 应在此年与杨思本相识，二人结为异姓兄弟。[11]

---

[1] 涂伯昌：《辛乙稿序》，见《涂子一杯水》卷三，77页。

[2] 涂伯昌：《寄邹南皋先生》，见《涂子一杯水》卷四，6页。

[3] 涂伯昌：《辛乙稿序》，见《涂子一杯水》卷三，77页。

[4] 涂伯昌：《上吴秋圃先生格物辨第一书》，见《涂子一杯水》卷二，38页。

[5] 涂伯昌：《辛乙稿序》，见《涂子一杯水》卷三，77页。

[6] 涂伯昌：《丙庚稿序》，见《涂子一杯水》卷三，78页。

[7] 涂伯昌：《丙庚稿序》，见《涂子一杯水》卷三，78页。

[8] 涂伯昌：《丙庚稿序》，见《涂子一杯水》卷三，78页；卷三，《旧刻文序》，76页。

[9] 涂伯昌：《辛乙再稿序》，见《涂子一杯水》卷三，79页。

[10] 涂伯昌：《刘叔道文序》，见《涂子一杯水》卷三，42页。

[11] 涂伯昌：《南州寓艸序》，见《涂子一杯水》卷三，29页。

万历四十七年 己未（1619）	葬其父。[1] 检旧日文刻之，以志昔日其父读其文之欢笑。[2] 贫益甚。腊月末，其妻犹衣夏布敝衣，凄凄然风雪中，寒甚，笑曰："他日富贵，慎勿相忘。"[3]
天启元年辛酉 （1621）	妻卒。黄孝若为下帷弟子。弟子日益进，涂叔咸、张子威、吴玄晖皆涂门之选。[4] 辛酉至乙丑五年间，同诸子肆力为举业，读书城东净居寺。[5]
天启四年甲子 （1624）	甲子、乙丑之间，风雅几扫。涂与二三子野修之，著论文三章。[6]
天启五年乙丑 （1625）	谒邓渼于郁金堂。[7] 邓渼以诗作闻名。 为文章源流三论，悼大雅之不作。泰和万季玄（字）推与之。[8] 乙丑、戊辰之间，天下方为幽险轧茁之文。与弟子黄孝若相与考先王之钟鼓，袭高曾之衣裳，非圣人之言置弗近。[9] 乙丑、戊辰之间，闭口几不敢言文。[10] 乙丑之际，文运中衰，闰道放淫。[11]
天启六年丙寅 （1626）	始居香山，仅三月耳。[12]

---

[1]　涂伯昌：《丙庚稿序》，见《涂子一杯水》卷三，78 页。

[2]　涂伯昌：《旧刻文序》，见《涂子一杯水》卷三，76 页。

[3]　涂伯昌：《丙庚稿序》，见《涂子一杯水》卷三，78 页。

[4]　涂伯昌：《辛乙再稿序》，《涂子一杯水》卷三，79 页。

[5]　涂伯昌：《丙庚再稿序》，见《涂子一杯水》卷三，80 页。

[6]　涂伯昌：《辛乙再稿序》，见《涂子一杯水》卷三，79 页。

[7]　涂伯昌：《与邓壶翁语记》，见《涂子一杯水》卷四，49 页。

[8]　涂伯昌：《万季玄文序》，见《涂子一杯水》卷三，43 页。

[9]　涂伯昌：《千顷艸序》，见《涂子一杯水》卷三，61 页。

[10]　涂伯昌：《侄孙不疑文序》，见《涂子一杯水》卷三，69 页。

[11]　涂伯昌：《祭闻子将文》，见《涂子一杯水》卷四，74 页。

[12]　涂伯昌：《丙庚再稿序》，见《涂子一杯水》卷三，80 页。

天启七年丁卯（1627）	与杨思本、鲁汝亨、裘无见、过周谋、杨公望、杨调韎、江公逊，共八人为异姓鹡鸰。[1]
崇祯元年戊辰（1628）	与杨思本等共八人，同寓南昌三月。[2] 在南昌识他地士人，如吴令平（字）。[3]
崇祯二年己巳（1629）	绝意人事，携儿涂先春再入香山。读《易》，至"天与火同人"，始悟无我之学，以六经遗文及他日所得相印，俱无差别。[4] 杨思本居金船峰，两山相去仅三里许，山中晨夕往返。[5] 同年冬督学陈公拔涂第一，涂寓临川，始识陈际泰。[6]
崇祯三年庚午（1630）	与陈际泰同举于乡。[7] 作《偶社序》，以"同人"卦为说。[8] 陈际泰、艾南英语涂伯昌曰："近日文章光气，半在新城。"[9] 偶社之刻，半属新城。其中为世所最指名者，为吴怀璞、吴之才（字孙肤）兄，与江以硕（字公逊）、江观其兄弟，共四人。[10]
崇祯四年辛未（1631）	涂世名有《东山刻社》，以不获吴怀璞兄弟、江以硕兄弟四人文为憾。[11]

---

[1]　涂伯昌：《江公逊文序》，见《涂子一杯水》卷三，47 页。《新城县志》："张景，字伯远，北坊人，荣之孙，少补弟子员，治《易经》。以过周谋、江以硕、王尊、涂伯昌、鄢郢、涂斯皇结文社往来。"两条资料所谈应是同一件事。

[2]　涂伯昌：《江公逊文序》，见《涂子一杯水》卷三，47 页。

[3]　涂伯昌：《庭求艸》，见《涂子一杯水》卷三，40 页。

[4]　涂伯昌：《丙庚再稿序》，见《涂子一杯水》卷三，80 页。

[5]　涂伯昌：《丙庚再稿序》，见《涂子一杯水》卷三，80 页。

[6]　涂伯昌：《丙庚再稿序》，见《涂子一杯水》卷三，80 页。

[7]　涂伯昌：《丙庚再稿序》，见《涂子一杯水》卷三，80 页。

[8]　涂伯昌：《偶社序》，见《涂子一杯水》卷三，30 页。

[9]　涂伯昌：《吴孙肤文序》，见《涂子一杯水》卷三，49 页。

[10]　涂伯昌：《吴孙肤文序》，见《涂子一杯水》卷三，49 页。吴之才，字孙肤，诸生，以医术终其身。

[11]　涂伯昌：《吴孙肤文序》，见《涂子一杯水》卷三，49 页。

崇祯七年甲戌（1634）	生母卒，皮骨仅存。[1] 吴麟瑞执宪盱上，以《学》《庸》诸说下教，一闻师说，如梦方醒。[2]
崇祯八年乙亥（1635）	执经吴麟瑞门下，复有格物、慎独是一是二之疑。[3]
崇祯九年丙子（1636）	烟雨楼中证明吴麟瑞的格物之义。[4]
崇祯十年丁丑（1637）	下第，始纵览三泖九峰之胜。得交陆戬夫（字）。[5] 访陈继儒，请其为文集作序。[6] 寓杭州，与闻启祥游。[7]
崇祯十一年戊寅（1638）	吴麟瑞建节粤东，追随章门旬日。[8] 居赤溪，因江以硕而识邓若愚（字）（邓元锡高弟），严事邓若愚斋居者二年。邓若愚作《天官义疏》，涂伯昌誉此书"疏《天官》义者十之五，考六书古音者十之二，微六经微言者十之六"，为该书作序，并谋为刊布。[9] 推测同时间也为邓元锡的《函史》作序。[10]
崇祯十二年己卯（1639）	吴麟瑞有《古本大学通》之刻。涂伯昌捧读未竟，生平疑情雪消冰泮，证以所见所闻及六经、《语》《孟》诸书，了无滞响。[11] 江以硕厌人事，同涂伯昌的次儿入山深。[12]

[1]　涂伯昌：《上吴秋圃先生格物辨第一书》，见《涂子一杯水》卷二，38页。

[2]　涂伯昌：《上吴秋圃先生格物辨第一书》，见《涂子一杯水》卷二，38页。

[3]　涂伯昌：《上吴秋圃先生格物辨第一书》，见《涂子一杯水》卷二，38页。

[4]　涂伯昌：《上吴秋圃先生格物辨第一书》，见《涂子一杯水》卷二，38页。

[5]　涂伯昌：《陆戬夫文序》，见《涂子一杯水》卷三，39页。

[6]　陈继儒：《涂子一杯水序》，见涂伯昌：《涂子一杯水》卷首，1—5页。

[7]　涂伯昌：《闻子将自娱草序》，见《涂子一杯水》卷三，59—60页。

[8]　涂伯昌：《上吴秋圃先生格物辨第一书》，见《涂子一杯水》卷二，38—39页。

[9]　涂伯昌：《天官义疏序》，见《涂子一杯水》卷二，1—5页；卷四，《祭邓若愚先生文》，77页。

[10]　涂伯昌：《函史序》，见《涂子一杯水》卷二，52—55页。

[11]　涂伯昌：《上吴秋圃先生格物辨第一书》，见《涂子一杯水》卷二，39页。

[12]　涂伯昌：《赤溪二子文序》，见《涂子一杯水》卷三，82页。

崇祯十三年庚辰（1640）	下第出都门。 吴麟瑞按部盱江，涂伯昌上所作《大学述》，一陈所见。涂伯昌称：《大学》得师始明，格物得师始透，古今得师始定。拟集诸家群议，共折衷于夫子，但因循未果。[1] 涂伯昌感叹：十余年读《阳明集》，向知其透彻处，今知其差别处；读《太祖御集》，向知其广大处，今知其精微处。[2]
崇祯十四年辛巳（1641）	谒兄南州，陟洪崖，涉霞溪，闭关山中三十日，方得论考集辨，作为二书。[3] 修社于中洲。中州曾旅庵，苏州陈山民、姚仙期，三山游无碍，永嘉包叔贤，进贤颜方平，无锡僧彻凡，涂伯昌、陶西之、黄孝先、万印角、邓声子，同社凡十二人。[4]
崇祯十六年癸未（1643）	因北方兵事，困于南京，与一百四十名士人即事作感怀诗。[5] 在南京为唐存之（字）诗、吴门僧人道开诗作序。[6] 前往扬州，与梁于涘订交。同年友汤来贺当时任扬州推官。[7]
崇祯十七年甲申（1644）	得《困知记》读之。[8] 忽闻国变。伏念天下之乱，本于人心，人心之坏，由于学术。穷源溯流，不能不致憾良知之说。[9]

---

[1]　涂伯昌:《上吴秋圃先生格物辨第一书》，见《涂子一杯水》卷二，39 页。所作《大学述》，见同前书，卷二，《大学述》，28—30 页。

[2]　涂伯昌:《涂子一杯水》卷二，《第四书》，42 页。

[3]　涂伯昌:《上吴秋圃先生格物辨第一书》，见《涂子一杯水》卷二，39 页。原文作"辛亥"，应是辛巳之误。此二书应即《格物述上》、《格物述下》二篇。二篇文见涂伯昌:《涂子一杯水》卷二，31—34、35—37 页。

[4]　涂伯昌:《遥集诗社序》，见《涂子一杯水》卷二，58—59 页。此处的中洲，应即南城之中洲。社员以新城士人为主，可推测新城当地反而没有重要的诗社。

[5]　涂伯昌:《王子严诗序》，见《涂子一杯水》卷二，77 页；涂伯昌:《袜陵癸未元日元夕倡和诗序》，见同前书卷一，82 页。

[6]　涂伯昌:《唐存之诗序》，见《涂子一杯水》卷二，73 页；涂伯昌:《吴门道开诗序》，见同前书卷一，83 页。

[7]　涂伯昌:《史更生先生诗序》，见《涂子一杯水》卷二，70—72 页。

[8]　涂伯昌:《第五书》，见《涂子一杯水》卷二，43 页。

[9]　涂伯昌:《第五书》，见《涂子一杯水》卷二，44 页。

顺治三年丙戌 （1646）	阻清兵于宁都。[1]
顺治七年庚寅 （1650）	清兵迫宁都，知事不可为，乃具冠服，趋关庙，大书于壁曰："一生苦衷，一刻流水。读圣贤书，惟知守经死，宁知达权生。"自经于庙而卒。[2]

---

[1]　江士琳：《涂子期本传》，见涂伯昌：《涂子一杯水》卷首，1 页。

[2]　江士琳：《涂子期本传》，见涂伯昌：《涂子一杯水》卷首，1 页。

第九章 明及清初地方小读书人的社集活动：对金溪的考察

前　言

明代江西以南昌、抚州与吉安三府的文教发展较高，而从明中期的文学复古与阳明心学运动，到明末的制艺风潮，三府皆在这几股运动或风潮中。明中期的南昌以余曰德、朱多煃两位复古派健将为中心举行诗文社集，吉安则是阳明心学的重镇，以邹守益父子孙三代主持讲学最为著名。抚州地区，广义来看可包括抚州府与建昌府[1]，心学方面有金溪吴悌、新城邓元锡，而声光最盛，影响也最大的则推罗汝芳，文学方面有临川汤显祖与金溪谢廷谅、谢廷讚兄弟，但不属于复古派阵营。

南昌作为省会，向来较易得到研究者的关注，而近一二十年来亦有人讨论吉安的阳明心学，唯独迄今对抚州地区的了解仍少。罗汝芳、汤显祖这些大名字、大人物，固然得到许多人的注意，相关论文亦多如牛毛，但多把焦点放在个人学术思想或文学成就，而较少从地方史或地域研究的角度出发。

思想文化史若从地方史或地域研究出发，便不能只注意大名字大人物，也

---

[1]　如今行政划分，便将明代的两府之地都划入抚州地区。

　　　　　　　　　　　　　　　　　　　　　　　　　歧路彷徨

必须关照地方上没有偌大声名的小读书人。过去思想文化史较多利用知名士人的文集、笔记、书信等文献资料，借此梳理出以这些士人为中心形成的群体或文化圈，然后配合地方志，便有可能粗略地勾勒出这个群体或文化圈的范围及作为。但我们也不免进一步注意到，在这类群体或文化圈中，还有许许多多二流的、在地的小读书人，他们虽有著作，但几乎皆已不存，而这类小读书人往往在当地扮演重要角色，而且常是一些社集的主要成员。

这也表示我们必须扩大史料的范围，而族谱应是可用的史料之一。对社会史、经济史的研究者而言，族谱已算是很常用的史料，而且有许多人对族谱记述内容作深入的解析。[1] 但在思想文化史，以及对地方小读书人及其社集活动的研究上，则仍较少用这类资料。族谱有许多对个人交游及生平作为的叙述，这类叙述常有对个人的溢美或攀援附会之词，但所叙述的言行事为则不见得是凭空捏造的。例如某本族谱谈及某个社集，称此社集聚集许多人，我们自然不会听信此片面之词，但若是不同家族的族谱都共同指向这个社集活动时，则应可确认这个社集在当时是有影响力的。

今日临川的城市化程度颇高，以至搜集族谱的困难度也高，事倍功半而不易成功，所以本文将目光转向金溪。金溪的文教成就亦高，宋代陆九渊、明初状元吴伯宗（1334—1384），以及明中期的大儒吴悌皆出自此地，而且金溪另以出版著称，浒湾镇在清代是全国四大印刷中心之一。另一方面，金溪的城市化不高，许多村落仍然保存过去的面貌，根据金溪方志办的调查，当地族谱古谱仍存的，至少有六百多部，通过田野的搜集，极有可能借由这些族谱重新复活当地小读书人的交游与社集活动。尤其值得注意的是，临川、金溪两县士人的关系十分密切，当地向来有"临川才子金溪书"之谚。过去我们熟悉的是汤显祖、江右四大家这些大名字、大人物，或从钱谦益的《列朝诗集小传》而知谢

---

[1]　如科大卫：《明清社会和礼仪》，北京：北京师范大学出版社，2016。

廷谅兄弟与汤显祖争胜 [1]，但除此以外，对临川与金溪在思想文化上的关系所知有限。一旦进入个别地域层次，定睛在这些小名字、小人物，反而很意外发现两地之间竟然有着紧密的联系与社集活动，而且我们甚至可以推测，这是以临、金两县为中心的社集活动。尽管从金溪一县切入，但却可看到整个抚州地区的状况。

一、学术系谱的建构与自立

金溪的学术文化传统，较近的有宋代的陆九渊学术，但在地流传不久，入明以后已完全不见其学术流传的记载。不过，金溪跟理学的关系仍然是较为亲近的。只是明代金溪没有知名理学家，所以往往受到外来学术的影响。明初首先有吴与弼（1391—1469）学术的进入。吴与弼是崇仁县人，崇仁只在金溪的邻县，举林车氏家族便受其学术的影响。这个家族有族人习于吴与弼门下，以及吴与弼亲莅车氏家族所在地讲学，直到明中期家族史的叙述中，都不断回顾这段往事。

车宝与车福二兄弟是这个家族的中心人物。车宝的长子车恂，以及车福的长子车贞，二人分别在正统七年（1442）与景泰四年（1453）的两次饥荒中输米二千石助赈，先被旌表为义民，后被赐冠带。[2] 从输米力赈事，可知这个家族，尤其是车宝的这个房支是比较殷实而有赀财的房支，但其文化水平则仅一般。即使有意学习者如车宝，他从五河教谕李子亮游，得朱熹的《性理

---

[1]　钱谦益：《帅思南机》，见《列朝诗集小传》丁集中，565—566 页。

[2]　编者不详：《四六公房世系》，见《举林车氏十修族谱》，3 号，金溪浒湾镇黄坊车家车泽民家藏，民国二十四年（1935）版本。

吟》[1] 作为家学传习，但《性理吟》毕竟只是一本启蒙读物，显示车宝对理学的了解很有限。

景泰四年（1453）是关键的转折点，这是车恂与车贞第二次赈济而得到朝廷表彰。当年，吴与弼过访其族，而过访的原因则与其赈济尚义的行为有关[2]，所以吴与弼为车福之子车绍祖的读书处题"尚义堂"三字[3]，以标榜该族（尤其是该房支）的义行。

世系	第八世	第九世	第十世	第十一世
人名	车习义	车宝	车恂 车贞（输谷赈济）	
		车福	车绍祖（吴与弼为题尚义堂）	车泰来（盛九公）

从吴与弼过访其族以后，该族有所转变。在此之前，车氏族人所从学的对象是地方士绅［如何自学（1397—1452）］，此后则是习于吴与弼门下。[4] 天顺二年（1458），吴与弼又受邀来到车氏家族，且在尚义堂中讲学[5]，该族族谱载：

---

[1] 束景南主张《性理吟》是后人伪作，见束景南：《朱熹佚文辑考》，687—702 页，南京：江苏古籍出版社，1991。另据《四库全书总目》所记，正德年间谭宝焕作《性理吟》，以《四书》及性理中字句为题，前列朱子之说，而以一诗括其意。见永瑢等撰：《四库全书总目》，1579 页。

[2] 关于明初义行与理学的关系，请见向静：《感仁兴义、树立风声：明代正统年间义民形象的塑造》，载《北大史学》第 19 期，2014，96—116 页。

[3] 编者不详：《四六公房世系》，见《举林车氏十修族谱》，7 号。车绍祖是该族中文化素养较高的，所以他早年便即跟随地方士绅何自学学习。何自学是宣德丁未（1427）进士，在金溪当地颇知名，在当地的许多族谱中都有他所作序。尽管车绍祖不是赈济者，但推测该房支仅车绍祖有书斋，所以便让吴与弼在其书斋题字。

[4] 转向吴与弼学习一事，也可能是何自学所建议，因为何自学正是向朝廷推荐吴与弼的官员之一。《宦业》，见胡钊、松安等纂修：（道光）《金溪县志》卷十一，7—8 页。

[5] 编者不详：《四六公房世系》，见《举林车氏十修族谱》，3 号。

昔贤吴康斋先生，与生徒会社于兹，族中先型，多出其门。[1]

　　族人以车泰来、车弼宗、车亨三人最著名。[2] 据车氏族谱，车亨[3]、车弼宗[4]
与车泰来三人是族兄弟，其中车泰来的声名最著，他从吴与弼游，学得其传。
吴与弼在崇仁县的传人是胡九韶[5]，在金溪的传人则是车泰来。车泰来曾奉师命
赴京上表谢恩。从其谱中所记载，徐琼（1505—? ）、丘濬（1421—1495）、杨
守陈（1425—1489），皆有诗文相赠，显示车泰来已得到更大的声名。他归乡
后，另构举林书屋讲学。

　　尽管如此，吴与弼对金溪的影响其实有限，所以直到明中期心学流行以前，
地方上接触理学并传习其学的，便仅见举林车氏一族而已。明初金溪士人多习
于当地士绅或博学之士的门下，如车绍祖便是先习于何自学门下，后来才转向
吴与弼；正德年间，崇阳聂曼也是先从其族叔祖习《尚书》，继从举人（衡塘）
全理习《易经》。[6] 所以吴与弼的出现，只是在士绅群或博学之士中以外多增加
一个选择。

　　相较之下，阳明心学则是全面笼罩，给金溪士人带来深远的影响。正德、
嘉靖年间心学流风兴起后，尤其王守仁巡抚南赣期间，吸引不少金溪士人前往
问学，如黄直（1500—1579）、仲岭胡民悚与胡民怀都曾拜入王守仁门下。[7] 黄
直在考取进士功名以后，还与邻县陈九川（1494—1562）共同编纂《阳明文

---

[1] 车尚殷：《举林记》，见编者不详：《举林车氏十修族谱》，70 号。

[2] 《儒林》，见胡钊、松安等纂修：（道光）《金溪县志》卷十，13 页。

[3] 编者不详：《四六公房世系》，见《举林车氏十修族谱》，60 号。

[4] 编者不详：《四六公房世系》，见《举林车氏十修族谱》，23 号。

[5] 《理学》，见许应鑅修，谢煌纂：（光绪）《抚州府志》卷五十六，2 页，收入《中国方志丛
书·华中地方·江西省》第 253 号，据清光绪二年（1876）刊本影印。

[6] 见张烜：《明故南京国子助教修职佐郎元斋聂公墓志铭》（北京大学图书馆藏石刻）。

[7] 《儒林》，见胡钊、松安等纂修：（道光）《金溪县志》卷十，11 页。《道学》，见《仲岭胡氏族
谱》卷首，无年份，金溪县合市镇仲岭胡家村胡勤生收藏，69—70 页；卷十，《儒林》，12 页。

录》。[1]陈九川，字惟濬，临川人，正德九年（1514）进士，是抚州当地的大儒，《明儒学案》中列名于《江右王门学案》。

嘉靖初年，阳明大弟子邹守益、欧阳德等人在南京讲学，也吸引金溪士人前往问学。如胡民悚、胡民怀兄弟，先师从王守仁，后又前往南京习于邹守益门下。[2]如上源徐逵，正德十一年（1516）举人，担任南京国子监学正期间，便跟随欧阳德讲学。[3]此外，另有义门陈宗庆，嘉靖十九年（1540）举人，习心学而筑精舍于石泉[4]，以及崇阳聂蕲，则是习于程朱学大儒吕柟门下。[5]

黄直、胡民怀、陈宗庆，以及地方士绅洪范、王蓂[6]等人，形成在地的心学群体，共同举行翠云讲会[7]，陈九川、邹守益，以及归安唐枢（1497—1574）皆

[1] 现存的嘉靖年间刊本《阳明先生文录》，就是陈九川、黄直等人共同编纂的。

[2] 《道学》，见编者不详：《仲岭胡氏族谱》卷首，69—70 页金溪县合市镇仲岭胡家村胡勤生收藏，年份不详；《儒林》，见（道光）《金溪县志》卷十，12 页。

[3] 黄直：《石屏公县志本传》，见《文林郎成都府推官石屏先生墓志铭》，编者不详：《上源徐氏宗谱》卷七，1 页。尽管说是县志本传，但在道光年间的《金溪县志》的徐逵小传中，则未书与欧阳德讲学事，而且传记内容亦简短得多。见《宦业》，见胡钊、松安等纂修：（道光）《金溪县志》卷十一，14 页。

[4] 《列传》，见编者不详：（义门）《陈氏宗谱》无卷数，3 页，金溪秀谷镇严良陈家村陈国华家藏，清同治五年（1866）修。

[5] 《宦业》，见胡钊、松安等纂修：（道光）《金溪县志》卷十一，13—14 页。当聂蕲将返乡时，吕柟为其作《赠聂士哲还金溪语》，见聂友于等修：《崇阳聂氏族谱》卷四，396—398 页，金溪合市镇崇麓聂家村聂海平家藏，鼎容瑞堂 2012 年重镌。

[6] 王蓂出自临坊王氏，是当地的大族，祖父王稽是景泰五年（1454）进士，父亲王序是成化十三年（1477）举人［《官衔录》，见《临坊王氏族谱》卷二，1 页，民国三十三年（1944）修］。兄长王萱，弘治十五年（1502）进士，是正德朝的名臣。王蓂本人则是正德六年（1511）进士。王萱、王蓂二人的小传，分见《名臣》，见胡钊、松安等纂修：（道光）《金溪县志》卷九，4—6 页；卷十，《儒林》，10—11 页。

[7] 《儒林》，见胡钊、松安等纂修：（道光）《金溪县志》卷十，11 页；吴悌："正德十四年"条，见《年谱》，收入《吴疏山先生遗集》卷九，3—4 页［《四库全书存目丛书》，史部第 83 册，据清咸丰二年（1852）颐园刻本影印］："尝与黄卓峰先生、洪柏山先生、王东石先生、陈明水先生讲学于邑之翠云山。"
据（义门）《陈氏宗谱》所载，陈宗庆与邹守益、唐枢往来，而邹、唐二人皆曾参与翠云讲会，所以推知陈宗庆也在此群体及讲会中。《列传》，见编者不详：《陈氏宗谱》无卷数，（转下页）

第九章　明及清初地方小读书人的社集活动：对金溪的考察　　　　　　301

曾与会[1]，几人并不只是参与讲学而已，而是以大儒的声望，吸引更多当地士人的参与，以支持及扶植此讲会。

吴悌这位大儒的出现，则是让金溪的心学脱离他地学术附庸的关键，也让金溪士人不再只有外出问学一途。吴悌出自疏溪吴氏，他少时读《陆象山语录》，慨慕之，于是负笈从黄直讲求性命之学[2]，以及参与翠云讲会。此后吴悌在疏山讲学，吸引来自金溪各乡家族的士人前来听讲，心学遂借此在金溪广为流传。以印山上源徐氏为例，当阳明心学流行之初，徐逵［正德十一年（1516）举人］必须前往南京师从欧阳德[3]，然后回乡举行月会，以传播心学。[4]后续族人徐永修向慕理学，则可就近师从吴悌（徐永修后来转师罗汝芳，此事后详），以及弃儒从商的徐铨，亦曾向吴悌问学。[5]

吴悌之子吴仁度（1548—1625），万历十七年（1589）进士，虽为名臣，但不以学术见长。[6]吴悌的两名弟子李约、黄宣[7]，李约在吴悌没后，为辑其论学

（接上页）3 页。吴悌称胡民怀是其业师，推测应是在翠云讲会中向其请益，故以业师称之，见吴悌：《胡生汝宣志铭》，见《吴疏山先生遗集》卷四，9 页。

[1] 张应雷：《金溪理学支派略二则》，见吴悌：《吴疏山先生遗集》卷十二，附录，16 页："时有洪柏山先生（按：洪范）、王东石先生（按：王冀）有翠云之会，而吉安邹东廓先生、归安唐一庵先生、临川陈明水先生皆来会焉。"

[2] 沈鲤：《明南京刑部侍郎赠礼部尚书谥文庄疏山先生吴公神道碑铭》在吴顺昌修：《疏溪吴氏宗谱》卷八，1 页，民国三十年（1941）修；沈鲤：《吴文庄公神道碑》，见吴悌：《吴疏山先生遗集》卷十，附录，17 页。

[3] 黄直：《文林郎成都府推官石屏先生墓志铭》，见编者不详：《上源徐氏宗谱》卷七，9—10 页。另见《石屏公县志本传》，见编者不详：《上源徐氏宗谱》卷七，1 页，尽管说这是县志本传，但道光年间编的《金溪县志》的徐逵小传中，则未书与欧阳德讲学事，而且传记内容亦简短得多，《宦业》，见胡钊、松安等纂修：（道光）《金溪县志》卷十七，14 页。

[4] 徐鸣奇：《乡社祠记》，收入徐云淋修：《印山徐氏宗谱》卷七，3 页［金溪琉璃乡印衫徐样清家藏，民国三十五年（1946）十修］："吾党故称仁里，自别驾君（似指徐逵）潜倡濂洛关闽之学于乡，乡之人翕然向之，乃月为会于孙坊。"

[5] 熊应祥：《徐晴峰公传》，见徐云淋修：《印山徐氏宗谱》卷七，1 页。

[6] 吴仁度有《吴继疏先生遗集》传世，但多为奏疏、奏议。

[7] 《言行录》附录于《吴疏山先生遗集》卷八。李约的传记见：《儒林》，见胡钊、松安等纂修：（道光）《金溪县志》卷十，12 页。

语为《言行录》，黄宣更知名，他出自黄坊黄氏，该族虽非大族，黄宣凭己之理学成就，取得极高的声名，而他与临川李东明共同主持的讲会，更是引领一时的风气。所以在其卒后，吴道南（1550—1624）为作墓志铭，誉其为"理学儒宗"，周孔教为其篆额书丹，尹文炜作墓表，揭重熙隶盖，车殿彩书丹，称许其——"世儒高自标许，远乞濂洛关闽之残膏，近袭王文成（按：王守仁）、罗文恭（按：罗洪先）之余唾，卒未始一蹈道者"，黄宣正是蹈于道者。[1]

金溪士人还尝试把阳明心学跟金溪本地的陆九渊学术联结起来，而且对陆九渊学术的推崇，跟阳明心学在金溪的流行是同步起来的，他们未必是在学说内容上绾合两家学术，而是把阳明心学纳入金溪所自豪的陆九渊的心学中，让阳明心学变得在地化。也因此，我们看到文献上对金溪士人学习心学历程的叙述，往往会强调士人对陆九渊学术的兴趣。如前引的黄直，地方志便记载他最初究心于陆九渊心学，待王守仁倡道赣州，前往诣谒，王守仁叩其所得，黄直说："良知是顶门一针，躬行实践才有归宿处。"[2] 可知他所传承的是王守仁的良知心学，但在文献的记载中，则特别点出他曾究心陆九渊，正是把阳明心学放到陆九渊的心学传统下。沈鲤（1531—1615）对吴悌的记载，也强调他少时读陆九渊《语录》，而时人更将吴悌与陆九渊并列——"世谓金溪理学，宋有象山，明有疏山"。此外，金溪士人还积极推动陆九渊的从祀，吴世忠（1461—1515）与徐遽这两位金溪士人，便先后疏请将陆九渊从祀孔庙。[3]

不过，等到万历年间因罗汝芳而有新变化。罗汝芳是南城县人，在《明儒

---

[1] 吴道南：《明贤原任袁州府教授升国子监监丞黄重庵先生墓志铭》，见编者不详：《黄氏十修族谱》卷六，9 页，金溪浒湾镇黄坊黄福堂家藏，民国十年（1921）修。尹文炜：《明理学乡贤黄重庵先生墓表》，见同前书，卷六，10 页。

[2] 《儒林》，见胡钊、松安等纂修：（道光）《金溪县志》卷十，11 页。此段主角应是黄直，但误植入黄株传中。感谢曾铭先生提供资料。

[3] 最后是在薛侃的疏请下，陆九渊终于入祀孔庙。金溪士人的上疏，请见黄直：《文林郎成都府推官石屏先生墓志铭》，见编者不详：《上源徐氏宗谱》卷七，9 页；《宦业》，见胡钊、松安等纂修：（道光）《金溪县志》卷十一，14 页。

学案》中被归类在"泰州学案",被视为左派王学的代表人物,过去对罗汝芳多注意他四方讲学,以及讲学的社会性,而较少注意到罗汝芳的地域性,但其实他对抚州地区的影响甚大。

万历初年罗汝芳致仕归乡,他虽是南城人,但常前往府城临川及邻县金溪讲学,临川的讲学地在城内羊角山、正觉寺一带[1],金溪的在疏山一带[2],这两处都位于抚河沿岸,交通便利,所以较容易吸引临川、金溪两地士人前来讲学。当时吴悌已卒,不少金溪士人转师罗汝芳。临川、金溪两地分别以李东明、崇阳聂良杞(1547—1619)与上源徐永修为代表。[3]

李东明是临川贡生,后弃举子业,而专志于性命之学,他在罗汝芳卒后,继续传扬其学,地方士绅为其创建崇儒书院供其讲学。[4]吴悌的大弟子黄宣亦与李东明共同讲学,讲学地点可能就是崇儒书院。聂良杞是隆庆二年(1568)进士,聂曼的族子,他最初习于吴悌门下,与吴悌之子吴仁度共同执经讲业。[5]待罗汝芳为讲学主盟,聂良杞遂从游参证,悟程门识仁之旨。[6]上源徐永修,布衣,罗汝芳在正觉寺讲学时师从之,与杨起元并列为罗汝芳最爱的两名弟子之

---

[1] 《宦业》,见胡钊、松安等纂修:(道光)《金溪县志》卷十一,17页。

[2] 李东明:《徐得吾先生传》,见编者不详:《印山徐氏宗谱》卷七,8页。

[3] 徐永修属于金溪的印山徐氏,印山位于金溪与临川交界处,有一部分的房支划在临川,一部分划在金溪,所以徐永修既是临川人也是金溪人。

[4] 《儒林》,见童范俨等修,陈庆龄等纂:(同治)《临川县志》卷四十二下,12—13页,收入《中国方志丛书·华中地方·江西省》第946号,据清同治九年(1870)刊本影印;徐朔方:《汤显祖年谱》,139—140页,上海:上海古籍出版社,1980。地方士绅有鉴于罗汝芳来临川时,只能借佛寺讲学,所以在万历二十六年(1598)为李东明建崇儒书院。

[5] 据《全氏宗谱》所载全楷之子全大作的经历,读书吴悌家,同学即聂良杞与吴仁度。原文如下:"(全楷)子全大作,当时聂怀竹先生馆于吴疏山公家,全楷命往从之,与今少参聂念初公(按:聂良杞)、中书吴继疏公(按:吴仁度,吴悌之子)同执经一年,朝夕琢磨,颇有进益。"全大谨:《三松公行述》,见编者不详:《全氏宗谱》卷十二,2号,金溪合市镇全坊村全自康家藏,民国三十七年(1948)修。

[6] 钱士升:《明广西布政司参议念初聂公墓志铭》,见聂友于等修:《崇阳聂氏族谱》卷五,151页。

一，据载罗汝芳甚至称誉他——"徐子抚州一人，抚州无二徐子也。"[1]

即连明初与吴与弼关系最深的举林车氏，族人也受到罗汝芳讲学活动的影响。如汤显祖为车会同所作的墓志铭指出：

> （车）会同，字文修，世居金溪黄坊里，……长读其乡宗儒陆象山《语录》，辄慨慕之，乃师事少初徐先生（按：徐良傅），讲性命之学，而学业大成。……尝从近溪罗先生、明水陈先生探究根宗，即日食弗给，尤不废学。……与谷南高公（按：高应芳）、龙冈徐公讲求实学。[2]

在此记述中，车会同也是因读陆九渊的语录而慨慕心学，然后师事徐良傅，从罗汝芳讲学，并与高应芳往来。徐良傅是东乡人，晚年移居临川[3]，高应芳是与罗汝芳同在临川讲学的士绅。[4] 从车会同所师从往来的人来看，他应亦移居临川，而且在罗汝芳的讲会中。

至此，我们应当作一小结。从明初吴与弼，到明中期的心学，可以借由对比看出，吴与弼的学术对金溪的影响有限，而明中期阳明心学的流行则为金溪的学术生态带来很大的改变。当地士人重提陆九渊的心学，并试图从陆学到阳明学建立系谱，阳明心学不仅不是外来的学术，反而有助于本地的学术传统的重建重生。这个系谱的巩固及完成，则有赖于吴悌这位大儒以及当地心学社群的成立，因此在叙述金溪的心学发展史时，吴悌得到极高的推崇，如邹元

---

[1] 李东明：《徐得吾先生传》，见徐云淋修：《印山徐氏宗谱》卷七，8页。

[2] 汤显祖：《明故端吾先生举三公墓志铭》，见编者不详：《举林车氏十修族谱》，146号。

[3] 《儒林》，见李士棻等修，胡业恒等纂：（同治）《东乡县志》卷十三，9页，收入《中国方志丛书·华中地方·江西省》第793号，据清同治八年（1869）刊本影印。

[4] 主要有高应芳与舒化，见《宦业》，见胡钊、松安等纂修：（道光）《金溪县志》卷十一，17页。地方志记载高应芳是金溪人，后来移居临川。但他其实属于临川嵩湖高氏，金溪的珊霞高氏是其分支。

标说吴悌是"早事卓峰，取证心斋，观摩邹、罗二先生"[1]，卓峰、心斋与邹、罗，分别是黄直、王艮、邹守益与罗洪先四人，其中王、邹、罗都是当代最知名的心学学者，而邹元标把吴悌的学术渊源联结到三人，所以金溪士人何宗彦（1559—1624）也将吴悌与罗洪先并列齐称[2]，凡此都是为高举吴悌的学术地位。沈鲤对吴悌的评价更高，他除了把吴悌往上接到陆九渊的心学传统，还把吴悌列为胡居仁以下江西的第二位真儒，地位甚至凌驾邹守益、罗洪先等人之上，他说：

> 先生虽早师黄氏卓峰，渊源姚江，而实不局良知之说。……世谓金溪理学，宋有象山，明有疏山。余直谓江右真儒，前有敬斋（按：胡居仁），后有疏山。[3]

但客观来看，吴悌在明代心学或理学史上的地位，其实是可以再斟酌的，至少吴悌的声名及影响力，应不如邹守益、罗洪先等人，所以黄宗羲的《明儒学案》便未录吴悌。若要持平论断，他的地位应更接近新城邓元锡，二人都是江右阳明心学阵营的一员，但相较于邹守益等人，则其声光明显较弱。

因此，罗汝芳晚年在临川讲学遂引来下一波的心学热潮。在建昌府，邓元锡的弟子往往也师从罗汝芳，邓、罗两人共同教导门人。在抚州府，由于吴悌

---

[1] 邹元标：《吴文庄公墓表》，见《吴疏山先生遗集》卷十，附录，9页。邹守益、王艮都是较长一辈的学者，姑且不论，而从吴悌与罗洪先的问答内容来看，邹元标用"观摩"其实不尽精确。

[2] 吴悌与罗洪先的问答，请见沈鲤：《吴文庄公神道碑》，见吴悌：《吴疏山先生遗集》卷十，附录，23—24页。何宗彦也是金溪人，而他在列举江右诸先生之深于理学者，便举出罗洪先与吴悌二人，尽管《明儒学案》未录吴悌，平心而论，吴悌之声名亦不足以与罗洪先相提并论，但何宗彦所说应可代表当时金溪士人普遍的看法。见何宗彦：《理学议》，见吴悌：《吴疏山先生遗集》卷首，1页。

[3] 沈鲤：《明南京刑部侍郎赠礼部尚书谥文庄疏山先生吴公神道碑铭》，见吴顺昌修：《疏溪吴氏宗谱》卷八，18页。

早卒，所以吴、罗二人之间虽无交集，但吴悌门下弟子往往也转师从罗汝芳。如果说邓元锡与吴悌的影响力主要在一县之内，罗汝芳则是拥有跨地域影响力的大儒，影响整个抚州地区。金溪也因此更进一步融入整个江西的心学圈中。

二、从理学讲会到制艺文社

抚州府的制艺发展主要以临川为中心，以及原属临川但在正德年间被划出的东乡（艾南英是东乡人），而金溪最初并不在此风潮中。临川先有汤显祖，后有丘兆麟与陈际泰闻名于世，而章世纯、罗万藻声名后起，陈、章、罗与艾南英合称江右四大家。[1]

江西制艺文社，以最初的紫云社与全省的豫章社最值得注意。万历二十八年（1600）的紫云社，应是抚州地区较早也较重要的制艺文社，据陈际泰说：

> 金临之间有古刹而名者曰紫云，予与同人结社其中，曾氏一父之子预者，盖四人焉。前后殂去者为丘毛伯、游太来（按：应作泰来，即游王廷）、曾铭西（按：曾栋）、祝文柔、蔡静源（按：蔡国用）、管龙跃（按：似指管天衢？）、章大力、罗文止，此皆弟畜泰者也，然当时年最少，材又最高，则铭西之弟叔子与季子其人焉。[2]

此社所在紫云寺及寺所在的项山，位于金溪、临川、南城三县交界处。[3] 参

[1] 陈孝威：《府君行述》，见《壶山集》卷一，10 页，收入《四库禁毁书丛刊》，集部第 72 册，据清顺治刻本影印。

[2] 陈际泰：《曾叔子合刻序》，见《已吾集》卷三，7 页。

[3] 紫云寺原名项山寺，后因有僧名紫云者崛起，与疏山白云，一时并盛，称两高僧，故复名此寺为紫云寺。见丘兆麟：《项山寺赋》，见《玉书庭全集》卷八，8—9 页。

与该社的士人，主要以来自临川腾桥乡的曾氏父子，与陈、罗、章等临川士人为主，以及一位名义上来自金溪的士人蔡国用。[1] 所以从紫云社成立，到江右四大家之名大显，主要都跟临川士人有关。

万历四十三年（1615）的豫章社，则是集结全江西各地的知名制艺作手为一社——

> 大冢宰李长庚任江西左布政，其子春潮才而好奇，合豫章诸能文者为豫章社，临川则陈际泰、罗万藻、章世纯，东乡则艾南英，泰和则萧士玮、曾大奇，吉水则刘同升，南城则邓仲骥，丰城则杨惟休、李炅，进贤则陈维谦、李光倬、陈维恭，皆郡邑间最驰声者，而南昌、新建，首时华与万曰佳、喻全禩，时华尤为所推服。[2]

能够受邀参加豫章社的都是已有文名者，所以人数不多。[3] 社员名单上的士人可分作三批，一批是汤显祖的门人，即江右四大家陈际泰、罗万藻、章世纯、艾南英等人，来自抚州府；一批是舒曰敬的门人：李炅、万时华、陈维恭、李光倬等人，来自南昌府[4]；一批是萧士玮、曾大奇与刘同升（1587—1646），来自吉安府。

---

[1] 据其族谱记载：后岗公，蔡国用之父蔡际春。罗万藻、陈际泰皆为作墓志铭。据陈际泰所撰，可知从后岗公曾大父，便已从金溪靖思，迁居南昌，后岗公则迁临川北乡枫林里。

[2] 陈弘绪：《先友祀乡贤万徵君传》，见《敦宿堂留书》卷一，39 页，收入《陈士业先生集》。

[3] 李光元不在名单中则颇不可解，他是万历三十五年（1607）进士，但不久以病归养，直到万历四十八年（1620）方才再出，可知此时他人在江西，而未参与这类社集活动，仅有素常与其师友唱和的从弟李光倬与会。李光元与李光倬的关系，见江璧等修，胡景辰等纂：（同治）《进贤县志》卷十九，25 页，收入《中国地方志集成·江西府县志辑》第 59 册，据清同治十年（1871）刻本影印。

[4] 舒曰敬一方面以制艺闻名，同时还曾编纂《皇明豫章诗选》一书，这本书是受到复古派流风的影响，而诗选卷首有舒曰敬的十八名门人弟子的名字，应即负责编纂诗集的人，其中便有李炅、万时华、李光倬、陈维恭。

从紫云社到豫章社，金溪士人都不在这些制艺文社中，而且金溪当地的学风仍以理学为主，尤其是黄宣与临川李东明的讲学，便是当时颇知名的理学讲会。当时金溪也有制艺写作方面的文社，但社集成员往往以家族后人为主，如张应雷、聂文麟（1579—1667）二人在县城城南及宝山的社集，便是为了族人应考而设。张、聂二人并不以制艺闻名，必须等到天启、崇祯年间，受到江右四大家，尤其是艾南英的影响，金溪方才出现以制艺著称者，两位代表人物——吴堂、陈画，他们都因艾南英而获得较高的声名，而且与陈孝逸、傅占衡（1606—1660）等一批年轻的临川士人往来。

由于讲会或社集初始的发展都跟家族有关，所以以下便从家族切入分述之。本节先谈的万历初年张应雷、聂文麟、黄宣等人所属的家族及其社集，下一节谈吴堂、陈画的社集及活动。

1. 横源张氏

横源张氏的关键人物即张应雷，他少时慕先儒象山之学，拜入王勑门下，王勑是黄直的学生，推测他也在翠云讲会中。[1] 另一方面，张应雷颇受吴悌器重，常随侍其身边，吴悌卒后，还协助其弟子李约编《言行录》。[2] 另一方面，张应雷及其从兄张默、张熟兄弟及其从子张材几人相师友[3]，张应雷、张默、张材在县学更有"三张"之称，与瑶岭谢氏的"四谢"并列。[4] 在嘉靖末年前后，

---

[1] 王有年编：（康熙）《金溪县志》卷七，14 页，收入《中国方志丛书·华中地方·江西省》第 798 号，据清康熙二十一年（1682）刊本影印。王勑是王有年之父。

[2] 张应雷未拜吴悌为师，所以自称"邑后学"，又说："雷侍先生久，知先生亦深，遂条举耳目睹记，并二三大老所齿及逸事。"此段文字是为李约编的《言行录》作跋。见张应雷：《跋》，见吴悌：《吴疏山先生遗集》卷八，27 页。

[3] 张应雷生于嘉靖十五年（1536），隆庆五年（1571）进士，家会应是进士及第以前的事，所以推测时间落点在嘉靖末年。

[4] 张元辅：《惺台公传》，见张荫阶、张启元等修《横渠张氏宗谱》卷八，134—135 页，东邑宗美仁斋 1995 年新镌本。

以几人为中心举行家会，地点则在县城南区，如其族谱所载，以及张熟所自述：

> 叔父讳熟，字思仁，别号纯所，余父恭所公（按：张默），与湖州司
> 理叔顺斋公（按：张应雷），成都监理兄惺台公（按：张村），相师友，为
> 家会。[1]

> 熟总角时，未就外傅，从伯兄恭所先生，学于邑之南城。[2]

> 爰聚太参王如水、司理王文石、国博高环北，洎从弟侄庠彦十余辈，
> 日琢磨规劝，华实并茂，故城南会为溪首称焉。[3]

可知此会以横源张氏族人为主，加上县学中的其他士人。此会应跟制艺写
作有关，由于几个中心人物在科考上皆有表现——张应雷是隆庆五年（1571）
进士，张默是隆庆三年（1569）贡生[4]，张材是隆庆四年（1570）举人[5]，张
熟是万历十六年（1588）举人[6]，所以此会一时之间颇有声名。也因此，大约到
了万历晚期或天启初年[7]，城南会进一步发展成为禹门社，陈际泰为此社的社刻

---

[1] 张机：《岢岚太守叔父纯所公行状》，见张荫阶、张启元等修：《横渠张氏宗谱》卷八，
124页。

[2] 张熟：《伯兄文林郎公安太尹恭所先生行状》，见张荫阶、张启元等修：《横渠张氏宗谱》卷
八，105页。

[3] 张熟：《伯兄文林郎公安太尹恭所先生行状》，见张荫阶、张启元等修：《横渠张氏宗谱》卷
八，107页。

[4] 张熟：《伯兄文林郎公安太尹恭所先生行状》，见张荫阶、张启元等修：《横渠张氏宗谱》卷
八，105—115页；《宦业》，见胡钊、松安等纂修：（道光）《金溪县志》卷十一，20页。此文作
于万历十七年（1589），张默卒后次年。

[5] 张元辅：《惺台公传》，见张荫阶、张启元等修：《横渠张氏宗谱》卷八，134—136页；《宦
业》，见胡钊、松安等纂修：（道光）《金溪县志》卷十一，22页。

[6] 张机：《岢岚太守叔父纯所公行状》，见张荫阶、张启元等修：《横渠张氏宗谱》卷八，124—
127页；《宦业》，见胡钊、松安等纂修：（道光）《金溪县志》卷十一，30页。

[7] 序文中提及周钟、张溥倡导经术，而二人崛起于天启年间，所以可推知禹门社也是在此刻
重振。

作序：

> 禹门社介临、金之间，是诸隽之所走集也。其得名，张顺斋先生实为之，先后社于是者，翔去不可枚举，中辍者数年，近乃复有吾党之刻而俨其人。盖地重而人因重，不敢以亏疏佐小之气辱此名社也。[1]

此社是从张应雷起始，而张应雷卒于万历三十六年（1608），所以从城南会到禹门社，中间曾经中断多年，直到江右四大家倡导制艺才又重振。[2]

2. 崇阳聂氏

崇阳聂氏在明中晚期的知名人物分别有：

> 聂曼，长房十五代，正德十一年（1516）举人
>
> 聂蕲，幼房十四代，嘉靖四年（1525）举人
>
> 聂廷璧，长房十七代，嘉靖四十四年（1565）进士
>
> 聂良杞，幼房十五代，隆庆二年（1568）进士。子聂文麟
>
> 聂文麟，幼房十六代，万历四十七年（1619）进士
>
> 聂惟铤，幼房十八代，万历四十六年（1618）举人

崇阳聂氏之科目仕宦自聂曼始[3]，而聂蕲开始接触理学（习于吕柟门下），并与吴悌为莫逆之交。[4] 吴悌是金溪当地的理学大儒，而聂蕲与其交游，亦吸引其

---

[1] 陈际泰：《禹门社序》，见《大乙山房文集》卷四，24 页。

[2] 所以陈际泰的序文中说"复有吾党之刻而俨其人"。

[3] 苏运昌：《崇阳聂本立公墓志铭》，见聂友才等修：《崇阳聂氏族谱》卷五，233 页："崇阳聂氏之科目仕宦，实自乡宾公之子曼始，从此至于明末，屡世不替。"

[4] 《宦业》，见胡钊、松安等纂修：（道光）《金溪县志》卷十一，13—14 页。

他聂氏族人接触理学。此后聂廷璧虽不以理学著称，但在当时金溪浓厚的理学气氛下，仍被以理学评价，如其门人张学鸣说：

> 晚近世多趋道学，聚徒登坛，尧服禹步，然名实叵测也。师周情孔矩，青心如水，若在圣门闵冉流亚，而绝不以道学著，人亦不以道学拥师，而师之粹自晶莹，若涤之清冷之渊。[1]

聂良杞则与聂廷璧相师友，当时有"绣谷二疏"之誉。[2]绣谷是金溪的别称。聂良杞先后师从吴悌与罗汝芳，悟程门识仁之旨，他甚至被拿来跟南昌邓以赞相提并论。[3]

聂廷璧以其在宝山的别墅作为聂氏子弟的读书场所，如聂惟铤便曾读书于此[4]，并在此讲学，所以也吸引非族人如王学礼的参与。王学礼受到整个心学思潮的影响，研精心性，有"赤子心无失，青田路不赊"之句。[5]

聂良杞与王学礼虽以理学著称，但二人之子聂文麟与王化澄（？—1652），则转向制艺写作，如王化澄有《二山制艺》，艾南英为其作序说：

> 登水弱冠读书宝山，为宪副崇野聂公（按：聂廷璧）别墅。嗣是课艺于邑之槐堂，则象山陆先生之讲室在焉。又十年有龙光之社，又三年有倅魁之社，又三年有畹香之社。丁卯［天启七年（1627）］结社于疏山，

---

[1] 张学鸣：《明中宪大夫崇野聂公墓志铭》，见聂友于等修：《崇阳聂氏族谱》卷五，172 页。

[2] 曾化龙：《明广西参议进阶朝请大夫念初聂先生行状》，见聂友于等修：《崇阳聂氏族谱》卷五，88 页。

[3] 钱士升：《明广西布政司参议念初聂公墓志铭》，见聂友于等修：《崇阳聂氏族谱》卷五，150页："每为予称江右理学风节之盛，辄言聂少参公（按：聂良杞）。少参公往矣，乃其皎皎大节，里中奉为典型，此（比）于邓文洁公（按：邓以赞）。"

[4] 聂友于等修：《崇阳聂氏族谱》卷五，191 页。

[5] 《儒林》，见胡钊、松安等纂修：（道光）《金溪县志》卷十，13 页。

则吴文庄公（按：吴悌）读书之故址。先后社刻皆载兹编，而得之宝山、疏山者为多，因名曰《二山课艺》。[1]

王化澄约万历三十三年（1605）左右读书宝山[2]，天启七年（1627）结社于疏山，而引文所说的龙光社、倅魁社、畹香社，应都是制艺文社。宝山与疏山原本各是聂廷璧与吴悌的讲学地，但仅仅一代左右的时间，都变成制艺文社所在。

3. 黄坊黄氏

黄坊黄氏是地方小族，功名、文教皆不盛，但因有黄宣而使该族为人所注目。但该族学风到黄榜开有变。黄榜开是黄宣的长孙，崇祯六年（1633）副榜，少时习于临川李东明门下，从相关记载如李东明"每呼乳名，盘驳性理诸书，辨答如响"，可知黄榜开初期所习的是性理之学，但在明末制艺风潮的影响下，黄榜开很快亦用心于制艺，并在灵谷山房结社，黄榜开的著作《灵谷社草》初集二集三集，推测应即灵谷社的社稿。[3] 此社成员还有刘星耀（1634 年进士）[4]、王腾龙（1660 年举人）、唐时英（不详）等人。[5]

举林车氏族人也是灵谷社的成员。明初举林车氏族人与吴与弼交游，明

---

[1]　艾南英：《王登水二山课艺序》，见《天佣子集》卷四，30 页。

[2]　艾南英的序文中说王化澄只小他两岁，可知王化澄生于万历十三年（1585），而弱冠时读书宝山，故推知是万历三十三年（1605）左右事。聂廷璧是万历十三年（1585）致仕，卒于万历四十年（1612），而聂良杞则是万历四十一年（1613）方始致仕居乡，所以大部分的时间，都是聂良璧在讲学及教导子弟。聂廷璧及聂良杞的致仕年份，见《外集·驰封》，见聂友于等修：《崇阳聂氏族谱》卷四，347、348 页。

[3]　除了社稿以外，黄榜开亦操持选政，据载他"操选政，海内巨作名篇，咸凭搁管出入"。见刘星耀：《清故乡副进士黄墨鲜先生墓表》，见编者不详：《黄氏十修族谱》卷六，13 页。

[4]　《宦业》，见胡钊、松安等纂修：(道光)《金溪县志》卷十一，38 页。

[5]　《黄氏十修族谱》中有刘星耀为黄榜开作的墓表，刘星耀、唐时英、车殿彩皆自称社弟，见编者不详：《黄氏十修族谱》卷六，14 页。徐鹏起为黄宣所作墓志铭中，徐鹏起、张有仪自称社侄，推测二人亦在此社中。见编者不详：《黄氏十修族谱》卷六，12 页。

中期车会同习于罗汝芳门下。明末车梦瑶（1622年进士）、车殿彩（1621年举人），则与灵谷社有关，据载车梦瑶曾命其诸孙与门下弟子受业黄榜开门下，而车殿彩对黄榜开自称社弟，可知他也在灵谷社中。

三、艾南英与明末金溪士人

金溪本地虽有制艺文社，但能够跨出家族以外，带动风潮并拥有跨地域声名，则跟江右四大家所带起的制艺风潮，以及艾南英的介入有关。

四大家中，陈际泰、艾南英二人跟金溪的联系较多。陈际泰曾为禹门社作序，而其《大乙山房文集》也是由金溪士人李士奇校对。艾南英则跟金溪的渊源更深。艾南英是东乡人，生于万历十一年（1583），万历三十四年（1606）入府学，与临川的陈际泰、章世纯、罗万藻等人齐名，日后四人刻制艺行世，于是有江右四家之称。[1] 在学术上，艾南英的祖父艾挺，师事金溪印山杨氏家族的杨用翔，杨用翔并无著作传世，而据其族人所述，他"淬志古学，凡先秦两汉八家之文，无不精心研究"，可知其学术倾向唐宋文，而师从杨用翔的艾挺，于是"开天庸古学，卓然名家，源流皆本于公（按：杨用翔）"。[2] 艾南英在所作的墓志铭中亦佐证此事，说：

> 石溪公为当时文章宗匠，予家世其学，源流与共，知之独真。[3]

---

[1] 张廷玉等撰：《明史》，7402页。

[2] 《传》，见杨锡龄等修：《杨氏宗谱》卷一，6—7页，金溪琉璃乡印山杨军辉家藏，2005年重刊本。

[3] 艾南英：《别驾午亭杨公暨黄安人合葬墓志铭》，见《艺文》，收入杨锡龄等修：《杨氏宗谱》卷一，17页。该谱虽说此文是录自《天佣子集》，但我手边两个版本的文集皆未见此文。

艾南英所在的东乡文教不盛,而其族亦不以文教见长[1],不知是否这个缘故,所以艾南英常跨县与金溪士人——先有连城璧,后有吴堂、陈画,共同编纂房选。

崇祯元年(1628),艾南英在苏州,与金溪连城璧、扬州郑元勋(1603—1644)几人合阅房稿,选文八百多篇,刻为《玉虎鸣》一书。[2]艾、连二人是天启四年(1624)同榜举人,二人的合作记录仅此一则而已。连城璧的事迹不显,他所留下的《蹇愚集》多半是任官时的书信,所以难以从中窥知他在金溪的事迹。

吴堂属于大塘吴氏,但同样未能访得其族谱,他亦无著作传世,但他人的文集及地方志上载其事迹较多,显示他颇受当时人所重,如康熙年间有人历数江西制艺名家,便有吴堂之名:

> 子乡先辈,如文止(按:罗万藻)、大力(按:章世纯)、千子(按:艾南英)、仲升(按:吴堂),固与大士(按:陈际泰)、毛伯(按:丘兆麟)齐声并价,安在其必以甲科重哉![3]

陈际泰与丘兆麟皆有进士功名,所以列首,而其他几人则是与陈际泰并列江右四大家的罗、章、艾三人,而吴堂亦与几人并列,可见其声名之高。清初王有年(1659年进士)也指出吴堂之声名不被江右四大家之盛名所掩:

> 有明天启、崇祯间,以制举义相雄长者,章世纯、陈际泰、罗万藻、

---

[1] 据其族谱所述:"艾为东邑望族,自天佣子来,多知名士。"可知在艾南英之前,该族文教不盛,所以清雍正年间郑长瑞为其谱作序时说:"艾氏宗谱有此一人,已足以光昭宇宙,而垂裕后昆。"见艾秉和修:《艾氏重修宗谱》不分卷,56页,金溪琉璃乡双塘村艾氏家藏,1994年版,以及郑长瑞:《艾氏族谱序》,见艾秉和修:《艾氏重修宗谱》不分卷,26页。

[2] 艾南英:《玉虎鸣》,见《天佣子集》卷三,26页。

[3] 《仁庵公序》,见张荫街、张启元等修:《横渠张氏宗谱》卷八,169页。

艾南英，天下号为四大家，四子皆抚州人，顾尤推吴公仲升，争延致其家课诸子弟。是时仲升之文，孤行于世，不为四子所掩，至今学者奉之若高曾规矩。[1]

此处虽泛指四大家"争延致其家课诸子弟"，其实吴堂主要担任艾南英子弟的西席[2]，而且崇祯六年（1633）还与艾南英共编房选，此见艾南英所述，他说：

予既评定当代之制举艺，分为二选，而或以丁未［万历三十五年（1607）］迄戊辰［崇祯元年（1628）］为近时流而便进取，因摘为八科房选；又因其去留颇严，复广其所存而录之，属友人吴仲升订其是否。[3]

艾南英已评的房选是《戊辰房书删定》与《辛未房稿选》二本[4]，吴堂所协助修订的则是《八科房选》这个选本。

崇祯九年（1636）吴堂中举，他跟随艾南英的脚步，继续从事编纂房选的工作，只是此次改与陈画合作。推测吴堂在崇祯十年（1637）、十三年（1640）两次入京应进士试，所以编崇祯十年、十三年的丁丑、庚辰科进士的房选选本。[5]在崇祯皇帝崩殂次年［乙酉年（1645）］，吴堂随同艾南英入闽，谒见唐王，授福建仙游知县，遂逗留该县达八年之久，方才归乡。期间艾南英已卒，金溪亦

---

[1]《人物》，见王有年等纂修：（康熙）《金溪县志》卷八，24—25页。

[2] 艾南英：《吴仲升稿序》，见《天佣子集》卷四，36页。此序作于崇祯九年（1636），当时吴堂仍任艾南英二子西席，而吴堂也是在此年中举。

[3] 艾南英：《八科房选序》，见《天佣子集》卷一，17页。

[4] 艾南英：《天佣子集》卷一，9—11、15—16页。

[5] 傅占衡：《吴陈二子选文糊壁记》，见《湘帆堂集》卷八，8页，收入《四库禁毁书丛刊》，集部第165册，据清康熙六十一年（1722）活字本刻本影印。

岐路彷徨

已人事全非。

陈画属于义门陈氏，这个家族聚族而居，嘉靖朝以降功名表现便十分显赫。陈宗庆（1540 年举人）、陈镗、陈钲兄弟（1537、1546 年举人）皆有举人功名，而陈一夔（陈镗子）与陈所敏（陈一夔侄）更是隆庆二年（1568）的联榜进士。以下陈于京（1603 年举人）、陈三俊（1615 年举人）、陈应斗（1618 年举人）、陈自挺（1636 年举人）亦科第簪缨不绝，如其谱所说："金邑言家法，必推陈氏"。[1]

该族的理学渊源初启于陈宗庆，如其墓志铭所述："自青衿、孝廉时，即交游海内宿儒耆德"，所以前述黄直举行翠云讲会时，陈宗庆亦在会中，而且与邹守益、唐枢等人往来交游，而其学大要以"象山、阳明为宗"。[2] 吴悌卒后，陈宗庆上书提学使，促请照顾吴悌后人。[3]

陈三俊以时文著称，他在万历四十二年（1614）先以岁贡入京，以其时文名震京师。据族谱所述，陈三俊的制艺似归有光古文，当时驸马都尉杨春元之子杨光夔亦读其文，并得到万历皇帝的称许，据载：

> 光夔入宫，奉神宗皇帝起居。上问："儿今读何书？"对曰："方读贡元陈三俊时文也。"上曰："文佳，儿宜以为法。"都尉（按：杨春元）即修书币延为子师，礼遇甚隆。[4]

明末该族最知名者即陈画，陈画虽无功名，但以学术而为族人所尊，称其

---

[1] 《列传》，见编者不详：（义门）《陈氏宗谱》不分卷，3 页。

[2] 《列传·岳州公》，见编者不详：（义门）《陈氏宗谱》不分卷，3 页；朱之蕃：《敕授承直郎湖广岳州府通判六山陈公墓志铭》，见《墓志》，收入编者不详：（义门）《陈氏宗谱》不分卷，3 页。

[3] 陈宗庆：《六山公上督学使者书》，见《书》，收入编者不详：（义门）《陈氏宗谱》不分卷，1—5 页。

[4] 《列传·苍梧公》，见编者不详：（义门）《陈氏宗谱》不分卷，7 页。

"儒林公"，而他在金溪当地的声名，也被比拟为"与陈、罗、章、艾相伯仲"。[1]
陈画应是在吴堂的介绍下而识艾南英，艾南英赞许其"于理学澄凝坚定，抱负
海涵"[2]，并称陈画、陈畴兄弟是"理学萃于一门"。[3]但他不像吴堂随从艾南英
前往福建，而是始终居乡在家，所以以他为中心，在金溪当地形成理学与制艺
的群体圈。他的讲学处是五柳轩，从游者达数百人之多，若据族谱载其讲习理
学的情景：

> 讲学于五柳轩，从游者数百人，惓惓然以孝弟为重。[4]
>
> 尝讲学于五柳园，从游者皆衰衣大袖，歌诗揖让，有儒者气象。[5]

另一方面，陈画也教授门人与族人制艺，书房名作"重乐轩"。据《戊元栎
林周氏族谱》载其族人周居仁在此学习事：

> 时陈（画）负重名，从游者多名宿，每课文，必择其尤精者付梓，
> 公（按：周居仁）文与者十数，而试不售。[6]

大约等到崇祯十七年（1644）[7]，陈画集结诸父昆季同人友生之文，合为

---

[1] 《列传·儒林公》，见编者不详：（义门）《陈氏宗谱》不分卷，9页。

[2] 《列传·儒林公》，见编者不详：（义门）《陈氏宗谱》不分卷，9页。

[3] 《列传·隐逸公》，见编者不详：（义门）《陈氏宗谱》不分卷，10页。

[4] 《列传·儒林公》，见编者不详：（义门）《陈氏宗谱》不分卷，9页。

[5] 《列传·隐逸公》，见编者不详：（义门）《陈氏宗谱》不分卷，10页。

[6] 周穆庵修：《戊元栎林周氏族谱》卷一，77页，金溪合市镇龚家戊元村周新友家藏，道光
二十四年（1844）重修本。

[7] 艾南英：《年谱》，见《天佣子集》卷首，4页："《重乐轩序》疑在是年。"但考其序文前
后文意，实难想象值此明亡之际，陈画仍编此书，且艾南英亦有暇作此序文。加上陈画在崇祯
十三年（1640）编《庚辰房选》，然后息影五年，若把崇祯十三年（1640）亦计算在内，则从崇
祯十三到十七年（1640—1644）正满五年之数，所以推测该序作于崇祯十七年（1644）左右。

《重乐轩初选》，艾南英为其作序，说：

> 陈子惟易，取朋友之义，题其轩曰重乐，且集录弟子课艺，合于文章法，与其诸父昆弟较习之作，以行于世，盖愤近日之为举业者，怪妖庞杂，思所以正之，而为是编也。[1]

陈画的讲学，对家族及地方的影响颇大，所以直到他卒后，族弟陈甸仍继续讲学活动（后详）。

金溪年轻一辈的知名士人，除了吴堂、陈画以外，还有孔大德，但因其相关资料甚少，所以附见于此。孔大德属于圣裔孔氏，该族在金溪的其中一支位于河源镇朱坊孔家村，该村至今仍存"圣裔"牌坊一座[2]，以及《圣裔孔氏宗谱》一部。孔大德属于绣谷分支，居住在县城内，而该分支的族谱今已难以寻访，加上孔大德亦无著作传世，所以相关的资料很少，仅《圣裔孔氏宗谱》中载其考取天启丁卯科（1627）解元[3]，未载其他言行事为。

此外，翻检各族族谱，另有金紫何氏的文社，相关资料极少，推测是家族内部的社集，亦附录于此。金紫何氏的知名人物有何自学与何清，何自学是宣德二年（1427）进士，曾荐吴与弼于朝[4]，何清是弘治八年（1495）举人。但此后便无族人考取举人以上功名。直到万历年间的何学夔与何学孔兄弟，这两位是该族较知名的士人，他们负责祠堂祭仪的修订，但也只是邑庠生而已。[5]也因

---

[1] 艾南英：《重乐轩初选序》，见《天佣子集》卷四，61 页。

[2] 此牌坊的记载，亦见于《坊额记》，见编者不详：《圣裔孔氏宗谱》卷尾，1 页，金溪河源镇朱坊孔家村孔国珍管谱，年份不详。

[3] 《坊额记》，见编者不详：《圣裔孔氏宗谱》卷首，1 页。

[4] 《宦业》，见胡钊、松安等纂修：(道光)《金溪县志》卷十一，7—8 页。

[5] 何清的传，见罗垣：《希轩公传》，见编者不详：《金紫何氏重修合谱》后卷，无页码，金溪左坊镇后车何家村荣华管谱，民国三十一年（1942）版本；何学夔的传见何容：《宾虞公传》，见编者不详：《金紫何氏重修合谱》后卷，无页码。祠堂祭仪事，见何学夔：《修祠堂祭仪序》，见编者不详：《金紫何氏重修合谱》后卷，无页码。

此，万历三十二年（1604）何学孔发起金紫文会，鼓励族中子弟用功考取功名，与会者应都是何氏族人。[1]

四、清初以金溪为中心的集会

明清鼎革之际，江右四大家中，除了陈际泰早卒，其他三家亦在此变乱之际亡故。章世纯时任广西柳州知府，在得知京师陷落后抑郁而卒。艾南英先应罗川王之邀，起兵抗击清军于金溪，待江西陷落后，入闽见隆武帝，顺治三年（1646）病卒。[2] 罗万藻则在料理完艾南英的丧事，数月后亦卒。

明末江右四大家声名最盛时，临川年轻一辈的士人亦起而集结文社，较知名者即天启七年（1627）的金石台大社，此社最初由陈际泰倡议，中间一度衰微，当张采来任临川知县时复振而作之。陈际泰的二子陈孝威、陈孝逸，以及傅占衡、吴程、曾有矩、舒紫芬、管子敬、游公大、刘钟秀、郄六奕等人皆在社中，成员共十八人。[3]

明清之际，该社成员不少亡故，即连陈孝威也在广东病卒。一如傅占衡说：

> 曾上平（按：曾有矩）、吴先民（按：吴程）、舒紫芬、管子敬、游
> 公大、刘文伯（按：刘钟秀）、陈兴霸（按：陈孝威），平生在六七知己

---

[1] 何学孔：《金紫文会序》，见编者不详：《金紫何氏重修合谱》后卷，无页码。

[2] 艾南英的生平，见胡业恒：《天佣公事略》，见《传》，收入艾秉和修：《艾氏重修宗谱》不分卷，44—46 页。

[3] 社集成员之名，请分见陈孝威：《曾上平传》，见《壶山集》卷一，8 页，以及陈孝逸：《虚葬亡友刘文伯墓志铭》，见《痴山集》卷三，1 页。也有说十四人，见陈孝威：《祭管子敬文》，见《壶山集》卷一，15 页："上平（按：曾有矩）、紫芬、先民（按：吴程）、谢子、平生（按：陈奇才）、贞一、陆奕、太止、文伯（按：刘钟秀）、平叔（按：傅占衡）、威（按：陈孝威）、逸（按：陈孝逸），暨尔（按：管子敬），合为一社十四人。"

中，谓之最贵矣，然寿亦不至中。[1]

于是此时遂以陈孝逸与傅占衡成为社群的领袖，陈孝逸是陈际泰之子，早有文名，而傅占衡亦颇受一些士人的推崇肯定。[2]

一方面是同社的临川士人亡故，陈孝逸、傅占衡二人在清初所经常往来的，反而不少是金溪、南城士人，如陈孝威自述：

> 敝邑曾上平、吴先民、刘文伯、管子敬，后先凋谢，痛我同盟。于今崔嵬灵光，独平生（按：陈奇才）、亦人（按：李国昌）、伯子（按：涂柏）、惟易（按：陈画）、玄近（按：郑邑隽）、大千、平叔（按：傅占衡）辈数人耳。[3]

> 盱江徐仲光（按：徐芳）、金溪吴仲升（按：吴堂）、孔登小（按：孔大德）、家惟易、郑玄近，或远或迩，然志同道合，迹疏心殷。[4]

曾、吴、刘、管四人皆与陈孝逸同社的临川士人，而几人卒后，陈孝逸所引以为友的几人，除了傅占衡、陈平生是临川人，涂柏来自宜黄，以及徐芳（1618—？）出自南城以外，其他几人：吴堂、陈画、孔大德、郑邑隽、李国

---

[1] 傅占衡：《陈平生别传》，见《湘帆堂集》卷六，18页。陈孝逸也谈及此事说："壬午［崇祯十五年（1642）］，吴先民（按：吴程）死；不半岁，曾上平（按：曾有矩）又死；乙酉冬［顺治二年（1645）］，李君扬死，其年，北大将刘某掠丰城隐溪、文伯乃遇害死。"见陈孝逸：《虚葬亡友刘文伯墓志铭》，见《痴山集》卷三，1页。吴程、曾上平、陈孝威三人交情有如鼎之三足，三人间的往来，请见陈孝威：《吴先民传》，见《壶山集》卷一，7页；卷一，《曾上平传》，8—9页。

[2] 如彭士望（1610—1683）推崇傅占衡的文章非汤显祖与江右四大家所能及。见彭士望：《复王元书》，见《耻躬堂文钞》卷三，11页，收入《清代诗文集汇编》第32册，据清咸丰二年（1852）重刻本影印；《与魏善伯书》，14页。

[3] 陈孝逸：《寄欧无奇萧绣虎》，见《痴山集》卷六，9页。

[4] 陈孝逸：《答温伯芳》，见《痴山集》卷六，16页。

昌，都是金溪人。

陈、傅二人在清初看似消极困顿，但细察其行迹，却似常前往他县与该县士人集会，如与南城徐芳，据载：

> （傅占衡）与南城徐芳、邓旵相契合，往来建武，留寓景云、大平诸刹。[1]
>
> （陈孝逸）常寓南城章山寺，与徐拙庵（按：徐芳）、邓止仲（按：邓廷彬）、萧明彝（按：萧韵）友善。[2]

由于都是在寺院聚首，所以几人在此集会的可能性很大。如贵溪张云鹗，据载：

> 张云鹗，字次飞，一字铁公，……明亡，绝意仕进，筑室章源山中，焚儒冠，发鬖鬖不剃，裹头，自制一毡帽，虽盛暑燕私不脱去，……与同里周凤仪、金溪孔大德、临川陈孝逸为烟霞交，秋暑雪余，凉月在地，经营惨澹，诗趣蜿蟺，引觞互酌，陶然就醉。[3]

张云鹗的态度应是反清的，而陈孝逸则经常与其集会。

陈、傅二人也确实不断出现在清初金溪士人的交游及社集记述中，如疏溪吴玉尔的交游圈中便有陈、傅二人：

> （吴）玉尔，字玠轩，……以《书经》中崇祯癸酉［按：六年（1633）］

---

[1] 《流寓》，见李人镜修，梅体萱纂：（同治）《南城县志》卷八之一，20页。

[2] 《流寓》，见李人镜修，梅体萱纂：（同治）《南城县志》卷八之一，15页。陈孝逸：《与邓止仲》，见《痴山集》卷六，9页："客夏数度入贵郡，一寓章山寺。"

[3] 《隐逸》，见杨长杰等修，黄联珏等纂：（同治）《贵溪县志》卷八之九，7页，收入《中国方志丛书·华中地方·江西省》第873号，据清同治十年（1871）刊本影印。

乡试第十一名，……犴坪徐登龙先生，公之故人也，道义相尚。当怀宗时，高隐不仕，与公及临川傅占衡、陈孝逸，本邑吴堂、陈畴、陈画、聂文麟诸先生唱和。[1]

徐登龙谈易代之际聂文麟在乡交游事则说：

涉乱以来，惟同二三声气，及方闻布衣士，论文赋诗，此外杜门匿影，自当世诸新贵求望见颜色不可得。[2]

文末有编者补充说：

文内"二三声气"，盖指临川傅公占衡，字平叔；县右孔公有德，号秀野；大塘吴公堂，号通隐；市心陈公画，字惟易；陈公畴，字惟范；瑶溪傅公振钟，字义然；大衍邹公定本，及徐公诸人也。[3]

吴玉尔是吴悌的族人，崇祯六年（1633）举人；徐登龙的事迹不详，仅知他是天启四年（1624）举人。若先不谈吴、徐二人，金溪当地应以吴堂、陈画、孔大德等人为中心，加上崇阳聂氏的代表人物聂文麟。[4] 这些人应会有集会或社

---

[1] 《御史公传》，见吴顺昌等修：《疏溪吴氏宗谱》卷八，4页。徐登龙是天启四年（1624）举人，据曾铭先生告知，犴坪徐氏分前族、中族、后族。我所据之后族族谱无徐登龙，可推知徐登龙应属前族或中族，居楼下村。此段说徐登龙与吴玉尔二人是故交，高隐不仕，亦不尽然。吴玉尔在考取崇祯六年举人以后任官，明亡则奔走王事于闽、浙间，最后悲愤绝粒，殉难于闽。"高隐不仕"有可能是族谱编者因政治忌讳而曲隐吴玉尔殉难的用词。吴玉尔殉难事反而见诸地方志上，见《宦业》，见胡钊、松安等纂修：(道光)《金溪县志》卷十一，38页。

[2] 聂友于等修：《书聂公传后徐公登龙传》，见《崇阳聂氏族谱》卷五，19页。

[3] 聂友于等修：《书聂公传后徐公登龙传》，见《崇阳聂氏族谱》卷五，20页。

[4] 聂文麟是聂良杞之子，万历四十七年（1619）进士，崇祯十五年（1642）致仕。致仕的年份请见《外集·貤封》，见聂友于等修：《崇阳聂氏族谱》卷四，349页。

集，所以陈画传记中的这段话便很值得注意：

> （陈画）与平叔傅公、苏门聂公（按：聂文麟）、通隐吴公、秀野孔
> 公，及弟惟范（按：陈畴）先生隐居讲道。[1]

前文谈到陈画在五柳轩讲学，从游者达数百人之多，此处亦指称以陈画为中心，隐居讲道。清初临川黄石麟与陈画在金溪论学，而论学处应即五柳轩。[2]五柳轩的讲学活动直到陈画卒后，其族弟陈甸仍延续之，据载：

> （陈甸）少从族兄惟易先生游，潜心味道，临川陈少游、同邑傅平叔、
> 孔秀野诸先生，交相引重，往复切劘，益肆力关闽濂洛之学，大有所得。
> 绝意仕进，继惟易先生讲学五柳轩，远近来学者踵趾相错，每会讲，邻
> 师率学子环而谛听者常百十人。公学以主静为本，行以孝弟为基，……
> 门弟子多腾踔于时，而冯夔飏太史（按：冯咏）兄弟受业沉深，名亦
> 愈著。[3]

也因此，"隐居讲道"四字应该不是没有实指。陈画的五柳轩，很有可能是众人往来聚会之处。而且相较于南城、贵溪两地的集会，五柳轩可能才是最重要的集会中心。文中的冯咏（1672—1731）是金溪人，康熙六十年（1721）进士，是下一辈与李绂并列，同为抚州最知名的士人。[4]

---

[1] 《列传·儒林公》，见编者不详：（义门）《陈氏宗谱》，9 页。

[2] 李伍溰：《黄讷乘志铭》，《塈云篇文集》卷十四，3 页。

[3] 《列传·淑度公》，见编者不详：（义门）《陈氏宗谱》，15 页。

[4] 李绂：《冯李合槁序》，见《穆堂初稿》卷三十四，25 页，收入《清代诗文集汇编》第 232
册，据清道光十一年（1831）奉国堂刻本影印。

歧路彷徨

陈孝逸、傅占衡往来金溪、南城、贵溪等地与人集会，原因为何，今已不得而知，从陈孝逸与彭士望、钱谦益、方以智（1611—1671）等人的往来[1]，我们固然怀疑可能跟反清活动有关，只是苦无证据。但可确定的是，陈、傅二人，尤其是陈孝逸，隐然承续其父陈际泰的角色，成为抚州地区的士人领袖。也因此，当江南陈济生在顺治年间着手编纂《天启崇祯两朝遗诗》一书，咨询陈孝逸的意见，而陈孝逸推荐予陈济生的，除了江右四大家的作品以外，便是金溪陈画与孔大德二人的著作。陈孝逸说：

> 宗兄名山之罗，所愿任其驱役，第敝地诸先辈，如帖上数公，古文字特少，即有之，征索不易。又其文字，或使人以不见为恨，其人更重。然已为布檄，得便续致。至于《章柳州》《天佣子》《小千园》等集，苦无贰本，不敢付，倘有闲力，却抄寄也。孔登《小秀野庐杂诗》并《和陶诗》、家惟易《筮考》，偶在几间，敬纳去。二兄皆林虑、徐无中人，吾党之最岳岳者，颇有他著，会须宗兄见之。[2]

《章柳州》《天佣子》《小千园》分别是章世纯、艾南英、罗万藻三人的著作，而陈孝逸因无三人著作的副本，担心遗落而不敢寄送。[3] 而他所大力推荐的同辈士人，即金溪陈画与孔大德二人著作。

陈孝逸、傅占衡，以及诸多金溪士人，以五柳轩为中心所形成的群体，他们在清初是不应科举亦不任官的。前引贵溪张云鹗的个案，他最极端的行为是不剃发，其他人虽未如此，但亦自放于政权之外。这些士人在明末皆以制艺闻

---

[1] 陈孝逸：《又柬卓庵》，见《痴山集》卷六，12 页；同前书，《答彭躬庵》，17—18 页。

[2] 陈孝逸：《寄陈皇士太仆》，见《痴山集》卷六，17 页。

[3] 后来似是陈画将《天佣子集》刊刻出版，有易学实作序，见易学实：《天佣子叙》，见《犀崖文集》卷五，8 页，收入《四库全书存目丛书》，集部第 198 册，据清康熙刻本影印；卷十八，《寄陈惟易》，5 页。

名，但入清以后，便不再殚心于此，傅占衡的话最可生动说明：

> 时文衰则师座废，虽金溪人如无家人，两生（按：吴堂、陈画）效
> 如是，安得不泥诸壁□。且自洪武辛亥（1371）以来，名儒钜公、照史硕
> 老皆专出于是。成弘间始微标名目，如王唐薛瞿。到崇祯末，房如蝶，社
> 如蝗，言理学则周程张朱之嫡派在是，谈文采则左丘明、司马迁、刘向、
> 杨雄，衙官奔走，其助朝算裨世用，则二十一史治乱成败眉列，未尝不
> 似。然其末也，上不能当一城一堡之冲，次不足备一箭一炮之用，最下不
> 可言。由此论之，糊壁为幸。[1]

所以我们另一方面也看到临川李来泰这个名字。李来泰，字仲章，号石
台，顺治九年（1652）进士，他的官运并不亨通，因与上司不和被革职，还
乡后又被诬陷与耿精忠部属勾结叛乱而下狱。直到康熙十八年（1679）获举
荐参加博学鸿词科考试，才又入朝为官，并参与纂修《明史》。但他却是康
熙年间抚州地区的士人领袖，所以在这段时期的文献资料中，都不断看到士
人提及李石台这个名字，一如黄石麟所说："学者莫不仰其言行以为当世之
师"。[2] 这也凸显，入清以后，大约一代的时间，陈孝逸、陈画等人的社集活
动便难再持续下去，所以乐安李焕章谈及临川、金溪入清以后社集活动之萧
索，说：

> 金溪，西江之名区，……郡陈、章、罗、艾四家，泊陈兴霸（按：陈孝
> 威）、少游（按：陈孝逸）、傅平叔（按：傅占衡）诸君子，文章交游之盛，

---

[1] 傅占衡：《吴陈二子选文糊壁记》，见《湘帆堂集》卷八，8—9页。
[2] 黄石麟：《李石台先生传文苑》，见《半芜园集》卷六，15页。

今坛社寂寞，流风莫续，至于唏嘘叹息，泣下沾襟，举坐为之罢欢。[1]

李焕章所举虽都是临川士人，但仍可想见临川、金溪两地流风莫续的景象。

小　结

本章主要利用族谱资料以重构地方小读书人的交游与社集活动。很多地方上的小读书人因无著作传世，所以往往只有地方志上简短的几行叙述，但这些人却可能是地方社集活动的要角，如车泰来、张应雷、聂良杞、黄宣、吴堂、陈画，这些人虽然不是当世第一流的人物，但在金溪当地都有举足轻重的地位。过去这些人的身影不曾出现在任何讨论中，但少掉这些人，其实很难了解明中晚期金溪的思想文化发展，及其讲会或社集活动。

利用族谱资料，配合文集、地方志，我们不仅重新认识这些人，也看到明中晚期金溪从心学讲会转向制艺文社的发展，以及江右四大家中的艾南英，加上吴堂、陈画等人所主导的明末制艺文社。明亡清初，临川陈孝逸、傅占衡二人与金溪士人之间的关系密切，而陈画的五柳轩很可能是整个抚州地区的集会中心。

过去对清初江西往往较注意江右三山的谢文洊、宁都九子等人，然而，谢文洊、宁都九子，其实跟明末的文社群体关系不深，这也使得从明末到清初对江西思想文化史的叙述呈现断裂而不连续的现象，似乎明亡以后，明末曾经活跃的一批人就此退隐淡出，而由另一批人走上主舞台。这个叙述固然不能说毫无道理，但仍不免太过粗略或简化之嫌。

---

[1]　李焕章：《方叔衡诗草序》，见《织水斋集》，总773页，收入《四库全书存目丛书》，集部第208册，据清乾隆间钞本影印。

本章所做的，正是借由不同性质的史料，复原金溪地方小读书人的言行事为，进一步了解临川与金溪士人群体的社集活动。若以临川与金溪为基础，应该有可能更大范围掌握整个抚州地区，从明末到清初的地方小读书人的动态。清初江右三山之一的谢文洊，他所在的南丰，亦属于广义的抚州地区，而他与这些士人群体之间的关系？也许会是很值得继续深入的课题。

第十章　一目十行、日诵万言？——中国近世士人的记忆力焦虑

前　言

在日常生活中，常以"一目十行"形容一个人读书快速且记忆力佳，古籍则另有"日诵万言"一词，而具备此类能力的人，往往被视为天才或有特异功能。但即使是天才，往往须在社会重视其才能时，天赋才会凸显；相反地，若是所处群体并不重视，例如在士人圈中，具备演戏才华的人，天赋很容易被埋没。所以当相关记载越来越多，而且有人专门讨论时，便形成值得探讨的一种文化现象。从士人共同追求的目标来思考一目十行、日诵万言，便有其历史的趣味及意义。

一目十行或日诵万言跟士人的读书法有关，而以欧阳修（1007—1072）与朱熹的读书法最为著名，而且影响当代及后世甚大，目前相关研究多将之放在学术史或思想史的脉络下讨论，所谈较多偏重在对一家的学术思想的研究或讨论。[1] 也有学者综观宋、元两代理学家的读书法，以及反思这类读书法的学习

---

[1]　如林素芬：《论欧阳修的读书法及其作史之实践》，载《慈济大学人文社会科学学刊》第 7 期，2008，124—157 页；林启屏：《朱子读书法与经典诠释：一个信念分析的进路》，载《中正汉学研究》第 23 期，2014，1—23 页；王雪卿：《读书如何成为一种工夫：朱子读书法的工夫论研究》，载《清华中文学报》第 13 期，2015，49—106 页。

规划，与近世士人的知识世界的关系。[1] 程端礼（1271—1345）的《程氏家塾读书分年日程》（以下简称《读书分年日程》）则是在欧阳修、朱熹的读书法以外，也很重要的日程规划书。

本章则从人们如何看待及讨论记忆力，而涉及读书法与读书日程规划。隋唐以前的相关记载，多将一目十行、日诵万言视为是少数士人的特殊才能，但两宋以后随着署名欧阳修所作的读书法的流行而有变，这个读书法提出一个中人可行的方式，不追求超凡的记忆力，而是落实到日常生活中，借由每日的积累，达到跟记忆力超凡者同样的结果。记忆力超凡者可以在短期内记下十三经，而此读书法则让中人之资者日积月累以数年的时间达到相同的成果。由于欧阳修读书法的流行，原本只是少数人炫耀的才能，如今即使一般士人也必须承受记诵数十万言儒经的期待与压力。尤其随着明中期以后印刷术的流行，许多过去不易得不易见的儒经与古籍都变得相对易得易见，过去士人即使有意遍读十三经，也未必有十三经可读，如今则不必再受限于现实条件，加上科举制度下，八股文写作亦要求记诵儒经及博览子史，都对士人产生莫大的心理压力。于是理学家——尤其是心学家指出另一条路、另一个选择，所以先后有朱熹的读书法、程端礼的《读书分年日程》，以及王守仁的《训蒙大意示教读刘伯颂等》（以下简称《训蒙大意》），但从金溪的这个个案来看，效果似很有限。

一、一目十行俱下

"一目十行"（或"十行俱下"）一词较早的知名典故来自《北齐书·文襄六王传·河南康舒王孝瑜传》："谦慎宽厚，兼爱文学，读书敏速，十行俱下，

---

[1]　胡琦：《宋元理学家读书法与"唐宋八大家"的经典化》，载《中国文哲研究集刊》第 52 期，2018，1—43 页。

覆棋不失一道。"[1] 十行俱下与覆棋不失一道并用，以十行俱下形容读者的速度，而覆棋不失一道，则是下完棋后仍然可以根据落子先后次序，从第一手覆到最后一手，以此形容其记忆力佳。由于行棋有逻辑可循，所以覆棋不失一道虽然不易，但仍非难以企及之事。此后一目十行俱下便独立流行，而专指士人读书速度甚快，直到明清仍常见这类词，如明代姚镆（1465—1538）的故事，据载：

> 先生一目十行，通夕可了数百卷，无论甲乙，唱名时悉能覆诵其文，士无不惊以为神。[2]

因为一目十行，所以姚镆一晚便可看完数百卷，速度十分之快，至于对所读文章可达到什么程度的覆诵，此处未能得其详，所以不易深论，但应只是为了强调姚镆有好好读完，而非草率翻过而已。我们若翻检古籍或地方志，便可找到许多"一目十行"的例子，尽管大多数后面都没有加上能够覆诵其文一类的句子，但意思仍是一样，亦即虽然读书很快，但却不是草草读过而已。

除了十行以外，常见的还有五行、七行、八行俱下，行数的不同，除了只是个别记载的差异以外，似乎也有一些外在客观的因素可以探究。其中，隋唐以后雕版印刷术的流行及使用应是关键因素，所以此处便以隋唐以前，及两宋以后为前后两段时期分别讨论。

隋唐以前，除了北齐河南王高孝瑜（537—563）的十行俱下以外，还有五行俱下与七行俱下。五行俱下以应奉的例子最著——孔融（153—208）《孔北海

---

[1] 李百药：《北齐书》，144 页，北京：中华书局，1972。

[2] 《列传四·明二》，见冯可镛修，杨泰亨纂：（光绪）《慈溪县志》卷二十七，22 页，收入《中国方志丛书·华中地方·浙江省》第 213 号，据清光绪二十五年（1899）德润书院刊本影印。

集》载："汝南应世叔，读书五行俱下。"[1] 另有七行俱下，典故源出南北朝的宋世祖（430—464，453—464 在位）："少机颖，神明爽发，读书七行俱下，才藻甚美。"[2] 又如宋世祖之弟宋明帝（439—472，466—472 在位），据《文苑英华》载："宋明帝博好文章，才思朗捷，常读书奏，号称七行俱下。"[3] 书奏即书简、奏章。应奉是东汉人，高孝瑜及宋世祖、宋明帝都是南北朝人。

雕版印刷术流行以前，许多文献会写在简帛或纸本上。应奉的时代较早，当时所读文献应是写在简帛或竹简、木简上，而高孝瑜及宋世祖、宋明帝所读则是纸本的经卷。一个人是否五行、七行或十行俱下，应该有可供人外在判断的标准，此标准应即竹简或卷轴卷动的行为。读的人先摊开五行、七行或十行的宽幅，而一旦卷动竹简或卷轴，旁人便知他已读竟。据此可知，应奉所摊开的竹简应有五行左右，而高孝瑜等人每次开的卷轴则有七行或十行的宽幅。

两宋以后，同样的词汇仍被广泛使用，直到明清亦然，如清人汪琬（1624—1690）与凌廷堪（1757—1809）：

汪琬，字苕文，少孤自奋，读书五行俱下。[4]

---

[1]　孔融：《汝颍优劣论》，见《孔北海集》，20 页，收入《景印文渊阁四库全书》第 1063 册。

[2]　李延寿：《南史》，55 页，北京：中华书局，1975。

[3]　裴子野：《雕虫论并序》，见《文》，收入李昉等奉敕编：《文苑英华》卷七四二，233 页，收入《景印文渊阁四库全书》第 1340 册，台北：台湾商务印书馆，1983。七行俱下的例子，除了帝王以外，有些僧人也是如此，如五代延寿智觉禅师（904—976）"持《法华经》，七行俱下，才六旬，悉能诵之"。释道原：《行思禅师第十世·前天台山德韶国师法嗣》，见《景德传灯录》卷二十六，9 页，收入《四部丛刊三编》第 57—58 册，上海：上海书店出版社，1985。如唐代善伏师（？—660），"生即白首，诵经典，一日七行"。见《仙释》，见史能之纂修：（咸淳）《重修毗陵志》卷二十五，229—230 页，收入《续修四库全书》第 699 册，据明刻本影印。

[4]　《人物十五》，见李铭皖、谭钧培修，冯桂芬纂：（同治）《苏州府志》卷八十八，12 页，收入《中国地方志集成·江苏府县志辑》第 9 册，据清光绪八年（1882）江苏书局刻本影印。

先生姓凌氏，讳廷堪，……生有异禀，观书十行俱下。[1]

尽管词汇相同，但所实指的状况有别。雕版印刷的流行，使得士人所读除了钞本以外，也有刊刻的本子。这类刊刻本一页的行数从七到十行皆有，也有一些是十二或十四行。无论七、八、十行俱下，应指读竟一页，五行俱下则指读竟半页。五、十行俱下的差别，跟阅读者持书的方式有关，若是把书的左右两页反折，一次读一页，则是十行俱下。若是把书卷成小圆筒状，一次只读半页，读竟右半页，手腕稍转一下，便可继续读左半页，旁人据其手腕的转动而知其读竟，此即五行俱下。

七行或八行俱下虽跟十行俱下都指读竟一页，但彼此间仍有细微的差别。"十行俱下"本就是一种带有矜炫意思的形容词，而当人们已习用此类词汇，却舍十行而标举七或八行俱下，便颇耐人寻味。刻本行数的多寡跟成本有关，若每行的字数差异不大的话，行数越少，成本越高，而行数越多，则成本越低。七或八行的刻本成本应较十行高，因此尽管在一般的用法上，七或八行与十行俱下之间并无明显区别，但在某些个案却可能是为凸显此人的家世或身份而选择七或八行俱下的用法。如北宋真宗（968—1022，997—1022 在位）被形容为"天纵将圣，典学时敏，百斤中程，七行俱下，详延英俊"。[2]供清高宗（1711—1799，1736—1795 在位，1796—1799 太上皇）翻检的《钦定文渊阁四库全书》，在排版上也是一页八行。明初刘基（1311—1375）虽非帝王之尊，却是世家子弟，他所读的书也是一页七行，据载：

---

[1] 《凌次仲先生事略状》，见张其锦编：《凌次仲先生年谱》，收入北京图书馆出版社古籍影印编辑室辑：《乾嘉名儒年谱》第 10 册，1 页，北京：北京图书馆出版社，2006。

[2] 叶清臣：《宋文》，见《御书阁牌》，收入董斯张等辑：《吴兴艺文补》卷十三，42 页，收入《四库全书存目丛书》，集部第 376—378 册，据明崇祯六年（1633）刻本影印。

曾祖濠为翰林掌书，每阴雨积雪，登高邱，望其聚突无烟者赈
之；……祖廷槐、父爝，有智计，通经术，为遂昌教谕。基少颖脱，读书
七行俱下。[1]

《扬州画舫录》所载的吴秘，家世富至百万，同样标榜其一目七行：

吴景和，以一文起家，富至百万；子秘，字衡山，聪明过人，一目
七行，世以孝称。[2]

苏州吴尚俭（1528—1601）家世贵显，读书则是一目八行俱下：

吴先生尚俭，字恭先，尚书文端公孙，参知子孝公子也，家世贵
显。……嗜读书，一目八行俱下。[3]

除此以外，一目二十行的说法也不少见。古籍一面约十到十四行，若将书
摊开，左右两面并看，最多可达二十八行。若有双行夹注则行数更多。所以一
目二十行，指其一次读竟双面，可推知此人应该是把书摊开在书桌上，而非拿
在手上读。

---

[1] 傅维鳞：《刘基传》，见《明书》卷一四三，2844 页，上海：商务印书馆，1937，《国学基本
丛书》本。在张时彻（1500—1577）《芝园集》中也有记录其一目七行的能力，而且更为详细：
"公讳基，字伯温，神知迥绝，读书能七行俱下。年十四入郡胶，师受《春秋》，未尝执经读诵，
而默识无遗，辨决疑义，出人意表。为文辄有奇气，诸家百氏过目即洞其旨。"见张时彻：《明开
国翊运守正文臣资善大夫赠太师谥文成护军诚意伯刘公神道碑铭》，见《芝园定集》卷四十一，
2 页，收入《四库全书存目丛书》，集部第 82 册，据明嘉靖刻本影印。
[2] 李斗：《桥西录》，见《扬州画舫录》卷十三，3 页，收入《续修四库全书》，史部第 733 册，
据清乾隆六十年（1795）自然盦刻本影印。
[3] 文震孟：《封大夫吴德园先生》，见《姑苏名贤小纪》卷下，34 页，收入《故宫珍本丛刊》，
史部第 61 册，海口：海南出版社，2001，据明万历四十二年（1614）刊本影印。

尽管各个时代都有一目二十行的例子，但就目前所见，似以清代士人更强调行数，更喜夸大其数目，如：

> 张晋徵，"爱从伯氏仲铭公，手授四传，目数十行下，无少遗忘"。[1]
>
> 汪中，"少聪敏，读书数十行下，而确然嶷然，不形于词色。少长，遂通《五经正义》及群经注疏，贯串勃窣，其积穰穰，有叩者则应对不穷。"[2]
>
> 汪廷璋，"初就外傅，读书日（按：应作目）下数十行，塾师奇之"。[3]
>
> 祝德星，"性颖悟，读书数十行下，而发愤攻苦，至废寝馈，年才逾冠，致瘵疾卒"。[4]

以上几例，除了张晋徵（1601—1665）身处明末以外，其余皆清人，此现象可能跟清代博学及考据的学风有关。明、清学术有别，明人讲究的博学是博而杂，清人是博而精，反映在读书方式上，清人讲究考据，所以可能更常把书摊开在桌上默读，而非拿在手上朗朗诵读，加上考据文字常有双行夹注的情形，所以两页常达数十行之多。可能是这个缘故，所以清代文献较常见一目数十行的记载，以强调其读书速度之快之多。

---

[1]　金之俊：《前中宪大夫福建观察使菊存张公墓志铭》，见《金文通公集》卷十三，1—2页，收入《清代诗文集汇编》第 8 册，据清康熙二十五年（1686）怀天堂刻本影印。

[2]　王昶：《汪容甫墓碣》，见《春融堂集》卷五十九，7 页，收入《清代诗文集汇编》第 358 册，据清嘉庆十二年（1807）塾南书舍刻本影。

[3]　钱陈群：《奉宸苑卿汪君廷璋传》，见《香树斋文集》卷二十一，15 页，收入《清代诗文集汇编》第 262 册，据清乾隆刻同治光绪间递修本影印。

[4]　《〈祝德星〉小传》，见阮元辑：《两浙輶轩录》卷三十八，46 页，收入《续修四库全书》第 1684 册，据清嘉庆仁和朱氏碧溪艸堂钱塘陈氏种榆千仙馆刻本影印。

二、过目成诵或日诵千言万言

除了一目十行，另有关于"过目成诵"的记载。《广韵》对"诵"的解释是"读诵也"，古人读书常会朗读出声，所以应是朗诵、诵读之意，而"过目成诵"则常指其能够记忆内容。[1] 如东汉荀悦（148—209）的例子：

> （荀）悦，字仲豫，……年十二，能说《春秋》。家贫无书，每之人闲，所见篇牍，一览多能诵记。[2]

一览多能诵记，应指他对许多段落内容都已记忆无误。此处未指明所见篇牍长短，由于简牍多以篇计，若仅只一篇，字数不至于太多。另如北齐元文遥的例子，据说在《何逊集》初传入洛阳时，文遥一览便诵：

> 文遥敏慧夙成，济阴王晖业每云："此子王佐才也。"晖业尝大会宾客，有人将《何逊集》初入洛，诸贤皆赞赏之。河间邢邵试命文遥，诵之几遍可得？文遥一览便诵，时年十余岁。[3]

何逊（？—518），字仲言，东海人，南北朝的梁朝诗人，卒后，同乡王僧孺（465—522）集其著作为八卷本，但大部分已亡佚，明代《永乐大典》所收

---

[1] 如金溪的栎林周氏的周礼，族谱记载他"读书以记诵为主，声朗朗不休"，便是诵读出声以助记忆。见《世系横图·济八十公》，见周穆庵修：《戊元栎林周氏族谱》卷一，80 页。

[2] 范晔：《后汉书》，2058 页，北京：中华书局，1965。

[3] 李百药：《北齐书》，503 页。

的残本仅二卷，而且只有诗作。尽管不确定当时文遥所诵《何逊集》卷数，但宴会中宾客未必带足八卷本的集子，加上《何逊集》中有不少诗作，所须诵读的字数不会太多。另如唐代苏颋（670—727）之例，据载他"一览至千言，辄覆诵"[1]，可知他单次记忆的字数在千言左右。

另有一些特殊个案，所读是卷帙颇大的史书，而且能够记诵下来。如南北朝梁朝的陆倕（470—526）昼夜读书，能够记诵共一百卷、达八十多万字的《汉书》，且以默书《汉书·五行志》证明这项能力：

> 陆倕，字佐公，吴郡吴人也。……倕少勤学，善属文。于宅内起两间茅屋，杜绝往来，昼夜读书，如此者数载。所读一遍，必诵于口。尝借人《汉书》，失《五行志》四卷，乃暗写还之，略无遗脱。[2]

由于不清楚陆倕每读一遍所花时间，所以难以估算其记忆效率，倘若他是一日读半卷或一卷，则可能花费半年到一年的时间，每日所须记忆的应有数千字左右。至于邢邵（496—？）的例子则更令人惊异，据载：

> （邢）邵，字子才，小字吉，少时有避，遂不行名。……十岁便能属文，雅有才思，聪明强记，日诵万余言。……少在洛阳，会天下无事，与时名胜，专以山水游宴为娱，不暇勤业。尝霖雨，乃读《汉书》，五日略能遍之。后因饮谑倦，方广寻经史，五行俱下，一览便无所遗。文章典丽，既赡且速。年未二十，名动衣冠。[3]

---

[1] 欧阳修：《新唐书》，4399 页，北京：中华书局，1975。

[2] 姚思廉：《梁书》，401 页，北京：中华书局，1973。

[3] 李延寿：《北史》，1588 页，北京：中华书局，1974。

邢邵日常能力是五行俱下，日诵万余言，已甚惊人，而五天读竟《汉书》，若说他能记诵，等于平均一天须记诵十六万字，可谓惊世骇俗，几非人力所能，所以关键可能在"略能遍之"，亦即邢邵只是熟读《汉书》，未必有全部背下来。[1] 类似的夸饰形容亦见于明末复社成员夏允彝（？—1645）谈其父亲读《资治通鉴》：

> 尝读涑水氏《通鉴》，一月尽之，终身不忘。[2]

《资治通鉴》全书共三百万字，一月尽之，等于一天须记诵十万字，这根本不可能，因此所谓的不忘，也比较像是对《资治通鉴》内容的熟悉。

对于古人谈论记诵的记载，我们有必要同时考虑两方面：首先，古人说的记诵，未必都是指一字不漏的记忆无误。其次，所谓的记忆，其实牵涉两方，一方是记忆者，一方是旁观者。旁观者不会坐在旁边，等某人把三百万字的《通鉴》背给他听，也不会拿着一本《通鉴》，像老师考学生一样，让人把《通鉴》从第一页背到最后一页。所以我们可以推测一种可能的情境是：夏允彝读《通鉴》时，其父把书中某卷的故事说了一遍，由于所讲故事的情节、人物问答的内容都极详尽，于是便让夏允彝叹服其父能够记诵《通鉴》。

除了过目成诵，也有一种用法是为记诵能力加上时间单位——通常是以一日为单位，而有一日千言与万言之别。能够一日千言或数千言的人，已是资质

---

[1] 北宋张安道（1007—1091）的例子与邢邵相似，苏轼（1037—1101）在其墓志铭写道："公年十三，入应天府学。颖悟绝人，家贫无书，尝就人借三史，旬日辄归之，曰：吾已得其详矣。凡书皆一阅，终身不再读。"家贫无书一事，正好说明北宋的书籍流通仍较有限，所以记诵有其必要性。三史即《史记》《汉书》《后汉书》，张安道在十日之内便可得三史之详，惊世骇俗的程度不下于邢邵五日读《汉书》。所谓得其详，较可能的解释，应是指精读熟悉的意思。引文见苏轼：《张文定公墓志铭》，见《东坡后集》卷十七，1页，台北：台湾中华书局，1965，据匋斋校刊本校刊。

[2] 陈子龙：《夏方伭先生传》，见《安雅堂稿》卷十三，20—21页，收入《续修四库全书》第1387—1388册，据明末刻本影印。

极其聪颖。如沈一贯（？—1615）为江应晓作墓志铭，称其"幼而颖拔，日诵千余言，塾师屡逊席"[1]，李流芳（1575—1629）的仲兄李名芳（1565—1593），幼时也是"日读数千言，或自默识，叩辄成诵"。[2] 至于更上一层的日诵万言，则已不只是聪颖而已，而根本不是常人所能。万言是千言的十倍字数，所以能够日诵万言的人，等于能够以十倍于聪颖之士的读书分量记诵及吸收各门各类的知识。前引邢邵日诵万余言，若是循序渐进，则八十万字的《汉书》，只须八十天便可记诵完毕。另如宋代丁宋杰（1197—1266），据称他"诵《前汉书》，日万字"[3]，同样也是"日诵万言"。元代吴莱（1297—1340）的记忆力也很惊人，据载：

> （吴）莱，字立夫，……天资绝人，七岁能属文，凡书一经目，辄成诵，尝往族父家，日易《汉书》一帙以去，族父迫扣之，莱琅然而诵，不遗一字，三易他编，皆如之，众惊以为神。[4]

此处说"一经目辄成诵"是指对《汉书》的记忆。《汉书》一卷的字数平均约八千字，一帙应有一到数卷不等，所以吴莱每日所读应达到万言以上。

由于重视记忆力，所以还衍生出很多传说故事，如清初李来泰回忆临川当地流传已久的故事，这则故事的主角是宋人蔡元导，据说他把书贩担中的书取来读，"一览成诵"，该名书贩气愤不已，于是"焚书而去"，而该地点便被取名

---

[1] 沈一贯：《明故江涪陵公墓志铭》，见《喙鸣文集》卷十五，44 页，收入《四库禁毁书丛刊》，集部第 176 册，据明刻本影印。

[2] 顾天埈：《翰林院庶吉士李君墓志铭》，见《顾太史文集》卷五，11 页。

[3] 刘克庄：《丁宋杰》，见《后村先生大全集》卷一六四，4b 页，收入《四部丛刊初编》第 216 册，上海：上海书店出版社，1989，据上海涵芬楼景印旧钞本影印。

[4] 宋濂等撰：《元史》，4189 页，北京：中华书局，1976。

为焚书丘。[1] 类似情节甚至也可见于今日的武侠小说[2]，可知这类故事多么为人所津津乐道。另外也很流行记忆力比赛以互较高下，这类比赛讲究只看过一或几次，然后较量各自记得多少。如南北朝萧颖士（707—758）等三人"诵路傍碑"便是很典型的例子：

> 萧颖士尝与李华、陆据游洛龙门，读诵路傍碑，颖士即诵，华再阅，据三乃能尽记。闻者谓三人才高下，此其分也。[3]

这类竞赛在不同时代都有，而且常成为人口传诵的故事。如沈鲤也谈到同年进士韩楫（1527—1605），"与同里张文毅公并有才名，尝共读道旁碑，一过目辄互相覆诵无遗，人传异之"。[4] 看来路旁的碑刻是很好的记忆比赛的道具。

另一则很著名的故事，即明代归有光与友人季龙伯相约记诵寿序事，在江南一带广为人所知。季龙伯向来以记忆闻名，据载他读书不超过二遍：

> 有言公（按：季龙伯）一目成诵者，公曰：无之，吾于书读不过二遍，庶几不忘耳。[5]

---

[1] 李来泰：《山川》，见《莲龛集》卷十一，10 页，收入《清代诗文集汇编》第 122 册，据清雍正十三年（1735）刻本影印。

[2] 如金庸《射雕英雄传》中黄药师之妻只把《九阴真经》翻读过一遍，便可记诵无碍。

[3] 不著撰人：《才德·诵路傍碑》，见《锦绣万花谷》卷二十三，4 页，收入《景印文渊阁四库全书》第 924 册。

[4] 沈鲤：《明中议大夫通政使司右通政元泽韩公墓志铭》，见刘榛辑：《亦玉堂稿》卷十，342 页，收入《景印文渊阁四库全书》第 1288 册。

[5] 张大复：《季龙伯》，见《昆山人物传》卷八，13 页，收入《续修四库全书》第 541 册，据明刻清雍正二年（1724）汪中鹏重修本影印。

由于季龙伯的记忆力甚强，所以某日他与归有光共游王鏊故宅，便比赛记忆寿序，据载：

> 都南濠（按：都穆）尝为王文恪公（按：王鏊）作寿序，几万言，为郡人所传诵。先生（按：季龙伯）偕太仆（按：归有光）、经元（按：即经魁方元儒）往观之，读二遍，而私至寓所各书焉。太仆忘数十处，尽补之；经元忘二十余字；先生忘二字耳。盖其颖异如此。[1]

季龙伯读书不过二遍，而此次读二遍，所以全篇寿序内容只忘了两字，就记忆力的比赛来看，季龙伯大胜。但此事还有后续：

> 太仆多讹脱，辄以意窜入，其文愈善。公自讼曰：吾政自苦其二遍，不如熙甫忘。学者传说公言至今。[2]

归有光的记忆力虽不如季龙伯，但辅以己意所写下的寿序，反而较原作更佳，此例或也凸显记忆力的局限所在，即使记忆力强，也不见得能够得到更多的赞誉。

以上所述对记忆力的矜炫，多限制在某个碑刻或某篇文章，而没有广及平日所读的全部书。如前引吴莱的"凡书一经目辄成诵"，只限于他对《汉书》的精读与记忆。如季龙伯的记忆力虽佳，"于书读不过二遍"，但应会选择某些典籍认真读过两遍，以记下内容，而某些典籍则只读一遍而不记诵。而且在季龙伯与归有光的这场比赛中，我们可以想象，当时几人应是屏气凝神，把那篇寿

---

[1]　张大复：《先外祖季五山先生暨支狄二孺人墓志》，见《梅花草堂集》卷十一，1页，收入《续修四库全书》第1380册，据明崇祯刻本影印。

[2]　张大复：《季龙伯》，见《昆山人物传》卷八，13页。

序好好读完一遍以后又再重复一遍，以求记忆无误，而不是如表面上给人的印象，只是迅速看过一遍而已。

三、两词结合——作为日常记忆力的指标

"一目十行"与"过目成诵"除了各有所指以外，两词也常被连用，前者讲究速度，后者要求记忆。人脑不是相机，难以快速一闪而过便即记住全部内容，所以两词连用更凸显其非凡能力。

"一目十行"与"过目"，字面上意义差不多，但细究则不同。"一目十行"指一次读十行的文字，应会很快读完，所以时间不会花费太久，毕竟是"一目"，所以若拖太久便很奇怪。"过目"跟前面所常用的"一览""一过"很相近，指读过一遍，但花多少时间则不确定。举例来说，同样读一页十行的文章，一目十行者只须一目便即过去，而过目成诵者却可能分作数次方才结束，所以若是一览或一过而成诵者，读一页的时间，可以是一分钟也可以是十分钟。一如唐代常敬忠的例子，据载他"一过诵千言"、七过诵万言，此处的一过，便是指读过一遍之意，而所花的时间应不会是短短几分钟的时间而已。[1]

也因此，若是一目十行与过目成诵连用，则偏重强调可以在很快的速度内读过并记住。只是对一目的时间多久并没有标准，最夸张的说法，即如李治（1192—1279）所主张的"一息读竟"[2]，这种速度的精读应该不太可能。比较常

---

[1] 佚名：《颂德下·记闻》，见《新编翰苑新书前集》卷六十八，8页（收入《北京图书馆古籍珍本丛刊》第 74 册，据明钞本影印）："常敬忠十五岁上书，言能一过诵千言，张燕公问曰：能十过诵万言乎？曰：能。以万字试之，七过已通熟。"

[2] 李冶：《敬斋古今黈》卷四，331 页（见《广州大典》丛部第 34 册，广州：广州出版社，2008，据清道光咸丰间番禺潘氏海山仙馆刻本影印）："应奉读书五行俱下，宋孝武省读书奏，能七行俱下，盖言其敏也，五行、七行俱下，犹云一息读竟耳。"

见的例子，是在限定条件下迅速读过，且能成诵，而不是漫然说成每天每日读书皆如此，如殷云霄（1480—1516），据载他是"读书数行下，既成诵，终身不忘"[1]，看来殷云霄的记忆力是非常强的，但须注意他的前提是"既成诵"，至于需多少时间才能既成诵则不确定，而且他未必会记下所读的每本书，而是只选择特定的一些书才成诵。又如王慎中（1509—1559）谈其友人洪朝选（1516—1582）的记诵能力，也是一目十余行下便可成诵，他说：

> 书一目十余行下，一经手，未尝再观。书至千百余卷，君盖无所不观，而亦未尝再观。余尝翻其架上书，书无一卷完者。读竟，即为人窃去，君亦不复顾也。[2]

经手应即过目的意思，未尝再观，则是凸显他只读过一次便即记住。王慎中为了阻止读者多疑，还特别用"书无一卷完者"，以证明洪朝选真的把架上的千百余卷书都看过一遍，而且都记了下来。

另有一些个案会区别一目之下所读的行数多寡不同，而记忆程度也随之有别。如明旷禅师（1556—1601），他能诗作文，与后七子相关人物如王穉登（1535—1612）、屠隆等人往来，他读书从四行到十行到二十行，经历一段曲折的变化：

> 年甫十一时，读书不过四行，即穷日之力不能记忆，每自悔恨流涕。忽发愿礼清净三业，亡何，忽成诵十行，乃至二十行俱下，见者怪而诘

---

[1] 过庭训：《南直隶凤阳府四》"殷云霄"条，见《本朝分省人物考》卷十七，20 页。

[2] 何乔远编撰：《蓄德志》，见《闽书》卷一五二，4502 页，厦门大学古籍整理研究所历史系古籍整理研究室《闽书》校点组校点，福州：福建人民出版社，1994—1995。

之，师亦不知其故。[1]

而且一目十行与二十行的差别也会被拿来比较，如地方志上载鲍之钟（1740—1802）：

> 读书目十行，中年后犹一过览；二十行，记一月不遗只字。[2]

若一目十行，所读字数较少，可记得多年不忘；若一目二十行，同样时间内所读字数较多，记忆力只可维持一个月。

还有一种方式是把"一目十行"（或数行）与"日诵千言"（或数千言）连用，这在明清两代的许多文献，尤其是地方志上颇为常见。[3] 由于确定指出所读

---

[1] 黄汝亨：《语溪旷禅师塔铭》，见《寓林集》卷十四，201 页。

[2] 何绍章、冯寿镜修，吕耀斗等纂：（光绪）《丹徒县志》卷三十三，35 页，收入《中国地方志集成·江苏府县志辑》第 29 册，据清光绪五年（1879）刻本影印。

[3] 元代韩性（1266—1341），"七岁读书，数行俱下，日记万言"，见《人物传·列贤》，见杨维新修，张元汴、徐渭纂：（万历）《会稽县志》卷十一，12 页，收入《天一阁藏明代方志选刊续编》第 28 册，上海：上海书店出版社，1990，据明万历刊本影印。
　　元代朱嗣寿（1287—1355），"幼聪悟，读书数行并下，日记近万言"。见徐一夔：《鞠隐先生墓碣》，见《文外编六·碑铭》，收入王寿颐、潘纪恩修，王荼、李仲昭纂：（光绪）《仙居志》卷四，5 页，收入《地方志人物传记资料丛刊·华东卷》下编第 94 册，北京：国家图书馆出版社，2012，清光绪二十年（1894）木活字印本。
　　明代张楑（生卒年不详），"七岁读书，数行俱下，日记万言"。见《人物·列传》，见（光绪）《仙居志》卷十五，28 页。
　　明代李遇知（1583—1644），"自童子时，光采四照，日授万言不忘，且数行俱下"。见刘如汉：《少保天卿李公纪略》，见《艺文下》，收入严如熤原本，杨名飏续纂：（民国）《汉南续修郡志》卷二十七，20 页，收入《中国地方志集成·陕西府县志辑》第 50 册，南京：凤凰出版社，2007，据民国十三年（1924）刻本影印。
　　明代吴崇节（生卒年不详），"读书数行俱下，日诵二万言"。见蒋继洙等修，李树藩等纂：（同治）《广信府志》卷九之三，41 页。
　　宋代朱吉甫（1205—1265），"观书数行并下，日诵数千言，终身不忘"。文及翁：《朱吉甫墓碑纪略》，汪荣等修，张行孚等纂：（同治）《安吉县志》卷十五，6 页，收入《中国地方志集成·浙江府县志辑》第 29 册，上海：上海书店出版社，1993，据清同治十三年（1874）（转下页）

的字数，所以让"一目十行"的"一目"变得更具体，而让我们可以估算阅读与记忆的效率。

如五千字应有二百五十行，考虑到常因抬头分段而数字便算一行的状况，则可能有三百行以上。若是一目十行俱下，则五千字三百行，须看三十目，即三十次十行俱下。假设四小时的时间，以三十次算，则每次八分钟。亦即每次十行俱下，把十行的文字（二百字以内）读过记下，约须花八分钟。

八分钟才能一目十行俱下是否太久？这个问题不易回答。若是所记诵的字数是二千五百字，同样花四小时，则十行俱下的速度便会拖慢成十六分钟。相对的，若是日诵万言者，花四小时读，则每次十行俱下的时间是四分钟。

无论是一目数行或十行，日诵千言或万言，这类在古籍或地方志中常见的记载，都属于特殊卓越的能力，不是一般人能够做到，而且也不太可能真实指涉日常生活中每天的读书速度。毕竟若是日诵万言，则一年下来便可记忆三百六十五万言，即使是日诵千言，则三年下来也达百万言，若说可以全数记诵无误，委实不可思议。

参考清人徐嘉炎（1632—1704）的例子，应有助于我们对这类夸大用词的理解，据载：

> 徐嘉炎，字胜力，……一目十行下，诵三遍，终身不忘。……康熙壬子（1672）副榜，戊午（1678）举博学鸿词，……历侍读学士，……直南书房，召嘉炎至榻前，问："尔《五经》《通鉴》皆能成诵否？"嘉炎

（接上页）刻本影印。

明代章模（生卒年不详），"日记数千言，目五行俱下"。《乡贤志·遗英》，见田琯纂修：（万历）《新昌县志》卷十一，65 页，收入《天一阁藏明代方志选刊》第 25 册，上海：上海古籍书店，1964，据明万历七年（1579）刻本影印。

清代赵元福（生卒年不详），"少颖悟，一目数行，日诵数千言"。见《人物篇十之中·文学列传》，见孙毓琇修，贾恩绂纂：（民国）《盐山新志》卷十八，8 页，收入《中国方志丛书·华北地方·河北省》第 496 号，台北：成文出版社，1976，据民国五年（1916）刊本影印。

奏："《五经》或可背诵，《通鉴》恐未能悉举其词。"随问《尚书·咸有一德》，嘉炎奏明书旨，朗诵终篇，后更端问宋元祐三党诸人是非，嘉炎数对诸人姓名、始末及先儒论断优劣语。[1]

尽管说徐嘉炎诵三遍终身不忘，但实际上是可背诵《五经》，而无法背诵史籍。经书与史籍的区别，下文谈到欧阳修的读书法将再详及。

清人陈其元（1811—1881）的话也可参考。陈其元称许金溪戴敦元（1768—1834）是他生平最佩服的博雅宏通之士，他说：

> 余特搜僻典数则叩之，公则曰：年老记忆不真，似在某书某卷第几页第几行内，其前则某语，其后则某语。试翻之，则百不爽一。盖公固十行俱下，过目不忘者也。余尝问公：天下书应俱读尽矣？公曰：古今书籍浩如渊海，人生岁月几何，安能读得遍？惟天下总此义理，古人今人说来说去，不过是此等话头，当世以为独得之奇者，大率俱前世人之唾余耳。[2]

陈其元所叩询之僻典或有可能恰好是戴敦元较熟悉的几本书，所以戴敦元能够记诵卷页行数，而陈其元便夸称其过目不忘。这跟陈寅恪的助手所述颇类似，据说陈寅恪在眼盲以后，无法亲自翻书，便指点助手查某本史书的第几卷第几页第几行。

这类夸饰记忆力的用词，往往会限定记诵的范围或书籍：或者是用在记诵

[1]《列传·秀水》，见许瑶光等修，吴仰贤等纂：（光绪）《嘉兴府志》卷五十二，57—58 页，收入《中国方志丛书·华中地方·浙江省》第 53 号，据清光绪五年（1879）刊本影印。

[2] 陈其元：《庸闲斋笔记》卷二，24 页，收入《续修四库全书》第 1142 册，据清同治十三年（1874）刻本影印。

特定的某部典籍，或者是用在某次的考验。这种在限定条件下夸饰其记忆力超凡的叙述方式，始终是人们谈论记忆力时的主线。但在这条主线以外，还发展出另一条线，这条线所注意的是人们在日常生活上的记忆力，名属欧阳修的读书法便是在此脉络下提出的，这个读书法不追求超凡的记忆力，而是针对一般人，借由每日的积累，可以达到跟记忆力超凡者同样的结果。记忆力超凡者可以在短期内记下十三经，而此读书法则让中人之资者以一日三百字的进度，日积月累，以数年的时间记诵十三经共数十万字的内容。但另一方面，因为欧阳修的读书法的流行，原本只是少数人炫耀的才能，如今让一般士人也必须承受记诵数十万言儒经的期待与压力。

四、欧阳修读书法的典范

一目十行过目即诵可说是许多士人追求的目标，但这个目标会因时代不同而有别，而且跟两个条件有关，一是书籍的数量，一是记诵的用处——主要是为准备科举考试。这两点都可以在隋唐与两宋之间划出分界。

首先，隋唐以前的书籍流通数量有限，许多后世人手一本的书籍，当时未必能够轻易获得，只有少数人才可能读到全部儒经。但两宋以后雕版印刷术的流行，士人较诸前代更可能接触到各类书籍，尤其是明中期以后，书籍流通更盛，书籍市场亦更蓬勃，加上书籍的价格大幅下降，许多人都可买得起书，于是士人不仅有了通读十三经的条件，甚至也可轻易涉猎史、子、集类的书。[1] 有

---

[1] 宋代印刷术已发达，而书籍流通亦较前代为多，如苏轼对比从宋初到他所处时代的变化，指出："予犹及见老儒先生，自言其少时，欲求《史记》《汉书》而不可得，幸而得之，皆手自书，日夜诵读，惟恐不及。近岁市人转相摹刻，诸子百家之书，日传万纸，学者之于书，多且易致如此。"见苏轼：《李氏山房藏书记》，见茅坤编：《唐宋八大家文钞》卷一四〇，14页，收入《景印文渊阁四库全书》第1383—1384册。在他的上一代，即连《史记》《汉书》（转下页）

人据此而对比古今之博学之别，举西晋以博学著称的张华（232—300）为例，指出：

> 文之传于今者多矣乎，古人之为博易与耳。张茂先（按：张华）擅号百代，综其书，以车计者仅三十，自卷积之而盈车，自一积之而三十，窃意一车之载，终岁可了，数年而程，世而毕焉。人生十龄而知书，年四十则骎骎乎方驾茂先矣。自兹以来，若水之达，占毕矻矻，有莫举名。田家之牛，三千汗之不足；窦氏之栋，五百充而有余。洋洋多矣乎。人即一目数十行下，日闭门手一编，倏忽百年，将毋遍观而尽识否也。[1]

据载张华曾读三十车书，若一年读一车，三十年便可通读完毕，如此便可号称博学。但今日书籍太多，以致今人即使日日勤学，一目数十行下，终其一生也难以达到足以号称博学的程度。

其次，宋以后的士人须借由读书考试以取得功名，记诵是须具备的基本能力，尤其明清两代的科举考试是以制艺写作为主，而制艺是儒经的经义之学，理想上士人必须熟习全部儒经，所以对记诵的要求更加明确。也因此，欧阳修的读书法虽在宋代提出，但在入明以后更加流行，受到明人的重视。

正是在书籍流通较多与科举考试制度化的背景下，名属欧阳修与郑耕老（1108—1172）各有一套读书法，这两套读书法是否确实是欧阳修与郑耕老所

（接上页）也不易见，而经过一代以后，不仅史籍，即连诸子百家之书都已非难得之物。但我们也不能对苏轼的话过度推衍，如北宋张安道须向人借三史，显示这类书籍在当时仍是奢侈品。魏了翁（1178—1237）记载友人之父丁泰亨（1123—1196）的例子："公幼而明晤，日记二千言，时版本文字尚少，经、传、《史》、《汉书》皆昼抄夜诵。"见魏了翁：《赠奉直大夫丁公墓志铭》，1—2 页，见《鹤山先生大全文集》卷八十一，收入《四部丛刊初编》，上海：商务印书馆，1922，据乌程刘氏嘉业堂藏宋刊本景印。显示当时书籍流通的程度仍有限，抄写传录仍有必要。

[1] 杨名中：《潘方陵一枝集序》，见《国朝序》，收入卢文弨辑，庄翊昆等校补：《常郡八邑艺文志》卷六下，12 页，《续修四库全书》第 917 册，据清光绪十六年（1890）刻本影印。

作，今已难以考证，在后世的流传上——尤其是署名欧阳修的读书法的广泛流行，加上欧阳修在宋学的位置，以及文章泰斗的身份[1]，让后世士人更愿意认定是欧阳修所作，于是虚亦作实了。这两套读书法的共通点是要求士人必须记诵全部的儒家经典，所以不仅计算儒经的总字数，而且根据总字数换算出平均每日须记诵的字数，最后更宣称这是让中人或中人以下之士所遵循的标准，亦即这是最低要求，是绝大多数士人都能够做到的程度。欧阳修的读书法如下：

> 立身以力学为先，学以读书为本。今取《孝经》《论》《孟》、六经，以字计之：《孝经》一千九百三字，《论语》万有一千七百五字，《孟子》三万四千六百八十五字，《周易》二万四千一百七字，《尚书》二万五千七百字，《诗》三万九千二百三十四字，《礼记》九万九千一十字，《周礼》四万五千八百六字，《春秋左传》一十九万六千八百四十五字。止以中才为准，若日诵三百字，不过四年半可毕。或稍钝，减中人之半，亦九年可毕。其余触类而长之，虽缕秩浩繁，第能加日积之功，何所不至！[2]

欧阳修只列出八部经书。若据钱泰吉（1791—1863）所录郑耕老的读书法，则是更扩充到十三经，十三经的总字数共六十四万字，钱泰吉说：

> 十三经共六十四万七千五百六十字。荒经者每日能温熟一千字，两年可毕；即有他务间断，亦两年半可毕；乃因循岁月，一经未治，殊为可

---

[1] 关于欧阳修在宋学的地位，请见钱穆：《初期宋学》，见氏著：《中国学术思想史论丛》三，1—17页，《钱宾四先生全集》（甲编），第 20 册，台北：联经出版事业公司，1994。

[2] 佚名：《欧阳文忠公读书法》，见《居家必用事类全集》甲集，26 页，收入《北京图书馆古籍珍本丛刊》第 61 册，据明刻本影印。

惜。姜西溟谓，东方朔三年诵二十二万言，每年正得七万三千三百余言，以一年三百六十日成数算之，则一日所诵，才得二百零三言耳，盖中人最下之课也。[1]

以上都是针对儒经而设。由于一日所记只有数百字，所以被认定是"中人最下之课"。王梓材（1792—1851）认为郑耕老之说是本自欧阳修。[2]

欧阳修读书法流传很广，而且被收入元人所编《居家必用事类全集》的《欧阳文忠公读书法》条中，俨然成为士人所应追求的典范。而且这个读书法所未明言，但又极为明显的意思是：若有人无法做到，就是自甘于闲逸偷惰，所以长辈教导子侄时，也会引用此读书法，如清初姜宸英（1628—1699）与子侄论读书时说：

读书不须务多，但严立课程，勿使作辍，则日累月积，所蓄自富，且可不致遗忘。欧阳公言《孝经》《论语》《孟子》《易》《尚书》《诗》《礼》《周礼》《春秋》《左传》，准以中人之资，日读三百字，不过四年半可毕，稍钝者，减中人之半，亦九年可毕。今计九年可毕，则日读百五十字。[3]

综言之，此读书法对记诵能力立下很清楚的标准，每日几字、应记诵哪几

---

[1] 钱泰吉《曝书杂记》卷一，2—3 页［收入《续修四库全书》第 926 册，据清道光十九年（1839）别下斋丛书本影印］计算十三经字数内容如下："《易》二万四千四百三十七字，《书》二万七千一百三十四字，《诗》四万八百四十八字，《礼记》九万八千九百九十四字，《周礼》四万九千一百五十六字，《仪礼》五万七千一百一十一字，《春秋左传》一十九万八千九百四十五字，《公羊》四万四千七百四十八字，《穀梁》四万二千八十九字，《孝经》二千一百十三字，《论语》一万六千五百九字，《尔雅》一万七千零九十一字，《孟子》三万四千六百八十五字。"
[2] 黄宗羲：《庐陵学案·机宜郑先生耕老》，《宋元学案》卷四，220 页，北京：中华书局，1986，王梓材按语："……是先生之说盖本欧公，而字数有异尔。"
[3] 卢文弨：《与从子掌丝书》附记，见《学术五·文学》，收入贺长龄、魏源等编：《清经世文编》卷五，137 页，北京：中华书局，1992。

本经典，都有很具体的规定，而且宣称这只是中人之法，亦即对四民之首的士人而言，这应是大多数皆可行的。过去士人若见人有日诵万言或过目不忘的能力，或会将之视为超凡才能与传说，咏叹赞美而视为不可及。但如今欧阳修读书法所规定的日诵三百字的进度，却让士人无可推诿，避无可避，而不得不面对与承担记诵全部儒经的压力。

五、对记忆力的焦虑困扰

这股风气让不少人十分焦虑，毕竟每个人的记忆力有别，尽管一日三百字，看似是中人亦可达成，但所规定记诵儒经的字数，加总以后达数十万之多，若想维持不忘，洵实不易。偏偏该读书法规定应记诵的儒经跟科举考试密切相关，并非是为了炫耀博学而设，所以又让士人很难推诿不理，于是士人不仅必须"六经不可一日去手"，而且还有"夹袋六经"（类似巾箱本）的发明，以便士人在行住坐卧间皆可背诵。[1]

尤有甚者，当许多士人被记诵全部儒经的要求所困扰时，偏偏还有一些精英士人对此标准不以为足，刻意在书单上增列新的书籍。例如以博学著称的胡震亨，便增加子部、《史》《汉》与《文选》等书进入书单中，而把标准悬得更高，他说：

> 人日诵万言，以书叶计之，不过二十许叶，似不为多，然必加遍数方熟；如加十遍，便是二百叶书，那得不费一日。此惟上等天资能办，未

---

[1] 叶梦得：《论藏书》三则，见董斯张等辑：《吴兴艺文补》卷十六，54—55页："惟六经不可一日去手，……前辈说刘原父初为穷经之学，寝食坐卧，虽谒客，未尝不以六经自随，蝇头细书为一编，置夹袋中；人或效之。后佣书者遂为雕板，世传夹袋六经是也。"

可轻言也。[1]

又说：

> 今且诵他十分之一，千言加之百遍，书亦可渐读尽。偶阅《癸辛杂识》，记有《易》《书》《诗》《礼记》《周礼》《春秋左传》，字数共五十三万有奇，……是诵万言者五十日之功，诵千言者五百日之功也。更加以诸子、《史》《汉》《文选》等书，亦不过加二三千日足办。人只因循过日不读，或读亦作辍自废耳，若肯拼数年工夫读去，何患书之不尽，作一淹博名流哉！吾老矣，度不能垂头偿此愿，书此，望儿孙辈亟图之。[2]

胡震亨先承认能够日诵万言的人极少，所以"降低"标准，只要求日诵千言，但所记诵的书籍，除了儒经以外，还包括诸子、《史记》《汉书》《文选》等书，总字数非常多。在胡震亨看来，如此才足以作一淹博名流，但其实这已非常人可行，即连胡震亨本人也自承未能做到。不过，若是从前后语义来看，让人不免怀疑胡震亨或许只是追求熟读，而未必要求记诵，就像前引夏允彝之父熟读《通鉴》到各个细节都能流利说出一样，而给予旁人已记诵下全部内容的印象。

胡震亨的态度所反映的是在此对记诵能力的追求风气下，人们已很难达到满足点，所以无论是欧阳修的读书法，或是类似胡震亨的态度，都带给士人极大的不安或焦虑，而且这种不安或焦虑，不仅限于没有功名的士人而已，即连举人、进士中亦有人为此而倍感压力。如明末徐芳，他是进士出身，但连他也

---

[1] 胡震亨：《读书杂录》卷上，1 页，收入《四库全书存目丛书》，子部第 109 册，据清康熙十八年（1679）刻本影印。

[2] 胡震亨：《读书杂录》卷上，1 页。

为记忆力所困扰，他指出：

> 予性闇儳而喜读书，自经史以逮百家传记之言，目之所涉，十得六七也，而往往逸去不为我有。当其快适，自谓了无剩义，及掩卷移晷，即已惘然无所记识，岂非务博而不能专之过与！即以为大意既得，其浩瀚纤琐，无庸过为驰注，然理可以类通，事不可以臆举，大意之误，其病有时与不读书等。[1]

所读的是经史百家传记之言，不限于儒经而已，而且是"目之所涉，十得六七"，记忆力已算甚佳，但他仍无法满意，甚至以"与不读书等"来自责。所以徐芳试图发展一种记忆术，利用摘要的方式以帮助记忆，但仍可想见他对记忆力的焦虑与不安。徐芳说：

> 故尝以为古人之学，博闻之外，必资强识。而卷籍委积，非有异慧绝世，终不能兼综无漏。莫若即其辞事之该切宏钜者，编缀成书，使口可诵而帙易书，于目无繁营，而胸有坚据，庶乎划芜塘滥，以归精约之道也。[2]

徐芳的记忆术，让人联想到一度流行于晚明的利玛窦（1552—1610）的西洋记忆术。利玛窦在万历年间来到中国居住，与当时士人有很频繁的往来，而他注意到中国士人对记忆的执着与焦虑，在史景迁的《利玛窦的记忆宫殿》一书中，便指出利玛窦利用记忆术吸引士人的目光，如利玛窦谈到石星之子，他

---

[1]　徐芳：《读史要编序》，见《悬榻编》卷二，50 页，收入《四库禁毁书丛刊》，集部第 86 册，据清康熙刻本影印。

[2]　徐芳：《读史要编序》，见《悬榻编》卷二，50 页。

在科举考试落榜后，身心都处在接近崩溃的状态，利玛窦便利用他对及第的渴望而传授其记忆术。[1] 利玛窦对此记忆术很有把握，他很肯定得授此记忆术的学生将有十分惊人的成效，他说：

> 凡记法既熟，任其顺逆探取，皆能熟诵。然后，精练敏易，久存不忘。[2]

利玛窦以文言文写作《西国记法》，让我们可以得窥其记忆术的大致内容。利玛窦在此书指出，必须把须记忆的事物化为实在的物件，放置在想象的处所中，而且针对中文的文字特点，设计出多种把中文文字转为图像的方法。他以"学而时习之，不亦说乎"这句话为例，记忆方法是：

> 以俊秀学童立观书册为"学"字，以武士倒提锐爬象"而"字。以日照寺前，一人望之，象"时"字，或以姓"时"、名"时"之人。以日生两翼，一人骇观，象"习"字，或以姓"习"、名"习"之人。以一人持尺许之木，削断其头，象"不"字。以一人肩横一戈，腰悬两锤，象"夾"字；"夾"，篆文，即"亦"字也。以傅说筑岩，取"说"字，或以一人拍手仰面而笑，亦象"说"字。以一胡人胡服而居，假借"乎"字。以上九字，逐字立象，循其次第，置之九处，此盖一字寄一处之例也。[3]

---

[1] 这一段所述内容参见史景迁：《利玛窦的记忆宫殿》，185 页，台北：麦田出版公司，2007。

[2] 利玛窦：《明用篇第二》，见《西国记法》，6 页，收入《中国宗教历史文献集成·东传福音》第 11 册，合肥：黄山书社，2005。

[3] 利玛窦：《定识篇第五》，见《西国记法》，19—20 页。

简言之，就是用形象的方式记忆每一个字，然后每个字在记忆宫殿中各有位置，也就是"一字寄一处"的意思。

除了徐芳及利玛窦的记忆术以外，医书也相当程度反映了人们对记诵能力的追求。前述"日诵万言"只有上才者才能做到，两宋以来的一些医书便以"日诵万言"为目标而开处方。如流行甚广的铁瓮先生琼玉膏便跟此有关，此药方最早见于南宋洪遵（1120—1174）的《洪氏集验方》，用药是人参、生地黄、白茯苓：

> 此膏填精补髓，肠化为筋，万神具足，五脏盈溢，髓实血满，发白变黑，返老还童，行如奔马。日进数食，或终日不食亦不饥。关通强记，日诵万言，神识高迈，夜无梦想。[1]

此处主述对修炼成地仙的益处，日诵万言只是成效之一。至于北宋张君房所编的《云笈七签》中的"开心益智方"与"安神强记方"，而服食其方的效果，虽亦与成仙有关，但也有增强记忆的效果，前者的药方是胤粉、菖蒲、远志、人参、龟甲、署预、龙骨——

> 服得百日，心神开悟；二百日，耳目聪明；三百日，问一知十；满三年，夜视有光，日诵万言，一览无忘，长生久视，状若神明。[2]

---

[1] 洪遵：《铁瓮先生神仙秘法琼玉膏》，见《洪氏集验方》卷一，5 页，收入《历代中医珍本集成》第 10 册，上海：上海三联书店，1990，以《丛书集成》本为底，参酌 1986 年人民卫生出版社铅印本校正影刊；亦见忽思慧：《铁瓮先生琼玉膏》，见《饮膳正要》卷二，12 页，收入《四部丛刊续编》第 50 册，上海：上海书店出版社，1984，据上海涵芬楼景印中华学艺社借照日本岩崎氏静嘉堂文库藏明刊本重印；王好古：《琼玉膏铁瓮先生方》，见《医垒元戎》卷九，50 页，收入《四库全书珍本·四集》第 141 册，台北：台湾商务印书馆，1973，据故宫博物院藏《文渊阁四库全书》影印。

[2] 张君房：《方药·七主开心益智》，见《云笈七签》卷七十八，13 页，收入胡道静等选辑：《道藏要籍选刊》第 1 册，上海：上海古籍出版社，1989，据 1923 至 1926 年间上海涵芬楼缩印明刊《正统道藏》本选印。

后者的药方是胤丹、防风、远志、天门冬、菖蒲、人参、茯苓及通草——

> 服得三百日，旧日之事，皆总记之；六百日，平生习学者，悉记俨
> 然；九百日，诵万言，终身不忘。[1]

南宋张杲（1149—1227）的《医说》所引的《健忘诗》，同样以日诵万言为
目标：

> 健忘诗云：桂远人三四，天菖地亦同，茯苓加一倍，日诵万言通。[2]

桂远人即官桂、远志、人参；天菖地即巴戟天、石菖蒲、地骨皮。以上不
断出现的菖蒲应即石菖蒲，与远志同样都有安神益智、治健忘的功效。[3]

尽管人们普遍重视记诵能力甚至为此焦虑，但我们也不应忽略流行于宋元
明三代的理学，对知识与记忆力另有一套看法，而且也带来不小的影响。

六、另 一 种 声 音

前文谈到欧阳修读书法的流行，以及科举考试的制度化，使得记诵儒经一
事备受重视，但同时代不会只有一种声音，也不会只有单一标准。当人们一味
追求记诵儒经时，宋明两代的程朱学者与心学家皆指出另一条路、另一种选择，
这个选择不是反对记诵，也不是要求士人不必记诵，而是对记诵儒经提出另一

---

[1] 张君房：《方药·十六主安神强记方》，见《云笈七签》卷七十八，19页。

[2] 张杲:《健忘诗》，见《医说》卷五，3页，收入《景印文渊阁四库全书》第742册。

[3] 李永春主编：《实用中医辞典》，195页，台北：知音出版社，2011。

种见解与立场。

科举制度始于隋唐，在实行之初，唐高宗朝的刘峣已注意到科举助长人们对日诵万言的追求与推崇，以至于背离了儒学的真谛，遂上疏说：

> 国家以礼部为考秀之门，考文章于甲乙，故天下响应驱驰于才艺，不务于德行。……至如日诵万言，何关理体；文成七步，未足化人。……今舍其本而循其末，况古之作文，必谐风雅，今之末学，不近典谟，劳心于草木之间，极笔于烟云之际，以此成俗，斯大谬也。[1]

文中的理体应即治体，以避唐高宗李治的讳。此处主要是对科举考试以文艺为主的批评，所以把文艺与德行对立，而"日诵万言"与"文成七步"便被放在治体与化人的对立面。治体的确定含义未明，有可能指儒经所载的施政原则。在刘峣看来，即使记忆力强，仍无益于治。

刘峣的批评在当时尚只是空谷足音，附和或同道者不多，而随着理学的兴起，刘峣的这段话不仅被重新提起[2]，而且理学家还抛出新见解。理学区别尊德性与道问学，而把尊德性放到第一位的背景因素之一，正是为了应付日益增加的书籍及知识。所以对日诵万言，程颐表示——

> 问：人有日诵万言，或妙绝技艺，此可学否？曰：不可。大凡所受之才，虽加勉强，止可少进，而钝者不可使利也；惟理可进。除是，积学

---

[1] 杜佑：《选举五》，见《通典》卷十七，6页，收入《景印文渊阁四库全书》第603册。

[2] 如元代吴澄（1249—1333）便重述刘峣的发言，说："盖儒之为儒，非取其有日诵万言之博也，非取其文成七步之敏也，以其孝悌于家，敦睦于族，忠信于乡，所厚者人伦，所行者天理尔。"吴澄：《赠建昌医学吴学录序》，见吴当编：《吴文正集》卷三十，19—20页，收入《四库全书珍本·二集》第322册，据台北故宫博物院藏《文渊阁四库全书》影印。刘峣的奏折载于杜佑《通典》，我们不确定吴澄是否读过此书，而吴澄竟特别注意到刘峣的这段话，可见对此颇有会心与同感。

既久，能变其气质，则愚必明，柔必强。[1]

程颐并未否定日诵万言的价值，但是将其视为天赋而不可学。至于对记诵的态度，则可见程颢（1032—1085）批评谢良佐（1050—1103）的这段话，《近思录集解》记载如下：

> 谢先生初以记问为学，自负该博，对明道举史书成篇，不遗一字，明道曰：贤却记得许多，可谓玩物丧志。谢闻此语，汗流浃背，面发赤。及看明道读史，又却逐行看过，不蹉一字。谢甚不服，后来省悟，却将此事做话头，接引博学之士。……人心虚明，所以具万理而应万事，有所系滞，则本志未免昏塞，所贵乎读书，将以存心而明理也。苟徒务记诵为博，则书也者，亦外物而已。故曰玩物丧志。[2]

谢良佐应是记诵无碍之士，以此自负，却被说成是玩物丧志，所持理由是：读书是为存心而明理，亦即尊德性，若偏重记诵，则将流于逐末。[3]吕本中（1084—1145）的弟子林之奇（1112—1176）亦附和说：

> 诵记之于学，末也。古之君子，其格物致知诚意正心修身齐家治国平天下之学，既已先立乎其大者矣，然后以其余力及之，而非所以先之也。……洎夫科第兴，而士之大学既已悖其先后本末之序矣，则小学亦流

---

[1] 石𡌛编，朱熹删定：《中庸辑略》卷下，28页，收入《景印文渊阁四库全书》第198册。

[2] 叶采：《近思录集解》卷二，17页，收入《续修四库全书》第934册，据元刻明修本影印；亦见于陈沆：《近思录补注》卷二，700页，收入《续修四库全书》第934册，据清稿本影印。

[3] 叶采：《近思录集解》卷二，480页；亦见于陈沆：《近思录补注》卷二，700页。

而为博洽捷给之归，利禄之所在，万矢之质的也。[1]

朱熹也多次回答门人弟子有关记诵的问题，而这些对话多被收录在《朱子读书法》中，该书是朱熹门人辅广所辑，张洪、齐熙补订，节录朱熹文集、语类中的内容，排比缀辑，分门隶属，如四库馆臣所说，虽不足以言著述，但"条分缕析，纲目井然，于朱子一家之学，亦可云覃思研究矣"。[2]朱熹的著作甚多，一般人往往难以通读尽览，而该书因仅有四卷，反而有利于流通，所以读者不少，直到当代仍为不少人所知。[3]在此书中，朱熹否定秦汉以来重视记诵的读书法，他说：

> 自秦汉以来，士之所求乎书者，类以记诵、剽掠为功，而不及乎穷理修身之要。[4]

两宋理学本有质疑秦汉以来学术的倾向，朱熹甚至批评秦汉以来的读书法是以记诵剽掠为功，对此我们固然不必同意其评语，但朱熹把秦汉与两宋理学的读书法截然划开，去彼取此的立场则是确定的。

不过，朱熹并未否定记诵的必要性，但他认为记诵是为了理解义理，所以引张载的话说：

---

[1] 林之奇：《送陈童子序》，见《拙斋文集》卷十六，17页，收入《四库全书珍本·二集》第263册。

[2] 永瑢等撰：《四库全书总目》，见张洪、齐熙同编：《朱子读书法》卷首，351页，收入《景印文渊阁四库全书》第709册。

[3] 如钱穆、余英时等先生便常称引，如余英时说："中国传统的读书法，讲得最亲切有味的无过于朱熹，……朱子不但现身说法，而且也总结了荀子以来的读书经验，最能为我们指点门径。"见余英时：《怎样读中国书》，《中国文化与现代变迁》，262页，台北：三民书局，1992；钱穆：《朱子读书法》，见氏著：《学籥》，5—33页，《钱宾四先生全集》（甲编），第24册。

[4] 《纲领》，见张洪、齐熙同编：《朱子读书法》卷一，2—3页。

横渠（按：张载）云：书须成诵，精神都是夜中或静坐得之，不记则思不起。[1]

又说：

书只是熟读，常常记在心头始得。[2]

读书须是成诵方精熟。[3]

主张"书须成诵"，理由是：必须成诵，才能够时时反思回想。所以不仅不特别强调记诵能力，而且更建议应"宽着期限，紧着课程"，意即日日皆须用功，但可少读慢读，即使一日仅读一两百字亦无妨，他说：

书宜少看，要极熟。小儿读书记得，而大人多记不得者，只为小儿心专一。日授一百字，则只是一百字；二百字，则只是二百字；……宽着期限，紧着课程。[4]

以及必须多诵遍数，他说：

不可牵强暗记，只是要多诵遍数，自然上口，久远不忘。[5]

读书法且先读数十过，已得文义四五分，然后看解，又得二三分，

---

[1]《熟读精思》，见张洪、齐熙同编：《朱子读书法》卷一，24 页。

[2]《熟读精思》，见张洪、齐熙同编：《朱子读书法》卷一，27 页。

[3]《熟读精思》，见张洪、齐熙同编：《朱子读书法》卷一，27 页。

[4]《熟读精思》，见张洪、齐熙同编：《朱子读书法》卷三，28 页。

[5]《纲领》，见张洪、齐熙同编：《朱子读书法》卷一，11 页。

又却读正文，又得一二分。[1]

这两点正与一目十行、过目成诵的要求相反，所以当有人为资质鲁钝，记忆力不佳而苦恼，朱熹便开导说：

> 时举云：某缘资质鲁钝，全记不起。先生曰：只是贪多，故记不得。福州陈晋之极鲁钝，读书只五十字，必三百遍而后能熟，积累读去，后来却应贤良。要之，人只是不会耐苦耳。[2]

这段对话很有趣，因为类似的对话大概很难发生在前文所举的那些记忆力极佳的人身边，他们自身既不会有此忧虑，而且在炫耀与标榜记忆力的风气下，"资质鲁钝"的人很容易被排挤到边缘，而难有发言权。但这些人却愿意向朱熹诉苦，而朱熹也宽慰之，鼓励他们不必好高骛远，只需从五十字做起，即使读诵三百遍之多才能记下亦不妨。

朱熹"宽着期限，紧着课程"的原则，以及强调遍数、一点点积累到极熟的做法，影响所及而有程端礼的《读书分年日程》。据其读书法，依序有读经日程、看史日程、看文日程、作文日程。经书须记诵，史籍须熟读，看文、作文则直接跟科举写作有关。[3] 此书规定：

> 日止读一书，自幼至长皆然。此朱子苦口教人之语。随日力、性资，自一二百字，渐增至六七百字。日永年长，可近千字乃已。每大段内，必

---

[1] 《熟读精思》，见张洪、齐熙同编：《朱子读书法》卷三，24 页。

[2] 《熟读精思》，见张洪、齐熙同编：《朱子读书法》卷一，24—25 页。

[3] 参见程端礼：《程氏家塾读书分年日程》卷一、二，尤其是 77—80 页，合肥：黄山书社，1992。

分作细段。每细段必看读百遍，倍读百遍，又通倍读二三十遍。后，凡读经书仿此。[1]

至于读书的工夫，则是秉承朱熹说书须极熟的主张，所以每天除了新功课以外，还必须把前几天所读的再复习过，具体方式即分段看读百遍，背诵百遍，然后再通篇背读二三十遍。[2] 如其所言：

> 既每细段看读百遍，倍读百遍，又通倍大段。早倍温册首书，夜以序通倍温已读书。守此，决无不熟之理。[3]

也因此，从八岁入学始，须花六到七年的时间，才能够把包括《小学》《四书》及几部经书的正文读熟。但有必要注意的是，此处规定每日所须记诵的字数，虽以一二百字为基础，但以能够达到近千字为佳，等于是"日诵千言"，这也显示朱熹的读书法虽尽量不突出科考的压力，但到了《读书分年日程》却已无法满足于每日仅读一二百字而已。《读书分年日程》的影响十分深远，直到明末仍有实践者。[4]

尽管程朱学者批评一目十行、日诵万言之风，但连程朱学者本身也不易完全摆脱这股风气的纠缠。首先，《读书分年日程》中要求记诵经书，而儒经的总字数达数十万字之多，这点就须具备相当程度的记忆力。其次，两宋儒者并不

---

[1]　程端礼：《自八岁入学之后》，见《程氏家塾读书分年日程》卷一，28 页。

[2]　以上俱见程端礼：《自八岁入学之后》，见《程氏家塾读书分年日程》卷一，31 页。

[3]　程端礼：《自八岁入学之后》，见《程氏家塾读书分年日程》卷一，40 页。

[4]　如高攀龙之友诸延之，据说他"于书无所不诵，虽至精熟，必覆读数百过，故其书终身不忘"。高攀龙：《诸延之先生七十序》，见《高子遗书》卷九下，89 页，收入《无锡文库》第 4 辑第 84 册，南京：凤凰出版社，2011，据明崇祯五年（1632）钱士升、陈龙正等刻本与高子遗书未刻稿合刊。

排斥博学，而且博学与记诵往往会被联系在一起，程朱学者所标举的"格物穷理"既是穷究事事物物之理，所以也有博学的倾向。[1] 尤其在程朱学成为官方认可的学术，《四书集注》成为科举考试的定本以后，士人为了应试，即令研习程朱学的典籍亦不免流于记诵训诂。张洪在《朱子读书法》的序言中批评"以记览为工者"是"夸多斗靡，务以荣华其言，希世取宠而已，法于何有"[2]，尽管未必专指士人为举业读书而言，但末流确实落入此弊，明代知名的布衣学者陈真晟（1410—1473）便批评说：

> 学校虽用程朱之书，然不过使之勤记诵训诂攻举业而已，而于身心
> 正学之教，则实未尝举行故也。[3]

明中期阳明心学兴起，在心性学说及对儒经的解释虽与程朱学立异，但批评记诵的态度则是一致的，而且走得更远。在"拔本塞源论"中，王守仁攻击当时的程朱学末流流于记诵词章训诂的弊病，然后完全立脚在道德性命之学的这一边。[4] 王守仁跟大弟子欧阳德的对话，也表达王守仁把良知超然于道问学之上的立场。欧阳德问：

> 窃意良知虽不由见闻而有，然学者之知未尝不由见闻而发；滞于见
> 闻固非，而见闻亦良知之用也。……若致其良知而求之见闻，似亦知行合

---

[1] 余英时：《从宋明儒学的发展论清代思想史》，见氏著：《历史与思想》，87—119 页。

[2] 张洪：《编定〈朱子读书法〉原序》，见张洪、齐熙同编：《朱子读书法》卷首，352—353 页。

[3] 陈真晟：《程朱正学纂要》，见《布衣陈先生存稿》卷一，1 页，收入《续修四库全书》第1330 册，据明万历李畿嗣刻本影印。

[4] "拔本塞源论"见王守仁：《答顾东桥书》，见《语录二》，《王阳明全集》（新编本）第 1 册，卷二，45—62 页。

一之功矣。[1]

王守仁则是直截斩断多闻多见涉入良知的可能性，而回答说：

> 若曰致其良知而求之见闻，则语意之间未免为二，此与专求之见闻
> 之末者虽稍不同，其为未得精一之旨，则一而已。[2]

若是跟程朱学必须穷尽万事万物之理，等待"一旦豁然贯通"相比，王守仁主张必须提挈良知，而且良知超然于见闻之上。朱、王的学术之辨有极精细而复杂的部分，程朱学并未把心性与见闻混淆为一，但我们若是把阳明心学与同时代的程朱学末流相较，阳明心学确实更侧重在心性良知的这一面。对于士人所关心的举业文字，王守仁也用良知来说：

> 只要良知真切，虽做举业，不为心累；总有累亦易觉，克之而已。
> 且如读书时，良知知得强记之心不是，即克去之；有欲速之心不是，即克
> 去之；有夸多斗靡之心不是，即克去之。如此，亦只是终日与圣贤印对，
> 是个纯乎天理之心。任他读书，亦只是调摄此心而已，何累之有？[3]

不能有强记之心，不能有欲速之心，不能有夸多斗靡之心，凡此几种心，皆与一目十行、日诵万言的趋向相近相通，而必须用良知克去。

《训蒙大意》则可视为王守仁的读书法，他说：

---

[1] 王守仁：《答欧阳崇一》，见《语录二》，《王阳明全集》（新编本）第 1 册，卷二，77 页。
[2] 王守仁：《答欧阳崇一》，见《语录二》，《王阳明全集》（新编本）第 1 册，卷二，78 页。
[3] 王守仁：《传习录下》，见《语录三》，《王阳明全集》（新编本）第 1 册，卷三，110 页。

凡授书不在徒多，但贵精熟。量其资禀，能二百字者，止可授以一百字。常使精神力量有余，则无厌苦之患，而有自得之美。讽诵之际，务令专心一志，口诵心惟，字字句句，䌷绎反复，抑扬其音节，宽虚其心意。久则义礼浃洽，聪明日开矣。[1]

大旨是读书贵精熟，以及对能读二百字者只授予一百字，而且必须䌷绎反复字句，直到领悟其字义为止。这虽是教导生童之法，仍可反映王守仁的主张。跟前引朱熹谈读书法相较，两人都求精熟而不求多读，也都强调专心一志、反复诵读。我们甚至可以说，尽管朱、王二人对心性义理的见解有别，但王守仁却以良知学引导人们重新回到朱熹的读书法的原则及精神。

稍后的一些士人，如李长祥（1609—1673）与董其昌，二人也跟朱熹、王守仁有类似的见解。他们未必受到程朱学或阳明心学的直接影响，但或可视为是在理学空气下而得出相似的见解。董其昌，字玄宰，南直隶华亭县人，万历十七年（1589）进士，他是著名的书画家，也是制艺名家，同时与理学阵营的人颇有联系，所以天启年间首善书院讲学便有董其昌的身影。[2] 董其昌著有《举业蓓蕾》，以教导后辈如何读书及作举业文，在其中一段标题是"记诵是些小过度"中，他说：

莫乱记。人若靠得自家性灵，便不须靠别人，此可与觉者道。今人头场，记那腐烂时文，去改窜成篇；二三场，记那程墨旧话，去套

---

[1] 王守仁：《训蒙大意示教读刘伯颂等》，见《语录二》，《王阳明全集》（新编本）第1册，卷二，97页。

[2] 天启初年邹元标、冯从吾（1556—1627）在北京倡立首善书院，当时首辅叶向高（1559—1627）为此撰文，而由董其昌书写。叶向高：《新建首善书院记》，见《附录》，收入冯从吾：《冯少墟续集》，777页，《丛书集成三编》第14册，台北：新文丰出版公司，1997，据冯恭定全书本影印。

写，亦曾举网得鱼，终是别人罗网，已陈刍狗，何所用之？且见近时场中，最厌弃此品，恐不是实靠得的。莫若只靠自家性灵，靠看书功夫作主也。难道不记？第莫乱记那腐烂时文，莫乱记那怪诞书。……莫多记。不记些，怕枯索了；多记，又怕塞我真灵。今人苦无记性，又苦记不得许多，终日闷闷，灵机自牿。今且无多记，理学编集若干，时时涵泳；史、子编集若干，间尝摹拟；程文拣录数十篇，墨卷拣录百余篇，二三场亦只拣择上上程墨，共记数十篇，时尝温习，时尝玩想，久之自有解处。[1]

董其昌重复标记性灵，应跟晚明文坛讲究性灵以及董氏本人笃信佛学有关，而无论是性灵诗派或三教合一之风下的释氏之学，都跟阳明心学颇有渊源，而且董其昌所说的性灵与举业文的关系，也跟王守仁对良知与举业文的关系的谈法很相近。

李长祥，字研斋，四川达县人，崇祯十六年（1643）进士，是清初唐甄（1630—1704）的舅父，唐甄的思想接近陆王心学一路，李长祥说：

世之侈言读书者，谓一目数行下，甚谓一目数十行下，此不知读书者之言也。即有其人矣，亦不知读书者之所为也。又谓过目成诵，此亦不知读书者也。……今书之垂于古人也，无论圣人之书，即诸子百家之书，彼其作之固有指矣，而常以终身。夫终身作之，一旦而穷之，古无是也。……余不敢谓能读书，而亦不敢不勉。常取数年前所读之书，再读之，其前之以为是者，今则惑焉；其以为布帛之文，虽野人之犹被服者，今则美锦而欲著之矣。盖精义沉藏，进于文字，聚我心思，久乃得之。故

---

[1]《举业蓓蕾》，见董其昌编：《董其昌全集》第 3 册，43—44 页，上海：上海书画出版社，2013。

曰："人一能之，己百之；人十能之，己千之。"非谓人之处于敏，而己实逊焉，故为是勤苦之，以自补其不逮也。读书之方如是也。虽以孔子言之，犹然也。若数行下，数十行下，与所谓过目成诵，皆绝异于人者也，吾不慕之矣。[1]

无论是追求一目十行或过目成诵者，都被李长祥批评是"不知读书"。在李长祥看来，既然精义沉藏于文字中，所以理想的读书方式，应是聚精会神，久乃得之。这跟前引王守仁说"讽诵之际，务令专心一志，口诵心惟，字字句句，绅绎反复，抑扬其音节，宽虚其心意。久则义礼浃洽，聪明日开矣"[2]，可谓是如出一辙。

尽管程朱学或阳明心学在追求一目十行、过目成诵的风气之外开了另一条路，此路却甚颠簸难行且备受挑战。无论是程朱学者或心学家都没有让人不管记诵的意思，他们所在意的，是人们不应迷失于对记诵的追逐之风下，而轻忽了对儒经义理的深究探讨。但也因此在日常实践上，人们仍有可能淹没沉溺到庞杂的典籍中。尤其是明中期以后，许许多多过去难得或未见的古籍纷纷问世，这类书籍的大量增加与广泛流行，让学风日益转向博学多闻这一边，理学阵营不仅对此难以应对，甚至一些心学家还走入博学一途，如泰州学派的焦竑就以博学著称。何良俊（1506—1573）对阳明心学的批评，正可说明理学阵营——尤其是明中晚期流行的阳明心学所面临的挑战之严峻。何良俊以博学著称，家中藏书达四万卷之多，而他曾与聂豹有过一段对话，他记述道：

[1] 李长祥：《读书作文》，见《天问阁文集》卷三，32 页，收入《四库禁毁书丛刊》，集部第 11 册，据民国吴兴刘氏刻求恕斋丛书本影印。
[2] 王守仁：《训蒙大意示教读刘伯颂等》，见《语录二》，《王阳明全集》（新编本）第 1 册，卷二，97 页。

壬子（1552）冬到都，首谒双江先生。先生问：别来二十年做得甚么功夫？余对以二十年惟闭门读书，虽二十一代全史亦皆涉猎两遍。先生云：汝吴下士人，凡有资质者，皆把精神费在这个上。盖先生方谈心性而黜记诵之学故也。余口虽不言，心甚不然之。[1]

廿一史指明以前不含《旧唐书》及《旧五代史》的历朝正史，共二千五百三十一卷，而明人喜用读竟廿一史以宣示其博学。倘若何良俊确如所言花费二十年的时间把廿一史读过两遍，亦即十年读完一遍，则他是以每日精读不到一卷的速度在进行，虽然跟一目十行过目成诵追求速度与效率尚有数间之隔，但其勤奋与毅力极为难得。不想聂豹却以简短一句话便否定其努力，并隐然有责备他徒耗心力的意思，此令何良俊深不以为然，所以他接着说：

　　盖经术所以经世务，而诸史以载历代行事之迹。故六经如医家《素难》，而诸史则其药案也。夫自三代而下，以至于今，越历既久，凡古人已行之事，何所不有，若遇事变，取古人成迹斟酌损益，庶有依据。苟师心自用，纵养得虚静，何能事事曲当哉！[2]

何良俊不仅批评聂豹不重视史书，而且怀疑聂豹是因心学瞧不起记诵之学，隐然把心学与记诵对立起来，指责聂豹"师心自用"。

等到明末制艺风潮起，讲究"通经学古"，领导风气的江南复社与江西豫章派皆强调必须熟读经、史、子书，等于又回到讲究博学与记诵的学风，如名列江右四大家之一的陈际泰便以善记忆为人所称道，其子记述道：

---

[1]　何良俊：《四友斋丛说》卷五，43 页，收入《明清笔记史料丛刊》，北京：中国书店，2000。
[2]　何良俊：《四友斋丛说》卷五，43 页。

府君精于史学，一眸而收之，更无遗义。于时邑有士大夫，善记忆，自谓廿一史寝食中物，无敢过而致难者，闻府君能，欲观其浅深，横挑数十发，其人交举交绌，乃再拜谢曰：如君真名士，吾侪犹坐云雾耳。[1]

这又是一场记忆竞赛，以廿一史作为记忆力的检证方式，胜者便可称名士。既然如此讲究记忆力，同样名列江右四大家之一的艾南英有激烈批评阳明心学的言论便不足怪了，艾南英说：

王氏之学无他，其人束书不观，游谈无根，必乐易简，凌躐阶级而言超悟，其高者不过悍然不顾，而以不学为安，以不求于心为得。[2]

艾南英是董其昌下一辈的人物，董其昌尚强调性灵，而与阳明心学有互通处，但艾南英则是完全否定阳明心学。艾南英的文章及言论在当世都颇具影响力，而他以"束书不观，游谈无根"攻击阳明心学，应可代表明末不少士人的普遍想法。

七、个案：以金溪地方士人为例

本节将以江西抚州府金溪县为例，来看一目十行、过目成诵两词在地方上的流行与影响，选择金溪的原因，在于此地能够搜集到大量族谱。一般来说，地方史的思想文化史研究很常利用当地士人文集与地方志，勾勒该地士人群体与思想文化系谱，以及更进一步谈思想或学术的草根化。但若欲考察"一目十

---

[1] 陈孝逸：《府君行述》，见《痴山集》卷一，9—10页。
[2] 艾南英：《张伯羹稿序》，见《天佣子集》卷四，45页。

行""过目成诵"这类词语及概念在地方上是否流行，以及造成什么样的影响，文集与地方志所能提供的资料将很有限，毕竟这类词语或概念本就不会频繁出现，所以我们即使搜罗整个县或府的文集及地方志资料，也许只会得到零星的几个个案。但若是把范围扩大到省，如整个江西省，大概就失去了地方史的意义。族谱是很地方性的文献，而在金溪的各族族谱中，我们看到这两个词语多次出现，尽管都是用在地方上籍籍无名的读书人身上，但却可让我们看到这两个词如何进入到一般人的生活与家庭中。

一目十行在金溪的族谱中的使用，一如所料，往往跟科举考试联结一起，而且有不少例子是用来形容孩童的聪慧。例如栎林周敬修，他的兄长说：

> 吾弟敬修，幼聪慧，读书辄数行下，已咸以亢宗目之。[1]

超溪谷氏的澄再公，被称作金溪城南之鸿儒，海丰张映台（1723—1786）为其作传，说：

> 生而类异，读书数行俱下，为文墨守理法，援笔而成，……乃厄于数奇，屡试不售，竟以儒士终老。[2]

兰陵萧氏的鸿十七公，临川周光霆为其作传说：

> 鸿十七公，……读书一目数行，淹贯经史，已酉罗郡公征入文苑。[3]

---

[1] 《世系横图·柏六九公》，见周穆庵修：《戊元栎林周氏族谱》卷一，100 页。

[2] 《澄再公传》，见王加泉修：《超溪谷氏六修宗谱》卷一，1 页，金溪琅琚镇谷家村谷南方家藏，浒湾忠信堂 1996 年重修本。

[3] 《家传》，见编者不详：《兰陵丁坊萧氏六修宗谱》不分卷，10 页，金溪左坊镇许家大队萧家村萧伙林管谱，1995 年东邑宗美仁斋宝刊印本。

基本上都是以一目数行或数行俱下形容其资质颖异，并直接联系到科举考试，所以周敬修因可读书数行下，便被寄予复兴家族的重责大任。

过目成诵的使用也跟科举考试有关，但较多样化，而且有程度之别，一种是有着跟记路旁碑一样的记忆力，如栎林周氏的周公佐能够在阅卷后默写出所批阅的十余篇文章：

> 辛卯，吴邑侯县试，鸣高（按：周公佐）代阅卷，所拔多知名士。鸣高归语太翁曰：场中之文磊砢英多，援笔录十余卷，不遗一字。其过目不忘如此。[1]

更进一步则是如栎林周氏的周居仁，能够读书两遍后便过目不忘：

> 公幼聪明，读书再遍即脱口，……陈惟易（按：陈画）见而爱之，因命明年就受业，三载而学成。时陈负重名，从游者多名宿，每课文必择其尤者付梓，公文与者十数，而试不售。[2]

另外也有标出记诵多少字，千言是较常见的，而万言较难较少。据此亦可理解医书会以"日诵万言"为标准来用药的原因。相关记载如下：

> （周公佐）天资颖异，日记数千言，侪辈咸望而畏之，饩于郡庠，岁科首拔者五。[3]

> （杨元吉）居平酷嗜读书，日记数千言，寓目不再。举业文清真尔

---

[1] 张飇：《周元柱先生传》，见周穆庵修：《戌元栎林周氏族谱》卷二，170 页。

[2] 《世系横图·济六十公》，见周穆庵修：《戌元栎林周氏族谱》卷一，77 页。

[3] 张飇：《周元柱先生传》，见周穆庵修：《戌元栎林周氏族谱》卷二，170 页。

雅，以理法为宗，尤精古文辞。[1]

（周择）自髫龀，警挺不类群儿，日课数千言，过目不忘。及长，博学强记。[2]

（杨廷贵）读书志古，日诵万余言，遇目辄不忘。……胸抱经济，无以自效，……遂究心于《灵枢》《素问》。[3]

杨廷贵虽弃儒从医，但最初仍用心于举业，所以此处与其他几人并列，几人都是在跟科考有关的场合而被形容为过目成诵。

也有一些跟科考无关的例子，如不求仕进的周甯，以及布衣白丁的王捷魁：

（周甯）自幼聪敏，质性过人，读书过目成诵，然不求仕进。[4]

（王捷魁）为白丁，……资敏善记，喜阅古今传书，过目不忘，多识先哲格言及名人流传诗词，解韵语，自然合律。[5]

弃儒从商的徐观成被形容为"性颇好忘"则颇特别，据载：

（徐观成）平生业儒，以试数不利，……乃为商，未尝离卷。少年善为八股艺，……遇书无不读，尤善观八股清算法，旁学青囊家言，尝手抄

---

[1] 徐宗皋：《杨警室先生传》，见编者不详：《泗源杨氏家谱》（残谱）卷二，35 页，金溪琉璃乡蒲塘杨泗杨九瓶家藏，年份不详。

[2] 梁大任：《宣义郎择公墓志铭》，见周敬群、周盈科等修：《水门周氏宗谱》卷五，10 页，金溪琅琚镇陈河村周志安家藏，1948 年重修本。

[3] 詹崇：《杏轩记》，见杨锡龄等修：《杨氏宗谱》卷一，5 页，金溪印山杨军辉家藏，清光绪九年（1883）重修本。

[4] 《诚公派下世系》，见周向日修：《隆桥周氏族谱》卷二，2 页，金溪合市镇斛塘上周坊村周德生、周细武家藏，清光绪七年（1881）重修本。

[5] 《毅庵公行略》，见编者不详：《石峰王氏宗谱》卷二，7 页，金溪秀谷镇王家巷王保光家藏，年份不详。

歧路彷徨

书，夜深不寐。性颇好忘，遇事辄记而起行之。[1]

仅因不能过目成诵，必须遇事辄记，竟便被评为"好忘"。

另有几个较为特殊的个案。栎林周氏的周学修，其兄穆庵公形容他时把重点放在"能悟"：

> 读书能悟而能记，试多售。[2]

但同样是穆庵公评价族子周礼，则说周礼"读书以记诵为主"[3]，两者适成对比。周学修的"能悟"，与另一位族人周恒济很相似，谱上记载周恒济是"少记诵而研理精"：

> （周恒济）业儒，……读书少记诵而研理精，晚好岐黄术。[4]

这种跟过目成诵相对，而强调"能悟"与"研理精"，是否受到理学的影响所致呢？这点不易回答。类似的叙述亦见于万历年间范允临（1558—1641）的文集。范允临，南直隶吴县人，万历二十三年（1595）进士，工书画，与董其昌声名相当。他在形容其妻徐君时，便说她"不能记忆""多所悟入"，范允临说：

> 细君闲居寥寂无所事事，漫取唐人韵读之，时一仿效，咿唔短章，遂能成咏。……从此泛滥诗书，上探汉魏六朝，下及唐之初盛，已而直溯

---

[1] 徐似锦：《梧九二公志铭》，见徐永山等修：《耿阳徐氏族谱》后卷，5 页，金溪琉璃乡蒲塘小耿徐氏家藏，2010 年重修东乡何鸿文刊印本。

[2] 《世系横图·柏八一公》，见周穆庵修：《戊元栎林周氏族谱》卷一，103 页。

[3] 《世系横图·济八十公》，见周穆庵修：《戊元栎林周氏族谱》卷一，80 页。

[4] 《世系横图·济六公》，见周穆庵修：《戊元栎林周氏族谱》卷一，67 页。

三百篇根源，遂逮楚之骚赋，幡然作曰：诗在是乎！然又不能竟读，不数行，头为岑岑，执卷就卧，思之移时，似有所醒。于书不能记忆，亦不求甚解，而多所悟入，如禅宗之不以渐以顿也。[1]

范允临将"多所悟入"联结到禅宗，这跟前引董其昌强调性灵的说法同出一辙，而且应跟晚明的三教合一之风有关。

强调研理或领悟的说法，固然不会因理学或禅宗而有，但在过目成诵高扬的风气下，若没有理学或禅宗对领悟的高度评价，恐不容易被作为正面价值而提出。但即使如此，也只有栎林周氏的两则记载而已，也可以说，即使从两宋以来，程朱学或阳明心学指出另一条路、另一种选择，但在科举考试的实际需求下，地方上士人仍然一面倒地倾向于一目十行、过目成诵。

另一方面，与悟入相对的背诵，对地方家族而言，这是跟科举考试直接相关的，所以更加重要。这也许可以部分解释为何到了万历中期以后，随着阳明心学由盛转衰，而制艺风潮几乎有如浪潮一般席卷而来，许许多多的制艺文社在各地林立而起，而一些理学或心学讲会也迅速转型为制艺文社。曾经盛极一时，各地乡会、家会林立的阳明心学，很快便让位于制艺风潮，而退居次位了。

小　　结

本章是对博览强记之风的研究，如何算是博览强记，这个标准往往是变动而没有固定答案，所以从日常生活中人们常用的一目十行、过目即诵来看这两个词在历代的使用与变化，然后进一步看人们对记忆力的讨论。一目十行、过

---

[1]　范允临：《络纬吟小引》，见《输寥馆集》卷三，265页，收入《四库禁毁书丛刊》，集部第101册，据清初刻本影印。

目即诵这类用来炫耀或夸饰记忆力的用词流行甚广也甚久，即使到当代仍常有人使用，但有超凡记忆力的人毕竟为数甚少，一个仅适用于极少数人的词，却普遍流行于一般士人的日常生活中，那么人们如何看待及讨论记忆力的问题，便很值得注意，所以本章接着把目光焦点放到两宋以后的欧阳修读书法，这个读书法固然不是因科举考试而有，但其流行有可能跟科考有关。欧阳修读书法不要求在速度上突出（如一目十行），也不追求短时间的记诵无误（如过目即诵），而是把重点放在每日记诵的累积成果上。这一方面让人们不必执着于天赋的能力，另一方面也对一般士人给出看似简单但实则不易达到的标准与要求。

欧阳修读书法提出中人一日可记诵三百字的最低要求，这点规范了士人的读书进度，让士人无法以没有超凡记忆力为遁词，这是这个读书法的关键所在。至于读书法所列的书单，则可以随时代变迁而更易，于是也让此读书法可以因应科考的形式与内容而调整书单。晚明董其昌所列应记诵的书单不是十三经，而是理学编集、子史编集、程文数十篇、墨卷百余篇，但士人仍可按照欧阳修读书法的原则，以一日三百字的进度读书记诵。

程朱学与阳明心学的读书法更强调对文字义理的理解，而更少把重点放在记忆力上。但无论是程朱学或阳明心学仍不可能对士人准备科考的需求视而不见，所以他们仍不得不有其记诵标准，而其标准较诸欧阳修读书法的更低，即使一日仅五十字亦无妨。同时放宽对记诵速度的要求，所以朱熹说"书宜少看"，而王守仁则说"授书不在徒多"，而更希望人们精熟所读书，以求久而能够义理浃洽。但从金溪的个案来看，理学在这方面的影响仍很有限。

早期对广义的理学的研究，较多把眼光放在理学家的学术内容，尤其是少数大思想家的学说，后来陆续注意到这些大思想家以外的其他人，尤其是明中晚期阳明心学流行以后的士人及士人群体[1]，以及进一步谈心学家的生活及社会

[1]　如清初讲经会、阳明学讲会，请见王汎森：《清初的讲经会》，503—588页；吕妙芬：《阳明学讲会》，载《新史学》第9卷，第2期，1998，45—87页。

角色。[1] 但我们仍不能忽略一门学术对一般人生活的影响，这些影响有可能是重要的，只是不明显可见。这也造成在学术论文写作上的困难，要广泛谈一门学术对一般人的影响，资料有限，以及不容易证明都是很棘手的问题。这类困难在近现代思想史领域较有可能得到解决，毕竟这段时期的资料极为多元且丰富，包括有许多个人的私密日记，以及流行于人手之间的报纸期刊等。但明清思想史则没有这些优越的条件。

本章对理学与记诵的讨论，就是想看理学与士人生活间的关系。思想对一般人生活上的影响，也许只有薄薄的一层，不易见亦不容易论证，但我们若把这些薄薄的一层，一层层地堆栈起来，累积到一定的厚度，便有可能较容易看到思想的作用。这也表示，我们必须从生活上的许多事物看到思想的痕迹，即使在论证单一事物与思想的关系时或仍不尽如人意，但在对各方各面的事物都研究过后，中间的联系便有可能变得清晰起来。但这就需要更多的成果累积了。

---

[1] 如王汎森：《日谱与明末清初思想家：以颜李学派为主的讨论》，载《历史语言研究所集刊》第 69 本，第 2 分，245—294 页；王汎森：《明代心学家的社会角色：以颜钧的"急救心火"为例》，见《晚明清初思想十论》，1—28 页，上海：复旦大学出版社，2004。

结　论

　　本书以阳明心学与制艺风潮为主脉络，涉及同时代共同流行的文学复古运动。由于本书以江西为主场景，而江西的心学之风极盛，文人及诗社皆较少，所以明中期虽同时有阳明心学与文学复古运动，但主轴偏重在阳明心学，所讲述的也以阳明心学下的小读书人故事居多。通过本书的讨论，我们看到阳明心学与文学复古运动虽曾盛极一时，但下迄明末，小读书人这一端却转向制艺写作，既以制艺写作结合穷经与应举两事，也让制艺写作俨然凌驾于阳明心学与文学复古运动之上。

　　阳明心学对近代中国的思想、文化与生活有甚为深远的影响，而对阳明心学以思想史的研究为多，主要侧重在心学大儒的研究，即使部分研究是谈阳明心学的向下普及，也较容易侧重从庶民化、启蒙教化等角度切入来看，搜集一些布衣平民的资料作为成功案例。也因此，我们知道大儒，也知道一些布衣处士及平民，对一般的小读书人反而不见得熟悉，不仅对小读书人的日常生活及其微生命史感兴趣的人不多，专题研究也很有限。但我们不能忽略一点：一门思想或学术被理解的方式，以及所传播的内容，往往会因阶层的差异而有差别——尽管阳明心学希望打破身份阶层的限制，但无可否认，这类因身份阶层有别的情形在心学世界仍存在，因此大儒与小读书人若对阳明心学有不同的理解及因应之道，也是很合理的。若大儒有高远的思想与洞见，小读书人则是把这些思想与哲理当作作业在学习与吸收；若大儒有着引领时代思潮的决心与魅力，小读书人则是跟随在后，而且往往在不同大儒间游走，在不同思潮间徘徊。也因此，我们不应忽视这些小读书人，他们的日常生活与生命史，其实较诸大儒另有一番面貌。

本书并不打算在既有的大论述以外另提新观点，毋宁说，我最初的想法就只是为小读书人说故事，而一则则的故事说下来，却发现这些小读书人的日常生活，与大论述虽不相违，但也不尽同。也因此，当我们在谈心学的流行，以及心学带来的启蒙、松绑与解放，不能过度夸张松绑及解放的程度，否则便很容易忽略在这些大趋势、大论述的夹缝中的个人及细节。同样，儒学经世的基调，以及阳明心学在明中晚期所凸出的觉民行道之途，都不能被扁平化或单一理解，在觉民行道的大途中，不可否认还有其他的小径歧路。

因此，本书讨论三部分：一是阳明心学在小读书人间的流传。过去人们较熟悉的是阳明心学在思想上的创发，但思想的创发与思想的流传并不是同一件事，所以也有必要了解这门学术如何广泛流传，而及于各个阶层间。阳明心学的流传主要是借由讲会、《传习录》等小书，以及心学家的画像共三管齐下。人们可能借由讲会接触心学学说，在没有讲会的地方，则有像《传书录》这类小书可读，有画像可敬拜。这让阳明心学不会只是纸上的论说或大儒的话语而已，而可以进入小读书人的生活世界。

一是晚明的宗教狂热。明末三教合一之风的盛起，与阳明心学、文学都有关系，但在晚明龙沙谶预言的热潮中，让我们看到理性的思想与文学的另一面，人们对此有着超乎常理的痴迷与狂醉。除了知名的心学家、文人置身此热潮，李鼎这些小读书人也在其中，而且李鼎不仅仅在思辨上、学理上谈论而已，而是亲身实践，放弃一切，前往南昌西山等待八百地仙的来临。尤其值得注意的是，尽管义无反顾投身于信仰中，李鼎却仍无法脱离儒学经世的框架，而得出净明道的出世与儒学的出世并不相违的论点。

一是明末的制艺风潮，以及从阳明心学到制艺风潮的递换转变，这也是本书的主轴重点所在。从李鼎到涂伯昌，是从内缘的角度来看明末制艺风潮的兴起，而金溪的研究则是从外在的社集活动来谈。在阳明心学、文学复古运动与制艺风潮的三者的缠卷中，阳明心学与制艺写作之间的关系更为密切而直接，所以在地方上也是从讲会转变成文社，相形之下，复古派的诗社在其中仅是较小的角色。我们无法确定这是江西的特色，还是江西以外的其他地区也如此，这有待未来的研究。

在明中晚期的三股风潮中，阳明心学与文学复古运动都有领袖人物提出具体的主张，以及反对先前的学术或文风。所以我们看到阳明心学在正德、嘉靖朝以后臻于极盛，大儒主张致良知，与程朱学立异，除了讲会以外，还有古本《大学》《传习录》以及画像的广泛流传。前、后七子在弘治朝以后先后崛起，提出"文必秦汉，诗必盛唐"的口号，反对明初以来的台阁体及程朱学。明末制艺风潮则不然，尽管制艺文坛在明末有江右四大家，江南有周钟、有张溥、张采，有豫章社、复社等制艺文社，但这些人与社对制艺写作并没有宣言式的主张，我们至多从张采与艾南英的往来信件，以及一些相关的文献记录抉出"通经学古"一词而已。也可以说，这是一股没有大人物为核心，没有大人物倡导、创新与主导的风潮，但这股风潮反而跟会试的方向、小读书人的利害关系紧密相连。在阳明心学的研究中，我们从大儒的生平经历便可大体知道整个阳明心学运动的主轴及大方向，但在制艺风潮中，除了豫章社与复社核心人物以外，许许多多小读书人的生活及活动，也有可能影响整个制艺的流风及走向。所以谈明末的制艺风潮，除了江右四大家、复社二张这些大人物，还必须注意小读书人。

当一股风潮起来的时候，对小读书人而言，也可能像是在学习新功课，而且必须把这项新功课融入他们每日的生活中。当明中期阳明心学及文学复古运动鼎盛时，我们看到大儒、大文人喊出新见解、新口号，但同时代的小读书人所在意的，却可能是有新功课来了。我们可试着想像：心学家就像课堂上的老师，对小学生下达作业任务，这些小学生先是试着了解这项功课的内容，然后必须在不影响日常生活的节奏与步调下，尽量抽出精神与时间来完成这项功课。在涂伯昌这一个案中，我们没有看到他太多得聆大道的喜悦，反而更像是不知道怎么完成作业的学生；我们没有看到致良知的启悟，反而看到的是作业带来的压力。

当心学大儒在为无善无恶之说争辩时，小读书人则正急切地把这些心学家的学说及著述作为解经的原则，以便他们写作制艺文章。所以我们看到涂伯昌及其侄涂世名分别读心学家涂宗濬的著作，读大儒罗汝芳的文集，而且读后有所印合，耸然于所未至。心学大儒的生平传记常记载大儒在有所印合以后，便会彻悟心性良知，之后此心莹然澄澈，宇宙皆我良知。但涂伯昌这位小读书人却不然，他在印合以后，则是提笔写作制艺文章，成效是"洞洞不竭若是"。也可以说，当心学大儒仍为心性之说而断断争辩时，小读书人却亟于把心学与制艺写作联结在一起。

于是我们也就可以理解明末的一些场景，包括顾宪成在东林书院讲学，既谈理学，也向听讲的小读书人示范解经的方法，在顾宪成是解经，但在小读书人听来则是可用于制艺写作的原则。另外如吉水李日宣，他是罗洪先所亲近的谷村李氏的族人，他任官时常在书院集合当地读书人讲学，他讲的是心学，但会中却有人问：

> 一生问先生：所讲者，举业乎？抑圣贤学问乎？[1]

显示李日宣所讲的心学，被一些人当作是跟举业有关，而有利于制艺写作。类

---

[1] 李日宣：《传是堂三会》，《会语》卷十七，11 页，见《敬修堂文集》，中国国家图书馆藏清乾隆李氏家刻本清嘉庆六年（1801）李氏补刻本。

似的例子可以不断说下去，而且越接近明末越多类似的故事，尤其是一些心学家也开始主动向小读书人谈制艺。如江西安福心学家邹德溥，是知名的心学大儒邹守益的孙子，他主持的青原讲会，是当地的年度心学盛会，但听众之一的刘元卿因乡试不利，灰心丧志，所思所想的都是举业，于是邹德溥改以举业作文之法吸引刘元卿，刘元卿及其侄刘孔当受其吸引而入其门下，日后分别考取举人与进士功名。

与邹德溥同辈的邹德泳，也在《明儒学案》列名有案，但有关他生平事迹的记载不多。他也是有意思的心学家，既在书院与士绅讲心学，也与小读书人谈制艺。我们从邹德泳留下的制艺作品及其评语可知，已有进士功名的他仍写作制艺，而且还根据小读书人的意见修订文稿，这让他与小读书人间有许多交集。过去我们常见心学家与小读书人商讨心性良知，小读书人勤勉不倦，有时甚至还会做出"朝闻道夕死可矣"的反应。但在邹德泳，却见他与小读书人共同研讨制艺内容，双方孜孜砣砣，俨然是把制艺当作第一要务。甚至在邹德泳七十二岁时 [1]，他仍作四书文《从容中道圣人也》，与小读书人相互切磋琢磨。人们常注意理学家的晚年，据此评估理学家的学术进境，被誉为明末理学殿军的刘宗周，他晚年纠缠于《大学》的诸多版本无法释怀，此事便常被人所提起与咏叹。但相较之下，晚年的邹德泳却措意四书文的制艺文字，而且这些文字还被收入他的文集中。

我们若采用《四库全书总目》"穷经"与"应举"的二分法，而且把穷经的涵义扩大为不只是研习儒经，也包括对学问、对文学的穷究，无论是阳明心学或文学复古运动，都可算是偏在穷经的这一面。这两股运动由精英提出及推动以后，下及于一般的读书人。小读书人一方面受到这两股风潮的影响，但另一方面对于与切身相关的应举无法置之不理。穷经与应举之间的分歧，造成小读

---

[1] 邹德泳的年纪应小于邹德涵与邹德溥，邹德溥生于 1549 年，所以据此往后加七十二年即 1621 年，即天启元年，亦即此文可能作于天启元年以后。

书人的焦虑，直到确立心学与制艺的联结，小读书人的焦虑方才得到舒缓。

　　阳明心学运动与文学复古运动这两场极盛大的思潮及运动，有着多方多面的内容，任何一场运动的影响之广之大，都不是一本书所能够交代得了的。所以本书不从大思潮，而是从小读书人的这一端来看小读书人如何应对穷经与应举的二分。心学与文学复古运动皆不直接有利于应举，制艺则吸收了这两场运动的部分成果——包括阳明心学对儒经解释的松绑，以及文学复古运动促发的古籍刊刻及复活的热潮。制艺文章不再只是应试的工具，也成为有价值有意义的文体——既是足以和诗与古文辞并列，甚至凌驾其上的新文体，也是解经之用的经义之学[1]，这正是明末制艺风潮下的特点。

　　以制艺为新文体，统合心学、诗与古文辞，这是明末制艺风潮发展出来的新线索，而且吸引许许多多的小读书人投身其中，让制艺风潮俨然成为明末的主导流风。至于阳明心学与文学复古运动这两场运动，当然仍持续有其自身的发展，所以在明末我们仍看到有人传讲心学，也有人成立诗社及创作诗与古文辞。三股风潮或运动在明末错综复杂的历史中各自如何发展，以及彼此之间的作用与关系，则有待更多的研究。我目前完成的另一本专书：《与世浮沉：明代江西思潮、社集与小人物的追寻》，希望能够更具体而深入地解答这个问题。

---

[1]　相关研究请见张艺曦：《明中晚期江西诗、文社集活动的发展与动向》，载《新史学》第32卷第2期，2020，65—115页。

参考书目

一、传统文献

1. 艾秉和修:《艾氏重修宗谱》,金溪琉璃乡双塘村艾氏家藏,1994 年版。

2. 艾南英:《天佣子集》,台北:艺文印书馆,1980,据清道光十六年(1836)重刻本影印。

3. 艾南英:《天佣子集》,收入《四库禁毁书丛刊补编》,第 72 册,北京:北京出版社,2005,据清康熙刻本影印。

4. 包发鸾修,赵惟仁等纂:《民国南丰县志》,收入《中国地方志集成·江西府县志辑》,第 58 册,南京:江苏古籍出版社,1996,据民国十三年(1924)铅印本影印。

5. 编者不详:(安福)《南溪刘氏续修族谱》,上海图书馆藏清崇本堂木活字本。

6. 编者不详:(安福)《续修安福令欧阳公通谱》,上海图书馆藏民国二十六年(1937)影印本。

7. 编者不详:《黄氏十修族谱》,金溪浒湾镇黄坊黄福堂家藏,民国十年(1921)修。

8. 编者不详:《金紫何氏重修合谱》,金溪左坊镇后车何家何荣华管谱,民国三十一年(1942)版。

9. 编者不详:《举林车氏十修族谱》,金溪浒湾镇黄坊车家车泽民家藏,民国二十四年(1935)版。

10. 编者不详:《兰陵丁坊萧氏六修宗谱》,金溪左坊镇许家大队萧家村萧伙林管谱,1995 年东邑宗美仁斋宝刊印本。

11. 编者不详:(庐陵)《平溪罗氏四修族谱》,上海图书馆藏民国一经堂木活字本。

12. 编者不详:(义门)《陈氏宗谱》,金溪秀谷镇严良陈家村陈国华家藏,清同治五年

（1866）修。

13. 编者不详：《临坊王氏族谱》，民国三十三年（1944）修。

14. 编者不详：《全氏宗谱》，金溪合市镇全坊村全自康家藏，民国三十七年（1948）修。

15. 编者不详：《上源徐氏宗谱》，金溪琉璃乡印山上源徐水兴家藏，民国三十五年（1946）十修。

16. 编者不详：《圣裔孔氏宗谱》，金溪河源镇朱坊孔家村孔国珍管谱，年份不详。

17. 编者不详：《石峰王氏宗谱》，金溪秀谷镇王家巷王保光家藏，年份不详。

18. 编者不详：《泗源杨氏家谱》（残谱），金溪琉璃乡蒲塘杨泗杨九瓶家藏，年份不详。

19. 编者不详：《仲岭胡氏族谱》，金溪县合市镇仲岭胡家村胡勤生收藏，年份不详。

20. 不著撰人：《锦绣万花谷》，收入《景印文渊阁四库全书》，第924册，台北：台湾商务印书馆，1983，据台北故宫博物院藏本影印。

21. 蔡汝楠：《自知堂集》，收入《四库全书存目丛书》，集部第97册，台南：庄严文化事业公司，1997，据明嘉靖刻本影印。

22. 曹学佺：《石仓全集》，东京：高桥情报，1993，据日本内阁文库藏明刊本影印。

23. 曹学佺：《石仓文稿》，收入《续修四库全书》，第1367册，上海：上海古籍出版社，2002，据明万历刻本影印。

24. 曹于汴：《仰节堂集》，收入《景印文渊阁四库全书》，第1293册。

25. 陈昌积：《龙津原集》，台北"国家图书馆"藏微卷，据"中央图书馆"藏明嘉靖间毛汝麒等校刊本摄制。

26. 陈沆：《近思录补注》，收入《续修四库全书》，第934册，据清稿本影印。

27. 陈弘绪：《陈士业先生集》，收入《四库全书存目丛书补编》，第54册，济南：齐鲁书社，2001，据清康熙二十六年（1687）刻本影印。

28. 陈弘绪：《恒山存稿》，收入《清代诗文集汇编》，第11册，上海：上海古籍出版社，2010，据清康熙二十六年（1687）陈玫刻本影印。

29. 陈弘绪：《鸿桷集》，收入《清代诗文集汇编》，第11册，据清康熙二十六年（1687）陈玫重刻本影印。

30. 陈弘绪：《江城名迹》，收入《四库全书珍本》，第361册，台北：台湾商务印书馆，1969—1970。

31. 陈际泰：《大乙山房文集》，收入《四库禁毁书丛刊补编》，第67册，据明崇祯六年（1633）刻本影印。

32. 陈际泰：《已吾集》，收入《四库禁毁书丛刊》，集部第9册，据清顺治李来泰刻本影印。

33. 陈继儒:《斩蛟记》,收入《稀见珍本明清传奇小说集》,长春:吉林出版社,2007。

34. 陈谟:《海桑集》,收入《景印文渊阁四库全书》,第1232册。

35. 陈其元:《庸闲斋笔记》,收入《续修四库全书》,第1142册,据清同治十三年(1874)刻本影印。

36. 陈确:《乾初先生遗集》,收入《清代诗文集汇编》,第20册,据清陈敬璋餐霞轩钞本影印。

37. 陈仁锡:《陈太史无梦园初集》,收入《续修四库全书》,第1382册,据明崇祯八年(1635)陈礼锡陈智锡等刻本影印。

38. 陈田辑撰:《明诗纪事》,上海:上海古籍出版社,1993。

39. 陈献章撰,孙通海点校:《陈献章集》,北京:中华书局,1987。

40. 陈孝威:《壶山集》,收入《四库禁毁书丛刊》,集部第72册,据清顺治刻本影印。

41. 陈孝逸:《痴山集》,收入《四库禁毁书丛刊》,集部第49册,据清初刻本影印。

42. 陈懿典:《陈学士先生初集》,收入《四库禁毁丛书》,集部第78册,据明万历四十八年(1620)曹宪来刻本影印。

43. 陈真晟:《布衣陈先生存稿》,收入《续修四库全书》,第1330册,据明万历李畿嗣刻本影印。

44. 陈致虚:《金丹大要》,收入阎鹤洲辑:《道书全集》,第1册,明万历辛卯(1591)金陵阎氏刊本。

45. 陈子龙:《安雅堂稿》,收入《续修四库全书》,第1387—1388册,据明末刻本影印。

46. 承需修,杜有袈、杨兆崧纂:(同治)《新建县志》,收入《中国方志集成·江西府县志辑》,第5—6册,据清同治十年(1871)刻本影印。

47. 程端礼撰,姜汉椿校注:《程氏家塾读书分年日程》,合肥:黄山书社,1992。

48. 程颢、程颐撰,潘富恩导读:《二程遗书》,上海:上海古籍出版社,2000。

49. 程嗣章:《明儒讲学考》,收入《四库全书存目丛书》,子部第29册,据清道光四年(1824)刻本影印。

50. 储大文:《存砚楼二集》,收入《四库未收书辑刊》,第9辑第19册,北京:北京出版社,1997,据清乾隆京江张氏刻十九年(1754)储球孙等补修本影印。

51. 崔铣:《洹词》,收入《景印文渊阁四库全书》,第1267册。

52. 邓澄:《邓东垣集》,收入《四库禁毁丛刊补编》,第80册,据清敦凤堂活字本影印。

53. 邓元锡:《潜学编》,收入《四库全书存目丛书》,集部第130册,据明万历三十五年(1607)左宗郢刻本影印。

54. 定祥修，刘绎纂：（光绪）《吉安府志》，收入《中国方志丛书·华中地方·江西省》，第251号，台北：成文出版社，1989，据清光绪元年（1875）刊本影印。

55. 董传策：《邕歗稿》，收入《四库全书存目丛书》，集部第122册，据明万历刻本影印。

56. 董谷：《碧里杂存》，收入《丛书集成初编》，第2911册，北京：中华书局，1985，据盐邑志林本影印。

57. 董其昌编，马镛点校：《董其昌全集》，上海：上海书画出版社，2013。

58. 董斯张等辑：《吴兴艺文补》，收入《四库全书存目丛书》，集部第376—378册，据明崇祯六年（1633）刻本影印。

59. 杜佑：《通典》，收入《景印文渊阁四库全书》，第603册。

60. 范涞修，章潢纂：（万历）《新修南昌府志》，收入《日本藏中国罕见地方志丛刊》，第8册，北京：书目文献出版社，1992，据日本内阁文库藏明万历十六年（1588）刻本影印。

61. 范晔撰，李贤等注：《后汉书》，北京：中华书局，1965。

62. 范允临：《输寮馆集》，收入《四库禁毁书丛刊》，集部第101册，据上海图书馆藏清初刻本影印。

63. 方苞奉敕编：《钦定四书文》，收入《景印文渊阁四库全书》，第1451册。

64. 方懋禄等修，夏之翰等纂：（乾隆）《新城县志》，收入《中国方志丛书·华中地方·江西省》，第896号，台北：成文出版社，1989，据清乾隆十六（1751）年刊本影印。

65. 方濬颐：《二知轩文存》，收入《清代诗文集汇编》，第661册，据清光绪四年（1878）刻本影印。

66. 方濬颐：《梦园书画录》，收入《历代书画录辑刊》，第4—5册，北京：北京图书馆出版社，2007，据清光绪三年（1877）定远方氏成都刻本影印。

67. 方以智：《浮山文集后编》，收入《清代诗文集汇编》，第35册，据清康熙此藏轩刻本影印。

68. 裴大中等修，秦缃业等纂：（光绪）《无锡金匮县志》，收入《中国方志丛书·华中地方·江苏省》，第21号，台北：成文出版社，1970，据清光绪七年（1881）刊本影印。

69. 冯从吾：《冯少墟续集》，收入《丛书集成三编》，第14册，台北：新文丰出版公司，1997，据冯恭定全书本影印。

70. 冯金伯：《国朝画识》，收入《中国历代画史汇编》，第4册，天津：天津古籍出版社，1997，据中华书局聚珍仿宋版精校影印。

71. 冯可镛修，杨泰亨纂：（光绪）《慈溪县志》，收入《中国方志丛书·华中地方·浙江省》，第 213 号，据清光绪二十五年（1899）德润书院刊本影印。

72. 冯梦龙：《警世通言》，收入《古本小说集成》，第 316 册，上海：上海古籍出版社，1994，据兼善堂本影印。

73. 符兆鹏等修，赵继元等纂：（同治）《太湖县志》，收入《中国方志丛书·华中地方·安徽省》，第 106 号，台北：成文出版社，1985，据清同治十一年（1872）刊本影印。

74. 傅金铨编纂：《济一子道书十七种》，民国十年（1921）上海书局石印本。

75. 傅维鳞纂：《明书》，上海：商务印书馆，1937：《国学基本丛书》本。

76. 傅占衡：《湘帆堂集》，收入《四库禁毁书丛刊》，集部第 165 册，据清康熙六十一年（1722）活字本刻本影印。

77. 高攀龙：《高子遗书》，收入《景印文渊阁四库全书》，第 1292 册。

78. 高攀龙：《高子遗书》，收入《无锡文库》，第 4 辑第 84 册，南京：凤凰出版社，2011，据明崇祯五年（1632）钱士升、陈龙正等刻本与高子遗书未刻稿合刊。

79. 耿定向：《耿天台先生文集》，收入《四库全书存目丛书》，集部第 131 册，据明万历二十六年（1598）刘元卿刻本影印。

80. 龚炜：《巢林笔谈》，收入《续修四库全书》，第 1177 册，据清乾隆三十年（1765）蓼怀阁刻本影印。

81. 顾起元：《雪堂随笔》，收入《四库禁毁书丛刊》，集部第 80 册，据明天启七年（1627）刻本影印。

82. 顾天埈：《顾太史文集》，收入《四库禁毁书丛刊》，集部第 9 册，据明崇祯刻本影印。

83. 顾宪成：《泾皋藏稿》，收入《景印文渊阁四库全书》，第 1292 册。

84. 管志道：《续问辨牍》，收入《四库全书存目丛书》，子部第 87 册，据明万历刻本影印。

85. 郭棐：（万历）《粤大记》，收入《日本藏中国罕见地方志丛刊》，第 2 册，据日本内阁文库藏明万历间刻本影印。

86. 郭子章：《蠙衣生传草》，收入《四库全书存目丛书》，集部第 156 册，据明万历刻本影印。

87. 过庭训：《本朝分省人物考》，收入《续修四库全书》，第 533—536 册，据明天启刻本影印。

88. 何良俊：《四友斋丛说》，收入《明清笔记史料丛刊》，北京：中国书店，2000。

89. 何乔远编撰，厦门大学古籍整理研究所历史系古籍整理研究室《闽书》校点组校点：《闽书》，福州：福建人民出版社，1994—1995。

90. 何绍基：《东洲草堂诗钞》，收入《清代诗文集汇编》，第 604 册，据清同治六年

（1867）长沙无园刻本影印。

91. 何绍章、冯寿镜修，吕耀斗等纂：（光绪）《丹徒县志》，收入《中国地方志集成·江苏府县志辑》，第 29 册，南京：凤凰出版社，2008，据清光绪五年（1879）刻本影印。

92. 贺贻孙：《水田居文集》，收入《四库全书存目丛书》，集部第 208 册，据清道光至同治间赐书楼刻水田居全集本影印。

93. 贺长龄、魏源等编：《清经世文编》，北京：中华书局，1992。

94. 贺长龄：《耐庵诗文存》，收入《清代诗文集汇编》，第 550 册，据清咸丰十一年（1861）刻本影印。

95. 洪遵辑：《洪氏集验方》，收入《历代中医珍本集成》，第 10 册，上海：上海三联书店，1990，以《丛书集成》本为底，参酌 1986 年人民卫生出版社铅印本校正影刊。

96. 忽思慧：《饮膳正要》，收入《四部丛刊续编》，第 50 册，上海：上海书店出版社，1984，据上海涵芬楼景印中华学艺社借照日本岩崎氏静嘉堂文库藏明刊本重印。

97. 胡松：《胡庄肃公文集》，收入《四库全书存目丛书》，集部第 91 册，据明万历十三年（1585）胡槚刻本影印。

98. 胡俨：《胡祭酒集》，收入《北京图书馆古籍珍本丛刊》，第 102 册，北京：书目文献出版社，1988，据明隆庆四年（1570）李迁刻本影印。

99. 胡钊、松安等修纂：（道光）《金溪县志》，收入《中国方志丛书·华中地方·江西省》，第 800 号，据清道光六年（1826）刊本影印。

100. 胡震亨：《读书杂录》，收入《四库全书存目丛书》，子部第 109 册，据清康熙十八（1679）年刻本影印。

101. 胡之玫编校：《太上灵宝净明宗教录》，收入《藏外道书》，第 7 册，成都：巴蜀书社，1992，据道藏辑要本影印。

102. 胡直：《衡庐精舍藏稿》，收入《景印文渊阁四库全书》，第 1287 册。

103. 黄道周：《黄石斋先生文集》，收入《续修四库全书》，第 1384 册，据清康熙五十三年（1714）郑玫刻本影印。

104. 黄端伯：《瑶光阁集》，收入《四库全书存目丛书》，集部第 193 册，据清乾隆黄祐刻本影印。

105. 黄汝亨：《寓林集》，收入《四库禁毁书丛刊》，集部第 42—43 册，据明天启二年（1622）武林黄氏原刊本影印。

106. 黄汝亨：《寓林集》，收入《续修四库全书》，第 1369 册，据明天启四年（1624）吴敬吴芝等刻本影印。

107. 黄石麟：《半芜园集》，收入《四库禁毁书丛刊》，集部第 150 册，据清康熙六十一年（1722）黄承昊等刻本影印。

108. 黄元吉编集，徐慧校正：《净明忠孝全书》，收入《正统道藏》，第 41 册，台北：新文丰出版公司，1985。

109. 黄中：《黄雪瀑集》，收入《四库未收书辑刊》，第 7 辑第 23 册，据清康熙汲古堂刻本影印。

110. 黄宗羲：《南雷文定前集》，收入《清代诗文集汇编》，第 33 册，据清康熙刻本影印。

111. 黄宗羲：《南雷文定三集》，收入《清代诗文集汇编》，第 33 册，据清康熙刻本影印。

112. 黄宗羲原著，全祖望补修，陈金生、梁运华点校：《宋元学案》，北京：中华书局，1986。

113. 黄宗羲撰，沈善洪主编：《黄宗羲全集》，杭州：浙江古籍出版社，1985—1994。

114. 黄宗羲撰，沈芝盈点校：《明儒学案》，台北：里仁书局，1987。

115. 黄佐：《小学古训》，收入《岭南遗书》，清道光三十年（1850）南海伍氏粤雅堂文字欢娱室刊本。

116. 江璧等修，胡景辰等纂：(同治)《进贤县志》，收入《中国地方志集成·江西府县志辑》，第 59 册，据清同治十年（1871）刻本影印。

117. 蒋方增修：(道光)《瑞金县志》，收入《中国地方志集成·江西府县志辑》，第 81 册，据清道光二年（1822）刻本影印。

118. 蒋继洙等修，李树藩等纂：(同治)《广信府志》，收入《中国方志丛书·华中地方·江西省》，第 106 号，据清同治十二年（1873）刊本影印。

119. 焦竑：《焦氏澹园续集》，收入《续修四库全书》，第 1364 册，据明万历三十九年（1611）朱汝鳌刻本影印。

120. 焦竑编纂：《国朝献徵录》，台北：台湾学生书局，1965。

121. 焦竑撰，李剑雄点校：《澹园集》，北京：中华书局，1999。

122. 揭傒斯：《揭文安公全集》，收入《四部丛刊初编》，第 237 册，上海：上海书店出版社，1989，据上海涵芬楼借景乌程蒋氏密韵楼藏孔荭谷钞本重印。

123. 金桂馨、漆逢源纂辑：《逍遥山万寿宫通志》，收入《中国道观志丛刊》，第 30—31 册，南京：江苏古籍出版社，2000，据清光绪四年（1878）刊本影印。

124. 金之俊：《金文通公集》，收入《清代诗文集汇编》，第 8 册，据清康熙二十五年（1686）怀天堂刻本影印。

125. 孔融：《孔北海集》，收入《景印文渊阁四库全书》，第 1063 册。

126. 乐史：《太平寰宇记》，收入《景印文渊阁四库全书》，第470册。

127. 雷士俊：《艾陵文钞》，收入《四库禁毁书丛刊》，集部第90册，据清康熙莘乐草堂刻本影印。

128. 黎元宽：《进贤堂稿》，收入《四库禁毁书丛刊》，集部第145—146册，据清康熙刻本影印。

129. 李百药：《北齐书》，北京：中华书局，1972。

130. 李材撰，熊尚文编：《见罗李先生观我堂稿》，东京：高桥情报，1993，据日本内阁文库藏明万历间爱成堂刊本影印。

131. 李慈铭著，由云龙辑：《越缦堂读书记》，上海：上海书店出版社，2000。

132. 李鼎：《李长卿集》，台北"国家图书馆"善本室微卷，据明万历四十年（1612）豫章李氏家刊本摄制。

133. 李斗：《扬州画舫录》，收入《续修四库全书》，史部第733册，据清乾隆六十年（1795）自然盦刻本影印。

134. 李昉等奉敕编：《文苑英华》，收入《景印文渊阁四库全书》，第1340册。

135. 李绂：《穆堂初稿》，收入《四库禁毁书丛刊补编》，第86册，据清乾隆刻本影印。

136. 李绂：《穆堂初稿》，收入《清代诗文集汇编》，第232册，据清道光十一年（1831）奉国堂刻本影印。

137. 李光地：《榕村集》，收入《景印文渊阁四库全书》，第1324册。

138. 李焕章：《织水斋集》，收入《四库全书存目丛书》，集部第208册，据清乾隆间钞本影印。

139. 李来泰：《莲龛集》，收入《清代诗文集汇编》，第122册，据清雍正十三年（1735）刻本影印。

140. 李来泰：《莲龛集》，收入《四库全书存目丛书》，集部第222册，据清雍正李辙等刻本影印。

141. 李铭皖、谭钧培修，冯桂芬纂：（同治）《苏州府志》，收入《中国地方志集成·江苏府县志辑》，第9册，据清光绪八年（1882）江苏书局刻本影印。

142. 李人镜修，梅体萱纂：（同治）《南城县志》，收入《中国地方志集成·江西府县志辑》，第55—56册，据清同治十二年（1873）刻本影印。

143. 李日宣：《敬修堂文集》，中国国家图书馆藏清乾隆李氏家刻本清嘉庆六年（1801）李氏补刻本。

144. 李士棻等修，胡业恒等纂：（同治）《东乡县志》，收入《中国方志丛书·华中地方·江西省》，第 793 号，据清同治八年（1869）刊本影印。

145. 李天植：《龙湫集》，哈佛大学燕京图书馆藏清乾隆十七年（1752）刊本。

146. 李廷机撰，沈鲤校，余彰德梓：《新镌翰林九我李先生家传四书文林贯旨》，日本东京国立公文书馆内阁文库藏，明万历二十八年（1600）刊本。

147. 李延寿：《北史》，北京：中华书局，1974。

148. 李延寿：《南史》，北京：中华书局，1975。

149. 李冶：《敬斋古今黈》，收入《广州大典》，丛部第 34 册，广州：广州出版社，2008，据清道光咸丰间番禺潘氏海山仙馆刻本影印。

150. 李颙：《二曲集》，收入《清代诗文集汇编》，第 105 册，据清康熙三十三年（1694）高尔公刻后印本影印。

151. 李元度：《国朝先正事略》，台北：台湾中华书局，1965。

152. 李长祥：《天问阁文集》，收入《四库禁毁书丛刊》，集部第 11 册，据民国吴兴刘氏刻求恕斋丛书本影印。

153. 李贽：《焚书》，北京：中华书局，1974。

154. 李贽：《李温陵集》，收入《续修四库全书》，集部第 1352 册，据明刻本影印。

155. 李中：《谷平先生文集》，收入《四库全书存目丛书》，集部第 71 册，据清光绪十三年（1887）吉永葆元堂刻本影印。

156. 李中馥撰，凌毅点校：《原李耳载》，北京：中华书局，1997。

157. 利玛窦：《西国记法》，收入《中国宗教历史文献集成·东传福音》，第 11 册，合肥：黄山书社，2005。

158. 郦道元：《水经注》，收入《景印文渊阁四库全书》，第 573 册。

159. 梁寅：《新喻梁石门先生集》，收入《北京图书馆古籍珍本丛刊》，第 96 册，据清乾隆十五年（1750）刻本影印。

160. 林之奇：《拙斋文集》，收入《四库全书珍本·二集》，第 263 册。

161. 刘昌岳修，邓家祺纂：（同治）《新城县志》，收入《中国方志丛书·华中地方·江西省》，第 256 号，据清同治九年（1870）刊本影印。

162. 刘克庄：《后村先生大全集》，收入《四部丛刊初编》，第 216 册，据上海涵芬楼景印旧钞本影印。

163. 刘孔当撰，刘以城编：《刘喜闻先生集》，东京：高桥情报，1993，据日本内阁文库藏明万历三十九年（1611）陈邦瞻校刊本影印。

164. 刘氏合族修：（安福）《三舍刘氏六续族谱》，收入《中国族谱集成·刘氏族谱》，第

13—14 册，成都：巴蜀书社，1995，据清光绪三十一年（1905）刻本影印。

165. 刘崧：《槎翁文集》，收入《四库全书存目丛书》，集部第 24 册，据明嘉靖元年（1522）徐冠刻本影印。

166. 刘夏：《刘尚宾文集》，收入《续修四库全书》，第 1326 册，据明永乐刘拙刻成化刘衢增修本影印。

167. 刘应秋：《刘大司成文集》，台北"国家图书馆"藏明吉水刘氏家刊本。

168. 刘元卿：《刘聘君全集》，收入《四库全书存目丛书》，集部第 154 册，据清咸丰二年（1852）重刻本影印。

169. 刘岳申：《申斋刘先生文集》，收入《元代珍本文集汇刊》，台北："中央图书馆"，1970。

170. 刘宗尧纂：（民国）《迁江县志》，收入《中国方志丛书·华南地方·广西省》，第 136号，台北：成文出版社，1967，据民国二十四年（1935）铅印本影印。

171. 卢崧等修，朱承煦等纂：（乾隆）《吉安府志》，收入《中国方志丛书·华中地方·江西省》，第 769 号，台北：成文出版社，1989，据清乾隆四十一年（1776）原刊、道光二十二年（1842）补刻本影印。

172. 卢文弨辑，庄翊昆等校补：《常郡八邑艺文志》，收入《续修四库全书》，第 917 册，据清光绪十六年（1890）刻本影印。

173. 罗大纮：《紫原文集》，收入《四库禁毁书丛刊》，集部第 139—140 册，据明末刻本影印。

174. 罗洪先：《念庵文集》，收入《景印文渊阁四库全书》，第 1275 册。

175. 罗钦顺著，阎韬点校：《困知记》，北京：中华书局，1990。

176. 罗万藻：《此观堂集》，收入《四库全书存目丛书》，集部第 192 册，据清乾隆二十一年（1756）跃斋刻本影印。

177. 罗子理：《罗德安先生文集》，收入《天津图书馆孤本秘籍丛书》，第 10 册，北京：中华全国图书馆文献缩微复制中心，1999，据明隆庆四年（1570）罗纨刻本影印。

178. 吕柟：《泾野先生文集》，收入《四库全书存目丛书》，集部第 60 册，据明嘉靖三十四年（1555）于德昌刻本影印。

179. 毛宪：《古庵毛先生文集》，收入《四库全书存目丛书》，集部第 67 册，据明嘉靖四十一年（1562）毛诉刻本影印。

180. 茅坤：《茅鹿门先生文集》，收入《续修四库全书》，第 1344—1345 册，据明万历刻本影印。

181. 茅坤编:《唐宋八大家文钞》,收入《景印文渊阁四库全书》,第 1383—1384 册。

182. 梅鼎祚:《鹿裘石室集》,收入《四库禁毁书丛刊》,集部第 58 册,据明天启三年（1623）玄白堂刻本影印。

183. 缪荃孙、吴昌绶、董康撰,吴格整理点校:《嘉业堂藏书志》,上海:复旦大学出版社,1997。

184. 聂豹:《双江聂先生文集》,收入《四库全书存目丛书》,集部第 72 册,据明嘉靖四十三年（1564）吴凤瑞刻隆庆六年（1572）印本影印。

185. 聂友于等修:《崇阳聂氏族谱》,金溪合市镇崇麓聂家村聂海平家藏,鼎容瑞堂 2012 年重镌。

186. 欧大任:《欧虞部集》,收入《四库禁毁书丛刊》,集部第 47—48 册,据清刻本影印。

187. 欧阳德:《欧阳南野先生文集》,收入《四库全书存目丛书》,集部第 81 册,据明嘉靖刻本影印。

188. 欧阳铎:《欧阳恭简公文集》,收入《四库全书存目丛书》,集部第 64 册,据明嘉靖刻本影印。

189. 欧阳桂:《西山志》,收入《四库禁毁书丛刊》,史部第 72 册,据清乾隆三十一年（1766）梅谷山房刻本影印。

190. 欧阳勖平等纂修:《续修安福令欧阳公通谱》,上海图书馆藏民国间影印清乾隆十五年（1750）刻本。

191. 欧阳守道:《巽斋文集》,收入《景印文渊阁四库全书》,第 1183 册。

192. 欧阳修:《新唐书》,北京:中华书局,1975。

193. 彭好古:《石函记》,收入胡道静等主编:《藏外道书》,第 6 册。

194. 彭好古:《铜符铁券》,收入胡道静等主编:《藏外道书》,第 6 册。

195. 彭际盛等修,胡宗元等纂:（光绪）《吉水县志》,收入《中国地方志辑成·江西府县志辑》,第 65 册,据清光绪元年（1875）刻本影印。

196. 彭士望:《耻躬堂文钞》,收入《清代诗文集汇编》,第 32 册,据清咸丰二年（1852）重刻本影印。

197. 蒲松龄:《聊斋志异会校会注会评本》,台北:里仁书局,1978。

198. 钱陈群:《香树斋文集》,收入《清代诗文集汇编》,第 262 册,据清乾隆刻同治光绪间递修本影印。

199. 钱德洪编:《阳明先生年谱》,收入《宋明理学家年谱》,第 11 册,北京:北京图书馆出版社,2005,据明嘉靖四十三年（1564）刻本影印。

200. 钱谦益：《列朝诗集小传》，上海：上海古籍出版社，2008。

201. 钱谦益：《列朝诗集小传》，收入《明代传记丛刊》，第11册，台北：明文书局，1991。

202. 钱谦益著，钱曾笺注，钱仲联标校：《牧斋初学集》，上海：上海古籍出版社，2009。

203. 钱谦益著，钱曾笺注，钱仲联标校：《牧斋有学集》，上海：上海古籍出版社，2009。

204. 钱谦益撰集，许逸民等点校：《列朝诗集》，北京：中华书局，2007。

205. 钱泰吉：《曝书杂记》，收入《续修四库全书》，第926册，据清道光十九年（1839）别下斋丛书本影印。

206. 钱希言：《狯园》，收入氏著：《松枢十九山》，东京：高桥情报，1991，据日本内阁文库藏明万历二十八年（1600）序刊本影印。

207. 钱泳撰，张伟点校：《履园丛话》，北京：中华书局，1979。

208. 秦瀛：《小岘山人诗文集》，收入《续修四库全书》，第1464—1465册，据清嘉庆刻本影印。

209. 丘兆麟：《玉书庭全集》，中国国家图书馆藏清康熙十一年（1672）修本。

210. 屈大均：《翁山文外》，收入《清代诗文集汇编》，第119册，据清康熙刻本影印。

211. 阮元辑：《两浙輶轩录》，收入《续修四库全书》，第1684册，据清嘉庆仁和朱氏碧溪艸堂钱塘陈氏种榆千仙馆刻本影印。

212. 瑞麟等修，史澄等纂：（光绪）《广州府志》，收入《中国方志丛书·华南地方·广东省》，第1号，台北：成文出版社，1966，据光绪五年（1879）刻本影印。

213. 邵宝：《容春堂集》，收入《景印文渊阁四库全书》，第1258册。

214. 邵子彝等修，鲁琪光等纂：（同治）《建昌府志》，收入《中国方志丛书·华中地方·江西省》，第831号，据清同治十一（1872）年刊本影印。

215. 沈德符著，黎欣点校：《万历野获编》，北京：文化艺术出版社，1998。

216. 沈德符：《万历野获编》，收入《明季史料集珍》，台北：伟文图书公司，1976，据"中央研究院"历史语言研究所藏本影印。

217. 沈鲤撰，刘榛辑：《亦玉堂稿》，收入《景印文渊阁四库全书》，第1288册。

218. 沈一贯：《喙鸣文集》，收入《四库禁毁书丛刊》，集部第176册，据明刻本影印。

219. 施岑编：《西山许真君八十五化录》，收入《中华道藏》，第46册，北京：华夏出版社，2004。

220. 石𡼛编，朱熹删定：《中庸辑略》，收入《景印文渊阁四库全书》，第198册。

221. 史能之纂修：（咸淳）《重修毗陵志》，收入《续修四库全书》，第699册，据明刻本影印。

222. 释道原:《景德传灯录》,收入《四部丛刊三编》,第 57—58 册,上海:上海书店出版社,1985,据上海涵芬楼景印常熟瞿氏铁琴铜剑楼藏宋刻本重印。

223. 宋长白:《柳亭诗话》,收入《四库全书存目丛书》,集部第 421 册,据清康熙天茁园刻本影印。

224. 宋濂:《宋学士文集》,台北:台湾商务印书馆,1965,《万有文库》本。

225. 宋濂等撰:《元史》,北京:中华书局,1976。

226. 宋懋澄:《九籥集》,收入《续修四库全书》,第 1374 册,据明万历刻本影印。

227. 宋仪望:《华阳馆文集》,收入《四库全书存目丛书》,集部第 116 册,据清道光二十二年(1842)宋氏中和堂刻本印。

228. 苏轼:《东坡后集》,收入《东坡七集》,第 2 册,台北:台湾中华书局,1965,据匋斋校刊本校刊。

229. 孙七政:《松韵堂集》,收入《四库全书存目丛书》,集部第 142 册,据明万历四十五年(1617)孙朝肃刻本影印。

230. 孙奇逢:《理学宗传》,收入《孔子文化大全》,济南:山东友谊书社,1989,据清光绪浙江书局刻本影印。

231. 孙奇逢:《理学宗传》,收入《续修四库全书》,第 514 册,据清康熙六年(1667)张沐程启朱刻本影印。

232. 孙奇逢:《孙徵君日谱录存》,收入《续修四库全书》,第 559 册,据清光绪十一年(1885)刻本影印。

233. 孙慎行:《玄晏斋集》,收入《四库禁毁丛书》,集部第 123 册,据明崇祯刻本影印。

234. 孙雄辑:《道咸同光四朝诗史》,收入《历代诗史长编》,第 18 种,新北:鼎文书局,1971。

235. 孙毓琇修,贾恩绂纂:(民国)《盐山新志》,收入《中国方志丛书·华北地方·河北省》,第 496 号,台北:成文出版社,1976,据民国五年(1916)刊本影印。

236. 汤宾尹:《鼎镌睡庵汤太史四书脉》,哈佛大学燕京图书馆藏明万历四十三年(1615)序刊本。

237. 汤宾尹:《睡庵稿》,收入《四库禁毁书丛刊》,集部第 63 册,据明万历间刻本影印。

238. 汤斌修,孙珮纂:(康熙)《吴县志》,扬州:江苏广陵古籍刻印社,1989,据康熙三十年(1691)刻本影印。

239. 汤来贺:《内省斋文集》,收入《四库全书存目丛书》,集部第 199 册,据清康熙书林五车楼刻本影印。

240. 汤日昭、王光蕴纂修:(万历)《温州府志》,收入《四库全书存目丛书》,史部第210—211 册,据明万历刻本影印。

241. 陶望龄:《歇庵集》,收入《续修四库全书》,第 1365 册,据明万历乔时敏等刻本影印。

242. 陶兆麟修,蔡逢思纂:(光绪)《高明县志》,收入《中国方志丛书·华南地方·广东省》,第 186 号,台北:成文出版社,1974,据清光绪二十年(1894)刊本影印。

243. 田琯纂修:(万历)《新昌县志》,收入《天一阁藏明代方志选刊》,第 25 册,上海:上海古籍书店,1964,据明万历七年(1579)刻本影印。

244. 童范俨等修,陈庆龄等纂:(同治)《临川县志》,收入《中国方志丛书·华中地方·江西省》,第 946 号,据日本国会图书馆藏清同治九年(1870)刊本影印。

245. 涂伯昌:《涂子一杯水》,收入《四库全书存目丛书》,集部第 193 册,据清康熙四十五年(1706)涂见春刻本影印。

246. 涂国鼎:《性馀堂集》,收入《四库禁毁书丛刊补编》,第 69 册,据天津图书馆藏清康熙蒨园刻本影印。

247. 屠隆:《鸿苞》,收入《四库全书存目丛书》,子部第 89—90 册,据明万历三十八年(1610)茅元仪刻本影印。

248. 屠隆:《栖真馆集》,收入《续修四库全书》,第 1360 册,据明万历十八年(1590)吕氏栖真馆刻本影印。

249. 万承苍:《孺庐先生文录》,收入李祖陶辑:《国朝文录续编》:《续修四库全书》,第 1671 册,据清同治七年(1868)李氏刻本影印。

250. 万恭:《洞阳子集》,台北"国家图书馆"汉学研究中心藏日本尊经阁文库明万历刊本影印本。

251. 万恭:《洞阳子集再续集》,台北"国家图书馆"汉学研究中心藏日本尊经阁文库明万历刊本影印本。

252. 万时华:《溉园初集》《溉园二集》,收入《四库禁毁书丛刊》,集部第 144 册,据明末刻本影印。

253. 汪荣等修,张行孚等纂:(同治)《安吉县志》,收入《中国地方志集成·浙江府县志辑》,第 29 册,上海:上海书店出版社,1993,据清同治十三年(1874)刻本影印。

254. 汪循:《汪仁峰外集》,收入《四库全书存目丛书》,集部第 47 册,据清康熙刻本影印。

255. 汪循:《汪仁峰文集》,收入《四库全书存目丛书》,集部第 47 册,据清康熙刻本影印。

256. 王步青:《已山先生别集》,收入《四库全书存目丛书》,集部第 273 册,据清乾隆敦复堂刻本影印。

257. 王昶:《春融堂集》,收入《清代诗文集汇编》,第 358 册,据清嘉庆十二年(1807)塾南书舍刻本影印。

258. 王翰等修,陈言等纂:(乾隆)《永新县志》,收入《中国方志丛书·华中地方·江西省》,第 756 号,据清乾隆十一年(1746)刊本影印。

259. 王好古:《医垒元戎》,收入《四库全书珍本·四集》,第 141 册,台北:台湾商务印书馆,1973,据台北故宫博物院藏文渊阁四库全书影印。

260. 王加泉修:《超溪谷氏六修宗谱》,金溪琅琚镇谷家村谷南方家藏,浒湾忠信堂 1996年重修本。

261. 王建中等修,刘绎等纂:(同治)《永丰县志》,收入《中国方志丛书·华中地方·江西省》,第 760 号,据清同治十三年(1874)刻本影印。

262. 王慎中:《玩芳堂摘稿》,收入《四库全书存目丛书》,集部第 88 册,据明嘉靖二十九年(1550)蔡克廉刻本影印。

263. 王时槐:《友庆堂合稿》,收入《四库全书存目丛书》,集部第 114 册,据清光绪三十三年(1907)重刻本影印。

264. 王士性:《广志绎》,收入《四库全书存目丛书》,史部第 251 册,据清康熙十五年(1676)刻本影印。

265. 王士禛:《居易录》,收入《文津阁四库全书》,第 871 册,北京:商务印书馆,2006,据中国国家图书馆藏本影印。

266. 王世懋:《嵩书》,收入《四库全书存目丛书》,史部第 232 册,据明万历刻本影印。

267. 王世懋:《王奉常集》,收入《四库全书存目丛书》,集部第 133 册,据明万历刻本影印。

268. 王世贞:《读书后》,收入《文津阁四库全书》,第 1289 册。

269. 王世贞:《弇州山人续稿》,收入《明人文集丛刊》,第一期第 22 种,台北:文海出版社,1970,据明崇祯间刊本影印。

270. 王世贞:《弇州四部稿续稿》,收入《景印文渊阁四库全书》,第 1279—1284 册。

271. 王守仁:《王阳明全集》,台北:大申书局,1983。

272. 王守仁著,吴光等编校:《王阳明全集》(新编本),杭州:浙江古籍出版社,2010。

273. 王守仁撰,吴光等校:《王阳明全集》,上海:上海古籍出版社,1992。

274. 王寿颐、潘纪恩修,王菜、李仲昭纂:(光绪)《仙居志》,收入《地方志人物传记资料丛刊·华东卷》下编,第 94 册,北京:国家图书馆出版社,2012,据清光绪二十年(1894)木活字本影印。

275. 王义山：《稼村类稿》，收入《四库全书珍本》，第 335 册，台北：台湾商务印书馆，1969—1970。

276. 王猷定：《四照堂文集》，收入《四库未收书辑刊》，第 5 辑第 27 册，据清康熙二十二年（1683）王玑刻本影印。

277. 王有年编：（康熙）《金溪县志》，收入《中国方志丛书·华中地方·江西省》，第 798 号，据清康熙二十一年（1682）刊本影印

278. 王元鼎辑：《年谱》，收入《王心斋先生全集》，台北：广文书局，1979，据日本嘉永元年（1848）刻本影印。

279. 魏了翁：《鹤山先生大全文集》，收入《四部丛刊初编》，上海：商务印书馆，1922，据乌程刘氏嘉业堂藏宋刊本景印。

280. 魏瀛修，鲁琪光、钟音鸿纂：（同治）《赣州府志》，收入《中国地方志集成·江西府县志辑》，第 73—74 册，据清同治十二年（1873）刻本影印。

281. 文德翼：《求是堂文集》，收入《四库禁毁书丛刊》，集部第 141 册，北京：北京出版社，2000，据明末刻本影印。

282. 文震孟：《姑苏名贤小纪》，收入《故宫珍本丛刊》，史部第 61 册，海口：海南出版社，2001，据明万历四十二年（1614）刊本影印。

283. 翁方纲：《复初斋外集》，收入《清代诗文集汇编》，第 382 册，据清李彦章校刻本影印。

284. 翁方纲：《复初斋文集》，收入《清代诗文集汇编》，第 382 册，据清李彦章校刻本影印。

285. 吴澄撰，吴当编：《吴文正集》，收入《四库全书珍本·二集》，第 322 册，据台北故宫博物院藏文渊阁四库全书影印。

286. 吴谦牧：《吴志仁先生遗稿》，中国国家图书馆藏清钞本。

287. 吴骞编：《陈乾初先生年谱》，收入《北京图书馆藏珍本年谱丛刊》，第 68 册，北京：北京图书馆出版社，1998，据民国四年（1915）铅印本影印。

288. 吴庆坻撰，张文其、刘德麟点校：《蕉廊脞录》，北京：中华书局，1990。

289. 吴顺昌修：《疏溪吴氏宗谱》，民国三十年（1941）修。

290. 吴悌：《吴疏山先生遗集》，收入《四库全书存目丛书》，史部第 83 册，据清咸丰二年（1852）颐园刻本影印。

291. 吴云：《天门诗文稿》，江西省图书馆藏清钞本。

292. 伍守阳：《内金丹》，收入傅金铨编纂：《济一子道书十七种》，民国十年（1921）上海书局石印本。

293. 伍守阳：《仙佛合宗语录》，收入阎永和、彭翰然重刻，贺龙骧校订：《重刊道藏辑

要》，第 159 册，清光绪丙午年（1906）成都二仙庵重刊本。

294. 夏燮：《明通鉴》，台北：世界书局，1962。

295. 项珂、刘馥桂等修：（同治）《万年县志》，收入《中国方志丛书·华中地方·江西省》，第 258 号，据清同治十年（1871）刊本影印。

296. 萧良榦等修，张元忭等纂：（万历）《绍兴府志》，收入《中国方志丛书·华中地方·浙江省》，第 520 号，台北：成文出版社，1983，据明万历十五年（1587）刊本影印。

297. 萧镃：《尚约居士集》，东京：高桥情报，1990，据日本内阁文库藏明弘治七年（1494）刊后补本影印。

298. 谢旻等修，陶成等纂：（雍正）《江西通志》，收入《中国方志丛书·华中地方·江西省》，第 782 号，据清雍正十年（1732）刊本影印。

299. 谢鸣谦辑：《程山谢明学先生年谱》，附于谢文洊：《谢程山集》，收入《四库全书存目丛书》，集部第 209 册。

300. 谢廷讚：《步丘草》，东京：高桥情报，1990，据日本内阁文库藏明万历间刊本影印。

301. 谢廷讚：《霞继亭集》，台北"国家图书馆"藏明万历刊本。

302. 谢文洊：《谢程山集》，收入《四库全书存目丛书》，集部第 209 册，据清道光三十年（1850）刻谢程山先生全书影印。

303. 熊过：《南沙先生文集》，收入《四库全书存目丛书》，集部第 91 册，据明泰昌元年（1620）熊胤衡刻本印。

304. 熊开元：《鱼山剩稿》，收入《笔记小说大观》，第 43 编第 4 册，台北：新兴书局，1986。

305. 熊明遇：《文直行书》，收入《四库禁毁书丛刊》，集部第 106 册，据清顺治十七年（1660）熊人霖刻本影印。

306. 熊人霖：《南荣集诗文选》，东京：高桥情报，1994，据日本内阁文库藏明崇祯十六年（1643）刊本影印。

307. 徐熥：《鳌峰集》，收入《续修四库全书》，第 1381 册，据明天启五年（1625）南居益刻本影印。

308. 徐芳：《悬榻编》，收入《四库禁毁书丛刊》，集部第 86 册，据清康熙刻本影印。

309. 徐奋鹏：《徐笔峒先生十二部文集》，台北故宫博物院藏北平图书馆善本书胶片，据明秣陵王凤翔光启堂重刊本摄制。

310. 徐世溥：《榆溪逸稿》，收入《清代诗文集汇编》，第 26 册，据清嘉庆年间刻本影印。

311. 徐问：《山堂续稿》，收入《四库全书存目丛书》，集部第 54 册，据明嘉靖二十年（1541）张志选刻崇祯十一年（1638）徐邦式重修本影印。

312. 徐学谟：《归有园稿》，收入《四库全书存目丛书》，集部第 125 册，据明万历二十一年（1593）张汝济刻四十年（1612）徐元嘏重修本影印。

313. 徐永山等修：《耿阳徐氏族谱》，金溪琉璃乡蒲塘小耿徐氏家藏，2010 年重修东乡何鸿文刊印本。

314. 徐云淋修：《印山徐氏宗谱》，金溪琉璃乡印衫徐样清家藏，民国三十五年（1946）十修。

315. 徐𤊻撰，沈文倬校注：《笔精》，福州：福建人民出版社，1997。

316. 许三礼：《政学合一集》，收入《四库全书存目丛书》，子部第 165 册，据清康熙刻本影印。

317. 许逊：《灵剑子》，收入《中华道藏》，第 31 册。

318. 许瑶光等修，吴仰贤等纂：(光绪)《嘉兴府志》，收入《中国方志丛书·华中地方·浙江省》，第 53 号，据清光绪五年（1879）刊本影印。

319. 许应鑅等修，曾作舟等纂：(同治)《南昌府志》，收入《中国方志丛书·华中地方·江西省》，第 812 号，据清同治十二年（1873）刊本影印。

320. 许应鑅修，谢煌纂：(光绪)《抚州府志》，收入《中国方志丛书·华中地方·江西省》，第 253 号，据清光绪二年（1876）刊本影印。

321. 许治修，沈德潜、顾诒禄纂：(乾隆)《元和县志》，扬州：江苏广陵古籍刻印社，1991，据乾隆二十六年（1761）刻本影印。

322. 薛冈：《天爵堂文集》，收入《四库未收书辑刊》，第 6 辑第 25 册，据明崇祯刻本影印。

323. 薛甲：《畏斋薛先生艺文类稿》，收入《北京图书馆古籍珍本丛刊》，第 110 册，据明隆庆刻本影印。

324. 严如熤原本，杨名飏续纂：(民国)《汉南续修郡志》，收入《中国地方志集成·陕西府县志辑》，第 50 册，南京：凤凰出版社，2007，据民国十三年（1924）刻本影印。

325. 颜钧著，黄宣民标点整理：《颜钧集》，北京：中国社会科学出版社，1996。

326. 杨长杰等修，黄联珏等纂：(同治)《贵溪县志》，收入《中国方志丛书·华中地方·江西省》，第 873 号，据清同治十年（1871）刊本影印。

327. 杨涟：《杨忠烈公文集》，收入《续修四库全书》，第 1371 册，据清顺治十七年（1660）李赞元刻本影印。

328. 杨廉：《杨文恪公文集》，收入《续修四库全书》，第 1332 册，据明刻本影印。

329. 杨㓜、徐迪惠等纂：（道光）《泰和县志》，《中国方志丛书·华中地方·江西省》，第839号，据清道光六年（1826）刊本影印。

330. 杨思本：《榴馆初函集》，收入《四库全书存目丛书》，集部第194—195册，据清康熙十三年（1674）杨日升刻本影印。

331. 杨维新修，张元汴、徐渭纂：（万历）《会稽县志》，收入《天一阁藏明代方志选刊续编》，第28册，上海：上海书店出版社，1990，据万历刊本影印。

332. 杨维桢：《铁崖赋稿》，收入《续修四库全书》，第1325册，据清劳权家钞本影印。

333. 杨锡龄等修：《杨氏宗谱》，金溪印山杨军辉家藏，清光绪九年（1883）重修本。

334. 杨应诏：《天游山人集》，收入《北京图书馆古籍珍本丛刊》，第110册，据明刻本影印。

335. 姚思廉：《梁书》，北京：中华书局，1973。

336. 姚濬昌等修，周立瀛等纂：（同治）《安福县志》，收入《中国方志丛书·华中地方·江西省》，第773号，据同治十一年（1872）刻本影印。

337. 姚之骃：《元明事类钞》，收入《景印文渊阁四库全书》，第884册。

338. 叶采：《近思录集解》，收入《续修四库全书》，第934册，据元刻明修本影印。

339. 佚名：《居家必用事类全集》，收入《北京图书馆古籍珍本丛刊》，第61册，据明刻本影印。

340. 佚名：《新编翰苑新书前集》，收入《北京图书馆古籍珍本丛刊》，第74册，据明钞本影印。

341. 易学实：《犀崖文集》，收入《四库全书存目丛书》，集部第198册，据清康熙刻本影印。

342. 尹襄：《巽峰集》，收入《四库全书存目丛书》，集部第67册，据清光绪七年（1881）永锡堂刻本影印。

343. 永瑢等撰：《钦定四库全书总目》，台北：台湾商务印书馆，1983。

344. 永瑢等撰：《四库全书总目》，北京：中华书局，1965。

345. 尤时熙：《拟学小记》，收入《四库全书存目丛书》，子部第9册，据清同治三年（1864）刻本影印。

346. 余之祯、王时槐等纂修：（万历）《吉安府志》，北京：书目文献出版社，1991，据明万历十三年（1585）刻本影印。

347. 俞长城：《可仪堂一百二十名家制义》，东京：日本公文书馆藏文盛堂怀德堂全梓乾隆三年（1738）重镌本。

348. 虞淳熙：《虞德园先生集》，收入《四库禁毁书丛刊》，集部第43册，据明末刻本影印。

349. 袁黄：《袁了凡先生两行斋集》，台北"国家图书馆"藏，据明天启四年（1624）嘉兴袁氏家刊本摄制。

350. 袁中道：《珂雪斋近集》，收入《明代论著丛刊》，台北：伟文图书公司，1976，据"中央图书馆"藏本影印。

351. 袁中道撰，钱伯城点校：《珂雪斋集》，上海：上海古籍出版社，2007。

352. 曾国藩、刘坤一等修，刘绎、赵之谦等纂：（光绪）《江西通志》，收入《续修四库全书》，第656—660册，据清光绪七年（1881）刻本影印。

353. 曾国藩、刘坤一等修，刘绎、赵之谦等纂：（光绪）《江西通志》，收入《中国地方志集成》，第3—7册，南京：凤凰出版社，2009，据清光绪七年（1881）刻本影印。

354. 曾同亨：《泉湖山房稿》，东京：高桥情报，1991，据日本内阁文库藏明刊本影印。

355. 曾燠：《赏雨茅屋诗集》，收入《清代诗文集汇编》，第456册，据清咸丰十一年（1861）重刻本影印。

356. 曾燠辑：《江西诗徵》，收入《续修四库全书》，第1690册，据清嘉庆九年（1804）赏雨茅屋刻本影印。

357. 湛若水：《湛甘泉先生文集》，收入《四库全书存目丛书》，集部第56—57册，据清康熙二十年（1681）黄楷刻本影印。

358. 张邦奇：《张文定公环碧堂集》，收入《续修四库全书》，第1337册，据明刻本影印。

359. 张伯行：《小学集解》，收入《四库全书存目丛书》，子部第3册，据清同治重刻正谊堂全书本影印。

360. 张采：《知畏堂诗存》，收入《四库禁毁书丛刊》，集部第81册，据清康熙刻本影印。

361. 张采：《知畏堂文存》，收入《四库禁毁书丛刊》，集部第81册，据清康熙刻本影印。

362. 张大复：《昆山人物传》，收入《续修四库全书》，第541册，据明刻清雍正二年（1724）汪中鹏重修本影印。

363. 张大复：《梅花草堂集》，收入《续修四库全书》，第1380册，据明崇祯刻本影印。

364. 张岱：《陶庵梦忆》，台北：金枫出版社，1996。

365. 张岱编：《阳明先生遗像册》，收入刘家平等主编：《中华历史人物别传集》，第21册，北京：线装书局，2003。

366. 张杲：《医说》，收入《景印文渊阁四库全书》，第742册。

367. 张洪、齐熙同编：《朱子读书法》，收入《景印文渊阁四库全书》，第709册。

368. 张君房：《云笈七签》，收入胡道静等选辑：《道藏要籍选刊》，第1册，上海：上海古籍出版社，1989，据1923至1926年间上海涵芬楼缩印明刊《正统道藏》本选印。

369. 张溥：《十三经类语序》，载罗万藻编：《十三经类语》，收入《四库全书存目丛书》，子部第 217 册，据明崇祯十三年（1640）刻本影印。

370. 张其锦编：《凌次仲先生年谱》，收入北京图书馆出版社古籍影印编辑室辑：《乾嘉名儒年谱》，第 10 册，北京，北京图书馆出版社，2006。

371. 张时彻：《芝园定集》，收入《四库全书存目丛书》，集部第 82 册，据明嘉靖刻本影印。

372. 张廷玉等撰，郑天挺点校：《明史》，北京：中华书局，1995。

373. 张维屏编撰，陈永正点校：《国朝诗人徵略二编》，广州：中山大学出版社，2004。

374. 张位：《闲云馆集》，东京：高桥情报，1990，据日本内阁文库藏明刊本影印。

375. 张夏：《雒闽源流录》，收入《四库全书存目丛书》，史部第 123 册，据清康熙二十一年（1682）黄昌衢彝叙堂刻本影印。

376. 张萱：《西园闻见录》，收入《续修四库全书》，第 1168—1170 册，据民国二十九年（1940）哈佛燕京学社印本影印。

377. 张荫阶、张启元等修：《横渠张氏宗谱》，东邑宗美仁斋 1995 年新镌本。

378. 张豫章编：《御选宋金元明四朝诗》，收入《景印文渊阁四库全书》，第 1443 册。

379. 张贞生：《庸书》，收入《四库全书存目丛书》，集部第 229 册，据清康熙十八年（1679）张世坤张世坊讲学山房刻本影印。

380. 章衮：《章介庵文集》，收入《四库全书存目丛书》，集部第 81 册，据清乾隆十八年（1753）章文先刻本影印。

381. 郑鄤：《峚阳草堂诗文集》，收入《四库禁毁书丛刊》，集部第 126 册，据民国二十一年（1932）活字本影印。

382. 郑元祐：《侨吴集》，收入《元代珍本文集汇刊》，第 13 册，台北："中央图书馆"，1970，据钞本影印。

383. 周晖：《二续金陵琐事》，收入《笔记小说大观》，第 16 编第 4 册，台北：新兴书局，1988。

384. 周敬群、周盈科等修：《水门周氏宗谱》，金溪琅琚镇陈河村周志安家藏，1948 年重修本。

385. 周亮工：《因树屋书影》，收入《续修四库全书》，第 1134 册，据清康熙六年（1667）刻本影印。

386. 周穆庵修：《戌元栎林周氏族谱》，金溪合市镇龚家戌元村周新友家藏，清道光二十四年（1844）重修本。

387. 周汝登：《东越证学录》，收入《四库全书存目丛书》，集部第 165 册，据明万历刻本影印。

388. 周树槐等纂修：（道光）《吉水县志》，收入《中国方志丛书·华中地方·江西省》，第766号，据清道光五年（1825）刻本影印。

389. 周体观：《青云谱志》，收入《中国道观志丛刊》，第24册，民国九年（1920）住持徐云岩重刻本影印。

390. 周天德等修纂：（康熙）《新城县志》，收入《中国方志丛书·华中地方·江西省》，第895号，据清康熙十二年（1673）刊本影印。

391. 周向日修：《隆桥周氏族谱》，金溪合市镇斛塘上周坊村周德生、周细武家藏，清光绪七年（1881）重修本。

392. 周右修，蔡复午等纂：（嘉庆）《东台县志》，收入《中国地方志集成·江苏府县志辑》，第60册，南京：凤凰出版社，2008，据嘉庆二十二年（1817）铅印本影印。

393. 朱多煃：《朱宗良集》，台北故宫博物院藏明万历二十五年（1597）刊本。

394. 朱衡：《朱镇山先生集》，台北故宫博物院藏北平图书馆善本书胶片，据明万历十九年（1591）岭南陈宗愈婺源刊本摄制。

395. 朱谋垔：《画史会要》，收入《景印文渊阁四库全书》，第816册。

396. 朱善：《朱一斋先生文集》，收入《四库全书存目丛书》，集部第25册，据明成化二十二年（1486）朱维鉴刻本影印。

397. 朱吾弼：《朱密所先生密林漫稿》，收入《天津孤本秘籍丛刊》，第11册，北京：中华全国图书馆文献缩微复制中心，1999，据明天启二年（1622）朱恒敬等校刻本影印。

398. 朱彝尊：《静志居诗话》，收入《续修四库全书》，第1698册，据清嘉庆二十四年（1819）扶荔山房刻本影印。

399. 朱长春：《四书万卷楼新镌主意》，日本东京国立公文书馆内阁文库藏，明刊本。

400. 朱长春：《朱太复文集》，收入《四库禁毁书丛刊》，集部第206册，据明万历刻本影印。

401. 撰者不详：《孝行录》，东京：合资会社东京国文社，1922。

402. 邹德涵：《邹聚所先生外集》，收入《四库全书存目丛书》，集部第157册，据明万历邹衮刻本影印。

403. 邹德涵：《邹聚所先生文集》，收入《四库全书存目丛书》，集部第157册，据明万历邹衮刻本影印。

404. 邹德溥：《邹泗山先生文集》，"中央研究院"傅斯年图书馆藏安成绍恩堂刊本清刊本。

405. 邹守益：《东廓邹先生文集》，收入《四库全书存目丛书》，集部第65—66册，据清刻本影印。

406. 邹守益：《东廓邹先生遗稿》，台北"国家图书馆"藏嘉靖末年刊本。

407. 邹守益编：《王阳明先生图谱》，收入《北京图书馆藏珍本年谱丛刊》，第43册，据民国三十年（1941）本影印。

408. 邹守益编：《王阳明先生图谱》，收入《四库未收书辑刊》，第4辑第17册，据清钞本影印。

409. 邹守益著，董平编校整理：《邹守益集》，南京：凤凰出版社，2007。

410. 邹元标：《愿学集》，收入《景印文渊阁四库全书》，第1294册。

411. 邹元标撰，周汝登等编：《邹子存真集》，东京：高桥情报，1991，据日本内阁文库藏明天启二年（1622）序李生文重刊本影印。

412. 邹钟泉：《道南渊源录》，收入《四库未收书辑刊》，第9辑7册，据清道光二十八年（1848）道南祠刻本影印。

二、近人论著

1. 曹松叶：《宋元明清书院概况》，《中山大学语言历史学研究所周刊》，第10集（1929—1930）第111期，3—31页；第112期，13—31页；第113期，3—29页；第114期，3—24页；第115期，8—21页。

2. 长冈龙作编：《造形の場》：《讲座日本美术史》，2，东京：东京大学出版会，2005。

3. 陈宝良：《中国的社与会》，杭州：浙江人民出版社，1996。

4. 陈来：《"朱子新学案"述评》，收入氏著：《中国近世思想史研究》，北京：商务印书馆，2003，221—239页。

5. 陈来：《中国近世思想史研究》，北京：商务印书馆，2003。

6. 陈立立：《江右商与万寿宫》，《江西科技师范学院学报》，2（南昌，2005），72—78页。

7. 陈荣捷：《朱学论集》，台北：台湾学生书局，1982。

8. 陈时龙：《明代的科举与经学》，北京：中国社会科学出版社，2018。

9. 陈文新、余来明编：《明代文学与科举文化国际学术研讨会论文集》，武汉：武汉大学出版社，2010。

10. 陈寅恪：《柳如是别传》，北京：生活·读书·新知三联书店，2001。

11. 程玉瑛：《王艮（1483—1541）与泰州学派：良知的普及化》，《台湾师范大学历史学报》，17（台北，1989），59—136页。

12. 程玉瑛：《晚明被遗忘的思想家：罗汝芳（近溪）诗文事迹编年》，台北：广文书局，1995。

13. 德永弘道：《南宋初期の禅宗祖師像について——拙菴德光賛達磨像を中心に》，（上）：《国华》，929（东京，1971），7—17页；（下），930（东京，1971），5—22页。

14. 邓爱虹：《利玛窦、章潢、熊明遇与南昌地区的西学东渐》，《江西教育学院学报》，25：4（南昌，2004），105—109页。

15. 邓丽华：《从曾鲸肖像画看晚明文人个人形象的建立》，台北：台湾师范大学美术研究所硕士论文，1991。

16. 丁常春：《伍守阳内丹思想研究》，成都：巴蜀书社，2007。

17. 丁国祥：《复社研究》，南京：凤凰出版社，2011。

18. 范纯武：《飞鸾、修真与办善——郑观应与上海的宗教世界》，收入巫仁恕、康豹等编：《从城市看中国的现代性》，台北："中央研究院"近代史研究所，2010，247—274页。

19. 方祖猷：《王畿评传》，南京：南京大学出版社，2001。

20. 冯玉荣：《医者同社与研经讲学：以明末清初钱塘侣山堂为中心的讨论》，收入张艺曦主编：《结社的艺术：16—18世纪东亚世界的文人社集》，489—525页。

21. 冯玉荣：《明末清初松江士人与地方社会》，北京：中国社会科学出版社，2011。

22. 高桥进：《朱熹と王陽明——物と心と理の比較思想論》，东京：国会刊行会，1977。

23. 龚笃清：《明代八股文史》，长沙：岳麓书社，2015。

24. 郭绍虞：《明代的文人集团》，收入氏著：《照隅室古典文学论集》，上海：上海古籍出版社，1986，518—610页。

25. 郭武：《宋、元净明道与儒学关系综论——兼谈影响宗教融合的因素》，《宗教哲学》，34（南投，2005），17—34页。

26. 郭武：《元代净明道与朱陆之学关系略论》，《宗教学研究》，2（成都，2005），9—14页。

27. 郭武：《朱道朗与青云派》，《宗教学研究》，4（成都，2008），6—11页。

28. 郭武：《〈净明忠孝全书〉研究：以宋、元社会为背景的考察》，北京：中国社会科学出版社，2005。

29. 何宗美：《文人结社与明代文学的演进》，北京：人民出版社，2011。

30. 侯美珍：《明代乡会试〈诗经〉义出题研究》，台北：台湾学生书局，2014。

31. 胡琦：《宋元理学家读书法与"唐宋八大家"的经典化》，《中国文哲研究集刊》，52（台北，2018），1—43页。

32. 华人德：《明清肖像画略论》，《艺术家》，218（台北，1993），236—245 页。

33. 黄明理：《儒者归有光析论：以应举为考察核心》，台北：里仁书局，2009。

34. 黄圣修：《宗族与诗社：明末广东诗文集社研究》，收入张艺曦主编：《结社的艺术：16—18 世纪东亚世界的文人结社》，241—281 页。

35. 黄小石：《净明道研究》，成都：巴蜀书社，1999。

36. 吉川幸次郎著，郑清茂译：《元明诗概说》，台北：联经出版事业公司，2012。

37. 吉田公平：《陸象山と王陽明》，东京：研文出版社，1990。

38. 姜一涵：《普林斯顿大学美术博物馆藏王阳明三札卷》，《明报月刊》，10：1（香港，1975），58—65 页。

39. 科大卫著，曾宪冠译，李子归、陈博翼校：《明清社会和礼仪》，北京：北京师范大学出版社，2016。

40. 孔庆茂：《八股文史》，南京：凤凰出版社，2008。

41. 李丰楙：《传承与对应——六朝道经中"末世"说的提出与衍变》，《中国文哲研究集刊》，9（台北，1996），91—130 页。

42. 李丰楙：《六朝道教的度救观——真君、种民与度世》，《东方宗教研究》，5（台北，1996），137—160 页。

43. 李丰楙：《六朝道教的末世救劫观》，收入沈清松主编：《末世与希望》，台北：五南出版社，1999，131—156 页。

44. 李丰楙：《宋代水神许逊传说之研究》，《汉学研究》，8：1（台北，1990），363—400 页。

45. 李丰楙：《许逊的显化与圣迹：一个非常化祖师形象的历史刻画》，收入李丰楙、廖肇亨主编：《圣传与诗禅：中国文学与宗教论集》，台北："中央研究院"中国文哲研究所，2007，367—441 页。

46. 李丰楙：《许逊与萨守坚：邓志谟道教小说研究》，台北：台湾学生书局，1997。

47. 李纪祥：《入道之序：由"陈（淳）、黄（榦）之歧"到李滉〈圣学十图〉》，《"中央大学"文学院人文学报》，24（桃园，2001），241—337 页。

48. 李纪祥：《两宋以来大学改本之研究》，台北：台湾学生书局，1988。

49. 李庆龙：《罗汝芳思想研究》，台北：台湾大学历史学研究所博士论文，1999。

50. 李晓文：《赣南客家地区许真君信仰研究》，赣州：江西赣南师范学院硕士论文，2007。

51. 李宜蓁：《入明使节的肖像：妙智院藏〈策彦周良像〉之研究》，台北：台湾大学艺术史研究所硕士论文，2010。

52. 李永春主编：《实用中医辞典》，台北：知音出版社，2011。

53. 李玉栓：《明代文人结社考》，北京：中华书局，2013。

54. 廖可斌：《复古派与明代文学思潮》，台北：文津出版社，1994。

55. 廖可斌：《明代文学复古运动研究》，北京：商务印书馆，2008。

56. 林丽月：《科场竞争与天下之"公"：明代科举区域配额问题的一些考察》，《台湾师范大学历史学报》，20（台北，1992），43—73 页。

57. 林启屏：《朱子读书法与经典诠释：一个信念分析的进路》，《中正汉学研究》，23（嘉义，2014），1—23 页。

58. 林庆彰：《晚明经学的复兴运动》，收入氏著：《明代经学研究论集》，台北：文史哲出版社，1994，79—145 页。

59. 林素芬：《论欧阳修的读书法及其作史之实践》，《慈济大学人文社会科学学刊》，7（花莲，2008），124—157 页。

60. 刘海峰、张亚群编：《科举制的终结与科举学的兴起》，武汉：华中师范大学出版社，2006。

61. 刘海峰编：《二十世纪科举研究论文选编》，武汉：武汉大学出版社，2009。

62. 刘勇：《邓元锡与〈皇明书〉：十六世纪晚期的明代学术思想史编撰》，广州：中山大学历史学硕士论文，2005。

63. 刘勇：《中晚明士人的讲学活动与学派建构：以李材（1529—1607）为中心的研究》，北京：商务印书馆，2015。

64. 柳存仁：《许逊与兰公》，收入氏著：《和风堂文集》，上海：上海古籍出版社，1991，（中），714—752 页。

65. 吕妙芬：《明代宁国府的阳明讲会活动》，《新史学》，12：1（台北，2001），53—114 页。

66. 吕妙芬：《明清儒学关于个体不朽、死后想象、祭祀原理之论述》，第四届国际汉学会议，台北："中央研究院"，2012 年 6 月 21—24 日。

67. 吕妙芬：《颜子之传：一个为阳明学争取正统的声音》，《汉学研究》，15：1（台北，1997），73—92 页。

68. 吕妙芬：《阳明学讲会》，《新史学》，9：2（台北，1998），45—87 页。

69. 吕妙芬：《阳明学士人社群——历史、思想与实践》，台北："中央研究院"近代史研究所，2003。

70. 毛礼镁编：《江西省高安县净明道科仪本汇编》，台北：新文丰出版公司，2006。

71. 蒙文通：《古史甄微》，成都：巴蜀书社，1999。

72. 孟森：《袁了凡斩蛟记考》，收入氏著：《明清史论著集刊续编》，台北：南天书局，1987，73—80页。

73. 缪咏禾：《明代出版史稿》，南京：江苏人民出版社，2000。

74. 潘振泰：《明代江门心学的崛起与式微》，《新史学》，7：2（台北，1996），1—46页。

75. 钱明：《王阳明的道教情结——以晚年生活为主线》，《杭州师范学院学报（社会科学版）》，2（杭州，2004），24—30页。

76. 钱明：《王阳明及其学派论考》，北京：人民出版社，2009。

77. 钱穆：《初期宋学》，收入氏著：《中国学术思想史论丛》三：《钱宾四先生全集》（甲编），第20册，台北：联经出版事业公司，1994，1—17页。

78. 钱穆：《讲堂遗录》（上），收入《钱宾四先生全集》（丙编），第52册，台北：联经出版事业公司，1995。

79. 钱穆：《学籥》，收入《钱宾四先生全集》（甲编），第24册。

80. 钱穆：《中国学术思想史论丛》七，台北：东大图书公司，1979。

81. 卿希泰、唐大潮：《道教史》，南京：江苏人民出版社，2006。

82. 卿希泰主编：《中国道教史》，台北：中华道统出版社，1997。

83. 邱士华：《许初竹冈阡表介述》，《故宫文物月刊》，377（台北，2014），62—71页。

84. 秋月观暎：《中国近世道教の形成：净明道の基础的研究》，东京：创文社，1978。

85. 任继愈主编：《中国道教史（增订本）》，北京：中国社会科学出版社，2001。

86. 山下龙二：《阳明学の研究——展开篇》，东京：现代情报社，1971。

87. 单国强：《肖像画类型刍议》，《故宫博物院院刊》，4（北京，1990），11—23页。

88. 沈俊平：《举业津梁：明中叶以后坊刻制举用书的生产与流通》，台北：台湾学生书局，2009。

89. 盛朗西：《中国书院制度》，台北：华世出版社，1977。

90. 史景迁著，陈恒、梅义征译：《利玛窦的记忆宫殿》，台北：麦田出版公司，2007。

91. 束景南：《朱熹佚文辑考》，南京：江苏古籍出版社，1991。

92. 苏晋仁、萧炼子选辑：《历代释道人物志》，成都：巴蜀书社，1988。

93. 王昌伟：《明末清初秦地文人在扬州的结社活动》，收入张艺曦主编：《结社的艺术：16—18世纪东亚世界的文人社集》，台北：联经出版事业公司，2020，327—354页。

94. 王汎森：《明代后期的造伪与思想争论——丰坊与〈大学〉石经》，《新史学》，6：4（台北，1995），1—20页。

95. 王汎森:《明代中晚期思想文化的大变动》(待刊)。

96. 王汎森:《明末清初的人谱与省过会》,《历史语言研究所集刊》,63:3(台北,1993),679—712 页。

97. 王汎森:《清初的讲经会》,《历史语言研究所集刊》,68:3(台北,1997),503—588 页。

98. 王汎森:《清初思想趋向与〈刘子节要〉——兼论清初蕺山学派的分裂》,《历史语言研究所集刊》,68:2(台北,1997),417—448 页。

99. 王汎森:《清代儒者的全神堂——〈国史儒林传〉与道光年间顾祠祭的成立》,《历史语言研究所集刊》,79:1(台北,2008),63—93 页。

100. 王汎森:《日谱与明末清初思想家——以颜李学派为主的讨论》,《历史语言研究所集刊》,69:2(台北,1998),245—294 页。

101. 王鸿泰:《城市舞台——明后期南京的城市游乐与文艺社群》,收入张艺曦主编:《结社的艺术:16—18 世纪东亚世界的文人社集》,29—73 页。

102. 王雪卿:《读书如何成为一种工夫:朱子读书法的工夫论研究》,《清华中文学报》,13(新竹,2015),49—106 页。

103. 吴震:《罗汝芳评传》,南京:南京大学出版社,2005。

104. 吴震:《明代知识界讲学活动系年:1522—1602》,上海:学林出版社,2003。

105. 吴震:《阳明后学研究》,上海:上海人民出版社,2003。

106. 相井手诚之辅:《頂相における像主の表象——見心来復象の場合》,《佛教艺术》282(九州,2005),13—35 页。

107. 向静:《感仁兴义、树立风声:明代正统年间义民形象的塑造》,《北大史学》19(北京,2014),96—116 页。

108. 小野和子:《明季黨社考:東林黨と復社》,京都:同朋社,1996。

109. 谢国桢:《明清之际党社运动考》,北京:中华书局,1982。

110. 徐美洁:《屠隆净明道信仰及其性灵诗论》,上海:上海师范大学人文与传播学院硕士论文,2008。

111. 徐朔方:《汤显祖年谱》,上海:上海古籍出版社,1980。

112. 徐朔方:《屠隆年谱》,收入氏著:《晚明曲家年谱》,杭州:浙江古籍出版社,1993,第 2 卷,309—394 页。

113. 徐兆安:《英雄与神仙:十六世纪中国士人的经世功业、文辞习气与道教经验》,新竹:清华大学历史研究所硕士论文,2008。

114. 萱場まゆみ:《頂相と掛真——興国寺本法燈国師像からの考察》,《美术史研究》, 33 (东京,1995),93—108 页。

115. 杨俊峰:《改革者的内心世界——郑观应的道教信仰与济世志业》,《台大历史学报》, 35 (台北,2005),85—126 页。

116. 杨儒宾:《〈雅〉〈颂〉与西周儒家的"对越"精神》,收入《中国哲学与文化》,第 11 辑,桂林:广西师范大学出版社,2014,39—67 页。

117. 杨正显:《陶望龄与晚明思想》,台北:花木兰出版社,2010。

118. 野口铁郎:《道教的千年王国運動の萌芽》,收入秋月观暎编:《道教と宗教文化》,东 京:株式会社平河出版社,1987,456—470 页。

119. 尹星凡:《罗钦顺及其〈困知记〉》,收入郑晓江主编:《江右思想家研究》,北京:中 国社会科学出版社,2003,230—241 页。

120. 余英时:《从宋明儒学的发展论清代思想史》,收入氏著:《历史与思想》,台北:联经 出版事业公司,1987,87—119 页。

121. 余英时:《清代思想史的一个新解释》,收入氏著:《历史与思想》,121—156 页。

122. 余英时:《论戴震与章学诚:清代中期学术思想史的研究》,北京:生活·读书·新知 三联书店,2005。

123. 余英时:《宋明理学与政治文化》,台北:允晨文化实业公司,2004。

124. 余英时:《中国文化与现代变迁》,台北:三民书局,1992。

125. 张艺曦:《飞升出世的期待:明中晚期士人与龙沙谶》,《新史学》,22:1 (台北, 2011),1—57 页。

126. 张艺曦:《吉安府价值观的转变——以两本府志为中心的分析》,收入氏著:《社群、 家族与王学的乡里实践:以明中晚期江西吉水、安福两县为例》,台北:台湾大学 出版委员会,2007:《附录二》,403—432 页。

127. 张艺曦:《经学、书院与家族:南宋末到明初江西吉水的学术发展》,《新史学》,23: 4 (台北,2012),7—60 页。

128. 张艺曦:《明代士人的睡眠时间与睡眠观念》,《明代研究通讯》,5 (台北,2002), 35—55 页。

129. 张艺曦:《明代阳明画像的流传及其作用——兼及清代的发展》,《思想史》,5,台北: 联经出版事业公司,2016,95—155 页。

130. 张艺曦:《明及清初地方小读书人的社集活动:以江西金溪为例》,收入张艺曦主编: 《结社的艺术:16—18 世纪东亚世界的文人社集》,283—324 页。

131. 张艺曦：《明中晚期的思想文化风潮与士人活动》，《中华文物学会 2019 年刊》（台北，2019），128—136 页。

132. 张艺曦：《明中晚期古本〈大学〉与〈传习录〉的流传及影响》，《汉学研究》，24：1（台北，2006），235—268 页。

133. 张艺曦：《明中晚期江西诗、文社集活动的发展与动向》，《新史学》，32：2（台北，2020），65—115 页。

134. 张艺曦：《明中晚期士人社集与思潮发展》，收入林宛儒主编：《以文会友——雅集图特展》，台北：台北故宫博物院，2019，250—261 页。

135. 张艺曦：《诗文、制艺与经世：以李鼎为例》，《明代研究》，25（台北，2015），83—114 页。

136. 张艺曦：《史语所藏〈宋儒学案〉在清中叶的编纂与流传》，《历史语言研究所集刊》，80：3（台北，2009），451—505 页。

137. 张艺曦主编：《结社的艺术：16—18 世纪东亚世界的文人社集》，台北：联经出版事业公司，2020。

138. 张艺曦：《社群、家族与王学的乡里实践：以明中晚期江西吉水、安福两县为例》，台北：台湾大学出版委员会，2007。

139. 张泽洪：《净明道在江南的传播及其影响：以道派关系史为中心》，《中国史研究》，3（北京，2002），47—58 页。

140. 章文焕：《万寿宫》，北京：华夏出版社，2004。

141. 赵榆：《孙悦汉及其收藏的宣圣及七十二贤赞图卷》，《收藏家》，1（北京，2002），49—51 页。

142. 郑振铎：《"圣迹图"跋》，收录于《中国古代版画丛刊》，第 1 册，上海：上海古籍出版社，1988，390—392 页。

143. 袁海燕：《〈江西新城保甲图册〉与新城中田地方势力》，《华南研究资料中心通讯》，18（香港，2000），20—21 页。

144. 钟彩钧：《罗整庵的经世思想与其政治社会背景》，《中国文哲研究集刊》，8（台北，1996），197—226 页。

145. 钟彩钧：《罗整庵的理气论》，《中国文哲研究集刊》，6（台北，1995），199—220 页。

146. 钟彩钧：《上海复旦大学藏〈整庵续稿〉及其价值》，《中国文哲研究通讯》，5：3（台北，1995），137—141 页。

147. 周建新：《客家民间信仰的地域分野：以许真君与三山国王为例》，《韶关学院学报

（社会科学版）》，1（广东，2002），76—82 页。

148. 朱冶：《元明朱子学的递嬗：〈四书五经性理大全〉研究》，北京：人民出版社，2019。

149. 朱越利：《〈灵剑子〉的年代、内容及影响》，收入赖宗贤统筹，詹石窗主编：《道韵》，台北：中华大道事业公司，2001，第 9 辑，127—148 页。

150. Chartier, Roger. translated by Lydia G. Cochrane. *The Cultural Origins of the French Revolution*. Durham, N. C.: Duke University Press, 1991.

151. Edwards, Mark U. Jr. *Printing, Propaganda, and Martin Luther*. Berkeley: University of California Press, 1994.

152. Elman. Benjamin A. *A Cultural History of Civil Examinations in Late Imperial China*. Berkeley: University of California Press, 2000.

153. Febvre, Lucien. and Henri-Jean Martin. translated by David Gerard. *The Coming of the Book: The Impact of Printing 1450−1800*. London: N. L. B., 1976.

154. Foulk, T. Griffith. and Robert H. Sharf, "On the Ritual Use of Ch'an Portraiture in Medieval China." *Cahiers d'Extrême-Asie*, 7 (1993): 149−219.

155. Murray, Julia K. "The Temple of Confucius and Pictorial Biographies of the Sage." *The Journal of Asian Studies*, 55:2 (May 1996): 269−300.

156. Shuichi Miura（三浦秀一）, "Nourishing Life and Becoming an Immortal: the Case of the Literati of the Wanli Period, Ming China," Paper presented at symposium "An International Workshop on Life, Disease and Death in Western and Eastern History of Ideas and Medicine," Needham Research Institute, Cambridge UK, 2004.

157. Waltner, Ann. "T'an-Yang-Tzu and Wang Shih-Chen: Visionary and Bureaucrat in the Late Ming." *Late Imperial China*, 8:1 (June 1987): 105−131.

158. Wu, Pei-yi. *The Confucian's Progress: Autobiographical Writings in Traditional China*. Princeton: Princeton University Press, 2000.

三、其他

1. （传）曾鲸：《天泉坐月图》，Poly Auction 2010/01/23，拍品 674 号。

2. 郭诩：《文公先生像轴》，"明郭诩绘画作品欣赏"，https://kknews.cc/zh-tw/culture/6kebo43.html（2021/08/02）。

本书各章初出刊物

本书各章原发表于以下刊物，收入本书时均略作增删，谨此说明。

第一章文稿以《明中晚期的思想文化风潮与士人活动》原刊于 2019 年《中华文物学会年刊》（台北：中华文物学会），174—182 页。

第二章文稿以《一场从基层而起的运动——阳明学讲会与小读书人》原刊于 2024 年《故宫文物月刊》第 493 期，68—77 页。

第三章文稿以《明中晚期古本〈大学〉与〈传习录〉的流传及影响》原刊于 2006 年《汉学研究》第 24 卷第 1 期，235—268 页。

第四章文稿以《明代阳明画像的流传及其作用：兼及清代的发展》原刊于 2016 年《思想史 5：明清思想史》（台北：联经出版事业公司），95—155 页。

第五章文稿以《飞升出世的期待：明中晚期士人与龙沙谶》原刊于 2011 年《新史学》第 22 卷第 1 期，1—57 页。

第六章文稿以《明中晚期江右儒学士人与净明道的交涉：兼论〈净明忠孝全书〉的影响》原刊于 2013 年《明代研究》第 20 期，1—33 页。

第七章文稿以《诗文、制艺与经世：以李鼎为例》原刊于 2015 年《明代研究》第 25 期，83—114 页。

第八章文稿以《风潮递嬗下的地方小读书人：从阳明心学到制艺风潮的江西新城》原刊于 2021 年《新史学》第 32 卷第 3 期，1—69 页。

第九章文稿以《明及清初地方小读书人的社集活动：以江西金溪为例》原刊于 2020 年《结社的艺术：16—18 世纪东亚世界的文人社集》（台北：联经出版事业公司），283—324 页。

第十章文稿以《从一目十行、过目即诵看中国近世士人的博览强记之风》原刊于 2020 年《明代研究》第 34 期，95—144 页。

文
景

Horizon

社 科 新 知　文 艺 新 潮

歧路彷徨：明代小读书人的选择与困境

张艺曦　著

出 品 人：姚映然
责任编辑：但　诚
营销编辑：杨　朗
封扉设计：周伟伟

出　　品：北京世纪文景文化传播有限责任公司
　　　　　（北京朝阳区东土城路8号林达大厦A座4A　100013）
出版发行：上海人民出版社
印　　刷：山东临沂新华印刷物流集团有限责任公司
制　　版：南京展望文化发展有限公司

开 本：730mm×980mm　1/16
印 张：26.5　字 数：366,000　插 页：7
2025年4月第1版　2025年7月第2次印刷
定 价：96.00元
ISBN：978-7-208-19165-5 / K·3428

图书在版编目（CIP）数据
　歧路彷徨：明代小读书人的选择与困境 / 张艺曦著.
增订本. -- 上海：上海人民出版社, 2024. -- （新史学&
多元对话系列）. -- ISBN 978-7-208-19165-5
　I. G529.48
中国国家版本馆CIP数据核字第20246EN032号

本书如有印装错误，请致电本社更换　010-52187586

社科新知 文艺新潮 ｜ 与文景相遇

微信公众号　　　　微　博　　　　　豆　瓣

bilibili　　　　　抖　音　　　　　小红书